STALINGRAD

„. . . bis zur letzten Patrone"

HEINZ SCHRÖTER

STALINGRAD

„. . . bis zur letzten Patrone"

VERLEGT BEI
KAISER

Neuauflage: 1998
Schutzumschlag: Volkmar Reiter
Reproduktion: Schlick KG., Graz
Druck und Bindearbeit: Gorenjski Tisk, Kranj – Slowenien

Hier soll dem Kriege
kein Denkmal gesetzt werden,
sondern seinen Toten

Einleitung

Alle Tage und Wochen, die es nach der Zeitrechnung der Menschen zwischen dem 19. November des einen Jahres nach dem 2. Februar des anderen Jahres gibt, werden immer ihre Geschichte haben, aber die sechsundsiebzig Tage und Nächte der Jahre 1942 und 1943 in dieser Zeitspanne werden noch lange mit dem Schicksalswort „Stalingrad“ belastet und erschüttert sein.

Es ist schon viel über Stalingrad gesagt, geschrieben und geweint worden, und ich denke mir, wer sich an die Aufgabe heranmacht, über die tote 6. Armee zu schreiben, der muß gerecht das Wort neben das Wort und die Wahrheit neben die Wahrheit stellen. Wort und Wahrheit werden immer bitter sein.

Dieses Buch ist schon einmal geschrieben, im Jahre 1943, mit allen offenen und geheimen Unterlagen der Obersten Deutschen Führung auf Anordnung von Dr. Goebbels und im Namen Adolf Hitlers. Als die Geschichte der zweiundzwanzig Divisionen, die nicht wiederkamen, dem Minister für Volksaufklärung und Propaganda überreicht wurde, war er entsetzt über den Inhalt und seine Entgegnung: „Untragbar für das deutsche Volk“ wohl zu verstehen.

Ein Dutzend Jahre liegt hinter uns. Die Wunden, die der Krieg den Körpern und den Herzen schlug, haben sich geschlossen, die große Wanderschaft von Nord nach Süd und von Ost nach West ist langsam im Abklingen, die Häuser haben wieder Dächer und die Seelen wieder Frieden. Die Geschichte von Stalingrad ist für das deutsche Volk „tragbar“ geworden.

Zweihundertundzwanzigtausend haben damals geglaubt, für eine Woche oder einen Monat nach Stalingrad zu gehen, und sie sind für eine Ewigkeit dort geblieben. Hundertdreiundzwanzigtausend traten den Weg in die Gefangenschaft an, stolperten in sechs Marschsäulen über Dubowka, Kieseljakow, Perepolni und Gumrak nach Beketowka und von dort in verlorene Jahre ihres Lebens oder zum „großen Appell“.

Als der endlos scheinende Zug der verhungernden und halberfrorenen Soldaten in die Gefangenschaft zog, standen unerkannt in ihren russischen Pelzen die Kommunisten Ulbricht, Bredel und

Weinert am Straßenrand. Niemand sah sie, und sie wagten es auch nicht, sich zu erkennen zu geben.

Von den Hundertdreiundzwanzigtausend sind bis Mitte dieses Jahres fünftausend zurückgekehrt, mehr werden auch wohl nicht kommen. Die 6. Armee hat ausmarschiert.

Die Frage nach der Notwendigkeit des Exempels von Stalingrad stand vom ersten Tage an im Raum und verließ ihn nie, weil ihr keine Antwort wurde.

Nach dem Zusammenbruch vom Wolgastrom bis in die Gegend ostwärts Kursk durch Überrennen der verbündeten Armeen hatten die russischen Kräfte völlige Handlungsfreiheit in Richtung Schwarzes Meer und unterer Dnjepr. Sie hatten die Möglichkeit, den gesamten deutschen Südflügel einschließlich der Kaukasus-Heeresgruppe einzuschließen und zu vernichten. Die Möglichkeit war allerdings nur dann vorhanden, wenn alle Kräfte zum Stoß in die Tiefe frei waren. Hätte die 6. Armee nach ihrer Einschließung nicht den monatelangen verzweifelten Kampf geliefert, dann wären diese Feindkräfte, noch ehe deutsche Reserven zur Verfügung standen, aktiv geworden. Ohne den Opfergang der 6. Armee wäre ein Aufbau der neuen Front nicht möglich gewesen, dagegen mit Sicherheit der Zusammenbruch eines Millionenheeres erfolgt.

Ich will das kürzer so sagen:

Stalingrad war keine militärische Notwendigkeit, sondern ein Fehler der Obersten Führung, die im Spätherbst eine Lage andauern ließ, die dem Russen jede Chance bot. Das Verbot des sofortigen Ausbruches war ein weiterer Fehler, der Ausbruch hätte ohne Hilfe von außen in den Tagen bis etwa zum 24. November eine Erfolgsmöglichkeit gehabt. Nachdem der Entsatzversuch der 4. Panzerarmee im Dezember abgebrochen wurde, wäre dagegen eine sofortige Kapitulation von unübersehbaren Folgen für die Heeresgruppe „Don“ und vor allem auch die Heeresgruppe „A“ geworden. Den allerletzten Kampf, etwa vom 20. Januar ab, hätte Hitler der Armee ersparen können.

Diese Antwort mag vielen nicht in das Wunschbild ihrer Vorstellungen passen, aber sie ist nicht von der Kompanie-Ebene her zu verstehen, sondern aus der Perspektive derer, die das Kräftespiel der Divisionen, Korps und Armeen beobachteten.

*

Wenn die Not ein gemeinsames Maß einnimmt und die Seele, selbst Front geworden, sich einfachen und verschlüsselten Vorgängen öffnet, werden die Variationen menschlichen Verhaltens sichtbar!

Die Angst und die Tapferkeit, das überfließende Herz und die zusammengebissenen Zähne, das harte Lachen, das hilflose Weinen, die aufrechte Haltung, die Resignation, die Manneszucht und die Feigheit.

Es wird in diesem Buch von viel Leid und großer Not die Rede sein, aber von keiner Klage.

Ich weiß nicht, wie lang ein paar Tage oder ein paar Wochen sind, wenn ein Mensch tot ist, ich weiß auch nicht, ob ihn Lob oder Tadel erreichen, und wenn ja, wie lange noch und in welcher Zeit, aber ich glaube, wer in Stalingrad zur großen Ruhe ging, dem wird, wenn er vor das Lächeln Gottes tritt, viel von der Schwere seines letzten Erdenlebens und der Qual seines Todes genommen.

Wer die Zeilen dieses Buches liest, mag sich erschüttert abwenden, sich segnen, daß er nicht dabei war, oder die verfluchen, deren Lebensschale nach seiner Ansicht schwer von Schuld ist.

Die Worte sollen so verstanden werden, wie sie gemeint sind. Es mag ein jeder davon vergessen oder sich merken, was er will, oder darüber denken, wie er es für richtig hält. Wenn jemand ein Fanal des Hasses errichten sollte, so möge er bedenken, daß alle Schuld ihren Ursprung in der Unzulänglichkeit menschlichen Geistes hat, und wenn es ein Denkmal in der einfachsten und schlichtesten Form der Liebe sein soll, dann ohne es zu vergolden.

Heinz Schröter
Kriegsberichterstaffel der 6. Armee

Achtundvierzig Stunden vorher

Ein ziemlich großes Zimmer zur ebenen Erde, gleich rechts hinter dem Eingang eines Krefelder Hotels. In der Ecke sind die Tische zusammengerückt und darauf stehen die Stühle des Raumes, an der Wand ein Bild der Fehrbelliner Schlacht, davor der Oberbefehlshaber des Heeres, Generaloberst von Brauchitsch, und ein paar Schritte von ihm entfernt mit der Front zum „Großen Kurfürsten" zwei Generalobersten, vier Generale, ein Oberst, ein Hauptmann; also zwei Armeeführer, vier Kommandierende Generale, der Chef des Streifendienstes und der Führer des Sturmverbandes z. b. V. 100. Das war alles am 8. Mai 1940.

Der schmale lippenlose Mund des ObdH bewegte sich kaum.

„Sie stehen kurz vor einem Waffengang, der Sie zuerst mit einem Gegner zusammentreffen läßt, der, militärisch betrachtet, kein Gegner ist, auch, was Sie jenseits der Maas erwartet, ist kein Geheimnis. Es ist Sorge dafür getragen, daß die schweren Kampfwerke des Gegners durch eine neuartige Überraschungstaktik ohne Zeitverluste ausgeschaltet werden. Was wir von den Franzosen zu halten haben, wissen wir, sie sind tapfer, aber es ist nicht ihr Krieg. Noch auf belgischem Boden werden Sie auf die Engländer treffen. Wir wissen wenig über Zahl, Ausrüstung und den Zeitpunkt, aber wir werden die Franzosen von den Engländern trennen und einzeln vernichten. Von der neuen Taktik des Einsatzes unserer Panzerwaffe wissen beide nichts, und das bedeutet ihre Niederlage. Ich denke, daß wir in spätestens dreißig Tagen alles zu unseren Gunsten hinter uns haben. Gott mit Ihnen und Ihren Soldaten."

Eine Viertelstunde später nahm der ObdH den am 1. Oktober 1939 zum Generalobersten beförderten General v. Reichenau auf die Seite: „Rechnen Sie mit übermorgen, Herr v. Reichenau."

Dieses Übermorgen lag in der Luft, sechzehnmal war der Angriff im Westen geplant und sechzehnmal war er verschoben, seit 1939 wartete die 6. Armee auf den Tag X.

„Nun ist dem Übermorgen nicht mehr auszuweichen", sagte der Oberbefehlshaber der 6. Armee vor sich hin und dachte an die Besprechung vom 23. November des Vorjahres, an der alle Oberbefehlshaber der Heeresgruppen und Armeen in der Berliner

Reichskanzlei teilgenommen hatten, und er dachte an die Worte Hitlers von der Notwendigkeit der Offensive. Aber er dachte auch daran, daß Hitler kein Wort von der Denkschrift erwähnte, die ihm Reichenau kurz vorher eingereicht hatte. Damals hatte der General v. Reichenau wörtlich gesagt: „Mein Führer, ich glaube an Ihr Glück, aber Sie sollten es nicht ohne Not herausfordern. Ich brauche nur auf den feindlichen Aufmarsch hinzuweisen, es ist zum mindesten verfrüht, wenn wir heute schon mit unterlegenen Kräften losschlagen."

Damals hatte auch Admiral Canaris, der Chef der Deutschen Abwehr, dem Führer eine Karte auf den Tisch gelegt, deren Einzeichnungen keinen Zweifel über die Größe des alliierten Aufmarsches entlang der belgischen Grenze zeigten, und die Offensive war wieder einmal, wie schon so oft, abgeblasen worden. So wurde es Dezember, Januar, März, und übermorgen war der 10. Mai.

9. Mai 1940, 18.15 Uhr, „OB-Sache persönlich"

Auf dem Düsseldorfer Flugfeld landete am 9. Mai 1940 eine aus dem Osten anfliegende „Heinkel Blitz". Ein Hauptmann kletterte heraus, sein einziges Gepäckstück war eine Aktenmappe mit Stahlwänden und drei Schlössern. Es war alles vorbereitet, der Hauptmann bestieg einen bereitgestellten Kraftwagen und fuhr zum Ständehaus, dem Sitz des Armeeoberkommandos der 6. Armee. Dort empfingen ihn der Ia und kurz darauf der Adjutant des Oberbefehlshabers, Major von Wietersheim. Die Unterhaltung war militärisch knapp und förmlich.

Eine Viertelstunde danach übergab der Kurier dem Armeechef, Generalmajor Friedrich Paulus, die mitgebrachte Mappe. Der General nahm sie ruhig entgegen, seine linke Gesichtshälfte zuckte. Die Mappe lag schwer in seiner Hand, ihr Inhalt hatte das Gewicht weltpolitischer Entscheidungen.

Die Lebensuhr der 6. Armee holte zum ersten Schlag aus, vierunddreißig Monate später war das Werk abgelaufen, aber das konnte der Mann mit den scharfgeschnittenen Gesichtszügen und dem Goldenen Eichenlaub auf den Spiegeln am 9. Mai nicht wissen, und er wußte auch nicht, daß gerade ihn das Schicksal ausgewählt hatte, den Herzschlag hunderttausendfachen Lebens in einer Hölle von Feuer und Eis anzuhalten.

Wenn ihm die Vorsehung an diesem Tage einen Blick in die Zukunft gestattet hätte, wäre manche seiner Entscheidungen anders ausgefallen.

Und Generalmajor Paulus konnte auch nicht voraussehen, daß der Chef des Wehrmachtsführungsstabes, Generaloberst Jodl, im Februar 1946 als Angeklagter vor den Schranken des Nürnberger Internationalen Militärgerichtshofes stehen und sagen würde: „Mit dem Zeugen Generalfeldmarschall Paulus habe ich tiefstes Mitleid, er konnte nicht wissen, daß seine Sache von Hitler von dem Augenblick an, als die Winterstürme über Stalingrad brausten, als verloren betrachtet wurde."

Um 19.15 Uhr übergab Paulus als „OB-Sache persönlich" dem Oberbefehlshaber, Generaloberst Walter v. Reichenau, im Parkhotel den durch Funkspruch übermittelten dechiffrierten Angriffsbefehl auf die Niederlande.

Stichwort „Danzig" war gefallen.

„Es ist soweit", sagte Reichenau und sah auf das vor ihm liegende Buch „Begegnung mit dem Genius".

„Jawohl, Herr Generaloberst." Mehr wurde nicht gesprochen. Eine Viertelstunde darauf drückte Paulus auf jenen sagenhaften „Roten Knopf", mit dessen Auslösung alle Kriegshandlungen praktisch ihren Anfang nehmen. Der Befehlsapparat lief an.

Es war soweit.

Aber noch etwas war geschehen, von dem niemand etwas ahnte, geschweige denn wußte.

Am Donnerstagabend hatte sich der Niederländische Militärattaché in Berlin, Jacobus Sas, mit einem hohen Offizier der deutschen Abwehr getroffen, der ihm verriet, daß die Befehle für die Invasion im Westen gegeben und Hitler an die Westfront abgefahren sei.

„Es besteht immer noch eine Möglichkeit, daß die Sache zurückgestellt wird", hatte der Oberst gesagt, „um halb zehn ist der kritische Zeitpunkt, wenn bis dahin keine Gegenbefehle da sind, ist es endgültig aus."

In der Dunkelheit des gleichen Tages, um dieselbe Zeit, als die 6. Armee die Marschbefehle an die Einheiten weitergab, wartete der Niederländische Militärattaché in einem Seiteneingang des Oberkommandos der Wehrmacht in der Bendlerstraße auf die Entscheidung. Zwanzig Minuten später wurde sie ihm mitgeteilt: „Mein lieber Freund, nun ist es wirklich aus, es sind keine Gegenbefehle gegeben, Hitler ist an die Westfront abgefahren. Hoffentlich sehen wir uns nach diesem Kriege wieder." Major Sas lief im Laufschritt zu seiner Gesandtschaft, wohin er auch den belgischen Militärattaché bestellt hatte, um die Nachricht weiterzugeben, und der Belgier jagte seinerseits an das Telefon, um Brüssel zu alarmieren. Eine halbe Stunde wartete Major Sas auf die Verbindung mit dem Kriegsministerium in Den Haag, dann meldete sich der Leutnant zur See 1. Klasse Post Uitweer zu einem Gespräch:

„Post, Sie kennen meine Stimme, nicht wahr? Ich bin Sas in Berlin. Ich habe Ihnen nur eines zu sagen: Morgen früh bei Tagesanbruch die Ohren steif. Sie begreifen mich doch, wollen Sie es eben wiederholen?"

Leutnant Uitweer wiederholte es und sagte zum Schluß:

„Also Brief 210 erhalten."

Das war eine verschlüsselte Absprache zwischen dem Militärattaché und dem Kriegsministerium. Brief 210 bedeutete Invasion und die beiden letzten Zahlen sollten den Tag angeben.

Eineinhalb Stunden danach rief der Chef der Niederländischen Nachrichtenabteilung Ausland, Oberst van de Plassche, in Berlin an und sagte mit ziemlichem Zweifel im Ton:

„Ich habe so schlechte Nachrichten von Ihnen über eine Operation Ihrer Frau, wie mir das leid tut, haben Sie denn auch alle Ärzte konsultiert?" Und Major Sas antwortete auf offener Leitung wütend:

„Ich verstehe nicht, daß Sie mich unter diesen Umständen noch belästigen, ich habe mit allen Ärzten gesprochen, morgen früh bei Tagesanbruch findet sie statt."

Diese Bedenken hatten ihre Voraussetzung, denn der Verrat der deutschen Invasionsabsichten war schon dreimal erfolgt, und man war in den Niederlanden mißtrauisch geworden, weil immer wieder eine Verschiebung des Termins eintrat.

Dieses Mal stimmte das Datum.

Wenn sich dieser Vorgang nicht ereignet hätte, dann würde ein anderer am Abend des gleichen Tages den „Feind" von morgen hellhörig gemacht haben, denn am 9. Mai wurden die Vorstellungen der Lichtspielhäuser und Theater im Armeebreich unterbrochen. „Alle Wehrmachtsangehörigen haben sich sofort bei ihren Truppenteilen und Alarmeinheiten einzufinden", sagte die Metallstimme der Lautsprecher.

Der Ic kippte bald vom Stuhl, als er dies hörte, die Panne war nicht im Sinne der Höheren Führung, die Grenze nahe und die Zeit mit der Schwüle des kommenden Gewitters geladen.

„Welcher Idiot hat denn dieses veranlaßt", tobte der Armee-oberbefehlshaber, als er davon erfuhr, und trommelte mit beiden Fäusten auf den Tisch seines Wohnzimmers im Parkhotel.

Der Idiot wurde nicht gefunden, aber es war nunmehr nicht weiter verwunderlich, daß am anderen Morgen X-Uhr-Zeit, plus fünfzehn Minuten, als der Kampfverband z. b. V. 100, mit der Sonderaufoabe betraut, die Brücken unversehrt in seinen Besitz zu bringen, die Maasbrücken in die Luft fliegen sah, bevor die Sturmpioniere sie erreicht hatten.

Von jetzt ab lief alles nach dem Ergebnisprogramm.

Die 6. Armee blieb am Feind, erkämpfte sich den Weg durch die Niederlande, nahm die Kapitulation des belgischen Heeres am 28. Mai in Anvaing entgegen, half bei Dünkirchen, die „Sache ins reine" zu bringen und marschierte, nach Süden abschwenkend, kämpfend bis zur Loire. Es roch wochenlang nach Pulver und Blei.

Nach dem Waffenstillstand mit Frankreich wartete die Armee in der Bretagne auf den großen Sprung nach der englischen Insel. Der 6. Armee war die Aufgabe zugedacht, auf dem linken Flügel der Invasionsarmee von der Halbinsel Cherbourg auf die südwestenglische Küste angesetzt zu werden.

Das Unternehmen „Seelöwe" wurde abgeblasen. Ein halbes Jahr ging es den Männern der Reichenau-Armee gut. Sie flickten die Röcke und gaben ihren Stiefeln die erste Sohle. Tagsüber exerzierten sie auf kurzgeschorenem englischen Rasen, abends tranken sie Chablis oder Beaujolais. Nebenbei schrieben sie Feldpostbriefe oder hauten ihren Wehrsold bis zum letzten Franken auf den Kopf.

Inzwischen war Reichenau Generalfeldmarschall geworden, und als die Divisionen im Frühjahr nach dem Osten rollten, war man sich im Generalstab und den Kompanien darüber im klaren, daß noch allerhand bevorstand.

Am Tage des Angriffs auf die Sowjetunion ging die 6. Armee über den Bug, mit ihr überschritten elf deutsche Armeen die sowjetische Grenze. Der Reihe nach wurden von der 6. Armee Rowno, Shitomir, Kiew, Poltawa und Charkow genommen. Im Winter 1941 grub sich die vorderste Linie um Bjelgorod ein. Das Armeeoberkommando bezog im Schatten der Friedenssäule am Roten Platz in Poltawa Quartier.

Die 6. Armee hatte sich ihrer Schicksalsstadt auf fünfhundert Kilometer genähert.

„Mit Ihrer Armee können Sie den Himmel stürmen", sagte Hitler

Im Dezember 1941 traf Hitler in Poltawa ein. Das hatte seinen besonderen Grund.

Im Norden war die Heeresgruppe „Mitte" nach ihrem vergeblichen Versuch, über Kalinin und Kaluga Moskau zu nehmen, von starken russischen Kräften durchbrochen, im Süden hatte die 1. Panzerarmee Rostow genommen, aber nach vierundzwanzig Stunden wieder aufgegeben, um zunächst hinter den Tuslow-Abschnitt zurückzugehen. Danach war der rechte Flügel der Heeresgruppe „Süd" unter starkem sowjetischen Druck bis Taganrog zurückgewichen und stand in schweren Abwehrkämpfen.

Hitler versuchte, mit aller Beredsamkeit, den Generalfeldmarschall zu bewegen, den Vormarsch wieder aufzunehmen, von Reichenau aber lehnte unter Hinweis auf die Ereignisse im Norden und Süden ab.

„Die Armee wird ihre Position halten, mein Führer, und jeden Durchbruchsversuch vereiteln."

Hitler setzte noch einmal an und erreichte damit, daß Reichenau ihm antwortete:

„Wenn Sie befehlen, mein Führer, wird die 6. Armee marschieren, aber sie marschiert nicht unter meinem Oberbefehl."

Hitler sah Reichenau verwundert an und ging um den Tisch herum auf ihn zu:

„Mit Ihrer Armee können Sie den Himmel stürmen, ich verstehe Ihre Bedenken nicht und teile sie auch nicht."

Der Armeeführer blieb ruhig. Er klemmte das Monokel ins Auge, hob sein Weinglas und verbeugte sich:

„Hoffentlich nur vorübergehend, mein Führer." Damit konnten der Himmel und die Bedenken gemeint sein.

„Es wäre eine Tragik", sagte Hitler und sah Reichenau sehr ernst an, „die unsere Beziehungen stark belasten würde, wenn Sie Unrecht hätten. Verstehen Sie, was ich meine, Reichenau?"

Reichenau verstand, was Hitler meinte, aber an seinem Entschluß, mit der 6. Armee stehenzubleiben, änderte sich nichts.

Die Löcher in der Front wurden gestopft, die Flanken der 6. Armee vereitelten die Katastrophe im Norden, die Niederlage im Süden.

Reichenau hatte recht behalten.

Kurz vor Weihnachten suchte der Oberbefehlshaber des Heeres, Generalfeldmarschall von Brauchitsch, das Armeeoberkommando auf, denn Feldmarschall von Rundstedt hatte in einem Fernschreiben Hitler gebeten, die Genehmigung zu erteilen, auf den Miusabschnitt zurückgehen zu dürfen, und er hatte hinzugefügt, daß im Falle der Ablehnung Hitler einen anderen mit der Führung der Heeresgruppe „Süd“ beauftragen möge.

Zwei Tage nach der Abfahrt des Oberbefehlshabers des Heeres flog Generalfeldmarschall von Rundstedt nach Frankreich, „um einige Zeit auszuspannen“, an seiner Stelle übernahm Feldmarschall von Reichenau die Befehlsführung. Die erste selbständige Handlung als Oberbefehlshaber der Heeresgruppe war die eigenmächtige Zurücknahme der Front auf den Miusabschnitt und eine Mitteilung darüber an das Führerhauptquartier.

Generalleutnant Paulus, seit August 1940 Oberquartiermeister 1 im Generalstab des Heeres, wurde auf Wunsch Reichenaus Oberbefehlshaber seiner alten Armee. Chef des Generalstabes blieb Oberst i. G. Heim.

Am 17. Januar starb Generalfeldmarschall v. Reichenau in Poltawa. Das tragische Ende seiner Armee blieb ihm erspart.

Nunmehr übernahm Generalfeldmarschall von Bock die Heeresgruppe „Süd“. In drei Monaten hatten dreimal die Oberbefehlshaber gewechselt.

Die im Verlaufe der ersten Monate des Jahres 1942 weiterhin unternommenen Versuche der Roten Armee, die deutsche Front aufzureißen, scheiterten. Und nicht nur das, äußerst bedrohlich erscheinende Lagen wurden durch geschickte deutsche Gegenoperationen in beachtliche Siege umgewandelt.

So wurden in der Frühjahrsumfassungsschlacht im Raume von Isjum drei Timoschenko-Armeen zerschlagen, die Kessel von Cholm und Demjansk erreicht und geöffnet und die Armee des Verteidigers von Moskau, General Wlassow, eingekesselt und aufgerieben.

In der Person des Oberst i. G. Schmidt erhielt die 6. Armee ihren neuen Chef des Generalstabes. Schmidt wurde im Juni 1942 Generalmajor und im Kessel Stalingrad zum Generalleutnant und später zum General befördert. Oberst Heim war im März zum Generalmajor befördert und hatte die 14. Panzer-Division bekommen. Im Herbst übernahm er das XLVIII. Panzerkorps.

Die Heeresgruppe „Süd“ wurde in die Heeresgruppen „A“ und „B“ aufgeteilt.

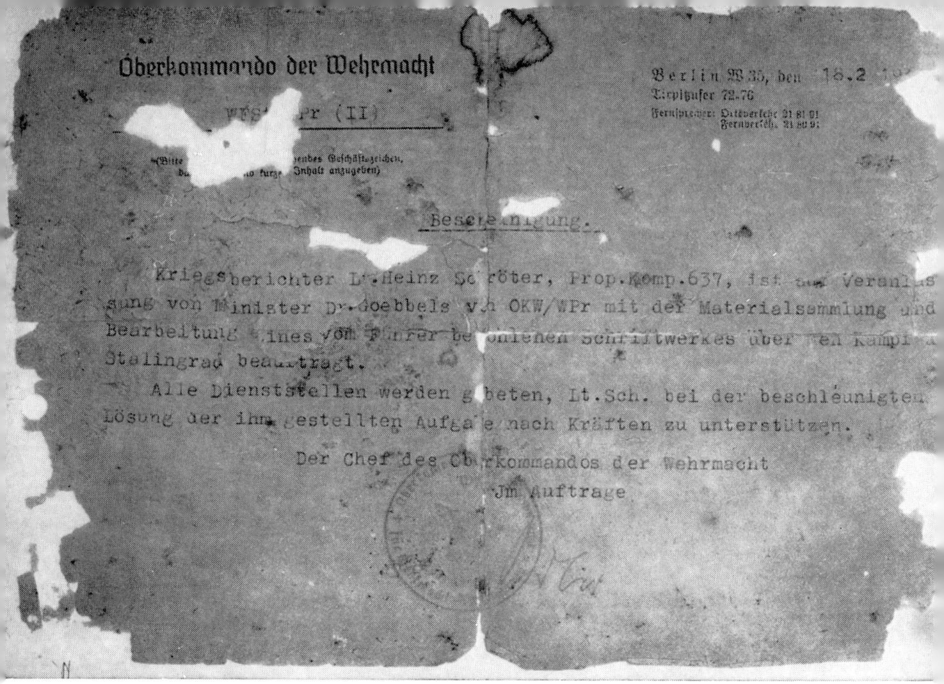
Oberkommando der Wehrmacht

Berlin W 35, den 18.2

Tirpitzufer 72-76

Fernsprecher: Ortsverkehr 21 81 91

Fernverkehr 21 80 91

WFSt Pr (II)

(Bitte ... fragendes Geschäftszeichen, ... kurz Inhalt anzugeben)

Bescheinigung.

Kriegsberichter Lt. Heinz Schröter, Prop.Komp.637, ist auf Veranlassung von Minister Dr. Goebbels vom OKW/WPr mit der Materialsammlung und Bearbeitung eines vom Führer befohlenen Schriftwerkes über den Kampf um Stalingrad beauftragt.

Alle Dienststellen werden gebeten, Lt.Sch. bei der beschleunigten Lösung der ihm gestellten Aufgabe nach Kräften zu unterstützen.

Der Chef des Oberkommandos der Wehrmacht

Im Auftrage

Das Buch entstand aus den Unterlagen der Obersten Deutschen Führung, Protokollen, Funk- und Fernschreiben, operativem Material, Lagekarten, Erlebnissen und Schilderungen der Stalingrader Soldaten sowie Studien und Zusammenfassungen kriegsgeschichtlicher Art.

Hunderte von Soldaten aller Ränge und Dienststellungen, vom Grenadier bis zum Generalfeldmarschall, gaben ihre Aufzeichnungen. Sie alle beim Namen zu nennen, würde viele Seiten füllen, und so teilen sie die Unsterblichkeit des Unbekanntseins ihrer Mitarbeit an diesem Werk mit den Toten der 6. Armee. Sie sichern ihnen ein würdiges Gedenken.

Besonderer Dank für die Unterstützung der Arbeit gebührt den Herren

General a. D. Fr. Joachim Fangohr (Chef des Generalstabes der 4. Panzerarmee)

General der Flieger a. D. Karl Koller (letzter Chef des Generalstabes der Luftwaffe)

General a. D. Friedrich Schulz (Chef des Generalstabes der Heeresgruppe „Don“)

Oberst a. D. Herbert Selle (Pionierführer der 6. Armee)

Oberstleutnant i. G. a. D. Günter Toepke (Q. I 6. Armee)

Die Fotografien stammen von den Kriegsbildberichtern der Stalingrader Staffeln: Gehrmann, Heine, Herber, Jesse, Mittelstaedt, Knödler, Dr. Altmeyer und Schröter.

Das Bild „Madonna in Stalingrad“ stellte der Bärenreiter-Verlag, Kassel, zur Verfügung.

Es sei an dieser Stelle gestattet, den Herren aus Industrie und Wirtschaft, denen die Geschichte der 6. Armee nicht gleichgültig war, zu danken. Ihre Unterstützungen ermöglichten dem Autor die gewissenhafte Nachprüfung aller Unterlagen und die Druckfertigstellung des Manuskriptes.

20-Tonnen-Kriegs- und 24-Tonnen-Behelfsbrücke Akimowskij

Die Kriegsbrücke Lutschenskij

Auf der Panzerspitze liegt schweres Artilleriefeuer

Blick auf die Wolga

Generaloberst Walter von Reichenau, OB der 6. Armee, und der Chef des Generalstabes Generalmajor Friedrich Paulus

*„. . . Es ist leicht, zu einer Fahne im Frieden zu stehen
aber es ist schwer, sie im Kriege hochzuhalten!“*

„Ich brauche Kohle und Eisen vom Donez und das Öl des Kaukasus oder ich kann diesen Krieg liquidieren.“

Generalfeldmarschall von Brauchitsch (links), Generaloberst Halder, Chef des Generalstabes des Heeres (rechts)
Zwei Tage von dem Angriff im Westen

Straßenkampf in Charkow

Generalfeldmarschall von Bock OB der Heeresgruppe Süd und später B bis 13. Juli 1942

In Golubinka besuchte General Schmundt (Mitte) als Adjutant des Führers das Oberkommando der 6. Armee. Links: General Heitz (Kommandierender General VIII. AK); rechts: General Paulus

Am 28. Juni begann die deutsche Offensive. Zuerst trat die Heeresgruppe „B“ aus dem Raume von Kursk und acht Tage später östlich von Charkow an. Zehn Tage danach wurde die Heeresgruppe „A“ offensiv.

Im Verlaufe des Sommers erreichte die Heeresgruppe „A“ mit der 17. Armee und 1. Panzerarmee die Eingänge der Paßstraßen des westlichen und mittleren Kaukasus. Die Rote Führung war dem deutschen Angriff geschickt in die Tiefe des Raumes ausgewichen und hatte sich nur bei Woronesh zu entschlossenem Widerstand gestellt. Auch der Raum Woroschilowgrad war ohne ernsthaften Kampf aufgegeben. Die 6. Armee hatte den großen Donbogen ostwärts der Linie Rostow-Rossosch verhältnismäßig leicht nehmen können und in der Kesselschlacht nordwestlich Kalatsch die Masse der 1. Panzerarmee sowie große Teile der 62. sibirischen Armee zerschlagen.

Über tausend T 34 lagen auf der Donhöhenstraße.

Daß es außerdem sowohl im Süden als im Bereich der Heeresgruppe „B“ zu fortlaufenden örtlichen taktischen Kämpfen kam, darf nicht unerwähnt bleiben. Ungeheure Marschleistungen, Entbehrungen und Krankheiten runden das Bild jener Tage und Wochen.

Im Verlauf der Sommeroperationen war die Forderung Hitlers, Stalingrad zu nehmen, immer hartnäckiger geworden.

In der Führeranweisung N. 45 vom 2. Juli 1942 war darüber folgendes zu lesen:

„Es ist beabsichtigt, durch die Eroberung von Stalingrad die Landbrücke zwischen Don und Wolga sowie den Strom selbst zu sperren und anschließend schnelle Verbände wolgaabwärts vorzutreiben, die den Strom auch bei Astrachan blockieren sollen.“

Hatte man schon Moskau nicht nehmen können und stand vor Leningrad fest, so sollte nun Stalins Stadt fallen.

In dem folgenden Kapitel „Operation Blau“ wird eine ausführliche Darstellung der Situation gegeben, wie sie der damalige Gruppenleiter „Ost“ in der Operationsabteilung des Generalstabes des Heeres, Oberstleutnant i. G. Graf Kielmannsegg, sah.

Befehl des Führerhauptquartiers: „6. Armee nimmt Stalingrad"

Der Entschluß zur „Operation Blau" war im Frühjahr nach der endgültigen Stabilisierung der durch die Rückschläge des Winters so bedrohlich ins Wanken gebrachten Ostfront gefaßt worden, ein nochmaliger wuchtiger Offensivstoß der Russen im Raume von Charkow mit erheblichen Anfangserfolgen brach im Mai nicht nur vollkommen zusammen, sondern verwandelte sich in eine russische Niederlage von beträchtlichem Ausmaß. Es war klar geworden, daß trotz des beabsichtigten Einsatzes starker verbündeter Kräfte die Truppenführung nicht mehr imstande schien, wie im Vorjahre eine Offensive auf der ganzen Front zwischen Schwarzem Meer und Ostsee zu eröffnen. Es stand dieselbe Frage zur Debatte wie 1941 nach den großen Grenzschlachten. Wie man angreifen sollte und mit welchen Zielen, und wieder fiel die Entscheidung Hitlers für den südrussischen Raum, gegen den Raum um Moskau, wenn auch auf Grund der veränderten Situation und mit stichhaltigeren Motiven.

Der Stoß auf Moskau bedeutete die Möglichkeit der Zerschlagung der Hauptkräfte der Russen, die er zweifellos zur Verteidigung der Hauptstadt bereithielt, nicht etwa, weil es die Hauptstadt war, sondern wegen der vielfachen höchst realen und großen Bedeutung dieses Punktes, vor allem auf Grund der Streckenführung des gesamten sowjetischen Verkehrs- und Nachrichtenwesens westlich des Ural. Geringer oder zumindest weniger sichtbar war vor allem die wirtschafliche Bedeutung. Die Moskau-Lösung konnte man als die „militärische" ansprechen, denn der Soldat wird, wenn er folgerichtig denkt, immer auf dem Standpunkt stehen, daß die Zerschlagung der feindlichen Hauptstadt ihm, wenn vielleicht auch nicht sofort, automatisch den wirtschaftlichen Erfolg bringen wird, denn wenn keine oder nicht ausreichende feindliche Truppen mehr vorhanden sind, muß die wirtschaftlich wichtige Gegend ihm früher oder später in die Hand fallen, ohne daß er unmittelbar um sie kämpft.

Die Stalingrad- und Kaukasus-Lösung bedeutete dagegen das Primat der wirtschaftlichen und politischen Denkweise, die erhofft, auf dem Umweg über die Zerstörung oder Ausschaltung der industriellen und ernährungsmäßigen Hauptgrundlagen des Gegners sein Kriegspotential so zu treffen, daß ihm eine noch so starke im Feld stehende Wehrmacht nichts mehr nützt. Die Überlegungen Hitlers waren gekennzeichnet durch die Stichworte: Ukrainisches Getreide und Vieh, Kohle und Eisen vom Donez, Öl im Kaukasus, Sperrung der Wolga, Haltung der Türkei und — als Fernziel — der Vordere Orient als Ölquelle der englischen Flotte und Landebrücke nach Indien.

Die Wirkung der wirtschaftsbedingten Strategie ist vielleicht die sicherere und tödlichere, aber eine langsame, und der sie anwendet, muß selbst wirtschaftlich sehr stark sein, viel Zeit haben und über einen langen Atem verfügen. Alle drei Punkte trafen auf Deutschland nicht zu, jedenfalls nicht in ausreichendem Maße. Die Stärke des Reiches und Überlegenheit lag dagegen in den rein militärischen Möglichkeiten des Angriffes. Deutschland war materiell und moralisch noch so stark, daß nicht einmal die Winterkrise die operative Handlungsfreiheit mehr als vorübergehend hätte lähmen können.

Wenn auch dem Chef des Generalstabes, Generaloberst Halder, die „Moskau-Lösung" lieber gewesen wäre, glaubte er sich den wirtschaftlichen und politischen Erwägungen nicht verschließen zu dürfen, und so erhob er zwar Einwände, aber keine grundsätzlichen Bedenken gegen die Südlösung. Die Entscheidung war zweifellos eine sehr wichtige und schwierige. Sie fiel durch Hitler für die Stalingrad-Lösung mit der späteren Perspektive des Stoßes auf den Kaukasus.

Der „Plan Blau" sah eine Offensive mit Schwerpunkt auf dem linken Flügel im Südteil der Ostfront vor, die, grob gesagt, von Taganrog am Asowschen Meer in allgemein nordwestlicher Richtung verlief. Zwei Heeresgruppen sollten die Träger der Operation sein, rechts „A" mit der 17. Armee und der 1. Panzerarmee, links „B" mit der 4. Panzerarmee, der 6. Armee und der 2. Armee. Dahinter folgten in breiter Front, vorderste Teile bei den Angriffsspitzen, vier verbündete Armeen, und zwar zwei rumänische, eine italienische und eine ungarische. Der Schwerpunkt lag bei der nördlichen, von Feldmarschall von Bock geführten Heeresgruppe und innerhalb dieser wieder bei der 6. Armee. Man wollte, am nördlichen Flügel von Woronesh durchbrechend, dann einschwenkend mit dem Don als Flankenschutz, die Wolga beiderseits Stalingrad und den hier von Ost nach West gerichteten Unterlauf des Don erreichen.

Soweit ging die feste Planung. Der Vorstoß nach dem Kaukasus war zwar vorgesehen, aber nicht fest einkalkuliert. Es galt nicht als ausgeschlossen, daß der eigentliche Stoß zum Gebirge erst zum Frühjahr 1943 erfolgen könne, also eine ziemlich reale Einschätzung des Möglichen.

Es ist oft und mit Recht gefragt worden, warum man die kampfwertmäßig zweifellos schwachen Verbündeten in geschlossenen Armeeverbänden und noch dazu diese nebeneinander eingesetzt hat und nicht nach der bewährten „Korsettstangenmethode". Dies hatte politische Gründe, vor allem Antonescu und Mussolini gegenüber, die diesen geschlossenen Einsatz zu ihren Hauptbedingungen gemacht hatten, wenn sie so starke Kräfte auf diesen fernen Kriegsschauplatz brachten. Abgesehen von der Zwangslage, in die uns der ungeheure Kräftebedarf zur Füllung des Raumes versetzte, glaubte man wohl, das zweifellos vorhandene Risiko eingehen zu können, weil die Verbündeten bis auf ganz wenige Verbände an dem eigentlichen Offensivstoß nicht teilnehmen, sondern hinterhergeführt werden sollten. Sie würden also zu ihrer Abwehraufgabe, an dem ein starkes Naturhindernis darstellenden Don, frisch eintreffen. Zudem war vorgesehen, hinter ihnen eine ausreichende Anzahl guter deutscher Divisionen wie eine Perlenschnur aufzustellen, die etwaige Pannen im Gegenangriff zu bereinigen in der Lage waren.

Schließlich überschätzte man wohl, vor Beginn der Operation, den Kampfwert der verbündeten Divisionen. Dieses mag seinen Grund zum Teil darin haben, daß bisher Rumänien, Ungarn und Italien mit nur wenigen expeditionskorpsartigen Verbänden auf dem östlichen Kriegsschauplatz aufgetreten waren, die sich relativ gesehen nicht schlecht geschlagen hatten, vor allem die Rumänen. Trotz alledem wäre das „Korsettstangensystem" besser gewesen und wurde auch vom Oberkommando des Heeres angestrebt, aber seine Verwirklichung ließ sich nicht durchführen. Selbst später nach Zerschlagung der verbündeten Armeen gelang dies nicht durchweg und nur unter ständigen Schwierigkeiten. — Die Italiener, um dies hier einzuschalten, verschwanden ganz aus dem Osten. Die Ungarn wurden nicht mehr an der Front eingesetzt, jedenfalls nicht, bis sich der Krieg den ungarischen Grenzen näherte, und nur die Rumänen blieben in der Front.

Ungefähr zehn Tage vor dem beabsichtigten Angriffstermin (am 18. Juni) — der Aufmarsch war taktisch und versorgungsmäßig fast fertig — flog der Ia der 23. Panzer-Division, die an der Hauptdurchbruchstelle westlich Woronesh kämpfen sollte, mit einem Storch, befehlswidrig, mit den ganzen Korpsbefehlen in der Tasche, zur Front, um eine Lufterkundung des Bereitstellungsraumes seiner Division vorzunehmen. Er verflog sich in dem unbekannten Gelände, geriet über die eigene Linie und wurde kurz vor dieser im Niemandsland abgeschossen. Ein sofort eingesetzter Stoßtrupp erreichte zwar den Storch, fand aber nichts mehr von dem Piloten, dem Ia und seinen Papieren. Auch Spuren für den Tod der beiden Insassen waren nicht zu entdecken. Eine Nachprüfung des Inhaltes der in Verlust geratenen Befehle ergab, daß diese unnötig ausführlich auf die großen operativen Absichten eingingen, so daß dem Russen zumindest klar sein mußte, daß hier ein entscheidungssuchender Großangriff geplant war.

Eine Situation in ihrer fatalen Bedeutung ähnlich derjenigen im Jahre 1940, als der Westplan in belgische Hände geriet. Damals konnte man es sich leisten zu verschieben und einen neuen Aufmarsch durchzuführen, in Rußland verbot die vorgeschrittene Jahreszeit dieses Vorgehen. Man stand also vor der unerfreulichen Wahl, entweder auf die Operation zu verzichten, und damit den Russen wie 1942 die Initiative zu überlassen oder sie wie geplant durchzuführen, also den sehr wichtigen Faktor der Überraschung aufzugeben. Hitler entschied sich in Übereinstimmung mit dem Chef des Generalstabes, die Offensive wie geplant zu starten. — Zur Täuschung wurde lediglich ein begrenzter Teilangriff etwa in der Mitte des Abschnittes eine Woche vorher durchgeführt, der sich reibungslos in den Gesamtplan einfügte.

Deutscherseits konnte man sich kein klares Bild davon machen, was der Russe nun tatsächlich erfahren und vermutet habe. Es ergaben sich zwar verschiedene Anzeichen dafür, daß er zumindest bis zu dem Unglücksflug zwar wohl mit einem Stoß in der Gegend westlich Woronesh rechnete, aber dann mit einem Eindrehen nach Norden, also auf Moskau. Er scheint also die als „militärisch" bezeichnete Lösung erwartet zu haben und dem entsprach auch sein Verhalten in der Abwehr.

Der Widerstand vor Woronesh war sehr stark, und der Russe versuchte mit allen Kräften, den Durchbruch hier zu verhindern. Als ihm dies nicht gelungen war, ließ der Widerstand ganz erheblich nach, und zwar um so mehr, als sich die deutsche Offensive nach Süden ausdehnte.

In den ersten drei Wochen überstürzte sich das Tempo des Vorwärtskommens so, daß es alle Zeitberechnungen weit hinter sich ließ. Es klingt merkwürdig, aber gerade darum war das Feindbild so schwer zu erfassen und man konnte sehr verschiedener Ansicht sein. Das schnelle Ausweichen, verbunden mit erbitterten Kämpfen zäher Nachhuten, konnte verschiedene Gründe haben:

1. Der Russe war vernichtend geschlagen, dieses traf aber sichtbar nur für den Teilabschnitt Woronesh zu. Im großen sprachen hiergegen die relativ geringen Gefangenen- und Beutezahlen.
2. Er hatte seine Südfront sehr schwach besetzt gehabt und seine Hauptkräfte zum Schutze des Moskauer Raumes versammelt. Ein Herunterwerfen namhafter Kräfte von dort nach Süden konnte er zeitlich nicht schaffen, da ihm westlich des Don keine Bahnlinie mehr zur Verfügung stand.
3. Mag er nun im Südabschnitt stark oder schwach gewesen sein, er führte nach der gescheiterten Abwehr vor Woronesh einen planmäßigen weiträumigen Rückzug hinter Don und Wolga durch.

Da im Oberkommando des Heeres kein klarer Eindruck über Lage und Absicht beim Feind zu erhalten war, schickte der Chef des Generalstabes des Heeres den Ia der Operationsabteilung, Graf Kielmannsegg, in der zweiten Julihälfte zu den Angriffsarmeen und Divisionen, um sich ein Bild an Ort und Stelle zu machen. Der klare Eindruck, den Graf Kielmannsegg erhielt und den er dem Chef des Generalstabes vortrug, war, daß auf zwei Drittel der Angriffsfront der Russe nicht mehr gestellt worden war. Daraus ergaben sich zwei Folgerungen:

Entweder, bei Annahme starker gegnerischer Kräfte im Süden, waren diese entronnen, und man mußte irgendwann und irgendwie mit ihnen rechnen, oder aber es waren tatsächlich wenig Kräfte vorhanden gewesen.

In diesem Falle würden russischerseits über zahlreiche freie Kräfte im Raum um Moskau verfügt werden und diese würden dann irgendwann und irgendwo auf dem Kampffeld erscheinen. Das bedeutete, daß unsere Ziele trotz des enormen Erfolges nicht ins Uferlose gehen durften, um möglichen russischen Gegenmaßnahmen gewachsen zu sein.

Hitler blieb in einer völlig falschen Beurteilung der Feindlage vor allem bei der 6. Armee und im Überschätzen der eigenen Möglichkeiten befangen.

Aus dieser Zeit, d. h. Ende Juli, datierte der Entschluß, Stalingrad und den Kaukasus gleichzeitig anzugreifen. Die 6. Armee erhielt „Richtung auf Stalingrad“ und die 1. Panzerarmee „den Don nach Süden zu überschreiten und zum Kaukasus durchzustoßen“.

Das rasche Fortschreiten der Offensive hatte eine Versorgungskrise, vor allem bei den vorgeprellten Panzerverbänden der 6. Armee, zur Folge. Durch die Nachschubverzögerung trat eine unvorhergesehene Spannung ein. Obwohl die Versorgungsberechnungen naturgemäß nach dem angenommenen Zeitbedarf für die einzelnen Phasen des Angriffs aufgebaut waren, konnte der Nachbau der sogenannten Eisenbahnspitzen nicht schnell genug folgen. Eine der Schwächen, der bei weitem nicht ausreichende motorisierte Großkolonnenraum, trat nun verhängnisvoll in Erscheinung.

Die Heeresgruppe wollte nun, wenn auch schweren Herzens, das Angriffstempo diesen Schwierigkeiten anpassen, die in erster Linie in der Betriebsstofflage entstanden waren. Die gesamte Erzeugung im deutschen Bereich war so, daß eine nennenswerte Bevorratung für die Offensive nicht hätte durchgeführt werden können. Die laufende Erzeugung deckte den Bedarf an sich.

Besonders was die Panzerverbände anging, reichte der Betriebsstoff nur noch für die eine oder andere Stoßrichtung. Hitler verfügte nunmehr die schwerpunktmäßige Zuführung des Betriebsstoffes zu den nach Süden gerichteten Armeen und verstärkte diese noch durch den Fortzug von zwei Panzer-Divisionen von der 6. Armee zur 1. Panzerarmee. Der 6. Armee verblieb noch ein Panzerkorps, und für dieses glaubte man Betriebsstoff bis Stalingrad zu haben. Im übrigen hielt Hitler ein so schnelles Tempo für nicht mehr so notwendig, da er den Russen als völlig geschlagen ansah. In Richtung Kaukasus dagegen drängte er vorwärts, und so ist dieser „Betriebsstoffentschluß" Hitlers nicht nur zeitlich, sondern auch ideenmäßig als Wegbereiter des verhängnisvollen Doppel-Entschlusses anzusehen. Feldmarschall von Bock mußte wegen der Meinungsverschiedenheiten mit Hitler über diesen Punkt gehen. Der Vormarsch rollte zunächst weiter, um dann bei der 6. Armee noch vor Erreichung des großen Don-Knies westlich Stalingrad aus Betriebsstoffmangel zum Stehen zu kommen.

*

In Nikolskoje erreichte die 6. Armee am 19. Juli offiziell der Angriffsbefehl auf Stalingrad. Man ließ sich nicht aus der Ruhe bringen, aber von Freude konnte nicht die Rede sein.

Nach Säuberung des westlichen Donufers im Abschnitt Katschalinskaja-Werchny-Tschirskaja wurde die Lage im großen Donbogen westlich Ilowinskaja bereinigt. Damit waren die Voraussetzungen zum Angriff über den Don gegeben.

Die 4. Panzerarmee hatte um diese Zeit über den Don nach Süden vorstoßend die Höhe von Kotelnikowo erreicht.

Der Sprung der 6. Armee in ihren Schicksalsraum

In der Armeeführung sah man die Dinge so nüchtern, wie sie waren. Der Armeebefehl für den Angriff auf Stalingrad vom 19. August 1942 ist dafür das beste Zeugnis:

Geheime Kommandosache

Armee-Oberkommando 6
Ia Az. 1 Nr. 3044/42 g. K.

A. H. Q. . den 19. August 1942
18.45 Uhr
11 Ausfertigungen
9. Ausfertigung

A r m e e b e f e h l
für den Angriff auf Stalingrad
(Karte 1:100.000)

1. Der Russe wird den Raum um Stalingrad hartnäckig verteidigen. Er hat die Höhen auf dem Ostufer des Don westlich Stalingrads in großer Tiefe zur Verteidigung ausgebaut und besetzt.
   Es ist damit zu rechnen, daß er Kräfte, dabei auch Panzerbrigaden, um Stalingrad und nördlich der Landbrücke zwischen Don und Wolga für Gegenangriffe bereitgestellt hat.
   Bei einem Vorgehen über den Don auf Stalingrad rechnet die Armee daher mit Widerstand in der Front und mit Gegenangriffen größeren Ausmaßes gegen die Nordflanke des eigenen Stoßes.
   Es ist möglich, daß durch die Vernichtungsschläge der letzten Wochen dem Russen die Kräfte für einen entscheidenden Widerstand fehlen.
2. 6 Armee setzt sich in den Besitz der Landbrücke zwischen Don und Wolga nördlich der Eisenbahn Kalatsch-Stalingrad und sichert sich nach Osten und Norden.
   Die Armee überwindet hierzu den Don zwischen Peskowatka und Ostrowskij, Schwerpunkt beiderseits Wertjatschi. Unter ständiger Abdeckung nach Norden stößt sie alsdann mit ihren schweren Verbänden über den Höhenzug zwischen der Rossoschka und dem Quellgebiet der B. Karennaja in den Raum hart nördlich Stalingrad bis an die Wolga durch, während gleichzeitig Teilkräfte von Nordwesten in die Stadt eindringen und sie nehmen.
   Dieser Stoß wird in der Südflanke durch Vorgehen von

Teilkräften über den Mittellauf der Rossoschka begleitet, die südwestlich Stalingrad die Verbindung mit den von Süden vorstoßenden schnellen Verbänden der Nachbararmee herstellen.

Gegen den Raum zwischen den Unterläufen der Rossoschka und der Kartowka und dem Don aufwärts Kalatsch wird von Nordosten her zunächst nur mit schwachen Kräften gesichert. Dieser Raum soll von Nordosten her aufgerollt werden, sobald die von Süden gegen die Kartowka vorgehenden Kräfte der Nachbararmee heran sind.

Mit fortschreitendem Angriff auf dem Ostufer des Don sollen am Westufer des Flusses abwärts Malyj nur schwache Kräfte zur Sicherung stehenbleiben, die sich später durch einen Vorstoß über den Fluß beiderseits Kalatsch an der Vernichtung der dort stehenden Kräfte beteiligen.

3. Aufträge:

XXIV. Pz. K. sichert den Don von der rechten Armeegrenze bis Lutschinskoj (ausschl.) und bereitet mit 71. I. D. unter Belassung schwächster Sicherungen am Don Bildung eines Brückenkopfes beiderseits Kalatsch mit anschließendem Vorstoß dieser Div. nach Osten vor.

Herauslösen des Gen.Kdos. zu anderweitiger Verwendung ist vorzubereiten.

LI. A. K. gewinnt einen weiteren Brückenkopf über den Don beiderseits Wertjatschi. Hierfür werden ihm artilleristische, Pionier- und Verkehrsregelungskräfte, Panzerjäger und erforderliche Nachrichtenmittel des XIV. Pz. K. vorübergehend unterstellt.

Sobald das XIV. Pz. K. durch den Brückenkopf nach Osten vorgeht, ist es Aufgabe des LI. A. K., dessen Südflanke zu decken.

Hierzu stößt es zwischen Nishne-Alexejewskij und Bol. Rossoschka über den Rossoschka vor, nimmt das Höhengelände westlich Stalingrad in Besitz und stellt nach Südosten vorübergehend die Verbindung mit den von Süden vorstoßenden schnellen Verbänden der rechten Nachbararmee her.

Das Korps nimmt und besetzt alsdann Mitte und Südteil von Stalingrad.

Schwache Kräfte sichern währenddessen zwischen Peskowatka und Nishne-Alexejewskij. Für die Vernichtung der südlich dieser Linie nördlich der Karpowka stehenden russischen Kräfte ergeht rechtzeitig besonderer Befehl der Armee.

XIV. Pz. K. stößt nach Gewinnung des Brückenkopfes durch LI. A. K. aus diesem über den Höhenzug nördlich Malrossoschka und Hp. Konaja nach Osten bis zur Wolga nördlich Stalingrad durch, sperrt die Wolga und unterbindet den Eisenbahnfährbetrieb hart nördlich Stalingrad.

Mit Teilen dringt das Korps von Nordwesten in den Nordteil von Stalingrad ein und nimmt ihn in Besitz. Panzer sind hierzu nicht einzusetzen.

Nach Norden ist auf dem Höhenrücken südwestlich Jersowka und südlich des B. Gratschewaja-Abschnittes abzudecken. Dabei ist engste Verbindung mit dem von Westen herankommenden VII. A. K. zu halten.
VIII. A. K. deckt Nordflanke XIV. Pz. Korps. Hierzu stößt es auf den zwischen Nishnij-Gerassimow und Ostrowskij gewonnenen Brückenköpfen scharf nach Südosten vor und gewinnt, ständig nach Norden einschwenkend, eine möglichst panzersichere Linie zwischen Kusmitschi und Katschalinskaja. Enge Verbindung mit dem XIV. Pz. Korps ist zu halten.
XI. und XVII. A. K. sichern die Nordflanke der Armee.
XI. A. K. im Don-Abschnitt: Melow-Kletskaja (ausschl.) bis zur linken Armeegrenze.
XI. A. K. stellt baldmöglichst die 22. Panzerdivision zur Verfügung der Armee im Raum um Dalij-Perekowskoj-Orechowskij-Sseliwanow bereit.

4. Angriffstag und Zeit sind durch Sonderbefehl geregelt.
5. Trennungslinien siehe besonders ausgegebene Karte.
6. VIII. Fliegerkorps wird den Angriff der Armee zunächst mit Schwerpunkt bei LI. A. K., dann bei XIV. Pz. Korps unterstützen.
7. Armeegefechtsstand ab 21. 8. früh Ossinowskoj.
8. Weitergabe dieses Befehls nur in Auszug an die unterstellten Dienststellen und nur das, was diese wissen müssen.
   Beförderung nicht mit Flugzeug. Die Geheimhaltungsbestimmungen sind nach Inhalt und Verteiler beachtet.

Der Oberbefehlshaber
gez. Paulus

In den Morgenstunden des 16. August hatte das VIII. Armeekorps beiderseits Akatow den Don überschritten und einen Brükkenkopf gebildet, er gehörte zu den sinnlosesten dieses Krieges. Acht Tage später wurde er aufgegeben, dreihundert Tote blieben auf der östlichen Seite.

Am 19. August war die 4. Panzer-Armee aus dem Süden bis auf dreißig Kilometer an die Bahn Stalingrad-Kalatsch herangerückt. Auf der Westseite des Don standen die Angriffsdivisionen der 6. Armee bereit. Die Aufgaben waren verteilt. Das LI. Korps sollte die Brückenköpfe Werjatschij und Peskowatka bilden, damit aus dem gewonnenen Raume das XIV. Panzerkorps mit der 16. Panzer-Division 3. mot. und 60. mot. nach Osten zur Wolga vorstoßen konnte.

Der Angriff über den Don wurde zunächst auf den 19. und schließlich auf den 21. August festgelegt.

Die Angriffstruppen bezogen ihre Bereitstellung im Schutze der

Dunkelheit. Im Angriffsstreifen der 76. Infanterie-Division hatten die Infanterie-Regimenter 516 und 517 ihre Sturmausgangsstellungen eingenommen.

Die Nacht vor dem Angriff war sternenklar, der Wind kam aus Südosten, auf dem Don lagen leichte Nebelschleier. Die Angriffszeit war wegen der Sicht und Aufnahme von Minen auf 3.10 Uhr festgesetzt.

Ohne Feuerschlag setzten die Sturmtruppen der Armee mit einhundertundzwölf Sturmbooten und einhundertundacht Floßsäcken des Sturmbootkommandos 912 über den Fluß. Nach einer Stunde und fünfzig Minuten war das gefechtsstarke Infanterie-Regiment 516 auf dem östlichen Ufer, Infanterie-Regiment 517 brauchte wegen starken feindlichen Widerstandes vier Stunden und zwanzig Minuten.

Bei der 76. ging es nicht so glatt ab; Infanterie-Regiment 178 konnte zwar bei Akimowskij verhältnismäßig schnell den befohlenen Brückenkopf bilden, aber das Regiment 203 stieß auf verzweifelten Widerstand. Um 16.30 Uhr war die Kriegsbrücke Lutschenskij fertiggestellt, der Brückenschlag bei Akimowskij am 22. August um 7.30 Uhr vollendet.

Auf den Zwanzig-Tonnen-Kriegsbrücken lag in der Nacht zum 23. August schweres Bombenfeuer, es wurden nicht weniger als siebenundsechzig Angriffe geflogen. Die Brücken blieben heil.

Der nördliche Don-Übergang der 6. Armee war mit vierundsiebzig Toten und dreihunderteinundfünfzig Verwundeten erkauft. Neunzehn Sturmboote und sechsundzwanzig Floßsäcke wurden zusammengeschossen.

Am 22. August stand die Armee mit den Infanterie-Divisionen 44, 76, 295, 305, 384 und 389 zum Angriff auf Stalingrad bereit, während sich die 71. niedersächsische Infanterie-Division den südlichen Don-Übergang bei Kalatsch erkämpfte. Die Verluste betrugen sechsundfünfzig Tote und einhundertundsechs Verwundete.

„Befehl ausgeführt, Wolga erreicht"

In der Nacht zum 23. August waren die Hauptteile der 16. Panzer-Division in den Bereitstellungsraum bei Akimowskij, der mit fünf Kilometer Länge und zwei Kilometer Breite den Brükkenkopf bildete, gefahren. Die Brücke bei Akimowskij lag während der ganzen Nacht unter ununterbrochenen Bombenangriffen, der Brückenkopf selbst unter schwerem Feuer der russischen Artillerie und Stalinorgeln. Für den Durchbruch zur Wolga waren dem XIV. Panzerkorps unter General v. Wietersheim die 16. Panzer-Division als Stoßdivision, die 3. Infanterie-Division (mot.) und die 60. Infanterie-Division (mot.) unterstellt. Flak-Regiment 37 der 9. Flak-Division begleitete den Vorstoß.

In den frühen Morgenstunden trat die Division zum Angriff an. An der Spitze marschierten die gepanzerten Teile der Aufklärungsabteilung 16 und das Panzer-Regiment 2, auf dem rechten Flügel das Panzer-Grenadier-Regiment 64, auf dem linken das Panzer-Grenadier-Regiment 79, beide Regimenter verstärkt durch Kompanien des Panzer-Pionier-Bataillons 16.

Im Verband des Panzer-Pionier-Bataillons 16 marschierte das Kradschützen-Bataillon 16. Die Batterien des Panzer-Artillerie-Regiments 16 ebenso wie die Panzer-Jäger-Abteilung 16 waren an hervorragender Stelle eingegliedert. Die 3. mot. schloß sich der Stoßdivision an, die 60. mot. folgte mit Abstand.

Das war um 4.15 Uhr.

Sechzig Kilometer sind es bis an das Weichbild von Stalingrad, sechzig Kilometer über Steppe, die kaum einen Baum trägt. An einem Dorf an der Rollbahn kämpfte die Spitze feindlichen Widerstand nieder. Wenn aus einem Haus links oder rechts, aus einem Erdbunker oder einer Feldbefestigung geschossen wurde, fuhr ein MTW für ein paar Minuten aus der Reihe, und dann herrschte wieder Ruhe. Vierhundert Panzer, Schützenpanzer und Spähwagen waren auf dem Marsch, über ihnen zogen Stuka-Geschwader in dichten Rudeln nach Osten, Richtung Stalingrad. Bis zum Tatarenwall gab es kaum Ausfälle, erst in Höhe des Flugplatzes Gumrak verstärkte sich der russische Widerstand, nördlich der Eisenbahn ging der Stoß weiter. Das Weichbild der Stadt, die Front der Wolkenkratzer, die Fabriken sind klar zu erkennen, und als es dunkelte, war die Truppe noch immer längs des Bahndammes. Während das Panzer-Grenadier-Regiment 79 von Punkt 722 die Stoßrichtung auf Rynok nahm, wurde das Regiment 64 auf Spartakowka im Nordteil Stalingrads angesetzt. Das Panzer-Regiment der Division blieb auf der Rollbahn mit dem Auftrag, zwischen Rynok und Spartakowka die Wolga zu erreichen und zu sperren.

Noch tönen vom Strom klagende Schiffssirenen, aber morgen schon wird die Wolga ein toter Strom sein.

Um 18.35 Uhr erreichte im Norden die Spitze des Panzer-Grenadier-Regiments 79 die Wolga. Fast mit ihm zusammen sichteten Stoßtrupps des Panzer-Grenadier-Regiments 64 und die Panzerfahrzeuge des Panzer-Pionier-Bataillons 16 den großen Strom, die Wasserscheide zwischen Europa und Asien.

Der Blick fiel auf das alte Zarizyn, hinter dessen Rücken sich die sandigen Steppen Kasakstans erstrecken und dessen breite Brust im Westen den Kornschätzen des Don und Kuban zugekehrt ist. In entschlossenem Stoß gelang es Teilen des Panzer-Pionier-Bataillons, die Höhe 726 und die viergleisigen Bahnanlagen mit zwei Anlegestellen für die 27 Waggons fassenden Wolgatrajekte zu nehmen und auf der Wolga einen Monitor zu versenken. Die letzte Eisenbahnverbindung, die bislang Stalingrad noch mit der Außenwelt verband, ist in deutscher Hand, ein unter Dampf stehender, in die Stadt abfahrbereiter Zug mit schweren Geschützen und viel Waggons Munition wird angehalten.

In der Nacht igelte die Division auf engem Raum zwei Kilometer ostwärts des Bezugspunktes 722. Mit ihr waren in der vom Landser genannten „Dauerwurst“ eingeschlossen: Generalkommando XIV. Panzerkorps, 16. Panzer-Division, 3. und 60. Infanterie-Division (mot.). Nach Westen war die Verbindung zum VIII. Armeekorps unterbrochen. Der an das XIV. Panzerkorps gehende Fernspruch der 16. Panzer-Division vom 23. August, 23.10, meldete:

> „Kampfgruppe Panzer-Grenadier-Regiment 79 als erste deutsche Truppe 18.35 Uhr Wolga erreicht. Panzer-Regiment 2 besetzt mit einer Kompanie Spartakowka, anfangs schwacher, sich verstärkender Feindwiderstand. Mit starken Angriffen aus Norden ist zu rechnen. VII. Fliegerkorps hat den Angriff hervorragend unterstützt.“

Eine halbe Stunde später funkt das Führerhauptquartier an die Division:

> „16. Panzer-Division hält Stellung unter allen Umständen.
> Adolf Hitler.“

Um diese Zeit fehlten im Norden zwei Infanterie-Divisionen zum Angriff auf Stalingrad. Sie hätten Stalingrad ohne viel Blutvergießen nehmen können.

In Stalingrad aber wurde buchstäblich Stunden vor diesem Erfolg der Widerstand aus dem Boden gestampft. In den letzten Fabriken wurden die letzten Cristi-Panzer zusammengeschweißt, die Arsenale wurden geräumt, alles wurde bewaffnet, was nur eben

Waffen tragen konnte, Wolgaschiffer, Marine, Arbeiter der Rüstungsfabriken, Halbwüchsige, zusammengerufen von Alarmzeichen drohender Gefahr, zusammengetrommelt vom Geheul der Stalingrader Fabrikssirenen und der Sprache der Plakate und Aufrufe. Tausende von Arbeitern strömten zu ihren Sammelpunkten, erhielten Waffen und wurden an die Nordfront geworfen.

Während die Divisionen den Sperriegel, der nach Norden zwölf Kilometer, an der Wolga fünf Kilometer und am Nordrand um Stalingrad neun Kilometer Frontlinie hatte, hielten, vernichteten Teile des Panzer-Pionier-Bataillons 16 unter Leutnant Gerke am 31. Oktober mit einigen leichten MG-Panzern eine über die Wolga gelandete sechshundert Mann starke russische Kampfgruppe, die schon begonnen hatte, die Riegelstellung von Osten aufzurollen.

Die Lage der 16. Panzer-Division wurde kritisch, und am sechsten Tage der Einschließung infolge Munitionsmangel sehr kritisch.

General Hube rief seine Kommandeure zur Besprechung zusammen, machte auf den Führerbefehl aufmerksam, schilderte die Lage und sagte, daß auch in den nächsten Tagen der Nachschubweg noch nicht frei würde.

„Die Munitions- und Treibstofflage erlauben uns nur noch ein erfolgreiches Durchschlagen zum Westen. Ich lehne es entschieden ab, einen sinnlosen Kampf bis zur Vernichtung der Truppe zu führen und befehle somit den Durchbruch nach Westen. Die Verantwortung für diesen Befehl trage ich persönlich und werde ihn an entsprechender Stelle zu rechtfertigen wissen. Ich entbinde Sie, meine Herren, von Ihrem Fahneneid und stellte es Ihnen frei, das Kommando Ihrer Truppe auch für diesen Durchbruch zu übernehmen oder falls nicht, es an einen Offizier zu übergeben, der dazu bereit ist. Die Stellung ist ohne Munition nicht mehr zu halten. Ich handle entgegen dem Führerbefehl."

Es herrschte tiefes Schweigen, und man sah sorgenvolle und vom Kampf gezeichnete Gesichter. In diese entscheidenden Minuten hinein meldete sich ein Offizier des Divisions-Nachschub-Regimentes. Er war im Geleit von zehn Panzern, die aus der Werkstatt kamen, mit einer Nachschubkolonne von zweihundertundfünfzig Lastkraftwagen mit Munition, Brennstoff und Verpflegung, unterstützt von Teilen der 60. und 3. mot. durch die russischen Sperrlinien gebrochen. — Ein Aufatmen ging durch die versammelte, kleine ernste Runde und über das Gesicht von General Hube:

„Meine Herren, es bleibt beim Führerbefehl."

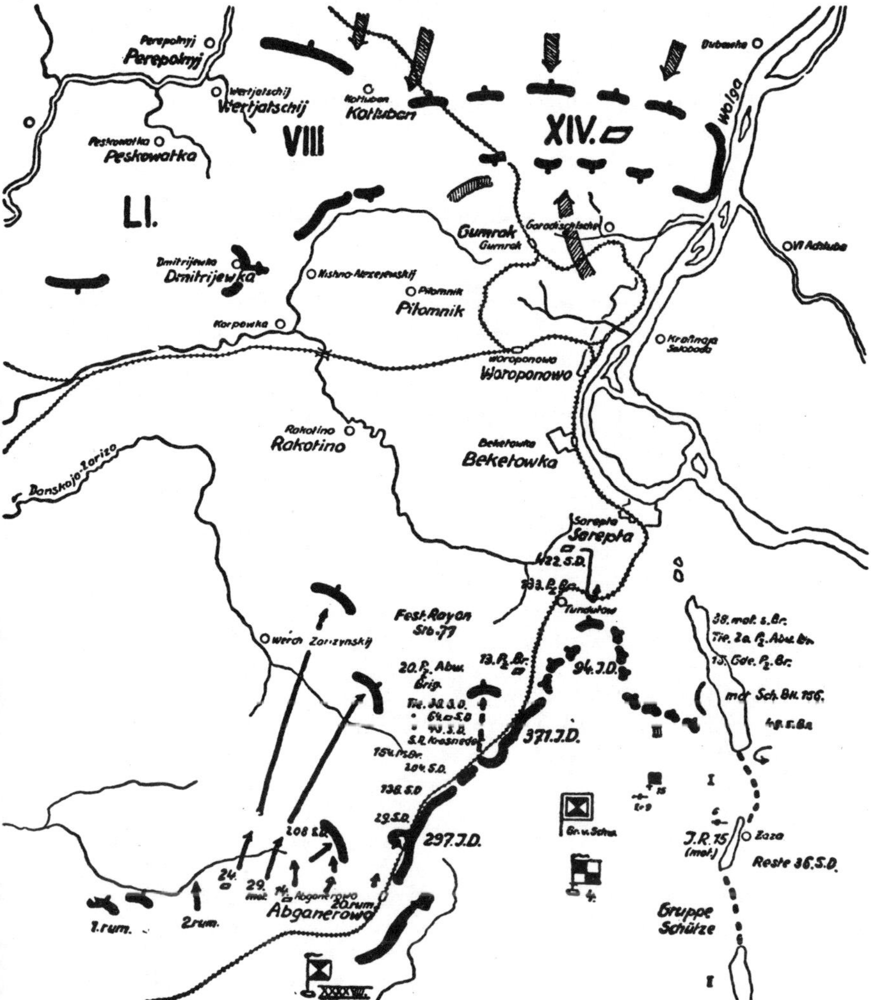

Lage vom 29. bis 31. 8. 1942

Acht Tage danach gab die Sondermeldung des Großdeutschen Rundfunks dem deutschen Volk von diesem Erfolg Kenntnis:

„Mit dem Abschluß dieser Operation ist der 6. Armee der Flankenschutz gegeben und eine Bedrohung aus dem Norden ausgeschaltet."

So sagte der Kommentator.

Der deutsche Soldat stand an der Wolga.

Im Schmelztiegel der Schlacht

Der Vormarsch der Panzer- und mot. Divisionen der 6. Armee ging so schnell vor sich, daß der weitere Verlauf der Kampfhandlungen zufriedenstellend beurteilt werden konnte. Der Fall von Stalingrad selbst wurde in absehbarer Zeit und eine hartnäckige Verteidigung der sowjetischen Streitkräfte erst jenseits der Wolga erwartet.

Nachrichtenmäßig war alles bestens vorbereitet. Die Armee hatte bei ihrem Vormarsch durch das Armee-Nachrichten-Regiment laufend Gestänge bis Golubinskaja, dem neuen Armeesitz, vorgetrieben und dort die Armeevermittlung eingerichtet. Für den Winter plante das Armeeoberkommando die Verlegung des Gefechtsstandes nach Nishni-Tschirskaja. Nach dorthin war ein zweites Gestänge durch das Heeresgruppen-Nachrichten-Regiment gebaut und mit Querverbindung an Golubinskaja angeschlossen. Fernschreibverbindung war auf beiden Gestängen.

Funkverbindung bestand zur Heeresgruppe „B", zur 4. Panzerarmee und der 3. rumänischen Armee. Nach vorn war die Verbindung durch Funk- und Fernsprecher zu den Korps aufgenommen.

Im Horchdienst war eine bei der Armee zusammengezogene Kompanie eingesetzt, die später durch zwei H-Züge der 4. Panzerarmee verstärkt wurde und hervorragende Leistungen vollbrachte.

Die Erwartungen des Oberkommandos des Heeres, Stalingrad sozusagen im Handstreich zu nehmen, erfüllten sich nicht. Die Divisionen verbluteten. Ersatz kam nur tropfenweise an die Front, während die Rote Armee zum Bahnhof Kotluban und über die Wolga unaufhörlich neue Kräfte zuführte. Schwere Angriffe rollten unaufhörlich gegen den Nordriegel.

Das XIV. Panzerkorps hatte bis zu fünfhundert Mann Ausfälle

pro Tag, und eines Tages machte General von Wietersheim die Rechnung auf, indem er dem Oberbefehlshaber sagte:

„Herr General, ich kann mir ausrechnen, wann ich den letzten Mann verliere, wenn das so weitergeht“, und der antwortete ihm:

„Führen Sie die Armee, Wietersheim, oder ich?“

Am 17. September übernahm General Hube das XIV. Panzerkorps, während die Befehlsführung der 16. Panzer-Division an Generalleutnant Anger überging.

Die Angriffe im Norden aber liefen weiter, der Russe versuchte mit allen Kräften durchzubrechen.

Am 8. September wurden aus dreihundertfünfzig angreifenden Panzern einhundertzwei herausgeschossen.

Von da an war Ruhe.

Aber Ruhe war nur an der Nordfront. In Stalingrad ging es um jedes Haus, um Hütten, Fabriken, Hallen, Grachten, Straßen, Plätze, Gärten, Türen, Mauern und Kanäle.

Wer zuerst schoß behielt Recht. Der Kampf ohne Mitleid ging stumm und verbissen vor sich. Der Minierkrieg lief auf höchsten Touren. Schluchten und Steilhänge, Balkas und Häuser bekamen, geboren aus der Stunde, Namen, die den Stalingrader Kämpfern Begriff wurden.

Das Leben kroch unter die Erde. Hüben und drüben. Im pausenlosen Kampf räumten Stalingrads Bewohner auf Befehl der Armee die Trümmer ihrer Häuser und zogen nach Westen. Ein Marsch des Leides. Sie wollten zu den Dörfern jenseits des Don, aber nur wenige schafften es. Tausende blieben auf dem Weg, brachen vor Erschöpfung zusammen, verhungerten, erfroren, starben zusammengekauert. Es war niemand da, der ihnen helfen konnte.

Opfer am Rande der Schlacht oder, wie Oberst Selle einmal geschrieben hat: Tote auf den Hinterhöfen des Krieges.

Immer neue Opfer fraß der Moloch Schlacht. Stuka und Artillerie hämmerten ihre Eisenfäuste in die Trümmer der zäh verteidigten Brückenköpfe.

An diesem Tage ging ein Funkspruch der Armee an das Oberkommando des Heeres:

> „Endgültige Besitznahme der Stadt mit vorhandenen Kräften nicht möglich. Armee bittet um Stoßtrupps und Straßenkampfspezialisten.“

Am 9. November hielt Adolf Hitler im Bürgerbräukeller vor der „Alten Garde“ seine alljährliche Rede:

„Ich wollte zur Wolga kommen, und zwar an einer bestimmten Stelle, in einer bestimmten Stadt. Zufälligerweise trägt sie den Namen von Stalin selber. Den Platz wollte ich nehmen, und, wissen Sie, wir sind bescheiden, wir haben ihn nämlich, es sind nur noch ein paar kleine Plätzchen da. Nun sagen die anderen: ‚Warum kämpfen sie denn nicht schneller?' — weil ich dort kein zweites Verdun haben will, sondern es lieber mit ganz kleinen Stoßtrupps mache. Die Zeit spielt dabei gar keine Rolle."

Viele Stalingrader Soldaten haben diese Worte gehört, sie konnten nicht einmal mit dem Kopf schütteln, so unverständlich schienen sie ihnen. Einer aber nahm sein Gesicht erschüttert in die Hände und murmelte in einem Bunker an der Nordriegel-Stellung:

„Mein Gott, mit ganz kleinen Stoßtrupps... wenn er doch wenigstens Obergefreiter gewesen wäre."

Und noch etwas geschah in diesen Tagen. In Nordafrika waren amerikanische Truppen gelandet, Tobruk und Bengasi gingen verloren und die 8. englische Armee durchbrach bei El Alamain die Stellung des Afrikakorps, und außerdem bereitete die russische Kriegsführung ihre große Offensive gegen die Don-Wolga-Front vor.

Am Abend eines schweren Novembertages erhielt der Kommandeur des Heeres-Pionier-Bataillons 672, Major Linden, vom Armeepionierführer, Oberst Selle, folgenden Befehl:

„Sie melden sich am 7. November 1942 um 9 Uhr mit Adjutanten und einigen Leuten, die Sie zur Führung für einen besonderen Auftrag benötigen, bei der 305. Infanterie-Division in Stalingrad. Alles weitere erfahren Sie dort. Zeit Ihrer Abkommandierung etwa 6—8 Tage. Das Heeres-Pionier-Bataillon 672 bleibt in Kalatsch und führt den Schulbetrieb weiter durch."

Die Armee hatte auf der Donhöhe bei Kalatsch in einem ehemaligen russischen Sanatorium die Armee-Pionierschule unter Leitung von Oberst Mikosch (Kommandeur Pionier-Regiment 677) eingerichtet. In Kursen wurde Unterricht für Offiziere, Unterführer und Mannschaften aller Waffengattungen zur Ausbildung im Stellungsbau, Panzervernichtung und Stoßtrupp-Ausbildung für Häuserkämpfe abgehalten. Zu diesem Schulbetrieb war das Heeres-Pionier-Bataillon abgestellt.

Major Linden erfuhr bei der 305. Infanterie-Division, daß er als Pionierführer zur Durchführung eines Großangriffes gegen die russischen Brückenköpfe auf dem Westufer der Wolga ausersehen war. Zunächst war beabsichtigt, den Brückenkopf im Raume „Kanonenfabrik" und dann den „Tennisschläger" (südlich Kanonenfabrik) zu nehmen.

Zur Durchführung dieses Auftrages wurden die Pionier-Bataillone 50, 162, 294, 305 und 336 zusammengezogen. Das Pionier-Bataillon 389 war auf Zusammenarbeit angewiesen. Die Pionier-Bataillone 50, 162, 294 und 336 waren in Flugzeugen beschleunigt nach Stalingrad geworfen, sie hatten Osterfahrung und waren für die bevorstehenden Aufgaben „voll geeignet".

Der Schwerpunkt des Angriffs sollte bei der 305. Infanterie-Division liegen. Jedem Infanterie-Regiment dieser Division wurde ein Pionier-Bataillon unterstellt.

Noch nie waren bisher im Kriege so viele Pionier-Bataillone zu einem gemeinsamen Kampf auf einem so schmalen Raum eingesetzt worden. Schlagartig sollte der Angriff mit Unterstützung aller Waffen am 9. November erfolgen.

Die Gegend „Kanonenfabrik" war ein riesiges Trümmerfeld, die Ruinen der einzelnen Werkhallen standen teilweise noch mit ihrem Stahlgerippe und Wellblechwänden, die Keller der Häuser und die Gewölbe der Hallen waren vom Gegner zu Unterständen und Stützpunkten ausgebaut, das gesamte Gelände war durch sperrige Trümmer, Eisenteile, Rohlinge von Kanonenrohren, die zu Tausenden dort lagen, T-Träger und Bombentrichter ungangbar und zum Einsatz von Panzern nicht geeignet. Hier mußte um jeden Meter Gelände zäh und verbissen gekämpft werden, und überall lauerte der Tod. Alles war hier gefährlich, hinter jeder Ruine hockten Scharfschützen und eine besondere Gefahr bedeuteten die Kanalisationsanlagen für die Abwässer. Diese mündeten in die Wolga und wurden von der sowjetischen Führung benutzt, um die Reserven heranzuführen. So tauchten dann oft hinter der deutschen vordersten Linie plötzlich Russen auf und man wunderte sich, wie diese dahin kommen konnten. Später kam man dann darauf, und darum wurden die Kanäle immer dort, wo sich Gulli-Deckel befanden, durch sperrige Eisenträger verbarrikadiert.

In der Nacht zum 9. November zogen die Bataillone in ihre Bereitstellungen und schon diese Bereitstellung war für das Pionier-Bataillon 336 verlustreich. Eine Kompanie hatte sich in einer verminten Fabrikhalle gesammelt und bevor der Kampf begann, durch detonierende Minen, achtzehn Mann Ausfälle.

Zur befohlenen Zeit setzte ein Feuerorkan ein, die Stoßtrupps schoben sich bei dieser Feuervorbereitung nach vorn, und als das Feuer vorverlegt wurde, stießen sie in den meisten Fällen durch Brechung jedes Widerstandes bis zu den befohlenen Angriffszielen durch. Aber die Infanterie, die als zweite Welle kam, war zu schwach, um das Zwischengelände abzukämmen.

Die Lage war wie folgt:

Pionier-Bataillon 294 hatte die Wolga erreicht und die Ruinen der Treibstoffanlagen genommen, Pionier-Bataillon 50 nahm zwei Fabriksgebäude und einige Wohnhäuser, blieb aber dann vor der Apotheke und dem Roten Haus liegen. Diese besonders stark ausgebauten Stützpunkte waren nicht zu nehmen.

Pionier-Bataillon 336 setzte sich in den Besitz einiger großer Wohnhäuser und war mit seinen Angriffsspitzen durch eine Straße, die quer zur Wolga verlief, bis zur Divisions-Grenze durchgestoßen. Aber auch hier war die Infanterie im Kampf mit seitlich gelegenen Stützpunkten nicht weitergekommen, und aus diesem Grunde mußten die Spitzentrupps des Pionier-Bataillons 336 teilweise Gelände wieder abgeben.

Diese kurze Schilderung hört sich so einfach an, aber wer Soldat war, weiß, was sich dahinter verbirgt. Die Stellungen und Verhältnisse waren oft so, daß in einem Haus Deutsche und Russen ihre Positionen verteidigten. Der Angriff der Pionier-Bataillone 162 und 389 war gut vorwärtsgekommen, blieb aber vor dem sogenannten Weißen Haus liegen. Die Häuser, um die es ging, waren nur noch Schutthaufen, aber auch um diese Schutthaufen wurde gekämpft.

Die Verluste betrugen zwanzig Prozent, und eine neue Stoßtrupptaktik wurde entgegen der Rede Adolf Hitlers nicht angewandt.

Flammenwerfer und Panzer wurden im Abschnitt Kanonenfabrik nicht eingesetzt. Die Sturmgeschütze kamen nur manchmal zum Einsatz, denn sie konnten dem Angriff der Stoßtrupps nicht folgen und wirkten von rückwärts nur als Feuerschutz.

Die Erfahrungen des ersten Angriffstages zeigten, daß die Pioniere ihre schwere Aufgabe nur meistern konnten, wenn eine starke Infanterie vorhanden war, und diese Unterstützung war von den ausgebluteten Regimentern nicht gegeben.

Am 10. November stand der Führer des Sonderunternehmens vor dem Kommandierenden General des LI. Armeekorps General v. Seydlitz. Das war im vorgeschobenen Gefechtsstand der 305. Infanterie-Division im Schnellhefterblock.

„Wenn man in diesem Gelände schnelle Erfolge haben will, dann muß unbedingt ein verstärktes Infanterie-Regiment zur Verstärkung der 305. Infanterie-Division herangeführt werden, Herr General. Ich weiß, daß die Divisionen an der Wolga alle kampfgeschwächt und in ihren Abschnitten gebunden sind, aber genau so, wie man die Pionier-Bataillone mit Flugzeugen nach Stalingrad gebracht hat, muß man auch ein Infanterie Regiment heranführen können."

Und der General antwortete ihm:

„Wir haben keine Infanterie frei. Nach Erkundungsunterlagen karrt der Russe große motorisierte Verbände bei den rechten und linken Nachbararmeen heran. Die wenigen Panzer-Divisionen, die wir dort zur Verfügung haben, müssen hinter den Rumänen, Italienern und Ungarn bleiben."

„Herr General, bei den Pionier-Bataillonen, die hier eingesetzt werden, handelt es sich um eine Spezialtruppe. Unter den gegenwärtigen Umständen bluten diese Bataillone aus, und im kommenden Frühjahr, wenn die Operationen im großen Rahmen wieder beginnen, fehlen uns diese Spezialtruppen, und ich möchte schon jetzt auf diesen Umstand aufmerksam machen."

„Mein lieber Linden, jetzt kommt es darauf an, den Erfolg, den wir hier an der Wolga haben, ganz zu sichern und zu halten, und wir müssen mit allen im Augenblick zur Verfügung stehenden Kräften dieses Ziel erreichen. Im Frühjahr werden wir weitersehen."

Für den 10. November war ein neuer Großangriff befohlen, der aber auch nur Teilerfolge brachte. Am rechten Flügel der 305. Infanterie-Division verblieb das Pionier-Bataillon 294, um Störangriffe vom Süden abzuwehren, und ebenfalls mußte das Pionier-Bataillon 50 und das Pionier-Bataillon 305 im Schwerpunkt der Division bleiben. Um eine Verstärkung durchzuführen, wurde das Pionier-Bataillon 162 von der 389. Infanterie-Division zwischen den Pionier-Bataillonen 336 und 50 eingeschoben. So war man denn stark genug, um am 13. November in rücksichtslosem Kampf die Apotheke und das Rote Haus zu nehmen, und da man durch Eingänge in diese Gebäude nicht eindringen konnte, so ging der Angriff des 50. Pionier-Bataillons frontal durch die Häuserwände, die durch geballte Ladungen und Hohlladungen gesprengt wurden. Pionier-Bataillon 162 spaltete den Brückenkopf auf und stieß bis zur Wolga durch. Die Verluste der Bataillone waren auf vierzig Prozent angestiegen.

Am 14. November trat der Rest der Spezialtruppe zum erneuten Angriff nach Osten an, während das Pionier-Bataillon 162 nach Norden vorstieß, um einzelne Ruinen, die durch ihre flankierende Wirkung untragbar waren, zu nehmen. Ein kleiner Teil des Brükkenkopfes war noch in russischer Hand, aber täglich erhielten die Russen Verstärkungen an Menschen und Material. An der Wolga fiel das Gelände in einem Steilhang zum Flusse hin ab, und im halben Hang waren die Unterstände des Gegners, während er sich vom Rand des Steilhanges her verteidigte. Vom gegenüberliegenden Wolgaufer auf der Wolgainsel wurde die Verteidigung der russischen Gardearmee durch wirksame Feuerunterstützung schwerer Feuerwaffen erleichtert.

Die Unterstände des Gegners waren durch Stollengänge miteinander verbunden, und nur durch Minieren und Sprengen kam man an diese heran.

Die täglich geführten Angriffe hatten die Bataillone ausgeschlackt, und am 15. November wurden die Angriffsunternehmungen im Raum der Kanonenfabrik infolge der hohen Verluste eingestellt.

Die Stoßtrupptaktik, von der Hitler gesprochen hatte, war gescheitert, und das russische Sprichwort: „Rußland kann nur besiegt werden, wenn der Feind die Wolga überschreitet", hatte sein Recht behalten.

Stalingrad liegt an der Wolga und der Feind stand in seiner Mitte. Die Verteidiger der Trümmer hielten einen Befehl in ihren Händen, an dessen Eindeutigkeit nicht zu zweifeln war.

> „Zurück über die Wolga könnt ihr nicht mehr, es gibt nur einen Weg, und der ist nach vorn. Stalingrad wird durch euch gerettet oder mit euch untergehen."

Wer von der Konsequenz weiß, mit der die russische Führung ihre Absichten durchführt, mußte sich über die Bedeutung dieser Worte im klaren sein.

Sowjetische Brückenköpfe: „Tennisschläger", Krementskaja, Beketowka

Der Kommentator des Großdeutschen Rundfunks erklärte am 17. November:

> „Stalingrad selbst ist vom Norden bis zum Süden mit Ausnahme von zwei Stadtvierteln und einem kleinen Brückenkopf in deutscher Hand."

Das waren Worte, die Wirklichkeit sah anders aus.

Im Stadtgebiet von Stalingrad hielt die 6. sibirische Armee allerdings nur einen fünfzig Quadratkilometer großen Widerstandsraum, den von Eisenbahnlinien umschlossenen und von Bomben und Granaten tausendfach umgepflügten „Tennisschläger“. Aber es gab außerdem noch zwei Brückenköpfe, deren Vorhandensein der Armeeführung schwerstes Kopfzerbrechen machte.

Das war einmal die Donschleife von Krementskaja. Anfang Oktober hatte hier das XI. Korps seine Truppen auf eine Sehnenstellung zurückgenommen, da mit den vorhandenen Kräften eine Säuberung nicht möglich war. Die Front lag jetzt etwa auf der Höhe Melo-Logowski-Jarkowsky.

Mit Funkspruch vom 18. Oktober machte die Heeresgruppe „B“ das Oberkommando des Heeres

„... mit schwersten Bedenken auf die Aussparung der Donschleife von Krementskaja aufmerksam, hielt die Ausräumung des russischen Brückenkopfes für unbedingt notwendig und bat um Zuführung von zwei Divisionen für diesen Zweck.“

Zwei Divisionen wären im Oktober erforderlich gewesen, aber sie waren nicht vorhanden. Was das für die Zukunft bedeuten sollte, werden die Tage nach dem 19. November beweisen.

Dann war noch der Brückenkopf von Beketowka. Die „Glocke“ von Beketowka war tatsächlich ein Pfahl im Fleisch der 4. Panzer-Armee. Zwölf Kilometer zog sich der Brückenkopf im Süden Stalingrads am Wolgastrand entlang, die Tiefe betrug drei Kilometer und umfaßte das Industriegebiet von Krasno-Armeisk-Sarepta bis Beketowka.

In Erledigung der gestellten Aufgabe, ostwärts des Don auf Stalingrad vorzustoßen, hatte die 4. Panzer-Armee in der Septemberhälfte die Mitte der Stadt und damit ihr Angriffsziel erreicht. Die Führung des Kampfes in der Stadt wurde an jenem Tage der 6. Armee allein übertragen und die Trennungslinie zwischen den Armeen entsprechend nach Süden verschoben. Die Führung der Linien war aus dem Kampf und der Gliederung entstanden, sie lag zuerst an der Zaritza und am 15. September hart nördlich der Eisenbahn.

Schon während des Beginnes der Kämpfe in Stalingrad war der 4. Panzer-Armee die Vorbereitung des Unternehmens „Fischreiher“ befohlen —, das bedeutete in der offenen Sprache die Einnahme Astrachans mit schnellen Truppen, und zwar der 14. und 24. Panzer-Division und der 29. mot.

Die Vorbereitung „Fischreiher“ blieb im Anfangsstadium stekken, weil die Panzerarmee damals noch ausreichend mit ihrer ursprünglichen Aufgabe, Vorstoß auf Stalingrad, beschäftigt war und die Operation gegen Astrachan Mittel und Kräfte erforderlich machte, die von der Armee nicht freigemacht und von höherer Stelle nicht zugesagt werden konnten.

Nach Erreichung des Angriffszieles Mitte September trug man sich wochenlang ernsthaft in der Panzerarmee mit dem Gedanken, die „Glocke" von Beketowka auszuräumen, und über die Notwendigkeit waren sich der Oberbefehlshaber der Heeresgruppe ebenso im klaren wie der Kommandierende General des IV. Korps, General von Schwedtler, und der Oberbefehlshaber der Panzerarmee, Generaloberst Hoth.

Das IV. Armeekorps war, auf dem Südflügel der 6. Armee kämpfend, nach Osten nicht weitergekommen.

„Wenn wir das strategische Stalingrad nicht haben", schrieb der Kommandierende General des IV. Armeekorps an den Chef der 4. Panzerarmee, „was hat es für einen Zweck, die Trümmer an der Wolga zu besetzen?" Er sprach damit das aus, was dieser und der Oberbefehlshaber der Panzerarmee selbst schon wußten.

Der Befehl, die „Glocke" zu nehmen, erging von der Heeresgruppe, die Operation bekam den Namen „Herbstlaub". Etwas später kam man darauf, daß „Herbstlaub" das Stichwort der geheimzuhaltenden „Aktiven Gasabwehr" war, und darum verschwand „Herbstlaub" über Nacht in der Geheimkiste und tauchte vierundzwanzig Stunden später als „Herbstreise" wieder auf. Aber auch „Herbstreise" gelangte nicht zur Ausführung, denn durch die Abgabe der im Stadtgebiet von Stalingrad kämpfenden Kräfte der 4. Panzerarmee an die 6. Armee war die Panzerarmee so geschwächt, daß die Durchführung von „Herbstreise" nicht erfolgen konnte. Erst wenn die Panzerarmee ihre Truppenteile zurückerhalten hatte, sollte der Angriff auf den Brückenkopf erfolgen. Mit dieser Kampfführung hatte sich die Heeresgruppe „B" einverstanden erklärt.

Beabsichtigt war im großen gesehen der folgende Operationsverlauf:

a) Angriff bis zur endgültigen Inbesitznahme von Stalingrad,

b) Durchführung des Unternehmens „Herbstreise",

c) Durchführung der Operation „Fischreiher".

Am 17. September schrieb der Chef des Generalstabes der 4. Panzerarmee, Generalmajor Fangohr, in sein Tagebuch: „Fischreiher" wieder verschoben, und am 16. Oktober den Satz: „Fischreiher" endgültig aufgegeben.

Vier zusätzliche Divisionen war die Forderung des ältesten Kommandierenden Generals des Heeres. Die Divisionen kamen nicht, sie waren auch gar nicht vorhanden, statt dessen kam am 18. Oktober eine „Ju“, General von Schwedtler flog nach seiner Krankmeldung „aus Gesundheitsrücksichten“ in die Heimat. Am Flugplatz verabschiedete sich von ihm sein Nachfolger im Befehlsstand, der Kommandeur der 389. Infanterie-Division, General der Pioniere Erwin Jaenicke. Die beiden sahen sich lange in die Augen und gaben sich mehr als einmal die Hand.

Es blieb alles beim alten, die „Glocke“ wurde nicht ausgeräumt, weil der Kampf in Stalingrad von Tag zu Tag härter wurde und die dort eingesetzten Divisionen fest gebunden waren.

Die Gefahr im Norden und Süden Stalingrads blieb drohend bestehen, im Schutz der schwarzen Wälder im Norden bei Krementskaja und des hohen Geländes an der Wolga im Süden marschierten die sowjetischen Offensivdivisionen in ihre Bereitstellungen.

Sorgen in Stalingrad

Im Juni 1941 hatte Generalfeldmarschall von Brauchitsch auf die Notwendigkeit der Winterbekleidung für die Ostfront hingewiesen und alle vorhandenen Bestände in den Nachschub einordnen lassen. Das Heeresverwaltungsamt und der Heeres-Intendant beim Generalquartiermeister hatten im August 1941 ebenfalls die Heranführung von Winterbekleidung angeboten, aber trotz mehrfacher Wiederholung ihrer Bitte wurde sie zurückgewiesen, da der Führer es zu keinem Winterfeldzug kommen lasse.

Der Reichspressechef hatte Anfang Oktober 1941 geschrieben:

> „Der russische Moloch liegt bereits am Boden und wird sich nie mehr erheben.“

Später erlaubte die Transportlage, zum Teil auch die starke Kälte, die Heranführung der Winterbekleidung nicht mehr, und nun trat als „rettender Engel“ Reichsminister Dr. Goebbels auf den Plan, um das wieder gutzumachen, was das Heer angeblich versäumt hatte. Die in gläubigem Vertrauen gespendeten Wollsachen der Sammlung für die Winterhilfe gelangten im Laufe des Jahres 1942 in die rückwärtigen Armeegebiete, denn auch Doktor Goebbels konnte den Transportraum nicht stellen.

Gleichzeitig mit dem Generalquartiermeister hatte auch Feldmarschall von Brauchitsch im August 1942 die Bereitstellung besonderer Winterbekleidung für die Ostfront erneut angefordert, aber Hitler war anderer Ansicht:

„Für eine Besatzungsarmee, die nicht mehr in Kampfhandlungen verstrickt ist, genügt in Rußland durchaus die vorhandene normale Winterbekleidung."

Hitler hatte zwar versprochen, einen Druck auf die Versandaktion der normalen Winterbekleidung auszuüben, aber Versprechungen sind für einen Oberschützen, dessen Füße bereits erfroren sind, nicht einmal halb so viel wert wie ein Feldbecher voll Schnee.

Als die Kälte mit scheußlicher Gewalt eintrat, kam das Transportsystem prompt zum Erliegen, und nun war es zu spät, Wollkleidung und Ausrüstungsstücke noch rechtzeitig an die Front zu bringen. Die für die 6. Armee bestimmten Wintersachen lagen auf der Strecke. 76 Waggons in Jassinowotaja, 19 in Lemberg, 41 in Kiew und 17 in Charkow. Die Strecken waren überlastet, die Leistungsfähigkeit der meist eingleisigen Bahnen beschränkt, die Versorgung der Lokomotiven mit Kohle und Kläranlagen für das in stärkstem Maße kalkhaltige Wasser spielten ebenfalls eine ausschlaggebende Rolle.

Aber nicht nur Kohle und Wasser, sondern der Zustand der Strecken überhaupt war durchaus geeignet, Transporte jeder Art empfindlich zu verlangsamen. Daß nebenbei beim Nachschub Waffen und Munition den Vorrang haben und Bekleidung und Verpflegung danach rangieren, ist kein Geheimnis für den, der den Kampf mit dem Transportraum je mitgemacht hat.

Und da war auch noch das Problem der von der eigenen Spurweite abweichenden Gleise. Außerdem waren die aus Deutschland eingetroffenen Maschinen den Anforderungen des russischen Winters nicht gewachsen, denn der tägliche Nachschub allein für die 6. Armee betrug siebenhundertfünfzig Tonnen. Die Strecken waren derart mit Transport- und Leerzügen verstopft, daß Truppenverschiebungen auf dem Eisenbahnwege so gut wie ausgeschlossen waren.

Die für die Armee bestimmten Bahnsendungen wurden bis Tschir geleitet, dann mit Transportkolonnen bis Kalatsch befördert, von dort gelangten sie auf dem Bahnwege über Karpowka-Woroponowo in den Versorgungsraum der Armee. Die Eisenbahnbrücke über den Don bei Tschir war von den Russen gesprengt worden.

Die vorgeschriebene Winterbekleidung befand sich bis zum letzten Stück am 10. Oktober in der Hand der Truppe, ein besonderer Führerbefehl hatte hierüber Vollzugsmeldung verlangt, die von jedem Divisions-Kommandeur bis zum 15. Oktober unterschrieben sein mußte. Dieses in knapp drei Wochen zu bewerkstelligen, war eine Meisterleistung der Intendantur, es soll ja doch die Wahrheit neben der Wahrheit stehen. Zum Stichtag lagen die befohlenen Meldungen ausnahmslos vor. Daß die bis zum 20. November eingetroffene Winterbekleidung nicht ausreichte, um den gesamten Truppenbedarf zu decken, gehört ebenfalls zu jener Feststellung.

Zur planmäßigen Winterbekleidung gehörten Übermäntel, Schlupfjacken, Überstrümpfe, Kopfschützer, Fingerhandschuhe und Filzschuhe. Nach den Bestätigungen der vorerwähnten Meldung hatte jeder Truppenteil das bekommen, was für ihn notwendig war, und doch fehlte es hier und dort.

Gewiß, die Truppe hatte auf dem Dienstwege die Bedarfsmeldung abzugeben, die Kompanie meldete dem Bataillon, das Bataillon dem Regiment, das Regiment der Division und diese zu guter Letzt dem Korps.

Das Korps faßte den Truppenbedarf zusammen und meldete ihn der Armee. Während dieser Zeit wurde die Kälte von Tag zu Tag unerträglicher und beißender. Durch Ab- und Zugänge in der Truppe verschob sich der tatsächliche Bedarf, und darum waren Nachmeldungen erforderlich, es mußten Rückfragen beantwortet werden, und die Zeit verging, die Kälte wuchs und die Erfrierungen nahmen zu. Einige Male wurden die Termine zur Ausgabe von Kleidungsstücken verschoben oder die Ladungen waren nicht eingetroffen, und wenn es doch endlich soweit war, befand sich die Truppe im Einsatz. Vielleicht waren auch die Fahrzeuge in Reparatur, oder die betreffende Einheit war spurlos unter den Schnee gesunken. Manchmal war kein Sprit da, manchmal fehlte die Unterschrift, und so kam es, daß im ganzen gesehen die Armee ohne Winterbekleidung auf Posten stand, und daran waren nicht der Generalintendant und nicht die dreitausend Intendanten, Stabszahlmeister, Oberzahlmeister, Zahlmeister und Verwaltungsinspektoren schuld.

Rings um Stalingrad, bevor es zur Festung wurde, sammelten sich die Lager an, die der Truppe in Stalingrad fehlten. Bei der Armee selbst gab es nichts zu horten, was bis dorthin gelangte, war ausgegeben. Das eine Magazin gehörte der Luftwaffe, das andere dem Arbeitsdienst, das dritte war reserviert für die Rumänen, das nächste unterstand der „Organisation Todt", das fünfte war der Reserve vorbehalten, das sechste enthielt die Panzersonderkleidung, das siebente war für das Weihnachtsfest sichergestellt, das achte, neunte, zehnte ...

Nur die Truppe in Stalingrad ging leer aus, hundert Kilometer von den vordersten Gräben entfernt trugen andere die Pelzmäntel.

In Millerowo stapelten sich vierzigtausend Pelzmäntel, Mützen und Pelzstiefel und fünfundzwanzig Zentner Mottenpulver.

In Morosowskaja, Tormosin, Tschir, Peskowatka, Tatsinskaja, Obliwskaja und Tscherkowo lagerten 200.000 Hemden, 40.000 Mützen, 102.000 Paar Filzstiefel, 83.000 Unterhosen, 61.000 Tuchhosen, 53.000 Uniformröcke, 121.000 Tuchmäntel, Halstücher, Kopfschützer, Pulswärmer, Handschuhe und Strümpfe.

Und alle Bekleidungslager hatten einen Chef und einen Stellvertreter des Chefs, und einen Rechnungsführer, Kammerführer, Schreibbullen und Wachtposten.

„Es ist alles da", sagten sie, „nur nicht für uns", murrten die Landser in Stalingrad. Beide hatten recht.

Unweit von Peskowatka und Kamyschewskaja lagen Berge von Ausrüstungsgegenständen, die in einem Zigeunerlager helle Freude hervorgerufen hätten. Blaue, rote und grüne Schals, gestreifte und karierte. Hellgelbe Angorapullover, die knapp bis unter die Arme reichten und Gedanken an Mädchen wachrufen konnten. Geringelte Socken in allen Größen, nur nicht die Größen 42 bis 45, Fellwesten mit eingestickten Kronen, Großvaterstrickjacken, Damenfehmäntel, Muffs, Rodelhandschuhe, Mützen mit und ohne Troddel, Hausschuhe, Kamelhaarpantoffel, Kaffeewärmer, Stiefeletten für Schlittschuhe, Fußballtrikots.

Wer vorbeikam, griff zu und stülpte sich über den Kopf, was er für brauchbar erachtete. Ein Haufen Infanterie, der zur 100. Infanterie-Division zählte, verließ das Lager, als sollte er nicht in vorderster Linie, sondern in einem Zirkus zur Maskerade antreten.

Die Szenen, die sich hier abspielten, gehören zu den seltenen Begebenheiten, über die in Stalingrad gelacht wurde.

*

Es gab noch vieles, über das um diese Zeit gesprochen wurde. Einiges davon soll hier erwähnt werden.

Da war die Sache mit dem Stalingradschild.

Der Ic der Armee legte das Fernschreiben zuerst in seine Sorgenmappe und später beim Vortrag dem Chef des Generalstabes auf den Tisch. Der Führer hatte den Entwurf eines Stalingradschildes befohlen. Er sei bis zum 25. November fertigzustellen.

Es gab einen „Krimschild", „Narvikschild", „Cholmschild", warum sollte es für die Stalingrader Soldaten keine sichtbare Auszeichnung geben? Das war der Standpunkt der einen Seite. Die Gegner dieser Auszeichnung stellten sich auf den Standpunkt: „Erst einmal Stalingrad nehmen und dann Dekorationen verteilen."

Am Nachmittag nahm der Oberbefehlshaber von dem Fernschreiben Kenntnis.

„Die Krim und Narvik waren klare Erfolge, Herr General, Stalingrad ist ein Experiment." Das sagte der Chef zum Oberbefehlshaber.

Der Oberbefehlshaber sah aus dem Fenster: „Charkow war auch ein Experiment und ‚Friedericus II.' verwandelte die Gefahr in einen entscheidenden Sieg."

„Wir hatten es mit einem Gegner in offener Schlacht zu tun und dieser Gegner war demoralisiert durch unsere Siege. Damals hatten wir Panzerwagen und heute treten wir auf der Stelle."

„Das Aufderstelletreten bringt uns nicht um die Erfolgschance, lieber Schmidt."

Der General richtete seine klaren Augen auf den Armeeführer.

„Aber es vermindert sie, Herr General."

„Ich finde, wir messen dieser Angelegenheit eine zu große Bedeutung bei."

„Ich finde auch."

Und dabei blieb es.

Der Befehl ging an den Ic Prop, von da an die Propagandakompanie 637.

Die Kompanie beauftragte den Sonderführer und Kriegszeichner Ernst Eigener mit der Durchführung des Entwurfes.

Eigener war von Anfang an dabei. Seit Polen, Frankreich, Rußland und Stalingrad. Überall konnte man ihm begegnen, im Panzer, im Wagen, im Dreck. Aber seine größte Liebe galt dem Menschlichen, der Infanterie und den Pferden, den Krieg haßte er. Die Kameraden sagten von ihm, er könne nicht lachen, aber das stimmt nicht, man sah es nur nicht.

Dinge, die keiner beachtete, fanden Eigeners Interesse. Trümmer, die alle verfluchten, begeisterten sein Künstlerauge. Was anderen zur Last wurde, schöpfte er aus. Artilleriefeuer und Wolken, Sonne und Schlamm, die klaren Nächte, die Nebel der Wolga. Er hatte keine Feinde und wollte später in Rußland bleiben, ein Haus auf der Donhöhe sollte ihm gehören, so sehr liebte er dieses Land.

Ernst Eigener stellte in die Mitte des Schildes den Silo mit der

Trümmerwelt der Wolgastadt, auf die das Antlitz eines toten Soldaten sah. Um den Helm legte er Stacheldraht und schrieb quer über den Entwurf in steilen Worten: Stalingrad.

Der Entwurf wurde vom Führerhauptquartier abgelehnt. „Zu demoralisierend", stand am Rande der Arbeit geschrieben. Einen Tag danach, am 20. November 1942, ist Eigener, 37 Jahre alt, an einem Tag, der voll Sonne war, gefallen. Er blieb, wo er sich später einmal ein Haus bauen wollte, auf der Donhöhenstraße bei Kalatsch.

„Die Sterne sind ewig, aber die Menschen tun so, als ob sie schon morgen nicht mehr da sind."

Das schrieb Eigener drei Stunden vorher.

Lage der Heeresgruppen „A" und „B" Mitte November

Es erscheint in diesem Zeitpunkt angebracht, zusammenfassend auf die Gesamtlage der Heeresgruppe „A" und „B", Mitte November, hinzuweisen.

Die Offensive der Heeresgruppe „A" war an den Nordausgängen des Kaukasus Ende August praktisch zum Stillstand gekommen. Das Fernziel des OKH, über Tiflis nach Bakum und Baku durchzustoßen, wurde nicht erreicht. Man stand einem ungeschlagenen Gegner gegenüber. Diese Tatsache barg schwere Gefahren in sich. Ein Feldzug in den Kaukasus, dessen Nordflügel die Kaspische Küste bei Grozni anstrebte, bedurfte einer operativen Abdeckung gegen den Unterlauf der Wolga, aber diese Abdeckung war nicht auf der Landbrücke zwischen Kalatsch und Stalingrad zu suchen. Sie erforderte in erster Linie eine Kräftegruppe, die im Raume Elista-Kotelnikowo operierend jeden Feindvorstoß über die untere Wolga auffangen konnte. Je weniger man sich dabei von der Industriemetropole Stalins anziehen ließ, um so größer war die Aussicht, die eigenen Kräfte beiderseits Kalatsch und im genannten Raume südostwärts des unteren Don zu operativer Abwehr zusammenhalten zu können. Es kam darauf an, Stalingrad und die Wolga durch Luftwaffe und Fernkampfartillerie zu lähmen, die Erdkampftruppe aber einem mit Sicherheit zu erwartenden Brennpunkt fernzuhalten. In der Verkennung dieser Zusammenhänge seitens der deutschen Obersten Führung lag der Keim des Zusammenbruchs der Operation.

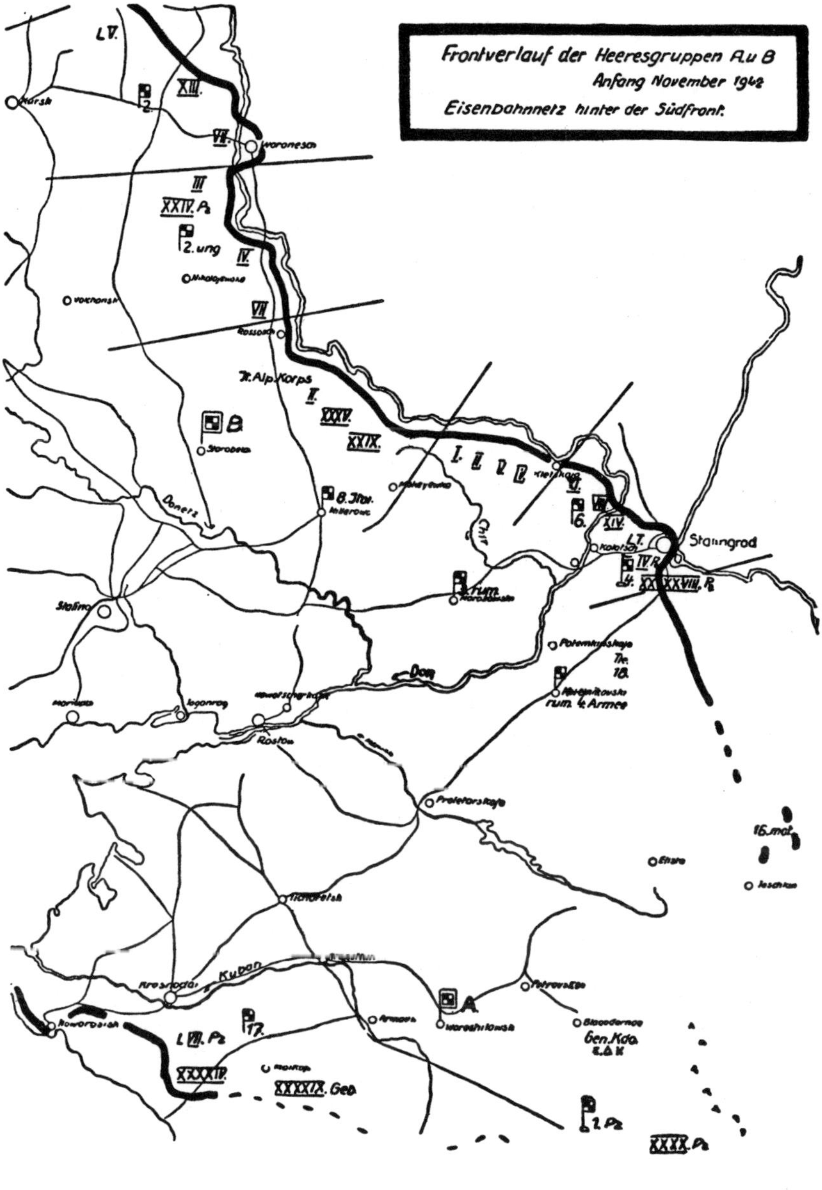
Frontverlauf der Heeresgruppen A u B
Anfang November 1942
Eisenbahnnetz hinter der Südfront
LV.
XIII.
2.
VII.
Woronesch
III
XXIV. Pz
2. ung
IV.
VII
It. Alp. Korps
XXXV.
XXIX.
B
8. Ital.
Donez
Chir
6.
XIV.
LI.
Stalingrad
IV. R.
4.
rum.
Stalino
Don
Taganrog
Rostow
rum. 4. Armee
Proletarskaja
16. mot.
Elista
Tichorezk
Kuban
Krasnodar
A
Armawir
Woroschilowsk
Petrowskoje
Gen. Kdo.
17.
LVII. Pz
XXXXIV.
XXXXIX. Geb
1. Pz
XXXX. Pz

Dazu kam die taktische Überbewertung der Flußläufe, man hätte sonst die in der ersten Planung vom Heeresgruppenkommando „B" sehr wohl ins Auge gefaßte Abdeckungsmöglichkeit der Operation über die Donmündung in einer Sehnenstellung etwa zwischen Meshkowskaja und Tsimlyanskaja ernster in Erwägung ziehen müssen. Aber selbst wenn die Abwehr unter Aussparung der Donschleife von Katschalinskaja in der Linie Kalatsch- Serafimowitsch organisiert worden wäre, hätten sich aus den verfügbaren Kampfgruppen Kräfte aussparen lassen. Die Schlacht um Stalingrad hatte infanteristische Kräfte in nutzlosem Ringen verschlungen.

Der Oberbefehlshaber der Heeresgruppe „B" und sein Generalstab sahen den kommenden Ereignissen mit schwerster Sorge entgegen.

Die Heeresgruppe „A" lag mit der 17. und 1. Panzerarmee zwischen Schwarzem und Kaspischem Meer mit der Front nach Süden und Südosten in einer Breite von siebenhundertfünfzig Kilometer in der Abwehr. Eine frontale Gefahr wurde von seiten der Heeresgruppe zunächst nicht gesehen, dagegen lag die Gefahr in der tiefen offenen Flanke zwischen Terek und Stalingrad.

Der Südflügel der Heeresgruppe „B" hatte mit der 4. Panzerarmee den Raum von Kotelnikowo gewonnen. Am 16. September war für die 4. Panzerarmee der Angriff auf Stalingrad beendet gewesen, sie ging in der Kalmückensteppe nördlich der Straße Elista-Astrachan und an der Wolga südlich Stalingrad zur Abwehr über.

Auf dem rechten Flügel sicherte in einer Breite von vierhundert Kilometer die 16. mot. die Straße nach Astrachan und somit die inneren Flügel der Heeresgruppen „A" und „B". Für diesen Raum war die 4. rumänische Armee vorgesehen, sie war im Anmarsch und stand mit ihren vordersten Teilen etwa fünfzig Kilometer westlich.

Die 16. mot. stand mit Masse im Raum Elista-Chalcutta in der Straße Elista-Astrachan. Zwischen der Straße Elista-Astrachan, westnordwestlich Elista und der Gegend Tundutowo, sicherte in der Steppe auf einhundertachtzig Kilometer Breite in stützpunktartiger Aufstellung das rumänische VII. Armeekorps mit der 8. und 5. Kavallerie-Division, im Anschluß daran bis südwestlich Krassnoarmeysk stand das VI. rumänische Armeekorps mit vier Infanterie-Divisionen (der 1., 2., 4. und 20.).

Die 297. Infanterie-Division lag mit der 371. Infanterie-Division südlich Woroponowo. Es kamen dann mit der Front nach

Osten die 71. Infanterie-Division, die 295. Infanterie-Division, 305. Infanterie-Division, 100. Infanterie-Division, 79. Infanterie-Division, 389. Infanterie-Division und Teile der 16. Panzer-Division. Weiter nördlich lag die 94. Infanterie-Division. Der Nordriegel wurde von der 24. Panzer-Division gehalten, nach Westen schlossen sich die 16. Panzer-Division, die 3. mot., 60. mot., 113. Infanterie-Division und 76. Infanterie-Division an. Westlich des Don lagen die 376. Infanterie-Division, die 384. Infanterie-Division, die 44. Infanterie-Division und die 1. rumänische Kavallerie-Division.

Das XI. Korps lag in Kiseljakow, das VIII. in Peskowatka und das LI. Korps in Gumrak. Das XIV. Panzerkorps hatte seinen Befehlsstand in einer Balka bei Goroditsche.

Geländemäßig verlief demnach die Front vom Süden Stalingrads durch die Stadt bis auf die Höhe von Rynok und dann von der Wolga nach Westen abzweigend über einen Teil des Tatarenwalles bis zum Don. Über den Don hinaus ging sie am Westufer des Flusses entlang bis zur Donschleife von Krementskaja.

Die 3. rumänische Armee hatte als nördlichen Nachbarn die 8. italienische Armee. Weiter donaufwärts beiderseits Ostroozhk lag die 2. ungarische Armee. Ihr standen das XXIV. Panzerkorps unter General von Knobelsdorf, schwere Heeresartillerie und einige Flakverbände zur Verfügung.

Über Woronesh hinaus bis Kursk lag die 2. deutsche Armee.

Vergeblich hatten die Heeresgruppen schon seit September vor dem bevorstehenden Winter gewarnt. Die Heeresgruppe „B“ hatte die Aufgabe von Stalingrad gefordert und vorgeschlagen, sich mit einer Abwehrfront ostwärts Kalatsch zu begnügen.

Alle diese Wünsche begegneten dem vollen Verständnis der Operationsabteilung des OKH. Aber dem Generalstab des Heeres gelang es nicht, die Oberste Deutsche Führung von den im Großraum Stalingrad gegebenen Notwendigkeiten zu überzeugen.

Die Situation im Führerhauptquartier

Während die Divisionen der Heeresgruppen „A“ und „B“ die Nacht zum Tage und den Tag zur Nacht machten und über Nacht und Tag die gnadenlose Faust des Kampfes im Osten lastete, verzehrte hinter den Kulissen des Führerhauptquartiers ein zähes unerbittliches Ringen in wechselvollem Spiel der Kräfte die Nerven der Obersten Führung. Im Führerhauptquartier spielten sich letzte und qualvolle Phasen der Zusammenarbeit zwischen Hitler und dem Chef des Generalstabes des Heeres, Generaloberst Halder ab. In wenigen Fällen war man der gleichen Ansicht, die Gespräche und Wortkämpfe zogen sich oft bis in die späten Nachtstunden hin, und es ist schwer zu sagen, welche Szene die erbittertste war. Das konnte natürlich auf die Dauer nicht gut gehen.

Halder wollte klare Entscheidungen, Hitler wich ihnen aus, Halder hatte seine Stimme gegen die Offensive im Sommer 1942 erhoben, Hitler setzte sich darüber hinweg, Halder war für Kräftesammlung und strategische Defensive, Hitler für Öl und Wolga. Halder wies auf die zur Lösung der operativen Aufgabe geringen Kräfte hin, Hitler lehnte diese Bedenken ab. Halder warnte vor der Stärke des Russen, Hitler war der Ansicht, daß nur Einfältige darauf hereinfallen könnten, und als Halder ihm Feindmeldungen mit immer neu auftretenden Divisionen vorlegte, bezeichnete sie Hitler als plumpe Täuschungsschwindel Stalins. Nein, so konnte das nicht weitergehen. Halder war für Selbständigkeit der Truppenführung. Hitler kommandierte bis in die Regimenter hinein und entschied taktische Einzelheiten, die höchstens der örtlich führende Truppenkommandeur beurteilen konnte.

Aus der geringen Zahl der während der Sommeroperationen gemachten Gefangenen war der militärischen Führung klar ersichtlich, daß die Sowjets planmäßig einer Entscheidung ausgewichen waren.

Die völlige Verkennung der operativen roten Haltung bestärkte dagegen Adolf Hitler in der vorgefaßten Meinung von der totalen Erschöpfung des Gegners.

„Der Russe ist am Ende, in vier Wochen bricht er zusammen." Das war die Grundhaltung, aus der heraus sich die Handlungsweise des Obersten Befehlshabers der Wehrmacht erkennen läßt. Die Meinung änderte sich auch nicht, als Generaloberst Halder die Ergebnisse der Feindaufklärung vortrug.

„Verschonen Sie mich mit so idiotischem Geschwätz."

Das hatte Adolf Hitler gesagt.

Und was hatte Halder zuvor geäußert?

„Im Raume Saratow hat der Russe Truppen in Stärke von einer Million versammelt, ostwärts des Kaukasus eine halbe Million. Die Rote Führung wird dann zum Angriff übergehen, wenn die deutschen Verbände an der Wolga stehen. Stalin wird auf diesem Raum den gleichen Angriff führen wie während der russischen Revolution gegen Denikin."

Und er hatte hinzugefügt:

„Die Russen produzieren monatlich eintausendfünfhundert Panzer, die deutsche Produktion hat ihnen nur sechshundert entgegenzusetzen. Ich warne vor der Krisis, sie kommt bestimmt."

Mit einer Handbewegung hatte Adolf Hitler die Argumente Halders beiseitegefegt. Hitler richtete sein Augenmerk nicht mehr auf operative Notwendigkeiten unter Zugrundelegung militärischer Ziele. Der Krieg wurde nach wirtschaftlichen und politischen Gesichtspunkten geführt.

So war es denn für die Eingeweihten nicht schwer, das Ende dieser „Ehe" vorauszusehen. Am 24. September erklärte Adolf Hitler dem Chef des Generalstabes:

„Ihre und meine Nerven haben gelitten, die Hälfte meines Nervenverlustes geht auf Ihr Konto. Was jetzt noch im Osten zu erledigen ist, bedarf keines fachlichen Könnens mehr, sondern nur noch der Glut nationalsozialistischer Überzeugung. Diese kann ich von Ihnen nicht verlangen."

Zwei Tage vorher, am 22. September, wurde der Chef der Heeresgruppe „West", Generalmajor Zeitzler, in Paris von dem Adjutanten Hitlers, Oberst Schmundt, angerufen. Dieser sagte ihm, er komme nach Paris, um ihn abzuholen. Der Führer wolle ihn sprechen. Um was es ginge, wisse er nicht, aber das „würden der Herr General im Führerhauptquartier erfahren."

Am 25. September meldete sich der ehemalige Chef der Heeresgruppe „West" in Winniza. Hitler erklärte die Lage an der Ostfront und die Fehler, die nach seiner Ansicht dort gemacht waren, gab einen Überblick über die operative Lage, erteilte Belehrungen und schloß mit den Worten:

„Aus diesen Gründen habe ich mich entschlossen, Generaloberst Halder wegzuschicken und Sie zum Chef des Generalstabes des Heeres zu machen."

Generalmajor Zeitzler wurde zum General der Infanterie befördert, und er trat sein Amt in einer Zeit an, die alles andere als rosig war.

Im Norden waren die Angriffe vor Leningrad eingeschlafen, im Abschnitt „Mitte" stand die Truppe in schweren Abwehrkämpfen, und die Offensiven in Stalingrad und im Kaukasus waren festgefahren.

Nachdem sich General Zeitzler als Chef des Generalstabes eingearbeitet hatte, meldete er sich zum Vortrag bei Hitler.

Zeitzler sah die Lage an der Ostfront nicht nur als ernst, sondern geradezu als bedrohlich an. Er wies auf die Schwerpunkte im Norden und Süden und auf das Mißverhältnis zwischen der Größe des Raumes und der geringen Zahl deutscher Soldaten hin. Dann deutete General Zeitzler mit dem Finger auf die Karte: „Die bedrohtesten Stellen an der ganzen Ostfront sind der Nordriegel und die Ostflanke der 4. Panzerarmee. Wenn hier nicht rechtzeitig eine Änderung getroffen wird, muß es zur Katastrophe kommen."

Hitler sah seinen neuen Generalstabschef überlegen an und schüttelte den Kopf:

„Sie sehen zu schwarz, Zeitzler, wir haben im Osten, als Sie noch nicht hier waren, viel schwierigere Situationen erlebt und sind ihrer Herr geworden, wir werden auch das schaffen."

Noch allerlei

Am 8. Oktober meldete sich bei der Armee General der Pioniere Richter. Er kam nicht allein, ein Festungsoberbaustab, zwei Regiments- und sechs Bataillonsstäbe sowie eine Bau-Kompanie befanden sich in seinem Gefolge. Der Auftrag vom Oberkommando des Heeres lautete: „Bau betonierter Befestigungen in Stalingrad."

Man muß einen Augenblick nachdenken, was das bedeutet.

Der Armeepionierführer Oberst Selle dachte länger als einen Augenblick nach.

Bau betonierter Befestigungen! Das bedeutete Zement aus Deutschland, Kies aus dem Asowschen Meer, Holz aus der Ukraine, und eine „ganze Kompanie" sollte bauen.

Der Armeepionierführer tat das Klügste, was er machen konnte, er schlug dem Chef des Generalstabes vor, das halbe Dutzend Stäbe beim Bau rückwärtiger Stellungen einzusetzen, die Baukompanie aber zu vereinnahmen. General Schmidt haute in die gleiche Kerbe, doch wie vorauszusehen war, lehnte das Oberkommando des Heeres den Vorschlag ab.

Da kein Kies und Zement kamen und das bißchen Holz für andere Zwecke gebraucht wurde, ging die Sache aus wie das Hornberger Schießen.

Zwei Tage danach kam ein Führerbefehl:

„Es sind sofort frostsichere, heizbare Bunker für Panzer zu bauen.“ Die Bunker sollten eine wegsichere Anfahrt von dreißig Meter haben.

Es war nicht einmal genug Holz vorhanden, um den Donbrücken einen Eisschutz zu bauen.

*

Auf Befehl der Heeresgruppe „B“ wurde der Korpsstab des XLVIII. Panzerkorps aus dem Verbande der 4. Panzerarmee herausgelöst und hinter die 3. rumänische Armee gelegt. Andere Stäbe standen nicht zur Verfügung, und man wollte im Rücken der Rumänen wenigstens eine deutsche Kommandobehörde haben. Mit der Bezeichnung „Panzerreserve Heim“ war es vorerst getan. Dem Korps wurde die 1. rumänische Panzer-Division unterstellt. Weiterhin wurde die Verlegung der im Bereich der 8. italienischen Armee befindlichen 22. Panzer-Division und der 298. Infanterie-Division als operative Reserve beantragt. Beide Ersuchen wurden vom Oberkommando des Heeres abgelehnt.

*

Am 3. November kam der Plan „Hubertus“ heraus.

Im Rahmen dieses Planes sollte die 24. Panzer-Division mit der Masse aus der Stalingradfront herausgelöst und westlich des Don, nördlich Kalatsch, in Bereitstellungen untergebracht werden. Der Plan „Hubertus“ blieb, was er war, ein Plan. Die beiden Panzergrenadier-Regimenter und das Pionier-Bataillon der 24. Panzer-Division konnten wegen der russischen Ablenkungsangriffe nicht herausgezogen werden, denn es war kein Ersatz für sie da. Für die geplanten Bewegungen war außerdem kein Kraftstoff vorhanden. Dem Plan „Hubertus“ fehlten eben die Menschen und Sprit, sonst war alles in Ordnung.

Auch Verlegungen von Teilen der 14. und 16. Panzer-Division scheiterten an der Unmöglichkeit, die Verbände freizubekommen.

*

Am 16. November fiel der erste Schnee. Die Temperatur sank auf zwei Minusgrade. Der Wind kam aus den Steppen Kasakstans. Es war Eiswind, der durch die Kleidung ging und, wie man so sagt, auch durch die Haut.

Das geschah alles unvermittelt und ohne Übergang.

Das Gewitter ballt sich zusammen

Hatte der zähe Kampf des Gegners um die Landbrücke zwischen Don und Wolga und schließlich um Stalingrad selbst noch als Ringen um Zeitgewinn für die Räumung der wertvollen Industrieanlagen an der Wolga gedeutet werden können, so hatte das Bild sich seit einiger Zeit geändert.

In den dunstigen Fernen jenseits der Wolga und des Don vollzog sich unter meisterhafter Ausnutzung der Nachtstunden ein Aufmarsch von gigantischer Größe.

Die Meldungen darüber gingen bis in den Oktober zurück.

Zuerst meldete das XI. Armeekorps, daß sich im Brückenkopf von Krementskaja und nördlich des Don, durch große Wälder gedeckt, Truppenkonzentrationen abspielten. Die Truppen rollten auf der Bahn von Norden an. Die Luftaufklärung, V-Männer, Gefangene, Überläufer sowie die Ergebnisse des Schallmeßtrupps rundeten das Bild.

Anfang November brachte der Gegner südlich Krasno-Armeisk neue Verbände zum Einsatz. Die 4. Panzerarmee erkannte und meldete laufend, daß sich gegenüber dem Nordflügel des VI. rumänischen Armeekorps und IV. deutschen Armeekorps Angriffsabsichten abzeichneten, die über einen örtlichen Charakter weit hinausgingen, und daß die Feindbewegungen der 6. Armee im Zusammenhang mit den voraussichtlichen Angriffen im Abschnitt der 4. Panzerarmee zum Ziele haben könnten, die deutschen und rumänischen Verbände im Kampfraum Stalingrads einzuschließen.

Die 4. Panzerarmee stellte starke russische Bewegungen ostwärts und nordostwärts Stalingrads auf Raigorod und Begetowka fest. Ab Mitte November waren Konzentrationen südlich Raigorod gemeldet.

Das XIV. Panzerkorps meldete, daß der Russe von Osten nach Westen starke Kräfte verschiebe und alle Stalinorgeln von der Nordfront abziehe, und die Ic-Meldung der 6. Armee an den Oberbefehlshaber lautete: „Die Feindaufklärung hat das Vorhandensein von acht russischen Armeen, darunter zwei Panzerarmeen, bestätigt. Es ist im Offensivfall zum erstenmal mit Panzerbrigaden zu rechnen.“

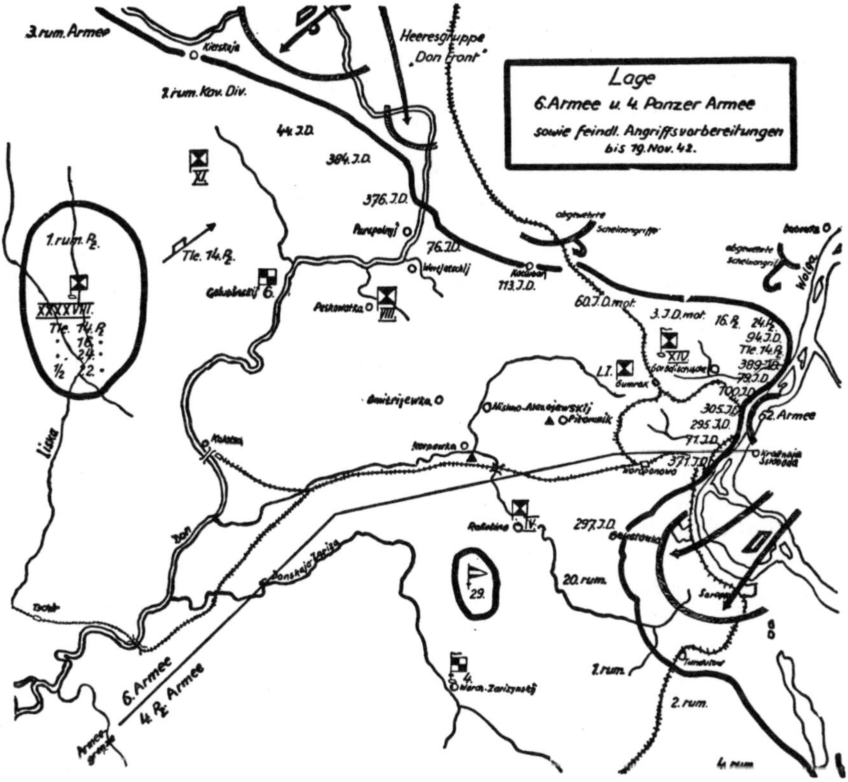

In den Ic-Bunkern war Hochbetrieb. So wie andere kostbares Porzellan und seltene Blumen sammeln, so sammelt man hier die Namen und Nummern von Divisionen. Es waren alte Bekannte darunter, Divisionen, die schon längst verschwunden schienen, und ganz neue Nummern. Die Division war doch bei Kiew draufgegangen, der war man bei Targanow begegnet, jene hatte die Heeresgruppe „Mitte" gemeldet und das waren doch Nummern der Fernostarmee. Wer das Bild der Feindlage sah, dem konnte wirklich rot vor Augen werden.

Die Ic-Meldungen lagen dem Chef des Generalstabes und dem Oberbefehlshaber vor. Sie wurden mit entsprechender Lagebeurteilung an die Heeresgruppe und das Oberkommando des Heeres weitergegeben. Nach Starobelsk und Winniza.

Die Forderung des Armeeoberkommandos 6 lautete: „Eine größere Anzahl von Divisionen bereitstellen."

Aus dem gesammelten Material ging klar hervor, daß die rote Führung nördlich des Don zum Gegenschlag ausholte. Der Schwerpunkt mußte im Raum von Serafimowitsch liegen. Er war also gegen die Front der 3. rumänischen Armee gerichtet.

Den dringenden Vorstellungen der Armee und der Heeresgruppe begegnete die Auffassung Adolf Hitlers, daß der russische Angriff, falls er überhaupt erfolgen sollte, nicht im Bereich der 3. rumänischen Armee, sondern weiter westlich gegen die Front der 8. italienischen Armee erfolgen würde.

Die 4. Panzerarmee hatte die gleichen Bedenken wie die 6. Armee, sie war um ihre Ostflanke sehr besorgt. Hier standen keine Reserven zur Verfügung.

Eine Funkaufklärungskompanie war damit beschäftigt, den Aufmarsch der russischen Offensivkräfte abzuhören. Die Aufklärungskompanie war über die russischen Verluste ebenso gut informiert wie über die Sprit- und Munitionslage, die Anzahl der Fähren, Versorgungsmöglichkeiten und Ersatz.

Auch hier wurden die Ergebnisse der Armee weitergemeldet; auch hier wurden sie als Konzentrat an das Oberkommando des Heeres gegeben. Aber auch hier geschah nichts, was der Lage gerecht wurde.

Es mag hier der Hinweis erlaubt sein, daß der Feind die Massierung deutscher Kräfte um Stalingrad kannte und daß ein gelungener Durchbruch über Serafimowitsch nach Süden im Zusammenwirken mit einem Angriff südlich Stalingrads die Armee auf engem Raum zusammendrängen mußte, während der Angriff über Millerowo auf Rostow nur Erfolg versprach, wenn gleichzeitig der Raum von Stalingrad durch Einkesselung ausgeschaltet wurde.

So war denn die Gesamtlage, die kaum zur Verteidigung, geschweige denn zur Offensivkraft reichte, mehr als trostlos.

„Ich weiß nicht, womit ich noch kämpfen soll", sagte General Paulus in den Abendstunden des 18. November auf dem Gefechtsstand der 384. Infanterie-Division zu einem Kriegsberichter seiner Armee.

Diese Worte waren mehr als die traurige Bestätigung eines hoffnungslosen miltärischen Zustandes.

Um die gleiche Zeit meldete der Bericht des Oberkommandos der Wehrmacht:

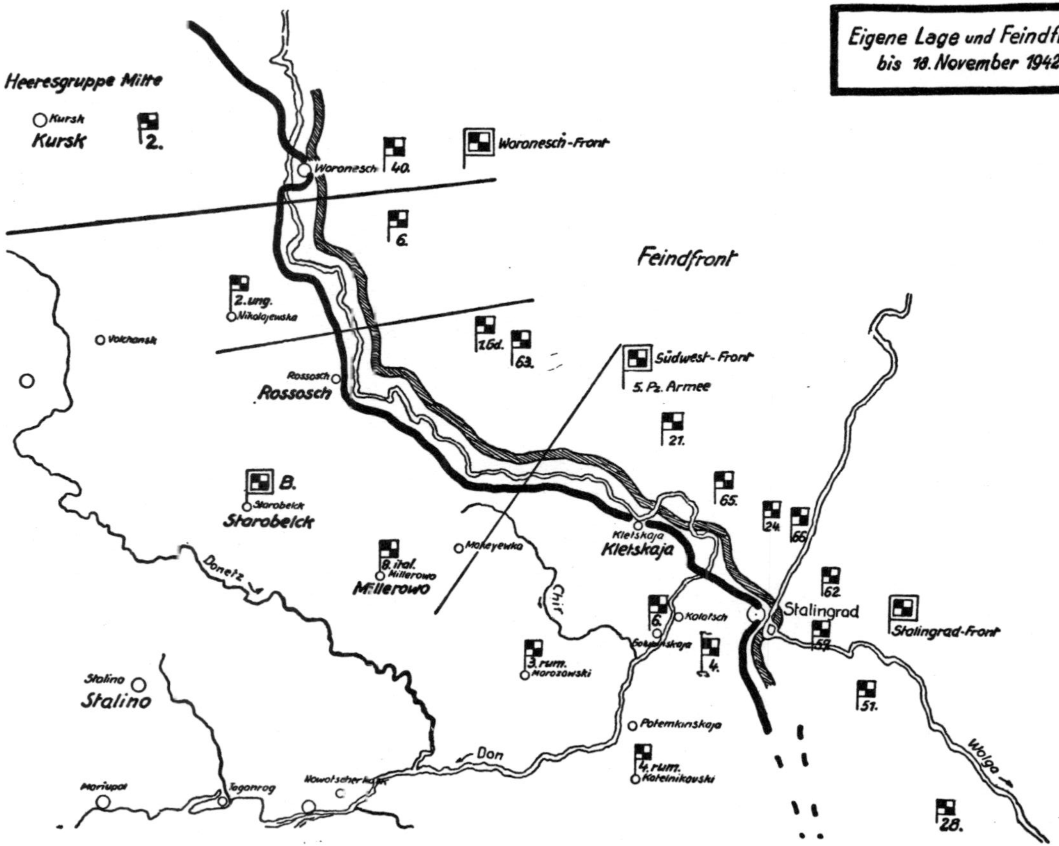

Eigene Lage und Feindfront bis 18. November 1942.

„Im Stadtgebiet von Stalingrad dauern die schweren Häuser- und Straßenkämpfe an."

Der Außenminister des Großdeutschen Reiches, von Ribbentrop, sprach am Abend des gleichen Tages die großen Worte:

„Die Ausräumung des gewaltigen Festungsgebietes ist eine taktische Angelegenheit, die, nachdem die strategische Entscheidung einmal gefallen, von rein sekundärer Bedeutung ist."

Am Vorabend der Schlacht

In der Praxis war folgendes, bestimmt durch die Gegensätzlichkeiten zwischen der Auffassung der örtlichen und der Obersten Deutschen Führung, dabei herausgekommen.

Die Abstützung der 3. rumänischen Armee durch deutsche Verbände war unterblieben. Allerdings hatte Hitler am 16. November auf fortgesetztes Drängen der Heeresgruppe „B" der Verlegung der 22. Panzer-Divison in den Rücken der rumänischen Armee zugestimmt, wer aber die Schwierigkeiten kennt, die den Marsch einer Panzer-Division in Schnee und Eis beeinflussen können, wird sich der Auffassung nicht verschließen können, daß die Unterstellung, den 19. November als Angriffstermin vorausgesetzt, zu spät erfolgte.

Die Einstellung der Kämpfe um Stalingrad war von Hitler ebenfalls verboten. Alle Divisionen der 6. Armee waren gebunden.

So befand sich die Heeresgruppe „B" am Vortage des russischen Angriffes in einer Lage, die den Keim des Mißerfolges in sich trug.

Alle vom Oberbefehlshaber der Heeresgruppe „B" getroffenen Maßnahmen mußten versagen. Sie waren unzureichend. Was geschehen konnte, war Flickarbeit.

Die Feindlage ergab am 18. November folgendes Bild:

Die 2. deutsche Armee in Kursk hatte als Gegner die 4. sowjetische Armee. Diese Armee gehörte zur Heeresgruppe der Woroneshfront.

Der 2. ungarischen Armee lag die 6. sowjetische Armee gegenüber.

Die 8. italienische Armee hatte als Gegner die 1. sowjetische Gardearmee und die 63. Armee.

Am stärksten war die Belastung im Raum der 3. rumänischen und 6. Armee.

Unter dem Kommando der russischen Heeresgruppe der „Südwestfront“ und „Stalingradfront“ standen die 5. Panzerarmee, die 21. Armee, die 65. Armee, die 24. Armee, die 66. Armee, die 57. Armee und in Stalingrad selbst die 62. Armee.

Der 4. deutschen Panzerarmee lag die sowjetische 51. Armee gegenüber.

Den fünf deutschen bzw. verbündeten Armeen standen somit dreizehn sowjetische Armeen gegenüber. Im Stalingrader Kampfraum war das Verhältnis 3:8.

Kampfwert der verbündeten Armeen

Vielleicht ist es angebracht, ein Wort über den Kampfwert der verbündeten Armeen zu sagen, denen eine Donfront von mehr als dreihundert Kilometer zur Verteidigung anvertraut war. Der Kampfwert dieser Verbände ist von der deutschen Obersten Führung in ihren Planungen willkürlich behandelt worden, aber für die örtliche Führung stellte er ein Problem von ausschlaggebender Bedeutung dar.

Es wäre abwegig und ungerecht, die verbündeten Armeen kurzweg mangelnden Kampfgeistes zu bezichtigen, denn besonders rumänische Divisionen haben zum Beispiel unter energischen Führern und nicht zu schwierigen Kampfverhältnissen mehrfach beachtenswerte Einsatzbereitschaft gezeigt. In diesem Zusammenhang ist festzustellen, daß überhaupt nur die Rumänen mit „Ernst bei der Sache“ waren, und ihre bessarabische Nachbarschaft zur Sowjetunion hat sie den Krieg im Osten auch als ihren Krieg empfinden lassen.

Für die Ungarn aber und besonders für die Italiener war das Eindringen in die russische Weite und ihren eisigen Winter eine Angelegenheit der Deutschen geblieben.

Damit sind gewisse ethisch-moralische Grundlagen für die Beurteilung des Kampfwertes der dem Heeresgruppen-Kommando sehr gegen seinen Wunsch zugeführten und unterstellten verbündeten Armeen gegeben.

Sachlich ist noch hinzuzufügen, alle drei Kontingente waren völlig unzureichend bewaffnet und ausgerüstet. Ihr Ausbildungsstand war, wenigstens nach deutschen Begriffen, sehr niedrig und ihre höhere Führung den Anforderungen eines über den Exerzierplatz-Horizont hinausgehenden Kampfes nicht gewachsen. Daß es auch hier Ausnahmen gab, ist selbstverständlich, so war zum Beispiel der Oberbefehlshaber der 3. rumänischen Armee ein vorzüglicher Soldat mit taktischem und operativem Blick, energisch und der gemeinsamen Sache aufrichtig ergeben, und einer seiner Divisions-Kommandeure, General Lascar, hat seinen deutschen Kameraden an Tapferkeit, Umsicht, Entschlossenheit nicht nachgestanden. Daß beiden das Instrument, mit dem sie zu arbeiten hatten, unter den Händen zerbrach, als der Ansturm der Sowjetarmeen kam, war nicht ihre Schuld. Es muß aber auch ausgesprochen werden, daß weder der ungarische, noch der rumänische und am allerwenigsten der italienische Volkscharakter den Anforderungen schwerer Kampfverhältnisse gewachsen sind.

Wo sie überlegener Waffenwirkung ausgesetzt waren und hartem Kampfwillen begegneten, haben sie meist schon innerhalb weniger Stunden versagt.

Dem Heeresgruppenkommando „B", dem rumänische, ungarische und italienische Verbände schon im Jahre 1941 unterstanden haben, waren diese Verhältnisse, die durch innerpolitische Gegensätze in den Reihen des Offizierskorps noch verschärft wurden, durchaus bekannt und sein Oberbefehlshaber stand dem vom Führerhauptquartier geforderten selbständigen Einsatz der Verbündeten mit großer Sorge gegenüber. Doch ruhte die gesamte Operation des Jahres 1942 mit auf diesem Einsatz, durch den allein die ohnehin nicht allzu reichlich bemessenen deutschen Kräfte für die Hauptangriffshandlungen freigemacht werden konnten.

Es war in den ersten Planungen des Heeresgruppen-Kommandos vorgesehen, die 2. ungarische Armee von ihrem linken Nachbarn, der 2. deutschen Armee, aus dem Raum von Kursk im Angriff „mitnehmen" zu lassen und ihr alsdann den vorläufig sicher ungefährdeten Don-Abschnitt beiderseits Ostrogorsk zur Verteidigung zu übertragen. Die über Dnjepropetroswk im Anrollen befindlichen Italiener und Rumänen sollten dem Angriff der 6. deutschen Armee in den Donbogen nachgeführt werden und, da Rumänen und Ungarn nicht miteinander in Berührung kommen durften, so eingesetzt werden, daß die italienische Armee den Don im Anschluß an die Ungarn, die 3. rumänische Armee im Anschluß an die Italiener besetzten.

Da das Angriffsziel der 6. deutschen Armee ursprünglich am Don etwa zwischen Potemkinskaja und Kletskaja lag, hoffte man beim Heeresgruppen-Kommando, genügend deutsche Kräfte zurückhalten und als „Korsettstangen" hinter den verbündeten Fronten liegenlassen zu können.

Zur Verwirklichung dieses Planes ist es nicht gekommen, denn der Führerbefehl, Stalingrad zu erobern, riß die ganze Kampfkraft der 6. Armee in den Wirbel der Kämpfe zwischen Don und Wolga. Italiener und Rumänen mußten im wesentlichen sich selbst überlassen werden, und es kam zu der Lage, in welcher die Heeresgruppe „B" am 19. November vom russischen Großangriff getroffen wurde, und es kam auch zu der Lage, die nach dem Durchbruch russischer Divisionen die Front im Norden bei der 8. italienischen Armee aufrollte und zerriß.

Der Angriff am 19. November kam der Heeresgruppe nicht überraschend, war aber von der Obersten Deutschen Führung falsch gewertet worden, weil sie an der ihr vorschwebenden Meinung von der Erschöpfung des Gegners festhielt, bis die Katastrophe von Stalingrad sie über die wirkliche Lage belehrte.

Der 19. November

Um Mitternacht begann der Schneesturm.

Die Temperatur sank auf sechs Grad, die Sicht war völlig genommen. Es war ein Schweinewetter, und „General Winter" stand offensichtlich auf der Seite der Roten Armee.

Das Land im Raum von Kletskaja und Serafimowitsch ist wie aus einem erkalteten Guß der Schöpfung, die Erdhaut ist in bizarren Formen geronnen, tausend große und kleine Erdbuckel springen vom Schlangenlauf des Flusses den schwarzen Wäldern am Horizont zu.

Die Männer der deutschen und rumänischen Divisionen saßen in ihren Bunkern. Es gibt viele Bunker, aber die Bunker, von denen hier gesprochen wird, sind in der Mehrzahl. Es sind die namenlosen Bunker in namenlosen Gräben und mit namenlosen Männern besetzt. In ihren Bunkern und Höhlen standen sie unter dem Druck dessen, was kommen mußte. Aber sie konnten selbst nichts dazu tun.

Sie zogen zwischen den Eiswänden die Knie hoch, stülpten sich die Decken über den Kopf und rauchten ihre Zigaretten.

Manche Zigarette ist in dieser Nacht nicht zu Ende geraucht worden.

Mit einem Trompetensignal fing es an. Das war um vier Uhr

morgens. Danach trommelte der „Gott des Krieges", wie Stalin die Artillerie genannt hatte. Achthundert Geschütze und Mörser warfen vier Stunden Feuer und Stahl auf die deutschen und rumänischen Stellungen.

Vier Stunden raste die Feuerwand vom Osten und wälzte sich nach Westen. Wo sie sich in die Tiefe fraß, sprangen Sandtürme, Bretter und Balken durch die Luft, brachen die Unterstände auseinander wie Kartenhäuser und taumelte die Erde in Fontänen hoch. Weißglühende Flammenwände fegten über das Land.

Die Mondlandschaft gebar feuerrote Pilze und wirbelte Äste, Beine, Balken, Körper, Metallteile, Waffen, Erdreste, Gruppen, Kompanien, Abteilungen und Regimenter unter den Schnee, den Matsch oder in die Luft.

Die Erde war in einer Breite von drei Kilometern ein Feuerloch.

Um acht Uhr kamen die Panzer.

Die Luft fing das Donnern der Motoren und das Klirren von Eisen und Stahl auf und trug sie der Gefahr, die aus dem Hinterlande kam, voran.

Die grauen Nebelwände wurden lebendig.

Die russischen Panzerwellen kamen wie auf dem Exerzierplatz. Sprenggranaten schlugen Wunden. Hundert Panzer blieben als Rauchsäulen liegen, hundert Panzer fielen durch Mienen und geballte Ladungen. Das waren Lücken in der Panzerwelle, mehr aber auch nicht.

Auf den Panzern saßen Trauben von Menschen. Die Schultern hoch, die Köpfe nach vorn geneigt. Sie hatten Gewehre in den Händen und in den Taschen Handgranaten.

Die deutschen und rumänischen Batterien, die noch nicht unter der Erde lagen, feuerten, was sie konnten. Ohne Sicht, mit Sicht, allein und in Gruppen.

Wie lange seine Divisionen einem massierten Angriff standhalten könnten, hatte der Oberbefehlshaber gefragt, und „Jede Kette ist nur so stark wie ihr schwächstes Glied", hatte General Heitz, der Kommandierende General des VIII. Korps, am Vormittag geantwortet.

Das schwächste Glied in der Kette waren die Rumänen. Ihre Stellungen wurden durch Panzer und Sturmverbände aufgerissen und durchbrochen.

Die 3. rumänische Armee wurde buchstäblich aus den Angeln gehoben. Der Ostflügel bei Kletskaja über den Haufen gerannt, der Westflügel in wenigen Stunden auf den oberen Tschir zurückgeworfen.

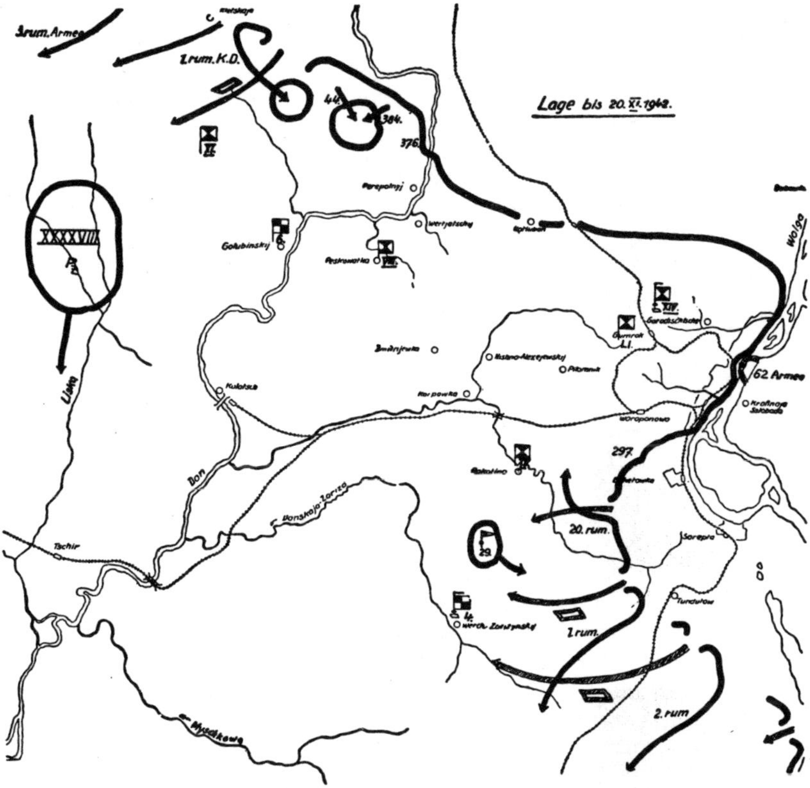

Warum waren die Rumänen das schwächste Glied in der Kette? Hatten sie nicht vier Divisionen in vorderster Linie, stand nicht in ihrem Rücken das XLVIII. Panzerkorps einsatzbereit?

Vier Divisionen standen allerdings in vorderster Linie, und zwei davon haben sich unter General Lascar bis zum letzten Mann geschlagen. Buchstäblich geschlagen und bis zum letzten Mann. So wie das hier steht. Gegen Panzer waren sie machtlos.

Und weil einmal davon gesprochen wird, muß auch gesagt werden, daß sich der Oberbefehlshaber der 3. rumänischen Armee, Generaloberst Dimitrescu, inmitten des Zusammenbruchs als ein tapferer und aufrechter Soldat benommen hat.

Außer pferdebespannter 3,7-cm-Pak besaß die rumänische Front, wenn man von der Feldartillerie absieht, keine schweren Waffen und keine panzerbrechenden Fernkampfmittel.

Sie hatten seit vielen Wochen nach schweren Waffen gerufen In Dutzenden von Lageberichten hatte das gestanden. Marschall Antonescu hatte in Golubinskaja und bei Hitler dringende Vorstellungen erhoben. Es war ihm alles zugesagt, aber getan war für die Abstützung der rumänischen Front nichts.

„Leider nimmt Ihr Führer unsere Besorgnisse und Wünsche nicht ernst", hatte der Oberbefehlshaber der rumänischen Armee noch vor ein paar Tagen zu General Heim gesagt. Das war, als Heim mit den Rumänen die Lage und die Einsatzmöglichkeit seines Korps im Falle des Angriffs besprach.

Ja, leider war es so gewesen.

So kam es, daß die 4. Infanterie-Division nicht den Durchbruch von drei Panzerkorps und drei Kavalleriekorps der sowjetischen Heeresgruppe „DON" verhindern konnte.

Das „Panzerkorps Heim" stand ebenfalls bereit, aber was verbarg sich hinter diesem stolzen Namen?

Das Korps bestand aus der 22. deutschen Panzer-Division. Es ist schon gesagt, daß Hitler am 16. November die erwähnte Panzer-Division freigegeben hatte. Sie stand um diese Zeit einhundertundfünfzig Kilometer nördlich ihres Einsatzraumes.

Was war das überhaupt für eine Division?

Im September hatte sie den nordwestlichen Raum des Kampfgebietes Stalingrad mit den Orten Pletskaja und Eenzy erobert. Ihre schnellen Brigaden Rodt und Oberst Michalik stießen weiter nördlich in den Raum von Perepolni und Peskowatka vor.

Die I. Panzer-Abteilung der Division unterstützte im Verband der 71. Infanterie-Division die Angriffskämpfe bei Kalatsch, die II. Panzer-Abteilung kämpfte mit der 76. Infanterie-Division bei Wertjatschi.

Als der Fall Stalingrads nicht programmgemäß erfolgte, mußten frische bewegliche Kräfte zugeführt werden. Aber es gab keine frischen beweglichen Kräfte, und darum befahl die Heeresgruppe, die Brigade „Michalik" aus dem Verbande der 22. Panzer-Division herauszunehmen.

Aus dieser Brigade „Michalik" wurde eine neue Panzer Division, die 27., aufgestellt.

General Rodt, inzwischen befördert und mit der Führung der 22. Panzer-Division betraut, gab schweren Herzens seine bewährte Brigade ab. Wir werden von der 22. Panzer-Division noch hören.

Nun war also die 22. Panzer-Division dem XLVIII. Panzerkorps als Eingreifsreserve unterstellt. Das war, wie schon angeführt, vor vier Tagen gewesen. An demselben Tage hatte der

Tod von oben

Vernichtung unten

Der Oberbefehlshaber der 6. Armee, General Paulus, am Scherenfernrohr; im Hintergrund der Kommandierende General des LI. Armeekorps. General von Seydlitz; links der Chef des Stabes Oberst i. G. Clausius

Meldung nach hinten

Bei Tag und Nacht lief der Kampf auf höchsten Touren

Kommandeur um Zuführung von neuen Panzern, und zwar mindestens für zwei Kompanien, gebeten. Weiter gebrauchte er dringend ein Panzergrenadier-Bataillon und zwei Schützen-Panzerwagen-Kompanien.

Die Bitte blieb ohne Beantwortung. Es ist auch unklar, woher die Panzer genommen werden sollten.

Als der Alarmbefehl sie erreichte, war die Division aufgebrochen. Mitten in der Nacht, mit unzureichenden Spritmengen, in völliger Dunkelheit, auf weglosem Marsch durch die Steppe. Mit ihren vordersten Teilen war sie am 18. November in der Bereitstellung eingetroffen. Zur Verfügung standen einunddreißig einsatzbereite leichte und dreizehn mittlere Kampfwagen. Etwa dreißig mittlere Panzerkampfwagen waren um diese Zeit noch zu den verschiedensten Infanterie-Divisionen abgestellt.

Das also war die 22. Panzer-Division.

Und dann gab es noch die 1. rumänische Panzer-Division. In Wirklichkeit handelte es sich um eine motorisierte Infanterie-Division mit Panzern.

Mit vierzig französischen und tschechischen Beutepanzern.

Die Leute befanden sich in der Verbandsausbildung und waren noch nie im Feuer gewesen.

So war das mit dem XLVIII. Panzerkorps.

Bei den deutschen Verbänden war die Lage etwas hoffnungsvoller. Die Flanke des XI. Armeekorps hing zwar in der Luft, doch konnte sich die 367. Infanterie-Division ohne große Verluste über den Don nach Osten absetzen und zum Teil mit Kräften der 384. und 44. Infanterie-Division und den Resten der 1. rumänischen Kavallerie-Division nordwestlich Wertjatschi vereinigen. Ein paar Stunden später waren die Divisionen eingeschlossen, brachen aber am 20. November nach Südosten aus und überschritten den Don. Sicherungsstreitkräfte der 384. Infanterie-Division bildeten einen Brückenkopf um die Behelfsbrücke Akimowski.

Das im Laufe der frühen Vormittagsstunden bei der Heeresgruppe „B“ entstandene Lagebild führte zu folgenden Erwägungen:

1. Einer der Schwerpunkte des Feindangriffes lag südlich Serafimowitsch und strebte die Tschirmündung an. Hier konnte am 19. November noch mit Maßnahmen der 6. deutschen Armee gerechnet werden, die versuchen mußte, den Durchbruch südlich Kletskaja wenigstens vorübergehend aufzufangen und sich den Weg nach Südwesten freizuhalten. Dar-

über, daß es bei der im Entstehen begriffenen Lage nur eine wirksame Gegenoperation gab, bestand für den Oberbefehlshaber der Heeresgruppe kein Zweifel.

2. Über die Verhältnisse südlich Stalingrads im Raume der 4. Panzerarmee lagen noch keine Nachrichten vor. Es durfte erwartet werden, daß die deutschen Verbände erbittert kämpfen würden und im Zusammenhang mit einem Angriff der 6. Armee nach Westen oder Südwesten den Raum von Kotelnikowo behaupten würden. (Der russische Durchbruch erfolgte hier erst am 20. November.)
3. Damit gewann der Zusammenbruch des linken rumänischen Flügels nordostwärts Makejewka die hier für einen Augenblick entscheidende Bedeutung. Gelang es hier, einen tiefen Feindeinbruch, der zudem die benachbarten Italiener in das Chaos der Flucht hineinzureißen drohte, zu verhindern, so waren Zeit und Raum für weitere Entschlüsse gewonnen.

Aus diesem Grunde entschloß sich der Oberbefehlshaber der Heeresgruppe „B“ am 19. November für den Einsatz des „Panzerkorps Heim“ ostwärts Makejewka. Er ging dabei von der Überlegung aus, daß, wenn überhaupt, so würden hier die schwachen Kräfte dieses Panzerkorps in der Lage sein, den Strom der flüchtenden Rumänen aufzufangen.

Hitler befiehlt: „XLVIII. Panzerkorps sofort nach Norden in den Feind hineinstoßen, ohne Rücksicht auf Flanken und Rücken“

Was war inzwischen geschehen?

Als das Trommelfeuer begann, ließ General Heim seine beiden Divisionen alarmieren. Dann fuhr er zum rumänischen Oberbefehlshaber nach Tscherni-Tschewskaja. Um neun Uhr morgens hatte man noch kein Bild von den Schwerpunkten und darum rief General Heim die Heeresgruppe „B“ an und forderte den sofortigen Einsatz des Korps nach Nordosten in Richtung Kletskaja.

Er hatte dafür seine guten Gründe.

1. Dort wurde die Gefahr für den Rücken der 6. Armee akut.
2. Die Geländeverhältnisse kannten weder die Heeresgruppe noch das Oberkommando des Heeres. Heim aber war acht Tage mit den Divisions-Kommandeuren herumgefahren und hatte alle Einsatzmöglichkeiten im Gelände durchgesprochen.

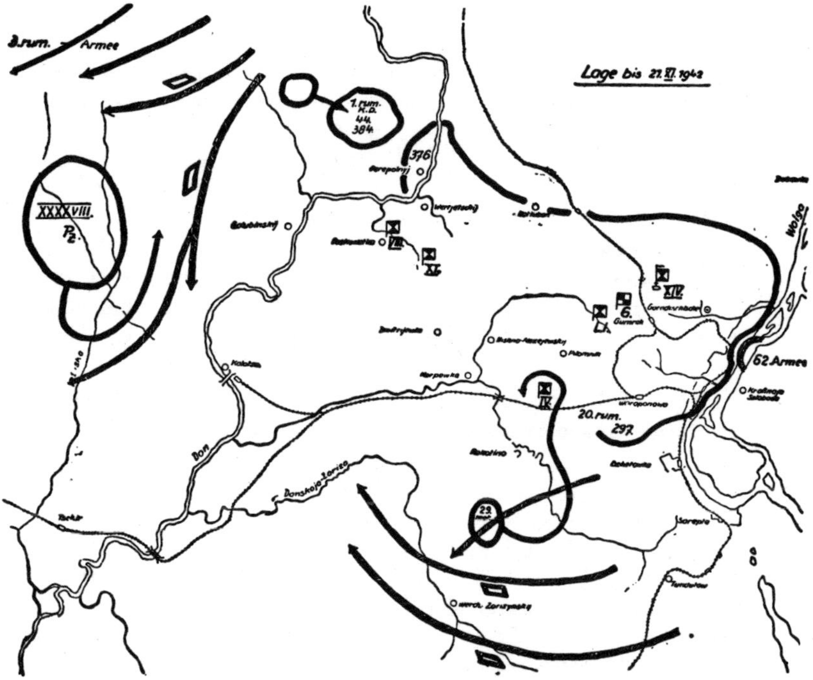

Der Chef der Heeresgruppe „B“, General von Sodenstern, kam dem Wunsche General Heims entgegen. Der Oberbefehlshaber hatte, wie bereits gesagt, den Angriff in der gleichen Richtung befohlen.

Die Kampfverbände der beiden Divisionen setzten sich nach Nordosten in Marsch. Das war gegen 9.30 Uhr.

Um 10.45 Uhr erreichte das Panzerkorps ein Gegenbefehl, die Angriffsrichtung sollte nicht Nordost, sondern Nordwest sein. Trotz aller Bedenken General Heims blieb der Befehl bestehen, er kam aus dem Oberkommando des Heeres, und verantwortlich für ihn war Generaloberst Zeitzler. Was das bedeutet, ein in der Bewegung befindliches Panzerkorps eine Drehung um neunzig Grad machen zu lassen, ist allen klar, die mit der Panzerwaffe in irgendeiner Form etwas zu tun haben. Wenn das aber nicht unter normalen Umständen, sondern darüber hinaus ohne Funkeinsatzmöglichkeiten im Nebel und Schneesturm und bei vereisten Straßen geschehen soll, so ist das ein Risiko.

So konnten dann auch die Folgen nicht ausbleiben. Die Divisionen gerieten nach zwei Stunden überraschend auf schwere feindliche Panzerkräfte. Erschwerend war, daß, wie schon angeführt, die bei der rumänischen Panzer-Division befindliche deutsche Funkstelle zu Beginn des russischen Angriffs ausfiel.

Im Laufe der Nacht befahl die Heeresgruppe, „den Feind kämpfend aufzuhalten und dann angesichts der ernsten Entwicklung an der ganzen Armeefront auf den K-Abschnitt östlich Petrowka auszuweichen."

Das Korps schoß sich mit ein paar hundert Panzern herum. Tausend weitere nahmen von ihm keine Notiz, aber in der Nacht kam dann über den Kopf der Heeresgruppe hinweg ein Funkbefehl Hitlers:

> „XLVIII. Panzerkorps sofort nach Norden, ohne Rücksicht auf Flanken und Rücken in den Feind hineinstoßen."

Das war ein Auftrag ohne Ziel und Zweck.

Die Heeresgruppe änderte ihren Befehl ebenfalls um und dirigierte das Korps in Richtung Serafimowitsch.

Die Verbände wurden wieder herumgerissen. Es war Winter und um zwei Uhr wurde es dunkel, es war Glatteis und die Panzer waren ohne Gleitschutz. Sie fuhren in die Mündungen von ein paar hundert feindlichen Panzerkanonen und hatten selbst nur fünfzig Kampfwagen zur Verfügung. Davon zwei Drittel mit Kaliber unter 7,5 cm.

In dieser Situation kam ein neuer Führerbefehl:

> „XLVIII. Panzerkorps nicht nach Norden, sondern nach Nordosten weiterstoßen, Rumänen befreien."

Noch am selben Tage war das Korps eingeschlossen.

Kurz vor dem Untergang des Korps kam der Befehl der Heeresgruppe, sich nach Südwesten durchzuschlagen, und zwar in Richtung auf Tschernitschewskaja. Das gelang recht und schlecht und mit viel Glück, wobei ein paar tausend Rumänen mit durchgeschleust wurden. Auf langen Strecken fuhr man neben den Russen her und jeder betrachtete den anderen mißtrauisch, aber nach elf Stunden war es geschafft, das XLVIII. Panzerkorps hatte sich der Vernichtung entzogen, das Abenteuer war gelungen, Truppe und Panzer weiterem Einsatz erhalten geblieben.

Das „Exempel von Stalingrad“

Für den Generalstab des Heeres war weder der russische Angriff eine Überraschung noch der Durchbruch. Der Generalstab hatte keine Hilfsmittel um die Front zu verstärken, eine rechtzeitige Zurücknahme der Front hatte Hitler bekanntlich abgelehnt.

Die Lage wurde sehr ernst beurteilt.

Der Führer tobte, als er von dem russischen Durchbruch erfuhr, er mußte zwar mit dem Zusammenbruch der 3. rumänischen Armee das Schicksal von Stalingrad und der dort stehenden deutschen Kräfte heraufdämmern sehen, aber es geschah nichts, worin eine Revision der eigenen Gedankengänge erblickt werden konnte. Generaloberst Halder hatte gewarnt, und auch General Zeitzler hatte auf die bedrohten Stellen hingewiesen, nun war der „erschöpfte Gegner“ aufgestanden und mit sechs Korps in die Verteidigungsfront eingebrochen, an der Stelle eingebrochen, die in tausendundeiner Lagebeurteilung Hitler vorgelegen hatte.

Es mußte ein Schuldiger gefunden werden, und es wurde ein Schuldiger gefunden.

Der an alle höheren Offiziere bekanntgegebene Erlaß Hitlers versuchte, die Schuld des Panzer-Kommandeurs vom XLVIII. Panzerkorps zu beweisen.

Der Erlaß hatte folgenden Wortlaut:

„Der Führer und Oberste Befehlshaber des Heeres 5. 12. 42

Im Zuge der Operationen gegen Stalingrad ergab sich schon seit Oktober die Gefahr einer Bedrohung der weitgedehnten nördlichen Flanken unserer Angriffsfront.

Im Laufe der ersten Novemberhälfte begann sich ein drohender Angriff gegen die 3. rumänische Armee abzuzeichnen. Um ihm zu begegnen, wurde auf meinen Befehl die 22. Panzer-Division hinter den rechten Flügel der 3. rumänischen Armee gezogen und dort unter Angliederung der 1. rumänischen Panzer-Division als XLVIII. Panzerkorps unter den Befehl des Generalleutnants Heim gestellt.

Dieses Panzerkorps hatte den Auftrag, im Falle eines feindlichen Angriffs oder Durchbruchs sofort zum Gegenstoß anzutreten und damit unter allen Umständen zu verhindern, daß der rechte Flügel der 3. rumänischen Armee eingedrückt würde.

Die Kräfte, die damit dem angreifenden Feind gegenüberstanden, waren außerordentlich starke.

Schon der Aufmarsch und der Zustand der 22. Panzer-Division gibt zu stärkeren Beanstandungen Anlaß.

Von der großen Zahl von über hundert Panzern kamen wenig über dreißig in den ihnen zunächst zugewiesenen Aufmarschraum.

Ich sehe es schon als eine schwere Verfehlung eines Offiziers an, in einer solchen Zeit und unter solchen Umständen nicht mit der äußersten Energie auf die höchste Schlagkraft seiner Verbände, auch rein materialmäßig gesehen, hinzuwirken, beziehungsweise Mißstände mit aller Energie abzustellen.

Es war die Pflicht des Führers des Panzerkorps, sich mit den möglichen Aufgaben seines Einsatzes unverzüglich vertraut zu machen.

Es war weiter die Pflicht, die ihm zugeteilten Panzerdivisionen eng an sich zu ziehen und alle Fragen des Einsatzes mit den beiden Divisionen auf das Gründlichste durchzusprechen. Die Schnelligkeit des Handelns war um so mehr geboten, als es klargeworden sein mußte, daß der rumänische Verbündete erstens in seiner inneren Zusammensetzung, Führung und Verfassung noch nicht jenen Anforderungen gewachsen sein konnte, die man in solchen Fällen an deutsche Divisionen stellen kann, und daß er zweitens besonders in seinen Panzerabwehrmitteln nicht die unbedingt erforderliche Ausstattung besaß.

Als am 19. 11. der erwartete Angriff der Russen einsetzte, war der betroffene Frontabschnitt zunächst verhältnismäßig sehr schmal. Ein schnelles Heranführen des Panzerkorps mußte in seiner Stärke von über hundertundfünfzig Panzern unter allen Umständen zum Erfolg führen.

Tatsächlich ist in den ersten vierundzwanzig Stunden das Panzerkorps überhaupt nicht in Erscheinung getreten. In den zweiten vierundzwanzig Stunden hat der Befehlshaber versucht, eine Verbindung zur 1. rumänischen Panzer-Division zu bekommen, es war also nicht möglich, die beiden Divisionen sofort zusammenzuführen, um sie zum Gegenstoß zu bringen.

Statt dann zumindest mit allen Mitteln rücksichtslos zu der rumänischen Panzer-Division durchzustoßen, um das Korps als Einheit zum Gegenstoß zu führen, waren die Operationen der 22. Panzer-Division ebenso zögernd wie unsicher.

Nur infolge dieses völligen Versagens des XLVIII. Panzerkorps konnte es zur beiderseitigen Umklammerung der 3. rumänischen Armee und damit zu einer Katastrophe kommen, deren Ausmaß ungeheuerlich und deren letzte Auswirkungen auch jetzt noch nicht zu übersehen sind. Angesichts der Folgen dieser Katastrophe, dem Verlust zahlreicher Verbände, unübersehbaren Materials, der daraufhin erfolgten Einschließung der 6. Armee kann das Verhalten nicht als eine grobe Fahrlässigkeit, sondern nur als das größte Verbrechen bisher bezeichnet werden, das im Verlaufe dieses Krieges je einem Führer zur Last gelegt werden konnte.

Auch die moralischen Belastungen, die dadurch für die deutsche Kriegsführung entstanden sind, müssen als überaus schwer angesehen werden.

Ich bin nicht gewillt, Zustände, wie sie einst zur Marneschlacht 1914 führten und die zu klären der deutschen militärischen Geschichtsforschung und -schreibung noch nicht nach fünfundzwanzig Jahren gelungen ist, auch im neuen Heer einreißen zu lassen. Ich habe mich angesichts der entsetzlichen Folgen des Versagens dieses Generals entschlossen, ihn

1. sofort aus der Wehrmacht auszustoßen,
2. werde ich auf Grund der endgültigen Klärung des Versagens dieses ehemaligen Offiziers jene weiteren Entscheidungen treffen, die nach den Erfahrungen der Kriegsgeschichte in solchen Fällen nötig sind.

Adolf Hitler."

*

Es ist an dieser Stelle angebracht, kurz den weiteren Verlauf des Falles „Heim" zu verfolgen, um zu sehen, wie die Entscheidungen aussahen, die nach Hitlers Worten „nach den Erfahrungen der Kriegsgeschichte in solchen Fällen nötig sind."

Das XLVIII. Panzerkorps hatte sich bis zur Aschir-Front durchgefochten, als Generalleutnant Heim durch Funkspruch zum Führerhauptquartier gerufen wurde.

Der Oberbefehlshaber der Heeresgruppe in Starobelsk, Generaloberst von Weichs, „wußte von nichts", im Oberkommando des Heeres hatte General Zeitzler „keine Ahnung". Beide glaubten an ein Mißverständnis. Genauer gesagt, daß Hitler getobt und etwas im Sinn hatte, war ihnen bekannt, aber sie wußten nicht, was er General Heim vorwarf und mit ihm beabsichtigte.

Dieses Mißverständnis klärte Generalfeldmarschall Keitel in dem Augenblick auf, als er dem aus allen Wolken gefallenen Kommandeur des Panzerkorps die Ausstoßung aus der Wehrmacht mitteilte, ihn degradierte und im Flugzeug in das Wehrmachtsgefängnis Moabit überführen ließ. Von da ab geschah nichts mehr.

Generalleutnant Heim saß bis zum April 1943 in Einzelhaft, ohne Anklage, ohne Untersuchung, ohne Verhör, ohne Klärung. Er bekam niemand zu Gesicht und empfing keine Post. Ende April erfolgte ohne nähere Begründung die Entlassung in das Lazarett Zehlendorf. Drei Monate später wurde dem „Angeklagten Heim" mitgeteilt, daß die erfolgte „Ausstoßung aus der Wehrmacht" in eine Verabschiedung umgewandelt sei. Der Fall sei damit erledigt.

Genau ein Jahr später, im August 1944, bekam Generalleutnant a. D. Heim wieder eine Frontverwendung. Er bezog als Kommandeur den verlorenen Posten von Boulogne.

„Die nach den Erfahrungen der Kriegsgeschichte nötige Entscheidung" war getroffen.

Die Front brannte lichterloh

Es war ein ziemliches Durcheinander im Norden und Westen und darum auch schwer, über diese Tage Buch zu führen.

Urplötzlich tauchen die Namen von ein paar hundert Kompanien, Abteilungen und Regimentern auf und ebenso plötzlich stehen Situation neben Situation, der menschliche Anteil versagt, die Stunde regiert.

Es war wie es immer war und ist: Wo man den in Not befindlichen Menschen die rechte Ordnung gibt, erheben sie sich. Wo diese Ordnung genommen wird, brechen sie zusammen und reißen die anderen mit.

*

Einst hatte die 76. Infanterie-Division einen Teil der Rollbahnsicherung mit dem Gesicht nach Norden übernommen, jetzt riß der Sturm die Regimenter 178 und 203 in den Wirbel der Ereig-

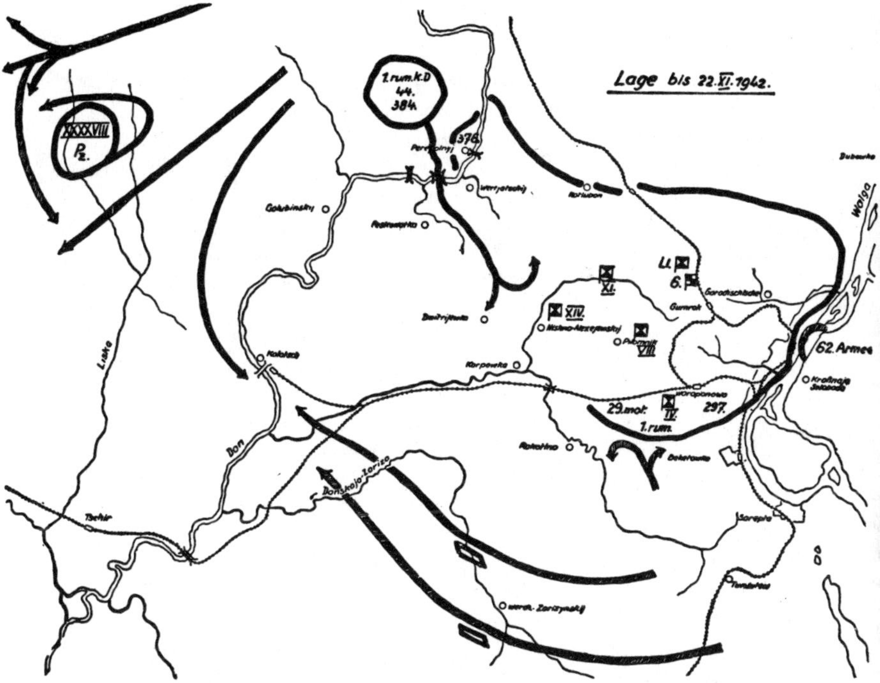

nisse und drückte sie bis in die Nordostecke des Kessels zurück. Da lagen nun die Reste der 76. zwischen der 113. und 44. Infanterie-Division für die nächsten Wochen, aber es möge niemand auf die Idee kommen, daß es sich um eine Ruhestellung gehandelt habe. Ein paar Worte sollen noch dem II. Bataillon gelten, das im Oktober etwa vierhundertundachtzig Mann stark gewesen und davon, den 19. November eingerechnet, gut zweihundert Mann verlor. Am 13. Januar werden wir dem Bataillon noch einmal begegnen, dann sind nur noch einhundertundsechzig Mann über der Erde, und wie das Schicksal mit ihnen verfuhr, steht ein paar Seiten weiter geschrieben.

Die Not der Zeit schmolz die Panzer-Grenadier-Regimenter 108 und 103 zusammen und der 19. November wies ihnen den Weg nach Karpowka. Als die Infanterie nicht mehr hielt, verlor das Artillerie-Regiment 53 seine schönen Stellungen im Norden, kam bei Wertjatschi noch einmal zum Einsatz, um mit seinen Batterien, fast ohne Erhöhung, in die Haufen der Panzer zu schießen. Da tauchte wieder das Panzer-Grenadier-Regiment 79, das in Münster in Westfalen zu Hause ist, und nun zu einem

Bataillon zusammengetrocknet ist, auf. Nicht viel anders ergeht es dem Panzer-Grenadier-Regiment 64. Wer von den Regimentern den Durchbruchskämpfen entging, rettete sich in die vermeintliche Sicherheit des Kessels. Das 120. mot. Infanterie-Regiment erwischte der Angriff auf Höhe 111,1, und die schwere Abteilung des Artillerie-Regiments 160 feuerte ihren letzten Schuß, das Pionier-Bataillon 29 aus Hann.-Münden setzte sich nach Zybenko ab. Der Durchbruch im Norden war auch der Beginn des Marschweges des Regimentes 134. Es sollte sich in der Gegend von Kalatsch sammeln. Mitte Dezember sprach von den Wienern kein Mensch mehr. Vor allem aber ist die „Kampfgruppe Strack" zu nennen.

Und wieder sind andere Namen, die willkürlich aus dem Geschehen herausgegriffen wurden. Die 3. mot. war damals bei Wertjatschi über den Don gegangen, um sich auf den Höhen 113 und 111 zwischen der 16. Panzer-Division und 60. mot. festzusetzen.

Am 19. November marschierte die Division in Richtung Kalatsch, um die Donbrücke wieder zu nehmen, aber nur in Richtung Kalatsch — denn westlich Dimitrijewska hielt sie ein neuer Befehl an, und von diesem Tage an klammerte sie sich an die Höhen des alten russischen Übungsplatzes nördlich von Marinowka.

Im Süden ist es die 297. Infanterie-Division, die von dem Nordflügel des russischen Durchbruchs südlich Stalingrad gestreift wurde, in Unkenntnis des Umfanges der Katastrophe zum Gegenangriff antrat und die Hauptkampflinie und die der 20. rumänischen Division wieder in ihren Besitz brachte. Das ist eine der Divisionen, denen nichts erspart blieb, aber eine Division besonders hervorzuheben, bedeutet ja schon eine Zurücksetzung der anderen.

Als der große Angriff begann, verteidigte sich die Infanterie der 834. in ihren Stützpunkten „Lützow" und „Scharnhorst" und dann zwei Kilometer weiter südlich, schließlich im Brückenkopf bei Perepolni, um dann ganz zuletzt in der Gegend von Mal-Rossoschka herum ihr Eigendasein aufzugeben. Während der Divisions-Kommandeur mit dem größten Teil des Stabes zum Aufbau einer neuen Division aus dem Kessel geflogen wurde, teilten die Regimenter 534, 535 und 536 von diesem Tage ab das Schicksal der Deutschmeister-Division.

Da sind noch am Morgen des Einschließungstages dreihundertundfünfzig Mann aus Tschir gekommen, wohin sie die Bahn gebracht hatte. Gerade noch rechtzeitig genug, um beim großen Sterben dabei zu sein. Die Lastkraftwagen der 113. haben sie in

Empfang genommen, und man sagte ihnen, sie sollten den Weg öffnen. Das Unwahrscheinliche geschah, sie glaubten es.

In ihren Taschen steckten Marschbefehle und Soldbücher, und die Röcke und Hosen, die sie anhatten, waren neu, und viel älter waren auch die Gewehre und Stahlhelme nicht.

Am 19. November gegen Mittag traten sie an und fragten den Oberleutnant, der sie in Empfang nahm, wie weit es noch sei.

In der 5., 6. und 7. Kompanie krochen sie unter. Als es knallte, sind sie erst ein wenig zusammengezuckt und haben versucht, es mit natürlicher Schamhaftigkeit voreinander zu verbergen. Auf eine geheimnisvolle Art wurden sie bald mit diesen Vorgängen vertraut, und dadurch verlor der Schrecken an Grauen und Kälte, aber nicht an Wirkung.

Am 22. November, drei Tage nach ihrem Frontdasein, sind die dreihundertundfünfzig Mann unter die Erde gewühlt oder an die Himmel geworfen.

Es war so weit.

20. November: Schwerpunkt Beketowka

An diesem Tag war auch die große Stunde im Süden von Stalingrad gekommen. Die sowjetische „Heeresgruppe Stalingrad" trat nach zweistündiger Artillerie- und Werfervorbereitung mit zwei motorisierten Korps und einem Kavallerie-Korps zur Durchbruchsschlacht an.

Der erste Stoß erfolgte südwestlich Raigorod und richtete sich gegen die Nordfront des VI. rumänischen Armeekorps. Der Parallelangriff aus dem Brückenkopf Beketowka zielte gegen das IV. deutsche Korps. General von Schwedtler hatte recht behalten.

Aber nicht nur er, sondern auch die mehrfach vom Oberbefehlshaber der 4. Panzerarmee abgegebenen klaren Beurteilungen der Lage erfüllten sich leider fast wörtlich.

Während das IV. Armeekorps mit den deutschen Divisionen die Stellungen fest in der Hand hielt und heldenmütigen Widerstand leistete, ohne Verfallserscheinungen zu zeigen, brach zunächst die Nordfront des VI. Armeekorps mit der 20. Infanterie-Division und im weiteren Verlauf des Kampfes auch die Ostfront der Verbündeten mit den übrigen Infanterie-Divisionen (der 1., 2. und 4. rumänischen Infanterie-Division) völlig zusammen. Gegen

Abend brachen durch eine mehr als fünfzig Kilometer breite Lücke, in der nur noch Alarmeinheiten geringfügigen Widerstand leisteten, die sowjetischen Panzer, dichtauf gefolgt von starken Infanterie-Verbänden.

Der Oberbefehlshaber der 4. Panzerarmee stellte die in Reserve liegende 29. mot. zur Verfügung, die Hauptkampflinie der 20. rumänischen Infanterie-Division wurde zurückgenommen.

Es kann hier darauf verzichtet werden, weitere Einzelheiten der Vorgänge im Raume von Stalingrad darzustellen, das Wesen der Dinge bestimmte allein die Erkenntnis, daß die verfügbaren Kräfte nicht ausreichten, die sich anzeigende Einschließung der 6. Armee zu verhindern.

Mit der Einkesselung der 6. Armee zwischen Don und Wolga gingen der Heeresgruppe „B" die letzten kampfkräftigen Verbände zur Fortsetzung der Schlacht im Donbogen verloren

In der Erkenntnis dieser Tatsache waren die Maßnahmen des Oberbefehlshabers der Heeresgruppe „B" nach folgenden drei Gesichtspunkten zu bestimmen:

a) die 6. Armee mußte zum Durchbruch nach Südosten bereitgehalten werden. Der rechte Flügel sollte etwa über Kalatsch auf Morosowskaja geführt werden;
b) der Widerstandswille der 4. Panzerarmee mußte so gestärkt werden, daß die Armee dem Feinddruck standhielt. Dieses Standhalten mußte sich über drei bis vier Tage hinziehen, um der 6. Armee die Zeit zu geben, ihre Umgruppierung zum Angriff durchzuführen. Der 4. Panzerarmee mußte der Hinweis auf den geplanten Angriff der 6. Armee gegeben werden;
c) der chaotische Rückzug der 3. rumänischen Armee am Tschir nördlich der Bahnlinie Stalino — Kalatsch und zwischen Morosowskaja und Tsimlyanskaja mußte zum Stehen gebracht werden.

Inzwischen war das Oberkommando der 4. Panzerarmee am 21. November, nachdem sich russische Panzer ihm auf wenige Kilometer genähert hatten, aus dem Armeegefechtsstand Werch-Zarinsky nach Businowka ausgewichen. Zwischen dem Südteil der Panzerarmee nördlich Bahnhof Abganerowo (Teile des rumänischen VI. Armeekorps) und dem Nordteil bei Tundutowo (deutsches IV. Armeekorps) klaffte eine breite Lücke. Es war nicht gelungen, die geplante Auffanglinie im Zuge der Bahn Abganerowo — Tundutowo zu bilden, die Alarmeinheiten aus den deutschen Versorgungstruppen hatten vor der feindlichen Übermacht nach

Westen zurückgehen müssen. Die einzige Reserve der Panzerarmee (29. motorisierte Division) konnte nach ihrem gelungenen Gegenangriff nicht zu neuer Verwendung herangezogen werden, da keine Verbände zu ihrer Ablösung zur Verfügung standen. Das IV. Armeekorps hielt nach wie vor in einem wahren Feuerhagel von beiden Ufern der Wolga seine Stellungen.

In dem schon teilweise brennenden russischen Steppendorf Businowka arbeitete in der Nacht vom 21. bis 22. November, in einer armseligen Bauernkate auf engstem Raum zusammengedrängt, die Führungsstaffel der Panzerarmee. Bei notdürftigstem Kerzenlicht, das alle Augenblicke der durch die zertrümmerten Fenster hereinziehende Novemberwind auslöschte, und nur über eine einzige Fernsprechverbindung verfügend, erlebten der Oberbefehlshaber und seine engsten Mitarbeiter schwerste, die Nerven fast über Gebühr belastende Stunden. Gerüchte über die eigene Truppe und den Feind überstürzten sich, an allen Ecken des kleinen Dorfes krachte in den Flammen explodierende Munition, dazwischen warfen russische „Nähmaschinen" Bomben.

Der Oberbefehlshaber versuchte durch weitere Improvisation das russische Vorgehen zu verzögern und damit wenigstens etwas Zeit zu gewinnen, viel war allerdings nicht mehr zu erreichen. Was in dieser Nacht, neben der Fronttruppe, junge Ordonnanzoffiziere und Melder, einsam auf einem Motorrad durch die feindverseuchte, wegarme Steppe fahrend, geleistet haben, ist in keinem Buch festgehalten, hat sich aber in die Erinnerung aller Wissenden für immer tief eingegraben.

In dieser Lage erhielt das Oberkommando den endgültigen Befehl des Obersten Befehlshabers der Wehrmacht, das Kommando über alle deutschen Verbände der Panzerarmee an die 6. Armee abzugeben und zu neuen Aufgaben die Gegend Zymljanska zu erreichen. Kurz bevor die Fernsprechverbindung zum IV. Armeekorps für immer abriß, konnte dieser Befehl noch an das Korps durchgegeben werden.

Dann begann der 22. November (Sonntag — Totensonntag 1942) zu dämmern. Dichter Novembernebel hüllte die Umgebung von Businowka in tiefes Grau. Der Gefechtsstand wurde aufgelöst. Während die Masse der Führungsstaffel auf dem Landwege in Marsch gesetzt wurde, flogen der Oberbefehlshaber und der Chef des Generalstabes in zwei Störchen nach Nishni-Tschirskaja. Nur mühsam konnten die Piloten, dicht über dem Boden fliegend und allein an den Fernsprechmasten sich orientierend, das Dontal erreichen.

Den letzten Funkspruch des Führerhauptquartiers quittierte die Funkstelle der Führungsstaffel in Buisnowka, als russische Panzer bereits den Ostteil des Ortes in Besitz hatten.

Schicksalsschwere Stunden

Jede Stunde der schicksalsschweren Tage hatte ihre Geschichte. Ihre Sorgen, ihre Höhepunkte, ihre Niederungen.

Die Geschichte stand in den Kriegstagebüchern, raste auf den Trägerwellen der Funksender zu den Gegenstationen, wurde über die Leitungen der Fernsprechverbindungen gesprochen.

Man schrieb sie mit Schweiß und Tinte.

Aber auch mit viel Blut.

Das große Flüchten begann. Die Masse der rückwärtigen Dienste, Nachschubeinheiten und Trosse trieb in zügellosem Strom nach Süden. Es war immer wieder das gleiche traurige Bild, mit jenen unerfreulichen Begleiterscheinungen, wie sie dann in Erscheinung treten, wenn hinter der kämpfenden Truppe plötzlich Panzer auftauchen.

Das große Flüchten war auf beiden Seiten des Stromes.

Auf der Westseite des Don gerieten die rückwärtigen Dienste der 376., 384. und 44. Infanterie-Division in den Strudel, die Fahrzeuge dieser Division gingen verloren, sämtliche Lager fielen in russische Hand. Die Divisionen waren über Nacht arm geworden.

Östlich des Don trieben die Angehörigen der 1. rumänischen Kavallerie-Division nach Süden und das gleiche Bild wie auf der Donhöhenstraße bot sich im Raum südlich von Beketowka.

Sie hatten meistens keine Panzer zu Gesicht bekommen, sie hatten nicht im Artilleriefeuer gelegen und waren nicht durch Kavallerie-Truppen der sowjetischen Stoßkräfte aufgescheucht. Durchfahrende Einheiten und Einzelfahrzeuge versetzten sie in jene Panikstimmung, die sie Hals über Kopf davonrennen ließ. Ein einziges Wort, eine Geste, ein Schuß, das Geklirr von Raupen- und Kettenfahrzeugen genügte, um Weltuntergangsstimmung zu erzeugen.

Am 20. November sprang ein rumänischer Oberst aus dem Personenkraftwagen, er wollte die Fahrtrichtung nach Bukarest wissen. Das war auf der Donhöhenstraße bei Kalatsch.

In Lio-Logowski lag eine Bäckerei-Kompanie und daneben ein Werkstattzug. „Panzer" schrie einer und die dreihundert Mann der Bäckerei-Kompanie und des Werkstattzuges ließen alles stehen und liegen, um nach Süden bis zur Sowchose „10. Oktober" zu flüchten. Es stellte sich heraus, daß ein deutsches Gefechtsfahrzeug mit einem Raupenschaden die Werkstatt-Kompanie aufsuchen wollte. Auf dem Kühler des Fahrzeuges saß ein Russe, der den Weg weisen konnte.

Man könnte die Situationen in diesen Tagen verhundertfachen, im Ergebnis wären sie immer die gleichen. In vier und fünf Reihen jagte der Zug der Kopflosen über Wege und Steppe. Niemand nahm auf den anderen Rücksicht. Der Schnellere überholte den Langsameren, Zugmaschinen und Raupenfahrzeuge fuhren „ohne Rücksicht auf Verluste"; wer nicht zur Seite sprang, lag unter den Rädern.

Vor der Donbrücke Tschir erreichte der Flüchtlingsstrom eine Breite von fünfhundert Metern, in dreißig Reihen nebeneinander warteten hier Tausende von Fahrzeugen.

Ein Ziel für Bombenangriffe wie in einem Bilderbuch. Diese Tage waren die Geburtsstunden der „Verlorenen Haufen". Überall entstanden sie, wo Gefahr im Anzug war und die Abwehr durch aktive Truppenkräfte fehlte. Ihre Schöpfer begannen die Aufgabe in jenem Stil, der sich in späteren Monaten und Jahren immer mehr herausbilden sollte. Die Rückzugsstraße erlebte ihre Geburt, und an der Wiege stand eine Handvoll Offiziere, die immer dann zur Stelle waren, wenn die große Not begann. Das war vor der Donbrücke in Nishni-Tschirskaja so und auch dahinter, links davon und rechts.

Alle Kraftfahrzeuge wurden angehalten, was darauf saß, heruntergeholt und nur der Fahrer bei seinem Wagen gelassen. Das geschah mit Befehl und ohne Befehl, meistens aber aus eigenem Verantwortungsbewußtsein.

Da war der Hauptmann Goebel, der aus den zurückflutenden Truppen eine Kampftruppe bildete und damit begann, den Brükkenkopf westlich des Don mit nach Norden gerichteter Front aufzubauen, zu besetzen und zu halten. Ein paar Offiziere halfen ihm dabei, und so schuf er sich in wenigen Stunden eine Art Stab, beschlagnahmte alle Waffen, alle Munition, und hatte in knapp einem halben Tage eine Kampfgruppe von dreitausend Mann zusammen. Sie kannten sich nicht untereinander und waren keineswegs kampfgewohnt, denn es handelte sich ja zum größten Teil um Trosse und rückwärtige Dienste, die vor den russischen

Panzern auf der Flucht waren. Aber Hauptmann Goebel war eine Landsknechtgestalt, um die sich ein Haufen schon scharen konnte. Nachschubverbände, Straßen- und Brückenbau-Pioniere, Urlauber, Polizei, Gendamerie, Werkstatt-Kompanien und Eisenbahn-Formationen bildeten die „Truppe" des 1. Verbandes, und dieser Haufen brachte es tatsächlich fertig, seine Front zunächst nur mit leichten Waffen gegen Infanterieangriffe zu halten und später mit ein paar schweren Waffen gegen schwere Panzervorstöße zu verteidigen.

Wer fiel, fiel als namenloser Soldat. Wenn eine Haubitze, eine Pak oder sonst eine schwere Waffe eintrudelte, wurde das im Kampftruppenbefehl erwähnt, so wichtig war das. Aus diesem Haufen wurde „Kampfgruppe Goebel", aus der Kampfgruppe nach sechs Tagen eine Art Division, und diese Division übernahm eines Tages Oberst Adam, der Adjutant des Oberbefehlshabers der 6. Armee, und von dieser Stunde an hieß sie „Division Adam".

Die Lage am 20. November abends war unübersichtlich. Am Morgen des 21. November rollten einige Kraftfahrzeuge der 2. Werfer-Brigade mit einer „besorgten" 7,5 cm-Pak von der Durchführung eines Sicherungsauftrages am Donbogen kommend auf der südlichen Rollbahn zur Holzbrücke bei Nishni-Tschirskaja, um zum eigenen Gefechtsstand westlich Stalingrads zu gelangen. Mit Mühe gelang es, an der Brücke den Flüchtlingsstrom nach Westen für kurze Zeit abzustoppen und das Dutzend Fahrzeuge der Brigade nach Osten über die Brücke zu schleusen. Einige Kilometer weiter sperrten russische Panzer die deutsche Rollbahn, und darum gingen die wenigen Nebelleute, Offiziere, Unteroffiziere und Mannschaften des Brigadestabes neben der Rollbahn in Stellung, hielten genau so wie Hauptmann Goebel alle anderen nach Westen fliehenden Soldaten an und reihten sie in ihren Haufen ein.

So bildete sich der Brückenkopf am Don ohne Befehl und wurde durch kleine Truppenteile der Werfer-Brigade, den Stab des Werfer-Regiments 53, den Stab der I. Abteilung einer Batterie des Regiments 53 mit Fahrzeugen und Werfern verstärkt.

Da war Oberst Tzschökell, der Kommandeur des Werfer-Regiments 53, der, wie Hauptmann Goebel im Norden, genau so an der Brücke in Tschir dachte, und da waren Major Scherer und Hauptmann Ries, Brendel und Ostendorf, die erheblich dazu beitrugen, daß die Stärke der Brückenkopfbesatzung am Abend schon über tausend Mann betrug und die Hauptkampflinie acht bis zehn Kilometer bis zur Einmündung des Donskojo in den

Hier vorderste Linie

Eine zweideutige Warnung

Mit Pak, Panzern und starken Herzen

wurde der Kampf geführt

Don vorverlegt werden konnte. Ein paar Panzer 3 und 4 kamen hinzu, und nach drei Tagen war man bei zweieinhalbtausend Mann angelangt. Nach vierzehn Tagen war die Lage im Brückenkopf durch unaufhörliche schwere Kämpfe kritisch geworden. Am 11. Dezember wurde die Nebeltruppe aus dem Brückenkopf herausgezogen und die Gruppe des Hauptmann i. G. Sauerbruch übernahm die Verteidigungsfront, die aber am 13. Dezember zusammenbrach. Der Brückenkopf wurde aufgegeben, die Brücke fiel unzerstört in russische Hand, da man versäumt hatte, die tägliche Kontrolle der Zündkabel zur Sprengladung durchzuführen. Der Verlust dieser Brücke war eine der Ursachen, daß der Vorstoß der 4. Panzerarmee zum Entsatz von Stalingrad mißlang.

Totensonntag in Nishni-Tschirskaja

Bis zum 21. November befand sich das Armee-Hauptquartier in Golubinskaja, fünfzehn Kilometer nordwärts Kalatsch. Man hatte hier bis zuletzt eine Änderung der Lage erhofft, und das war auch der Grund, warum der Chef des Generalstabes der 6. Armee mit der Verlegung der Führungsabteilung gewartet hatte.

Eigentlich hätte Golubinskaja bereits seit drei Wochen geräumt sein müssen, denn so lange waren die festen Winterquartiere in Nishni-Tschirskaja schon fertig.

Zwei Stunden bevor die russischen Panzer auf den Donhöhen standen und mit den Mündungen ihrer Kanonen auf das Quartier der Armee zeigten, war der Stab alarmiert worden. Das war am 21. November um elf Uhr vormittags.

Was nun kam, war mit einem Abmarsch eigentlich nicht mehr zu vergleichen. Ein großer Teil der Fahrzeuge und Lagerbestände blieb zurück, so die Einrichtungen der Armee, die Filmvorführungsgeräte der Propaganda-Kompanie, das Kasino der Führungsabteilung.

Ein Teil des Stabes versuchte, über die Donhöhenstraße nach Süden und so nach Tschir zu kommen. Das mißlang, denn um diese Zeit standen die russischen Aufklärungsspitzen vier Kilometer vor Kalatsch und sperrten die Donhöhe nach Südwesten.

Also kehrt und nach Norden. Man ging bei Perepolni über den Don und in kleineren Gruppen über das Eis bei Golubinskaja.

General Paulus und der Chef des Generalstabes flogen in zwei

Störchen nach dem Winterquartier der Armee, die Führungsabteilung traf am Nachmittag dort ein.

Die Quartiere in Golubinskaja übernahm General Hube mit dem Stab des XIV. Panzerkorps, das mit Teilen der 14. und 16. Panzer-Division den Russen entgegengeworfen wurde. Es blieb beim Versuch, die Panzer der Roten Armee aufzuhalten, sie fuhren um die Kampfgruppen der deutschen Divisionen herum und donnerten über den Flugplatz der NAG 7, an der Schmalspurbahn entlang, über das Kampffeld der Sommer-Panzerschlacht von Kalatsch, süd- und südwestwärts.

Als General Paulus in Nishni-Tschirskaja eintraf, erreichte ihn der Funkspruch Hitlers:

„Der Oberbefehlshaber begibt sich mit seinem Stab nach Stalingrad. Die 6. Armee igelt sich ein und wartet weitere Befehle ab.“

In der Nacht lief ein weiterer Funkspruch bei der Führungsabteilung ein:

„Der zwischen Don und Wolga verbleibende Truppenverband der 6. Armee hat sich als ‚Festung Stalingrad‘ zu bezeichnen.“

Das Oberkommando der Wehrmacht meldete an diesem Tage folgendes:

„An der Donfront stehen rumänische und deutsche Truppen in harten Kämpfen gegen starke feindliche Panzer- und Infanterieangriffe.“

In dem gut bürgerlich eingerichteten Zimmer des Hauptquartiers der 6. Armee trafen sich am frühen Vormittag des anderen Tages Generaloberst Hoth und General der Panzertruppen Paulus mit ihren Chefs. Während der Fernsprecher unaufhörlich klingelte und eine ernste Nachricht von der anderen überboten wurde, während sich der Ring um die 6. Armee unaufhörlich schloß, erörterten die beiden Truppenführer die mögliche Entwicklung der Lage. Man war sich des Ernstes der Situation voll bewußt, und die knappen sachlichen Worte ließen schon am 22. November das Schicksal erkennen, das der 6. Armee ein paar Monate später beschieden war.

Was wurde denn besprochen?

In den Morgenstunden war der Kommandeur der 9. Flak-Division Generalmajor Pickert in Nishni-Tschirskaja eingetroffen, und der Chef der Armee hatte ihn mit den Worten empfangen: „Wir lassen uns aus der Luft versorgen“, und mit der Frage: „Was würden Sie tun, Pickert?“

„Ich würde sofort mit allen zusammenzuraffenden Kräften nach

Südwesten zum Ausbruch antreten, und ich kann den Ausbruch mit beträchtlichen Flakkräften, leichten wie schweren Flak-Batterien, unterstützen. Die leichten Geschütze können wir notfalls im Mannschaftszug über die Steppe bringen, Munition habe ich genug, und Gefechtsfahrzeuge mit Betriebsstoff stehen fahrbereit."

Und der Kommandeur der Flak-Truppe fügte noch hinzu:

„Eine Luftversorgung halte ich für ganz ausgeschlossen, nichts wie sofort antreten."

Dieser Ansicht des Kommandeurs der 9. Flak-Division hielt General Schmidt folgendes entgegen:

„Wir haben natürlich auch diesen Ausbruch erwogen, sind aber aus folgenden Gründen zu dem Entschluß gekommen, im Raum Stalingrad zu bleiben:

1. Die Armee hat Befehl, diesen Raum zu halten.
2. Der Ausbruch durch die deckungslose winterliche Steppe würde napoleonisch enden, weil wir uns etwa fünfundvierzig Kilometer durch die Steppe kämpfen müßten, bis wir das andere Donufer auf einer Brücke erreichen können. Der Don ist noch nicht so fest zugefroren, daß er schwere Fahrzeuge hält. Er muß also auf Brücken überschritten werden, und außerdem hat der Feind das stark überhöhte westliche Donufer besetzt, gegen das wir dann aus der ebenen Steppe angreifen müßten, oder aber weit nach Südwesten ausholen, um das andere Ufer zu gewinnen.
3. Wir müßten die Masse des schweren Materials verlieren und fünfzehntausend Verwundete in Feldlazaretten und Verbandsplätzen dem Feind überlassen."

Das war es, was General Schmidt in Anwesenheit des Oberbefehlshabers, der nichts dazu sagte, erwiderte, um dann abschließend zu sagen:

„Die Luftversorgung haben wir bereits gefordert."

So war es. Die Arme hatte in einem Funkspruch, bevor sie nach Nishni-Tschirskaja ging, erklärt, die westlich des Don stehenden Kräfte zurückzunehmen und den Raum von Stalingrad zu halten.

Es ist die Feststellung zu treffen, daß der Armee die Luftversorgung nicht angeboten, sondern von dieser gefordert wurde. Diese wurde dann gegeben, aber mit zu starken Worten und zu schwachen Kräften.

Gegen Mittag flog General Paulus mit dem Chef im Storch durch einen engen Korridor in den Kessel oder, wie es offiziell hieß, „Festung Stalingrad". Und zwar an dem Mittag, an dem sich General Paulus von Generaloberst Hoth verabschiedet hatte. Dem Flug war ein männlicher, aber tief zu Herzen gehender Abschied vorausgegangen. Nachdem beide Oberbefehlshaber während des ganzen Sommers und im Herbst als gute Nachbarn nebeneinander gekämpft hatten, gingen sie nun mit kurzem militärischen Gruß auseinander, einem ungewissen Schicksal entgegen.

Sowjetischer Handstreich auf die Behelfsbrücke Kalatsch

Über die schwere Behelfsbrücke, die den Don bei Kalatsch überquert, fahren am Morgen des 21. November zehn deutsche Panzer. Eigentlich sind es russische Kampfwagen, sie fielen im August fahrbereit in die Hände der 71. Division. Man strich sie, aber das schwarz-weiße Balkenkreuz fehlte, weil keine weiße Farbe vorhanden war. Jeden Morgen fahren sie zur Donhöhe, um dort auf die russischen Panzerwracks Schießübungen zu veranstalten, und danach fahren sie wieder regelmäßig auf ihren Abstellplatz hinter der Werkstattkompanie zurück.

Auf den Höhen über dem Don hatte die 6. Armee eine für Frontverhältnisse vorbildliche Pionierschule geschaffen, sie diente nicht nur der Heranbildung des Unterführernachwuchses, sondern sollte auch rumänischen Pionieroffizieren die deutschen Methoden der Panzerbekämpfung klar machen. Zu diesem Zweck hatte man ebenfalls vier Beutepanzer marschbereit gemacht.

Die Panzer aus Kalatsch fuhren zur Donhöhe, die Panzer der Pionierschule fuhren nach Kalatsch. Jedermann kannte sie, am besten aber die zum Brückenschutz eingesetzten Abwehrkräfte.

Kanonier Wiedemann war Posten Nr. 3.

Wiedemann stand mit einer 8,8-Flak westlich des Don, der hier dreihundert Meter breit ist, und das kam so. Ursprünglich befand sich das Geschütz am 20. November auf dem Marsch nach Golubinskaja, doch hatten Kradfahrer den Befehl überbracht, Wiedemann soll am Südweg zur Donhöhe weitere Order abwarten.

Wiedemann wartete weitere Befehle ab, die acht Mann, die zu ihm gehörten, schliefen in einem Holzhäuschen hinter dem Geschütz.

Über Stalingrad lag schwerer Dunst. Wiedemann sah über die leichten Feuerstände der Flak-Artillerie-Schule auf dem Ostufer und wieder zu den Panzern, die zweihundert Meter von ihm entfernt durch die Kehre rumpelten und zur Höhe krochen.

Sie kamen aus Kalatsch, es war alles in Ordnung, und außerdem hatten Männer der Feldgendarmerie Wiedemann von dem Sachverhalt in Kenntnis gesetzt, als er sie verwundert fragte.

Eine halbe Stunde später knallte es auf der Donhöhe wie verrückt. Sie schießen scharf, dachte Wiedemann, Flakleute haben für so etwas ein gutes Ohr.

Wieder verging eine halbe Stunde. Dann kamen Panzer zurück. Rollten im Abstand von dreihundert Meter an Wiedemanns Kanone vorbei und fuhren auf die Brücke. Erst zwei, und dann noch einer.

Da zerrissen plötzlich MG-Salven die Stille. Die Hiwis der Brückenwache, Feldgendarmerie und Leute vom Baubataillon rannten hin und her. Schossen und brüllten. Die Panzer brachen links und rechts ins Unterholz und zerpflügten die Gräben der 71. Infanterie-Division. Die Mündungen ihrer Kanonen zeigten nach Osten und Süden.

Alles ging in Sekunden vor sich.

Wiedemann riß das Glas an die Augen. „Zum Donnerwetter, das sind doch Russen“, brüllte Wiedemann. „Alarm“ und „Feueralarm“ hinterher. Dabei schlug er wie verrückt an die Eisenschiene, die als Alarminstrument diente.

Aus der Bretterbude hinter der Kanone polterte es heraus. In Rock und Hose und ohne Rock. Mit Stahlhelm und ohne Stahlhelm.

Zwei Panzer waren stehengeblieben, bevor sie auf die Brücke fuhren.

Rum die Kanone, runter das Rohr. Erdbeschuß. Nur acht Panzergranaten sind da. Die Entfernung ist dreihundert Meter. Der erste Russe geht wie eine Fackel in die Luft. Der zweite im Salto in den Don. Das ist bei der Entfernung kein Kunststück, aber die aus dem Unterholz funkten zurück.

Die Kanone des Kanoniers Wiedemann schoß noch zweimal, danach war nur noch das Knistern des brennenden Häuschens hinter dem Flakstand zu hören.

Am Nordausgang von Kalatsch hatte eine schwere Artillerieabteilung ihre 15-cm-Geschütze in Stellung gebracht. Die Mündungen zeigten auf die Donhöhe und die Brücke. Geschossen wurde nicht. Der Kommandeur der Abteilung versuchte eine Sprechverbindung mit dem Artilleriekommandeur zu bekommen. Die Verbindung ist nie zustande gekommen. Die Abteilung kam aus der Heimat, und es war niemand da, der ihr Feuererlaubnis erteilte. Ohne Befehl wurde nicht geschossen.

Die 2-cm-Geschütze der Flak-Artillerie-Schule blitzten ins Unterholz, die Russen verhielten sich still. Im Unterholz saßen sechzehn russische Panzer. Fünfhundert Meter davon entfernt standen zwölf deutsche Geschütze. Ihre Protzen waren mit Munition gefüllt. Die Kanoniere lagen neben den Geschützen, fachsimpelten, rauchten oder aßen. —

Gegen die russischen Panzer auf der östlichen Seite des Don rennt ein Oberleutnant; der Führer der Brückenwache reißt sein Gewehr in die Höhe und schießt auf die Panzer, läuft und schreit und schießt wieder. Es ist ein grotesker, erschütternder Anblick. Bis auf zwanzig Schritte haben sie ihn an die Panzer herankommen lassen. Er fällt mit dem Gesicht nach vorn.

Um Mittag versuchte die 3. Batterie der Flak-Schule den Brükkenkopf einzudrücken und die Brücke zu sprengen. Der Versuch scheitert. Sie haben ein paar 7,5-Pak, zwei Granatwerfer, eine 8,8, aber sie können damit nicht viel anfangen.

Nach Einbruch der Dunkelheit führte der Feind Verstärkung heran, und als am anderen Tage die Sonne über Stalingrad aufging, war die 15-cm-Abteilung mit Marschziel Osten abgerückt und die 7,5- Pak ohne Munition. Die zwei Granatwerfer schossen eine Stunde, und die 8,8 feuerte drei Schuß ab. Dann lebte von der Granatwerferbesatzung niemand mehr und die 8,8 war ein formloser Klumpen.

Die Donbrücke Kalatsch war in russischer Hand.

Feldwebel Glucher hat eine Vision

Neun Wochen hatte man in Tag- und Nachtschichten gearbeitet, um das Winterquartier für den Korpsstab vorzubereiten. Das Dorf selbst war nicht zerstört, Bunker lag neben Bunker, Magazin neben Magazin, denn ein Korpsstab ist eine große Gemeinde. Nun, hatte das VII. Korps Peskowatka aufgeben müssen.

Motorenlärm und Raupengeklirr waren hier verhaßt, die Straße, die vom Don durch den Ort führte, war gesperrt, die Umleitung zwei Kilometer lang. Man stritt sich gerade, ob das Lazarett und die Kommandantur den Abteilungen IVa und IIb weichen sollten, da standen an der Wegegabelung, die zur Höhe 137 führte, zwei T 34 und schossen in die Pulks der Fahrzeuge. Lazarett, Werkstattzug, Armeeverpflegungslager, Ersatzteilmagazin fielen in russiche Hand. Es spielten sich die gleichen Szenen ab wie im Strom der Flüchtenden im Norden und Süden.

Südlich der schweren Behelfsbrücke von Akimowski hielten Teile der 384. Infanterie-Division und zwei leichte Artillerie-Abteilungen der Hoch- und Deutschmeister-Division einen sechsundzwanzig Quadratkilometer großen Brückenkopf. Die Artillerie hatte Not, in Stellung zu kommen, aber die Not, herauszukommen, war noch größer. Das lag nicht am Sprit und auch nicht an den Zugmaschinen, sondern an den Pferden.

Alle Divisionen hatten im Oktober die entbehrlichen Pferde in rückwärtige Gebiete geschickt. Nach den Erfahrungen des vorausgegangenen Winters mußte auch ohne Kampfhandlungen mit großen Pferdeverlusten gerechnet werden, da die Transportlage den Nachschub von Pferdefutter nicht gestattete. Nun rächte sich das. Die zurückgebliebenen Pferde reichten wohl für einen einmaligen Stellungswechsel, aber Ausfälle waren nicht zu ersetzen.

Und es gab Ausfälle.

Zuerst wurde der Brückenkopf gegen Kavallerie und motorisierte Spitzenverbände gehalten, später gegen Panzer, und es waren nur sechshundert Mann, die den Übergang der zurückflutenden Divisionen sichern sollten. Gefechtsstände, Kraftfahrzeuge, Verwundetentransporte, OT-Einheiten, Baubataillone, Pferde, Männer und Wagen rollten über die Brücke.

Von den Höhen der Mondlandschaft fluteten die zersprengten Einheiten der 1. rumänischen Kavallerie-Division und die Reste der 376. Infanterie-Division, ballten sich vor der Brücke, fuhren sich hinter der Brücke fest. Im Ufersand, im Geröll, in den Niederungen des Buschholzes, im Schlamm, in den Trümmern der zusammengebrochenen und steckengebliebenen Lafetten, Fahrzeuge und den Leibern der Pferde.

Von Disziplin war keine Rede mehr, jeder kommandierte, schrie und befahl. Es kam auf die stärkste Stimme und auf den schwersten Wagen an.

*

Vor acht Tagen hatte es hier noch anders ausgesehen. Auf jeder Brückenseite saßen in ihrem Holzhäuschen vier Mann und gaben telefonisch periodenweise die Brücke frei. Fünf Minuten nach

Westen, fünfzehn Minuten nach Osten. Alles im Fünfzehn-Kilometer Tempo, darauf wurde streng geachtet. Sechzig Fahrzeuge polterten nach vorn, dreißig nach hinten. Alle Stunden gab die Brückenwache den Verkehr nach beiden Seiten für je fünf Minuten frei, für Panjewagen und Pferdefahrzeuge.

Die Worte der Feldgendarmen hatten Gewicht, und Feldwebel Glucher war ein König in dem Reich, da seine Brücke groß war.

Ja, vor acht Tagen war es noch so gewesen, die Wachhäuschen gab es auch noch, und auch noch einundzwanzig Mann, die zu Glucher gehörten. Aber es gab keine fünfzehn Minuten Pause mehr, keine Geschwindigkeitsbegrenzung und vor allem keine Kraftfahrzeuge, die nach Westen rollten.

Das Brückengeländer war zerbrochen, ein Achttonner hatte eine Geschützbedienung mit Pferden und Kanone in den Don geschoben.

Glucher hatte einundzwanzig Mann unter sich, das bedeutete den Kampf des Reglements, ausgewiesen durch einundzwanzig Menschen, gegen die Gewalt, bestätigt durch zwanzigtausend mit Roß und Wagen.

Was galt das Feldwebelwort und was war aus den Divisionen geworden, denen die Furcht im Nacken saß, was war überhaupt aus den Menschen geworden, die vorgestern noch in ihren Eislöchern saßen und monatelang gegen schwerste Angriffe standgehalten hatten?

Unter denen, die sich auf die Brücke zuwälzten, waren wenige, die in der vordersten Linie zu Hause waren, was sich hier in wirrem Traum zu retten versuchte, waren Trosse und Nachschubeinheiten.

Der Herr der Brücke saß auf dem Dach seines Häuschens und an ihm vorbei lief der Strom.

Und dann kam die Nacht, das Brüllen und Schreien blieb. Wer versucht hatte, über das Eis zu kommen, kam nicht weit. Die Strecke war zweihundertundsechzig Meter lang und niemand half dem anderen, jeder hatte mit sich selbst zu tun.

Glucher saß auf seinen vier Quadratmetern, den Kragen des Mantels hochgeschlagen und die Hände in den Taschen. In seinem Dienstraum lagen sieben Mann, die sich nicht rühren konnten, mit Löchern in Armen, Brust und Bauch. Und die richteten sich auch nicht mehr auf, als es im Osten hell wurde.

Der Strom trieb weiter und ihn begleitete das Brüllen und Schreien, und das blieb noch so lange, bis die 384. nicht mehr hielt und der Brückenkopf von Perepolni eingedrückt wurde.

Zwei Kilometer von der Brücke entfernt standen elf Panzer der 16. Panzer Division, aber hätten sie über das Eis fahren sollen oder über die Brücke, durch die nach Osten Drängenden, Flüchtenden, Verzweifelten?

Feldwebel Glucher überblickte alles, in zwei Dutzend Stunden kann ein Mann, der nicht auf den Kopf gefallen ist, über vieles nachdenken. Glucher dachte über vieles nach.

Zuerst an den Geschichtsunterricht in der Schule und das Bild, das in der vierten Klasse hing. Mit dem Übergang Napoleons über die Beresina. Und dann dachte Glucher an den Bahndamm von Baroschino. Das war vor einem Jahr gewesen. Aber er sah die Bilder der Verwüstung ganz klar vor sich. Und dann dachte er an gestern, blickte um sich und sah das Heute. Im Dunst und Nebel schienen alle Dinge ihre Wirklichkeit zu verlieren und überdimensional zu werden.

Feldwebel Glucher sah seine Aufgabe als erledigt an.

Hier gab es nichts mehr zu regeln. Gegen elf Uhr kletterte er auf eine vorbeirasselnde Zugmaschine und ließ sich in Richtung Stalingrad mitnehmen.

Fünf Tage vor Weihnachten zerschoß ihm ein Sprenggeschoß die linke Schulter.

Von Pitomnik aus flog er zwei Tage später mit dreiundzwanzig anderen Verwundeten in die Heimat.

Dreitausendsiebenhundertundsechsundvierzig Funksprüche

Die Ereignisse überstürzten sich, es gab keine Verständigungsmöglichkeit mehr. Die einheitliche Befehlsführung war in Frage gestellt. Melder und Läufer ersetzten die fehlenden Funk- und Fernsprechverbindungen.

Die Divisionen westlich des Don waren völlig ohne Nachrichtenverbindung. Die deutsche Verbindungsfunkstelle zur 1. rumänischen Panzer-Division war schon am ersten Angriffstage ausgefallen, die Funkstellen der 44., 384. und 376. Infanterie-Division waren zerschossen, eingenommen oder gesprengt. Das Gerät des VIII. Korps arbeitete, hatte aber nur Verbindung mit dem LI. Armeekorps und dem XIV. Panzerkorps. Die Funkstellen des IV. Korps, der 4. Panzerarmee und des Armeeoberkommandos waren irgendwo, ihre Stimme war noch nicht wieder zu hören. Vom XI. Korps konnte überhaupt keine Rede sein.

Am 22. November war die Funkverbindung vom alten Armeegefechtsstand zur Heeresgruppe abgerissen. Die Festfunkkompanie hatte anschließend über die Nord-Don-Brücke Stellungswechsel nach Gumrak gemacht. In der Nähe des Bahnhofs erstand die Leitfunkstelle des Kessels.

Aber soweit war es noch nicht, denn die Artillerie- und Pionierkommandeure waren für die Befehlsführung nicht maßgebend.

Da sprang Tschirskaja als Zwischenstation ein, es wurde improvisiert. Am Tage vorher war ein Teil der Funkkompanie dorthin gefahren, um den neuen Armeegefechtsstand einzurichten. Die Nachrichtenführung konnte zu der Zeit nicht wissen, daß die Armee ein neues Quartier im Kessel beziehen würde. Tschirskaja lag vierzig Kilometer vom Wege.

Die Quartiermeisterabteilung verlegte nach Tormosin, der Tschirsender ging mit und stand mit der über Nacht ins Leben gerufenen neuen Heeresgruppe „DON“ in Verbindung.

Inzwischen hatte sich die Armee von Gumrak in den Kessel eingeschaltet. Tormosin übernahm den Vermittlungsdienst zwischen Kessel-Funk und Oberkommando des Heeres. Für alle Stationen, die nicht unmittelbar senden konnten oder durften.

Die blauen Mappen im Zimmer des Leiters der Nachrichtenstelle füllten sich. Die Dechiffrierabteilung des Armee-Nachrichten-Regiments lief auf höchsten Touren.

Vier Empfänger nahmen die ungeheure Arbeit auf sich und standen mit siebzehn Funkstellen in direktem Verkehr. Zwei Sender strahlten die von allen Seiten einlaufenden Katastrophenmeldungen nach Süden und Westen und den Lagebericht nach Norden. Jeder Empfänger nahm täglich vierhundert Funksprüche auf. Für den Inhalt sorgten das OKH, die Heeresgruppe, die Armee, die Korps, Divisionen, Sonderabteilungen, Kampftruppen, Flugleitstellen.

Bis zum 28. November waren 3746 Sprüche eingegangen und 1716 abgesetzt.

3746 eingegangen.

Die Enigmas standen keine Sekunde still. Hunderte von Sprüchen waren im Klartext eingegangen, Panik und Zeitnot erzwangen den militärisch unmöglichen Zustand.

3746 einfache Meldungen.

Sachlich, klar, knapp, ohne Beschönigung, aber auch ohne Übertreibung.

3746 Berichte.

Man hörte ihnen im Äther das Grauen vor dem Kommenden an.

3746 Sprüche.

Von der Angst diktiert, die mit der Not nicht fertig wurde. Von der Angst, die vor dem Urplötzlichen kapituliert, die Beherrschung verlor, das Unerwartete nicht fassen konnte und daran scheiterte.

3746:

„XI. Korps hat seit Beginn der Durchbruchsoperation 50 Prozent seiner schweren Waffen verloren."

„VIII. Korps Peskowatka aufgegeben. Verlegt westwärts. Standortmeldung folgt."

„Offizier- und Pionierschule Donhöhe unter Oberst Mikosch in schwerem Abwehrkampf gegen starke Feindverbände."

„Wertjatschi geräumt."

„Flakabteilung I/9 Legion Condor bereitmachen zum Erdkampf auf Einsatz Don."

„Oberst Schrader ANR 648 übernimmt Nachrichtenführung der Armee. Fliegt sofort in den Kessel ein und meldet sich beim Chef des Generalstabes."

„Kampfgruppe Hauptmann Goebel hält mit 3000 Mann Donbrücke Tschir. Haltet den Kopf hoch wie wir."

„Hauptverbandplatz Otto-Warnowka nicht mehr aufnahmefähig. Erbittet dringend Verbandstoff und Medikamente."

„An PK 637: WPR anfordert Berichte. Auf Schwere hinweisen. Einschließung ist nicht zu erwähnen. Führer plant umfassende Gegenaktion. In diesem Sinne Vorbereitungen treffen."

„14. Panzer Division aufgesplittert. Rest setzt sich nach Westen ab."

„NA 176 verlegt mit Abteilungsgefechtsstand nach Malrossoschka."

„Panzer-Gren.-Regt. 103 in schweren Kämpfen aufgerieben. Versuchen Vereinigung mit Panzer-Gren.-Regt. 108."

„An XLVIII. Panzerkorps. Generalleutnant Heim fliegt zur Berichterstattung auf Befehl des Führers nach FHQu."

„Donübergang Kalatsch durch tragischen Irrtum in russischer Hand, Kalatsch wird verteidigt."

„III. Abtlg. Flak-Art.-Schule Bonn, Ausfälle vom 21. 8. bis 11. 11. 540 Mann. Gleich 90 Prozent des Bestandes. Gefallen fast 40 Prozent."

„Oberst von Pannwitz baut aus Restteilen und Splittergruppen der 6. Armee mit zugewiesenen Panzer- und Art.-Einheiten Eingreifgruppe auf.“

„Führer hat OAK 11 beauftragt, Führungsstaffel unter Feldmarschall von Manstein nach Nowo-Tscherkask in Marsch zu setzen.“

„LI. Korps anfordert dringend schwere Munition, 15 und 21 cm.“

„Oberst Adam meldet sich beim Stab AOK 6 Kessel.“

„Vorauskommando 6. Panzer-Division in Kotelnikowo eingetroffen.“

„Restteile Flak-Art.-Schule übernehmen Flakschutz Pitomnik.“

„Die Armee meldet umgehend Bestände an Munition, Kraftstoff, Waffen und sonstiger Ausrüstung. Getrennt davon Verpflegungsanlieferungen und entsprechende Anforderungen.“

„Flugfeld Bassagino zur Aufnahme von Munitions- und Brennstoffanlieferungen startklar.“

„Pionier-Regt. 413 übernimmt Abriegelung Peskowatka und Unterstützung 384. I. D.“

„41 Schwestern Armeelazarett Kalatsch sind von Pitomnik nach Kiew auszufliegen.“

„Luftwaffen-Felddivision im Anmarsch. Bereinigen Einbruchstelle.“

„OKH an 6. Armee. Nordriegel und Westufer Don sind unter allen Umständen zu halten.“

„113. I. D. verlegt Front nach Westen.“

„27 Sturmgeschütze Tschir nicht ausgeladen. Unversehrt in Feindeshand gefallen.“

„Befehlsstand der 4. Panzerarmee ab 24. November mittags Simowiki 60 Kilometer südlich Zymlinskaja.“

„Heeresmunitions-Nachschublager Kalatsch befehlsgemäß gesprengt.“

„24. Panzer-Division noch Brennstoff für sieben Tage.“

„Kampfgruppe Willig erhält 10. I. R. 120, 5. I. R. 92, 1. A. R. 160, 2. Werfer-Regt. 2 und wird dem XIV. Panzerkorps unterstellt.“

„Businowka von russischen Streitkräften besetzt.“

„29. mot. HKL bei Krabsow-Zybenko gebildet. Russichen Angriff zum Stehen gebracht.“

„24. Panzer-Division ist sofort über Behelfsbrücke Perepolni zurückzunehmen, um in Nordostecke Orlowka eingesetzt zu werden.“

„Offiziersverband Mikosch schlägt sich nach Süden durch.“

„44. I. D. meldet den Verlust ihrer gesamten Trosse und Reservelager."

„Befehlsstand der 24. Panzer-Division Alexandrowka."

„Kampfgruppe Tzschökell verteidigt gegen schwere Angriffe oft im Nahkampf Brückenkopf Tschirbrücke und hält somit wichtige Ausgangs-Position nach Stalingrad."

6. Armee ohne Nachrichtenführer, was nun?

Als sich die Panzerzangen um die 6. Armee geschlossen hatten, befand sich Oberst Arnold, Nachrichtenführer der Armee seit Dezember 1941, mit dem Oberbefehlshaber zur Führerbesprechung in Nishni-Tschirskaja.

Der Einflug in den Kessel war festgesetzt, der für Oberst Arnold bestimmte Storch kam nicht zurück, er wurde auf dem Rückflug durch Gewehrfeuer abgeschossen. Oberst Arnold handelte selbständig, er fuhr nach Morosowskaja und flog von dort als Heckschütze einer Heinkel 111 mit dem Armeeschlüssel nach Pitomnik. Seine Ablösung war schon seit längerer Zeit befohlen, außerdem hatten sieben Verwundungen dazu beigetragen, seine Felddienstfähigkeit in Frage zu stellen. In Tormosin erreichte den Kommandeur des Armee-Nachrichten-Regiments, Oberst Schrader, der Befehl zum Einflug. Oberst Schrader flog nicht ein, der Befehl wurde wiederholt und verdreifacht, Oberst Schrader flog nicht ein. Er lag in Decken gewickelt in seinem Quartier, unfähig, sich zu erheben. Das Herz mache nicht mehr mit, war seine Entgegnung.

Ein paar Tage später wurde er in die Heimat abtransportiert, und es war kein triumphaler Empfang, den man ihm bereitete.

Die Armee war ohne Nachrichtenführer. Sieben kostbare Tage gingen verloren, die Tage zählten nicht doppelt, sondern zehnfach.

Am 23. Dezember erhielt der Kommandeur des Führungs-Nachrichten-Regiments 601 Oberst van Hofen durch Oberleutnant Hahn, Chef des Stabes beim Wehrmachts-Nachrichten-Chef, General Felgiebel, den Befehl zum Einflug in die Festung Stalingrad. Oberst Schrader habe sich krankgemeldet, und da sei im Augenblick nichts zu machen, und auch Oberst Schmidt, Verbindungsoffizier bei der italienischen Armee, sei unauffindbar. Außerdem habe der italienische Armeeführer ihn als unabkömmlich erklären lassen. Oberst Arnold aber sei krank und ihm müsse geholfen werden. Die 6. Armee weigere sich, ihn ausfliegen zu lassen, solange kein Nachfolger da sei. Außerdem, und das sei sehr wichtig, meinte Oberstleutnant Hahn, sollte Oberst van Hofen auf Verlangen der Heeresgruppe „Don“ nach Stalingrad fliegen, um mit besonderen Vollmachten den beabsichtigten Ausbruch der 6. Armee nachrichtentechnisch vorzubereiten. Am 26. Dezember meldete sich Oberst van Hofen bei Feldmarschall von Manstein und dessen Chef Generalmajor Schulz. Hier wurde nur vom Ausbruch der 6. Armee gesprochen, und Oberst van Hofen machte sich seine eigenen Gedanken, nämlich:

Man rechnete mit einem selbständigen Schritt Paulus', ja, man wünschte sogar, daß Paulus selbständig handeln sollte, aber man konnte es ihm nicht offiziell sagen.

Einen Tag später stand Oberst van Hofen vor dem Chef des Generalstabes der 6. Armee, Generalmajor Schmidt, und der war immerhin ziemlich überrascht, als ihm Oberst van Hofen sagte, daß die Heeresgruppe „Don“ nach Taganrog zurückgehen werde.

„Woher wissen Sie das, die Heeresgruppe hat ebenso auszuhalten wie wir, ohne Hitlers Befehl darf sie keinen Schritt zurückgehen.“

„Offiziell tut sie das auch nicht, Herr General, ich weiß es aus eigener Anschauung, daß die Heeresgruppe bereits alle irgendwie entbehrlichen Teile des Stabes nach Taganrog zurückschickt, dort ist auch bereits der größere Teil des Heeresgruppen-Nachrichten-Regimentes; ich habe Oberst Müller in seine Karte gesehen, und nur ein Proforma-Stab sitzt in Nowo-Tscherkask sozusagen mit laufenden Motoren.“

Oberst van Hofen sagte dem Chef des Generalstabes weiter, daß nach seiner Ansicht es auch in der Heeresgruppe um das nackte Leben gehe und Hilfe für Stalingrad von dort nicht mehr zu erwarten sei. Noch gestern habe er mit General Greiffenberg, dem Chef der Heeresgruppe A im Kaukasus, gesprochen und ihn gefragt, ob er Truppen zu einem Entsatzversuch zugunsten der 6. Armee freimachen könne, General Greiffenberg habe ihm bitter lachend erklärt:

„Ich habe nicht einmal genug Truppen, um den eigenen Rückzug zu decken, der ohne des ‚hohen Herrn‘ Genehmigung bereits zu einer regelrechten Flucht ausartet. Ich bin froh, wenn es mir gelingt, die Trümmer der 17. Armee im Kuban-Brückenkopf und hinter dem Don zu sammeln, an Truppenabgabe zugunsten einer Hilfe für die 6. Armee ist überhaupt nicht zu denken.“

Und Oberst van Hofen sagte weiter, daß trotz dieser Worte die abendliche Mitteilung an die 6. Armee so ausgesehen habe, als ob durch Umgruppierung und Rückwärtskonzentrationen der 17. Armee die für eine Entsetzung erforderlichen Truppen freigemacht werden sollen, es ließe sich nur noch nicht absehen, zu welchem Zeitpunkt dieses geschehen werde.

Das sagte Oberst van Hofen dem Chef des Generalstabes der 6. Armee, und der erwiderte nichts.

Dieselben Worte sagte Oberst van Hofen eine Viertelstunde später auf ausdrückliches Befragen über seine persönlichen Eindrücke dem Armee-Oberfehlshaber. Er schilderte den Zusammenbruch im Kaukasus und in Afrika und die Fluchtbilder des deutschen Heeres bei Stalino und schloß seine Ausführungen mit dem Hinweis, daß es erforderlich sei, in zweimal vierundzwanzig Stunden auszubrechen, da es sonst mit der Armee zu Ende gehe. Zur Zeit seien es nur achtzig Kilometer, die sie von der Ostfront trennten, in wenigen Tagen würden es einhundert bis zweihundert Kilometer oder mehr sein, und dann sei es zu spät.

Als sich der Oberfehlshaber an den ihm fest zugesagten Entsatz klammerte, erklärte ihm Oberst van Hofen, daß niemand da sei, ihn zu entsetzen.

„Aber so kann man doch nicht lügen, es handelt sich doch um Hunderttausende von Menschen."

„Doch, Herr Generaloberst, die Tatsachen zeigen, daß man es kann. Im Winterfeldzug 1941/42 ist genau so gelogen worden. Es hängt von Ihnen ab, Herr Generaloberst, ob die Armee hier herauskommt, oder ob sie zugrunde geht."

Generaloberst Paulus drückte seinem neuen Nachrichtenführer lange die Hand:

„Vielleicht haben Sie recht, und ein anderer an meiner Stelle, z. B. Reichenau, würde es sich nicht so lange überlegen. Für mich ist der Gehorsam erstes Gesetz des Soldaten. Ich weiß nicht, ob ich durch eigenmächtiges Vorgehen nicht größeren Schaden verursache, dazu kann ich von hier aus die Dinge zu wenig übersehen. Jedenfalls danke ich Ihnen für Ihre Offenheit, und die Unterredung bleibt selbstverständlich unter uns."

Vor Oberst van Hofen stand ein Kavalier der alten Schule, Ästhet vom Scheitel bis zur Sohle, ein vornehmer, kluger Mann, dem es nur an einem Schuß verwegenen Reiterblutes fehlte. Trotz vornehmer, gütiger Gesinnung, mit wenig Einfühlungsvermögen für die Truppe, war der Oberfehlshaber ein hochbegabter Generalstabsoffizier. Seine stark wägende Natur, die sich den Entschluß zu wagen schwer abrang, war daher zaghaft, zaudernd und schwankend.

So nahm das Schicksal seinen Lauf.

Luftwaffen-Felddivision wollte die Sache gradebiegen

Im Spätsommer 1942 wurden die ersten Luftwaffen-Felddivisionen aufgestellt. Das war zu der Zeit, als der Generalstab des Heeres aus dem überzähligen Bodenpersonal der Luftwaffe Kräfte abziehen wollte, um diese in die ausgeschlackten Ostdivisionen einzureihen.

Es kam nicht dazu, die Schuld daran trug der Reichsmarschall. Erst auf die Anweisung Hitlers wurden sechundvierzigtausend Mann für den Erdkampf freigegeben, aber Reichsmarschall Göring stellte eine Bedingung. Er wollte diese Männer der Luftwaffe nicht dem Heer zur Verfügung stellen, sondern unter der Befehlsführung von Luftwaffenoffizieren zu selbständigen Einheiten machen.

„Man kann nicht von mir verlangen, diese Kräfte dem Heer zu geben, damit sie von irgendeinem General in die Kirche geschickt werden."

Die Luftwaffendivisionen wurden nicht in die Kirchen geschickt.

In den Morgenstunden des 25. November rollte die 16. Luftwaffen-Division von Morosowskaja kommend durch Nishni-Tschirskaja.

Es war eine vollmotorisierte Division. Sie bestand aus gesundheitlich vollwertigen Leuten, war hervorragend gekleidet und saß stolz auf ihren Fahrzeugen.

Zu den Landsern an der Straße sagten sie: „Wollen die Sache gradebiegen."

Und die Landser hoben ihre Köpfe aus dem Dreck und antworteten: „Menschenskinder, wenn wir eure Waffen hätten, dann sähe es hier anders aus."

Sie wollten die Sache gradebiegen, das war sicherlich so gemeint. Aber was wurde daraus?

Noch am gleichen Tage fuhren sie in die Bereitstellung, aufgesessen und mit ihrem ganzen Troß. Als ob es zur Parade ginge. Das konnte nicht gut gehen. Und es ging nicht gut.

Am Abend des darauffolgenden Tages befand sich in Tschirskaja eine Versprengtensammelstelle der gleichen Division. Der Kommandeur der Panzerabwehrabteilung lehnte im Bunker dem

Kampfgruppenführer Hauptmann Goebel gegenüber fassungslos an der Wand. Die Abteilung hatte keinen Schuß abgegeben, sie hatte die auf sie zukommenden Gestalten für zurückgehende deutsche Einheiten gehalten; wegen der Pelzmäntel und der Tarnbekleidung. Und sie hatten an die zweite Linie geglaubt, in der sie sich befanden, und an die Chance, nunmehr die Russen vor die Gewehre und Kanonen zu kriegen.

Und dabei hätte man jeden Landser fragen können. Wenn ihm jemand von der zweiten Linie ein Wort gesagt hätte, dann würde er darüber gelacht haben wie über einen guten Witz.

Am Abend erschoß sich der Kommandeur, von dessen Abteilung noch zwölf Mann am Leben waren. Es war der einzige Schuß, der aus seiner Pistole abgefeuert wurde.

Was von der Division übrigblieb wurde auf die Kampfgruppen links und rechts vom Wege verteilt.

Die Panzerzangen schlossen sich um die Armee

Am Südausgang von Kalatsch, wo die große Straße östlich des Don nach Nishni-Tschirskaja führt, schlossen sich nach einem Marsch von zweihundertundfünfzig Kilometern die Panzerspitzen des russischen Angriffskeiles aus Kletskaja und Beketowka.

Die 6. Armee war eingekesselt.

In diesem Ring befanden sich: das IV., VIII., XI. und LI. Armeekorps sowie das XIV. Panzerkorps.

Dazu gehörten die Infanterie-Divisionen 44, 71, 76, 79, 94, 99, 100, 113, 295, 297, 305, 371, 376, 384 und 389 und die motorisierten Divisionen 3, 29 und 60, sowie die Panzer-Divisionen 14, 16 und 24. Von der Luftwaffe: Eine Jagdgruppe, eine Nahaufklärungsstaffel, die Bodenorganisation von zwei Flugplätzen, ferner die 9. Flak-Division mit den Flak-Regimentern 37, 91 und 194, insgesamt 11 schwere und 19 leichte Flak-Batterien und einige Kolonnen, schließlich noch einige Verbände der Luftnachrichtentruppe.

An rumänischen Kräften waren Teile der 1. rumänischen Kavallerie-Division und der 20. rumänischen Infanterie-Division dabei.

Ferner das 100. kroatische Infanterie-Regiment.

Weiterhin befanden sich im Einschließungsring die Sturmgeschütz-Abteilungen 243 und 245, die Werfer-Regimenter 2 und 51. Die Pionier-Bataillone 45, 294, 336, 255, 501, 605, 652, 672, 685,

912, 921, 925 und das Bataillon zur besonderen Verwendung, sowie das Armee-Nachrichten-Regiment 648.

Neben diesen Einheiten gehörten zum Kessel Heeres-Artillerie-Abteilungen, Bau-Bataillone, Polizeiformationen, OT-Gruppen, Feldpostabteilungen und weitere einhundertneunundzwanzig selbständige Einheiten.

Der Wehrmachtsbericht sagte dazu folgendes:

„Im Raum südlich Stalingrads und im großen Donbogen stehen die deutschen und rumänischen Verbände im Zusammenwirken mit starken Nahkampffliegerwaffen weiterhin in schweren Abwehrkämpfen."

Am Abend des 22. November um 18 Uhr meldete der Oberbefehlshaber der 6. Armee durch Funkspruch:

„Armee eingeschlossen. Ganzes Zaritza-Tal, Eisenbahn von Sowjetski bis Kalatsch, dortige Donbrücke, Höhen auf dem Westufer Don bis Golubinskaja, Olskinskij und Krainij trotz heldenhaften Widerstandes in Händen der Russen.

Weitere Kräfte vorgehen von Südosten über Businowka nach Norden und besonders stark nach Westen.

Lage bei Surowikino und Tschir unbekannt.

Stalingrad und Nordfront starke Spähtrupptätigkeit, Angriffe auf IV. Armeekorps abgewiesen und bei der 76. Infanterie-Division. Dort kleinere Einbrüche. Armee hofft Westfront östlich Don am Golubaja-Abschnitt aufbauen zu können. Südfront ostwärts Don noch offen. Ob sie durch starke Schwächung der Nordfront durch Aufbau dünner Linien von Kapowka über Marinowka, Golubinka zu schließen ist, erscheint fraglich.

Don zugefroren und überschreitbar. Betriebsstoff bald aufgebraucht. Panzer und schwere Waffen dann unbeweglich, Munitionslage gespannt, Verpflegung reicht für sechs Tage.

Armee beabsichtigt verbliebenen Raum von Stalingrad bis Don zu halten und hat hierzu alles eingeleitet.

Voraussetzung ist, daß Schließung der Südfront gelingt und reichliche Verpflegung zugeflogen wird.

Handlungsfreiheit für den Fall, daß Igelbildung im Süden nicht gelingt. Lage kann dann zwingen, Stalingrad und Nordfront aufzugeben, um mit ganzer Kraft Gegner an Südfront zwischen Don und Wolga zu schlagen und hier Anschluß an 4. Panzerarmee zu gewinnen. Angriff nach Westen wegen starkem Feind und Geländeschwierigkeiten nicht erfolgversprechend.

gez. Paulus."

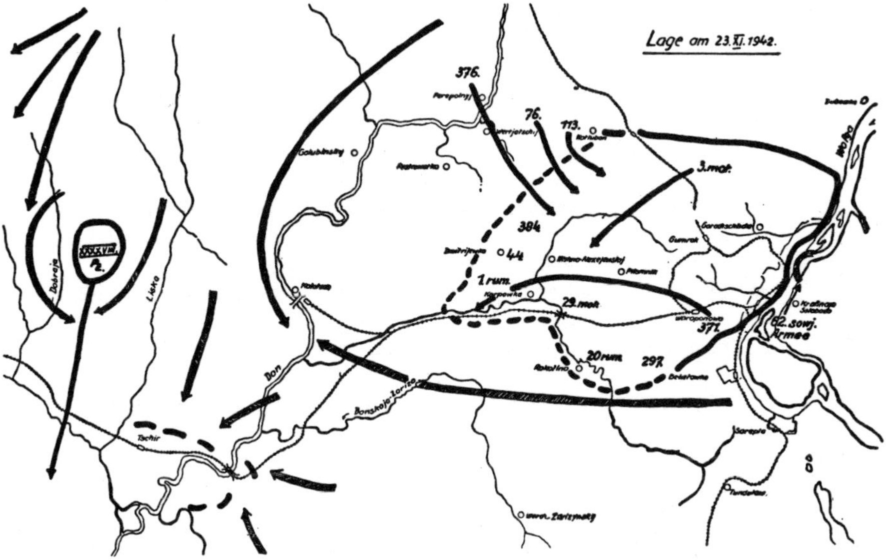

Die Lage, in der sich die Armee befand, war unbequem, aber sie brauchte operativ gesehen noch keine Katastrophe zu bedeuten. Es gab nicht nur für die Armeeführung, sondern auch für die Heeresgruppe einen militärisch vertretbaren Entschluß:

„Stalingrad sofort aufzugeben."

In militärischen Kreisen einschließlich des Generalstabes des Heeres wurde nicht die absolute Notwendigkeit des Ausbruchs debattiert, sondern ausschließlich über die *Richtung* des Durchbruches gesprochen. Maßgebend dafür waren die geringste Entfernung zur nächsten nicht eingeschlossenen eigenen Truppe, die feindliche Kräftegruppierung und das Gelände. Über das Gelingen des Ausbruches bestand bei der 6. Armee von vornherein Zweifel wegen des Mangels an Betriebsstoff, Munition und Winterbekleidung, zumal die Truppe in der deckungslosen Steppe gegen einen überlegenen Gegner anzutreten hatte.

Am gleichen Tage richtete der Oberbefehlshaber der Heeresgruppe „B" ein Fernschreiben an das Oberkommando des Heeres. In diesem Spruch wurden die operativen Notwendigkeiten der Lage dargestellt.

Das Fernschreiben verdient in den Akten der Kriegsgeschichte festgehalten zu werden und hat folgenden Wortlaut:

„Trotz der ungewöhnlichen Schwere des zu fassenden Entschlusses, dessen Tragweite mir voll bewußt ist, muß ich melden, daß ich die Zurücknahme der 6. Armee, die von General Paulus vorgeschlagen wurde, für notwendig halte.

1. Die Versorgung der zwanzig Divisionen umfassenden Armee auf dem Luftwege ist nicht möglich. Mit dem verfügbaren Lufttransportraum, entsprechendes Wetter vorausgesetzt, kann täglich nur ein Zehntel des wirklichen Tagesbedarfes in den Kessel geflogen werden.
2. Der Entlastungsangriff, da rasches Durchschlagen im Hinblick auf die zu erwartende Weiterentwicklung nicht mit Sicherheit vorausgesetzt werden darf, kann in Anbetracht der Dauer des Aufmarsches kaum vor dem 10. Dezember geführt werden. Aufmarschzeiten im einzelnen sind dem Generalstab des Heeres gemeldet. Die 6. Armee kann aber mit ihren rapide absinkenden Vorräten nur wenige Tage ausreichen. Die Munition wird schnell aufgebraucht sein, da der Kessel an allen Fronten angegriffen wird.
   Ich verspreche mir aber von einem Durchschlagen der 6. Armee nach Südwesten eine Entspannung der Gesamtlage.

Die Armee ist die einzige Kampfkraft, mit der ich nach dem völligen Ausfall der 3. rumänischen Armee dem Feind noch Schaden zufügen kann. Die zunächst nach Südwesten, dann mit dem Nordflügel längs der Eisenbahn Tschir bis Morosowskaja zu wählende Stoßrichtung wird zudem die bereits gespannte Lage im Raume von Swetnoje-Kotelnikowo auflockern. Endlich bedeutet die verbleibende Kampfkraft der 6. Armee einen unentbehrlichen Zuwachs für die neu aufzubauende Verteidigung und die Vorbereitung der Gegenangriffe.

Ich verkenne nicht, daß mit der vorgeschlagenen Operation hohe Opfer insbesondere materieller Art verbunden sein werden. Sie werden aber immer hinter denen zurückbleiben, die mit dem nach Lage der Dinge unvermeidlichen Aushungern der Armee im Kessel gebracht werden müssen.

gez. Freiherr von Weichs,
Generaloberst."

Der Oberbefehlshaber der Heeresgruppe „B" hoffte, daß die Klarheit und Unverblümtheit dieser Darstellung Adolf Hitler von der Notwendigkeit des Ausbruchs überzeugen würde.

Die auf dieses Fernschreiben folgenden Anordnungen der Obersten Führung zielten im großen gesehen auf die Zuführung von Kräften der Heeresgruppe „A“ zur 4. Panzerarmee hin, weiterhin waren aus Frankreich die 6. und 7. Panzer-Division auf dem Wege zum Osten. Diese Kräfte hatten die Aufgabe, die 4. Panzerarmee so zu verstärken, daß die 6. Armee durch einen Angriff vom Süden nach Norden freigeschlagen werden konnte.

Das Heeresgruppenkommando maß den im Anmarsch befindlichen Kräften nur die Bedeutung einer wünschenswerten Verstärkung der 4. Panzerarmee zu, die Führungsstaffel war der Ansicht, daß die Verstärkungen erst verspätet eintreffen würden und auch kräftemäßig gar nicht imstande wären, den angestrebten Erfolg herauszuholen.

Letzten Endes hoffte man, daß sich der Chef des Generalstabes des Heeres mit der auch von ihm vertretenen Auffassung der Heeresgruppe „B“ durchsetzen würde. Vorerst schien alles gutzugehen, man konnte um diese Zeit noch nicht wissen, daß nicht vorhergesehene Zusammenhänge den schon winkenden taktischen Erfolg in eine Katastrophe verwandeln würden.

Die Rote Operative Führung

Daß es gelang, am Tschir und nördlich Tsimlyanskaja zu einer Frontbildung zu kommen, welche dem gegen sie gerichteten Feinddruck wenigstens zunächst standhielt, ist in erster Linie darauf zurückzuführen, daß die Rote Führung mit ihren Kräften haushielt und sich nicht zur Ausweitung ihres Erfolges nach Westen verleiten ließ, sondern hartnäckig das für diesen Operationsabschnitt gesetzte Ziel — die Einkesselung und Vernichtung der zwischen Don und Wolga stehenden deutschen Kräfte — im Auge behielt.

Es darf auf Grund des Ablaufs der Ereignisse angenommen werden, daß die Oberste Sowjetische Führung zur Erreichung ihres großen bis zum Frühjahr 1943 angestrebten Operationszieles drei Operationsabschnitte vorgesehen und dabei nicht nur die Schwächen der mit den Deutschen verbündeten Armeen Rumäniens, Ungarns und Italiens, sondern — das tiefste Geheimnis wahrer Führungskunst — auch die zu erwartende Reaktion ihres Gegenspielers Adolf Hitler, richtig in Rechnung gestellt hatte. Das große Ziel dürfte die Gewinnung der Dnjepr-Linie und damit die Isolierung der in den Kaukasus eingedrungenen Heeresgruppe „A“ gewesen sein.

Die erste Etappe war die Vernichtung der deutschen Armee, für deren Durchführung sich die empfindliche rumänische Donfront geradezu anbot.

Die zweite Etappe strebte über die gering eingeschätzte Widerstandskraft der 8. italienischen Armee zur Donmündung, mit deren Gewinnung den im Kaukasus stehenden Kräften nur noch die Enge Kertsch als Rückzugsmöglichkeit geblieben wäre.

Die dritte Etappe wollte mit der Vernichtung der Ungarn beiderseits Korotoyak den Weg an den Dnjepr aufschlagen.

Der Gesamtplanung lag unverkennbar eine zutreffende Betrachtung der deutschen Kräfteverhältnisse zugrunde.

Man wußte in Moskau, daß Adolf Hitler sich mit den Operationen der Jahre 1941/42 übernommen hatte und daß es nicht schwer sein würde, die deutschen Divisionen an der übrigen Kampffront festzuhalten. Man wußte auch, daß die Deutschen mit ungeheuren Nachschubschwierigkeiten zu kämpfen hatten und daß auf den überbelasteten Eisenbahnstrecken die Verschiebung von deutschen Kräften an bedrohte Fronten mehr Zeit in Anspruch nehmen würde als die eigene Operation.

Und endlich verzichtete man in maßvoller Berücksichtigung der eigenen Bewegungsschwierigkeiten auf eine zu weiträumig angesetzte Operation, wie sie sich zum Beispiel mit einem Durchbruch aus dem Raume von Woronesh über Charkow auf Dnjepr-petrowsk angeboten hätte. Man begnügte sich mit Teilschlägen, die im Erfolgsfall zum gleichen Ziel führen mußten.

Die Deutsche Oberste Führung

Der Ablauf der Dinge hat der Bewertung Hitlerscher Führungskunst recht gegeben. Es kann ausgesprochen werden, daß die operative russische Führung sich seit Beginn des Ostfeldzuges im gleichen Maße gebessert hat, in welchem, seit Adolf Hitler mit der Übernahme des Kommandos über das Heer die operative Führung in die eigenen Hände genommen hatte, die deutsche sich verschlechterte.

Hitler war von der Vorstellung beherrscht, daß jede rückwärtige Bewegung die Kampfmoral zerstören müsse. Daß der vom Feind erzwungene Rückzug sich auch in dieser Hinsicht viel verderblicher auswirken mußte, als eine aus eigener Initiative geborene Umgruppierung, blieb der Erkenntnis Hitlers verschlossen und führte während der letzten Kriegsjahre zur Opferung ganzer Divisionen und Korps. Diese panische Angst vor Gelände- und Prestigeverlusten hat schließlich auch die Haltung des deutschen Heeres in Frankreich bestimmt und es der waffentechnischen Überlegenheit der Alliierten ausgeliefert.

Die 6. Armee bereitet ihren Ausbruch vor

Der Kommandierende General des LI. Armeekorps, General von Seydlitz, ergriff die Initiative, er arbeitete mit dem Chef seines Generalstabes einen Plan aus, der den Durchbruch der Armee nach Südwesten vorsah.

Seydlitz ging noch weiter, auf seine Veranlassung wurden die Befehlshaber der Korps, General Jaenicke vom IV. Armeekorps, General Heitz vom VIII. Armeekorps, General Strecker vom XI. Armeekorps und General Hube vom XIV. Panzerkorps am 22. November zur Lagebesprechung nach Gumrak befohlen.

Es konnte für die Generale gar keinen anderen Entschluß geben, als mit allen verfügbaren Kräften anzutreten und den Ring zu durchbrechen. Der Oberbefehlshaber der 6. Armee und der Chef des Generalstabes teilten vollinhaltlich die Ansicht der Generale.

Die Lage war erkannt, und so mußte gehandelt werden.

Die Chancen standen 10:1 für den Ausbruch, die Verluste 1:3.

Vor genau achtundzwanzig Jahren, am 23. November 1914, hatte General Litzmann, der „Löwe von Brzeziny“, den Stalingradern das Exempel des Ausbruchs vorexerziert.

Der Ausbruch wurde auf den 25. November festgesetzt und im Einverständnis mit der Heeresgruppe „B“ die Umgruppierung befohlen.

Das Einverständnis des Oberkommandos des Heeres wurde als selbstverständlich angenommen. Die Armee gab den sogenannten Blumenbefehl heraus. Jede Blume bedeutete das Erreichen einer strategischen Linie. Der Ausbruch sollte in drei Gruppen erfolgen.

In der ersten Etappe war die Zurücknahme der Divisionen aus dem Norden auf die Höhe Konnoja — Höhe 137 — Gumrak —

Goroditsche vorgesehen. Die Nordfront wurde radikal geschwächt.

Am zweiten Tage sollte die Zurücknahme der Truppen auf die Linie Alexijekwi-Dubininski-Pitomnik-Jelschanka erfolgen.

Am dritten Tage mußte die Ansammlung der Truppen im Ausbruchsraum so stark sein, daß der Durchbruch mit konzentrierten Kräften erfolgen konnte. Die Masse der Panzerverbände war von vornherein im Raum Marinowka-Kapowka belassen, damit unnötiger Spritverbrauch vermeidbar wurde.

Die Vorbereitungen waren soweit geschehen, daß ihre praktische Ausführung lediglich von der Zustimmung des Oberkommandos des Heeres abhing.

Einhundertunddreißig Panzer waren angetreten, dahinter bezogen zusammengefaßte Gruppen von Panzerspähwagen und Gefechtsfahrzeugen der 3. und 29. mot. ihre Bereitstellungen. Siebzehntausend Kampftruppen standen in erster Welle, vierzigtausend in zweiter bereit.

Im Armeebefehl hieß es:

„Der Ausbruch geschieht mit Panzersicherung nach Norden und Westen. Die Masse der Infanterie-Divisionen schließt sich dem ohne Feuervorbereitung vorgehenden Panzerkeil an."

Die Spannung im Kessel war auf das höchste gestiegen.

Die Parole lautete: „Freiheit", die Macht dieses kluggewählten Wortes genügte schon, Gefahr und Ungewißheit in Zuversicht und Erfüllung zu verwandeln. „Wir brechen aus", die Gefühle jagten alle auf den einen Punkt, und die Gefahr schien vorbei, daß der Kessel wie ein kleines Rettungsboot mit seiner Mannschaft nicht eines Tages wie ein Wölkchen im Blau des Himmels verschwand.

Am 24. November um 1.15 Uhr gab der Oberbefehlshaber der 6. Armee ein erneutes Fernschreiben an Hitler auf.

Es hatte folgenden Wortlaut:

„Mein Führer! Bei Eingang Ihres Funkspruches vom 22. November abends (es handelt sich um den Funkspruch Hitlers, die 6. Armee igelt sich ein und wartet Entsatz von außen ab) hat sich die Entwicklung der Lage überstürzt. Die Schließung der Lücke im Westen und Südwesten ist nicht geglückt. Bevorstehende Feinddurchbrüche zeichnen sich hier ab. Munition und Betriebsstoff gehen zu Ende. Zahllose Batterien und Panzerabwehrwaffen haben sich verschossen. Eine rechtzeitige ausreichende Versorgung ist ausgeschlossen. Die Armee geht in kürzester Zeit der Vernichtung entgegen, wenn nicht unter Zusammenfassung aller Kräfte der von Süden und Westen angreifende Feind vernichtend geschlagen wird. Hierzu ist die sofortige Herausnahme aller Divisionen aus Stalingrad und starker Kräfte auf der Nordfront erforderlich. Unabwendbare Folge muß dann Durchbruch nach Südwesten sein, da Ost- und Nordfront bei derartiger Schwächung nicht mehr zu halten. Es geht dann zwar zahlreiches Material verloren, aber es wird dann die Mahrzahl wertvoller Kämpfer und wenigstens ein Teil des Materials erhalten.

Die Verantwortlichkeit für die schwerwiegende Meldung behalte ich in vollem Umfange, wenn ich melde, daß die Kommandierenden Generale Heitz, von Seydlitz, Strecker, Hube und Jaenicke die gleiche Beurteilung der Lage haben. Ich bitte nochmals um Handlungsfreiheit.

gez. Paulus."

Im Wehrmachtsbericht vom 24. November war zu lesen:

„Südwestlich Stalingrad und dem großen Donbogen sind die Sowjets unter rücksichtslosem Einsatz von Menschen und Material in die Verteidigungsfront am Don eingebrochen. In Stalingrad selbst nur örtliche Stoßtrupptätigkeit."

Zur selben Zeit im Führerhauptquartier

Wie mit Generaloberst Halder vor Wochen und Monaten erreichte nun zwischen General Zeitzler und Hitler der Machtkampf um das Für und Wider der Ansichten in Winniza täglich Höhepunkte.

Hitler, Göring, Keitel und Jodl verteidigten die eine Seite, der Generalstab des Heeres, vertreten durch General Zeitzler, die andere.

Hitler wollte die 6. Armee freischlagen, der Chef des Generalstabes des Heeres hielt das von Anfang an für unmöglich. Er verlangte die Zurücknahme der 6. Armee. Keiner wich von seinem Standpunkt ab.

Hitlers Gründe waren weniger operativer Art. Er wollte von der Wolga nicht weg und hatte sich in seinen politischen Reden festgelegt:

„Wo der deutsche Soldat einmal steht, da geht er nicht fort."

Er glaubte, daß durch den Willen alles erreichbar sei, wenn auch die Mittel fehlten.

„Es ist ein Verbrechen, die 6. Armee stehenzulassen, die ganze Armee muß umkommen und verhungern. Wir können sie nicht heraushauen. Es wird der ganzen Ostfront das Rückgrat brechen, wenn Stalingrad mit der 6. Armee untergeht."

Das sagte Zeitzler, und er sagte es nicht einmal, sondern hundertmal, seinen Standpunkt teilten der Chef der Operationsabteilung und der Generalquartiermeister des Heeres.

Die Nacht zum 24. November

Die Heeresgruppe „B" stand mit dem Chef des Generalstabes des Heeres Tag und Nacht in Verbindung, die Zustimmung des OKH zum Ausbruch wurde stündlich erwartet.

In der Nacht vom 23. zum 24. November schien die Verwirklichung der gefaßten Entschlüsse nahe zu sein.

Gegen zwei Uhr wurde der Chef des Generalstabes der Heeresgruppe, General von Sodenstern, von General Zeitzler angerufen. Das Gespräch dauerte eine Viertelstunde. Folgendes war geschehen. General Zeitzler hatte in einer heftigen mehrstündigen Unterredung mit seinen Vorschlägen bei Hitler Fuß gefaßt. Er erklärte, Hitler habe sich seiner Ansicht angeschlossen, das bedeute, nur der Ausbruch aus der unhaltbar gewordenen Lage biete die einzige Möglichkeit, die Aussichtslosigkeit der Situation in einen taktischen Erfolg zu verwandeln.

Aus den weiteren Mitteilungen General Zeitzlers glaubte General Sodenstern entnehmen zu müssen, daß Hitler die mit seinem Generalstabschef geführte Diskussion so angestrengt habe, daß er nicht mehr imstande war, den erforderlichen Befehl zu unterschreiben.

General Zeitzler erklärte, der Befehl werde zwischen sieben und acht Uhr morgens durch Fernschreiben an die Heeresgruppe übermittelt.

Man atmete erleichtert auf. Die 6. Armee, mit deren Chef alle Einzelheiten der Versammlung zum Angriff, der zu erwartenden Verluste und des zu zerstörenden schweren und nicht bewegungsfähigen Materials während der vergangenen Tage besprochen worden waren, wurde auf einer dem Russen bis dahin entgangenen

Fernsprechleitung unter Anwendung von Tarnbezeichnungen verständigt. Es wurde dem Chef bestätigt, daß die Armee am 24. November morgens angreifen könne, die Erfolgsaussichten seien nach wie vor günstig.

Aber nicht nur die Heeresgruppe „B“ und die 6. Armee nahmen die Nachricht mit sichtlicher Erleichterung entgegen, auch im Oberkommando der 3. rumänischen Armee und beim Panzer-AOK 4 nahm man in jener Nacht die Köpfe hoch.

Zum erstenmal seit Tagen schliefen vom Oberbefehlshaber der Heeresgruppe bis zum Ordonnanzoffizier der Stalingrad-Armee die Generalstabsoffiziere in den frühen Morgenstunden des 24. November einen kurzen, fast sorgenlosen Schlaf.

Bis acht Uhr morgens war der angekündigte Befehl nicht eingetroffen. Man stand in der Heeresgruppe unter Druck, wartete bis gegen zehn Uhr und ließ dann telefonisch Rückfrage halten. Eine klare Antwort war nicht zu bekommen. Scheinbar mußte sich der Chef des Generalstabes des Heeres in größter Erregung befinden. Soviel bekam man bei dieser Anfrage jedenfalls heraus, daß neue noch nicht erkennbare Entschlüsse in der Luft lagen.

Generaloberst von Weichs setzt alles auf eine Karte

Die Zeiger der Stalingrader Schicksalsuhr drehten sich in stetigem Gleichmaß. Das Werk hatte den Kalkstaub der Donhöhen und den Sand der Wolgasteppe geschluckt, eine Woche war unaufhörlich Wasser durch das Getriebe gesickert, dann fiel Schnee und als der Frost kam, ging das Gefüge schwer und keuchend.

Die Feder aber war noch stark genug, den Schlag des Pendels über den Schicksalsraum von Marinowka bis zur Wolga zu treiben.

*

In Starobelsk mußte gehandelt werden. Aus eigener Machtvollkommenheit und auf eigene Verantwortung. Am 24. November um 10.45 Uhr ordnete der Oberbefehlshaber die Herausgabe des Angriffsbefehls für die 6. Armee an. Generaloberst von Weichs war sich völlig darüber im klaren, was dieses eigenmächtige Vorgehen für ihn und den Chef des Generalstabes der Heeresgruppe bedeutete, die Lage duldete aber keinen Aufschub.

In den frühen Morgenstunden war kurz nach dem telefonischen Gespräch der Nacht die letzte Fernsprechverbindung mit der 6. Armee von den Russen aufgespürt und getrennt worden, daher mußte der Angriffsbefehl als Funkspruch abgesetzt werden. Die täglich wechselnde Lage im Süden Stalingrads und am Tschir machte einige Hinweise notwendig, ihre Abfassung erforderte zwar nur wenige Minuten, aber in diesen wenigen Minuten entschied sich nicht nur das Schicksal der Schlacht um Stalingrad und damit das Schicksal der 6. Armee, sondern im weiteren Sinne das Schicksal der gesamten Ostfront überhaupt.

Während der Text des Befehles vom Generalstab der Heeresgruppe ausgearbeitet wurde, erreichte den Oberbefehlshaber der 6. Armee über den Kopf der Heeresgruppe hinweg der verhängnisvollste Funkspruch Adolf Hitlers der damaligen Zeit.

Der Funkspruch, den General Paulus im Eingang des Nachrichtenbunkers stehend in seinen einzelnen Teilen direkt in Empfang nahm, lautete:

„Die 6. Armee ist vorübergehend von russischen Kräften eingeschlossen. Ich beabsichtige, die Armee im Raume (folgt Angabe des Gebietes zwischen Stalingrad-Nord, Höhe 137, Marinowka-Zybenko und Stalingrad-Süd) zusammenzufassen. Die Armee darf überzeugt sein, daß ich alles tun werde, um sie entsprechend zu versorgen und rechtzeitig zu entsetzen.

Ich kenne die tapfere 6. Armee und ihren OB und weiß, daß sie ihre Pflicht tun wird.

gez. Adolf Hitler."

Diese Situation verbot es dem Oberbefehlshaber der Heeresgruppe „B", die Herausgabe des bereits angekündigten Befehles zu veranlassen, der Befehl hätte im klaren Widerspruch zu der Anordnung Hitlers gestanden.

Eine Entscheidung von unübersehbarer Tragweite war gefallen. Die Einschließung der 6. Armee vollzog sich ohne Behinderung. Die an sich schon schwachen Kräfte der 4. Panzerarmee fielen in die Verteidigung.

Es mußte der Heeresgruppe nun mit allen Kräften darauf ankommen, nach Ausfall der 6. Armee die Verteidigung am Tschir und südlich Morosowskaja aufzubauen.

Der Höhepunkt der Schlacht um Stalingrad war überschritten.

Was geschah am Morgen des 24. im Führerhauptquartier?

Es soll hier abschließend noch über die Zusammenhänge berichtet werden, welche in der Frühe des 24. November Hitler in seinem Entschluß bestärkten, Stalingrad zu halten.

Als der Chef des Generalstabes des Heeres, General Zeitzler, am 24. November gegen acht Uhr das Arbeitszimmer Hitlers betrat, um den Befehl für den Durchbruch der 6. Armee nach Südwesten unterzeichnen zu lassen, war Hitler nicht allein. Generalfeldmarschall Keitel, Generaloberst Jodl und der Chef des Generalstabes der Luftwaffe, General Jeschonek, waren anwesend. Die Situation war folgende:

Im Auftrage des Oberbefehlshabers der Luftwaffe, Reichsmarschall Göring, hatte General Jeschonek gemeldet, daß der Reichsmarschall die Garantie für die Versorgung der eingeschlossenen 6. Armee übernehme. Göring hatte allerdings zur Voraussetzung gemacht, daß zur Ausführung des Transport- und Versorgungsauftrages die von der Armee bisher besetzten Flugplätze gehalten werden mußten und daß die bisher zur Verfügung stehenden Absprungplätze für Versorgungs- und Kampfeinsatz der Luftwaffe für die Dauer der Luftversorgung Stalingrads zur Verfügung stünden. Der einzufliegende Transportraum war von Göring auf fünhundertfünfzig Tonnen angegeben.

Drei Tage vor dieser Mitteilung Jeschoneks an Hitler hatte im Oberkommando des Heeres eine Besprechung stattgefunden, an der Feldmarschall Keitel, Generaloberst Jodl, General Zeitzler, General Jeschonek und der General-Quartiermeister des Heeres, General Wagner, teilgenommen hatten. Die 6. Armee hatte auf dem Funkwege die einzufliegenden Versorgungsgüter mit siebenhundertfünfzig Tonnen angegeben, davon entfielen auf die Verpflegung dreihundertachtzig Tonnen, Brennstoff einhundertzwanzig Tonnen und dreihundertfünfzig Tonnen Munition. Man war sich völlig darüber im klaren und in dieser Hinsicht herrschte Einstimmigkeit, daß die Transportlage der Luftwaffe nicht einmal theoretisch gestatten würde, die Menge von siebenhundertfünfzig Tonnen einzufliegen.

In den Abendstunden des 23. November hatte der Reichsmarschall mit General Jeschonek und den Befehlshabern des Transportwesens eine einstündige Besprechung, Thema „Luftversorgung Stalingrad". Der Befehlshaber des Transportwesens hielt dreihundertfünfzig Tonnen für möglich. Jeschonek schloß sich dieser Ansicht an. Göring wollte den goldenen Mittelweg gehen, wies auf die Einsatzmöglichkeiten von Flugzeugen der anderen Fronten hin und bestand auf fünfhundert Tonnen.

„Die Luftversorgung hat zu geschehen; wenn das Heer seine Positionen hält, werden wir die unsrigen halten." Jeschonek verbeugte sich und ging.

„Sie sind mir dafür verantwortlich, mein dem Führer gegebenes Wort einzulösen", funkte der Oberbefehlshaber der Luftwaffe an den Oberbefehlshaber der Luftflotte 4, Feldmarschall Freiherr von Richthofen.

Am anderen Morgen war General Jeschonek bei Hitler. Was er gesagt hatte, haben wir bereits gelesen. General Zeitzler war dagegen, auf jeden Fall und unter allen Umständen. Zeitzler wies auf die Undurchführbarkeit einer solchen Meldung hin, aber Hitler wies Zeitzlers Einspruch ab. Jodl und Keitel stellten sich auf die Seite Hitlers. General Jeschonek war ein verläßlicher Mann, er sagte nie viel, und wo Worte selten sind, haben sie Gewicht. Es stand vier zu eins.

So kam es, daß am 24. November 1942 das Wort Görings verhängnisvoll in die Waagschale der Entscheidung fiel.

*

Generaloberst Jeschonek nahm sich am 16. August 1943 das Leben. Schwere Zerwürfnisse mit dem Reichsmarschall waren vorausgegangen. Während der Stab zur morgendlichen Lagebesprechung angetreten war, erschoß sich der Generaloberst in seinem kleinen Blockhaus.

Die Politik des Soldaten ist Gehorsam

Mit allem hatte man in der Armeeführung gerechnet, mit einem Ausbruchsverbot nicht. Als erste Reaktion rief der Oberbefehlshaber eine Lagebesprechung ein, es wurden starke Worte gesprochen und niemand nahm ein Blatt vor den Mund.

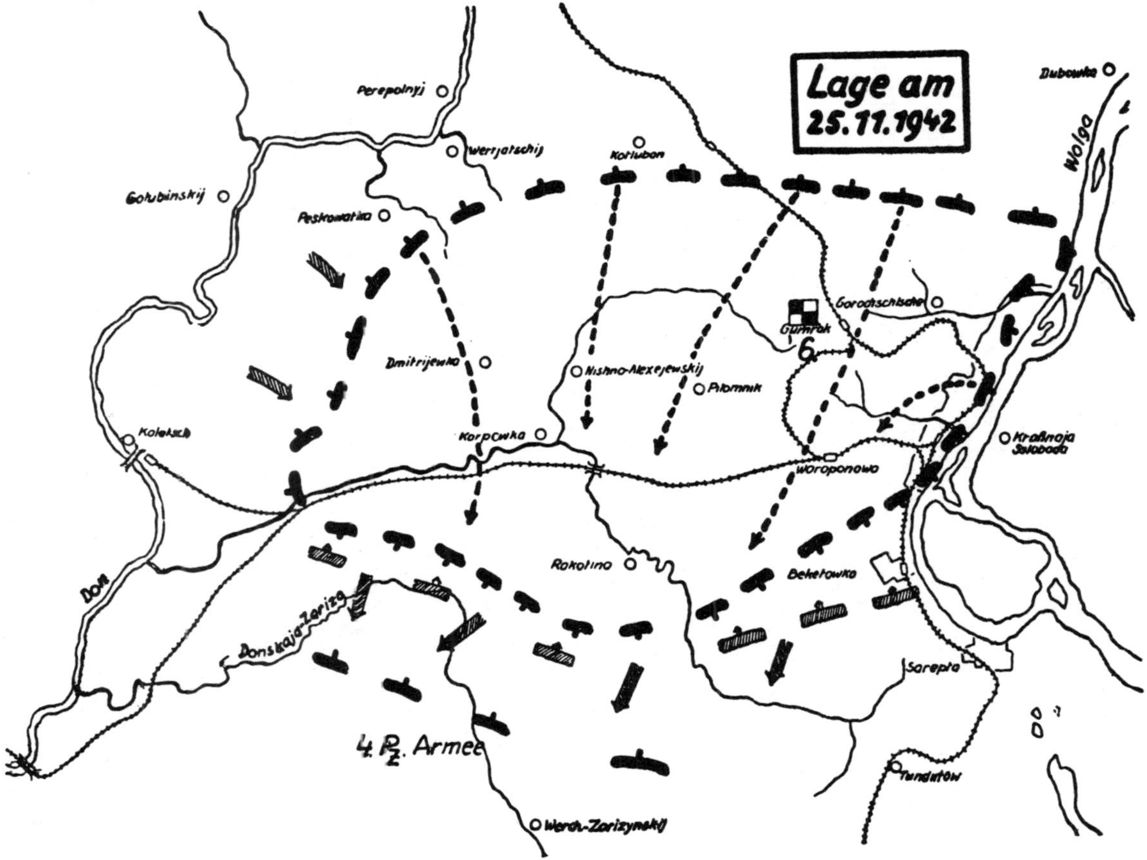
Lage am
25.11.1942
Dubowka
Wolga
Perepolnyj
Werjatschij
Kotluban
Golubinskij
Peskowatka
Gorodischtsche
Gumrak
6
Dmitrijewka
Nishno-Alexejewskij
Pitomnik
Kolatsch
Karpowka
Krasnaja Sloboda
Woroponowo
Don
Rakotino
Beketowka
Donskaja-Zariza
Sarepta
4. Pz. Armee
Tundutow
Werch.-Zarizynskij

Der Oberbefehlshaber saß auf einem Fensterbrett und trank Sprudel, die Linien in seinem Gesicht waren schärfer geworden, ausgeprägter. Die anderen rauchten. General Schmidt lehnte mit verschränkten Armen an der Bunkerwand.

Was waren das für starke Worte?

„Ausbruch ist die einzige Chance", sagte General Hube.

„Die Nordabwehr des Russen ist kein Hindernis", meinte General Strecker. „Litzmann hätte sich das nicht zweimal überlegt, wir können doch hier nicht verrecken."

General Heitz sprach dazwischen. „Ich will lieber mit fünf Divisionen durchkommen als mit zwanzig untergehen."

General Jaenicke blies in dasselbe Horn. „Reichenau würde alle Bedenken beiseitegestellt haben."

Der Oberbefehlshaber fiel ihm ins Wort: „Ich bin kein Reichenau." Jaenicke trat auf den Armeeführer zu und unterstrich mit der Hand, was er sagte:

„Unsere Politik ist der Ausbruch."

Der Chef stützte beide Hände auf die Lagekarte: „Die Politik des Soldaten ist der Gehorsam."

Und dann sagte Seydlitz: „Wir müssen hier auf jeden Fall raus, wir haben die Pflicht, alles auf eine Karte zu setzen, ich habe das bereits getan."

Fünf Generale sahen Seydlitz an.

Vor zwei Tagen bereits hatte das LI. Korps Befehl erhalten, alles überflüssige Gerät, sperriges und nicht mitnehmbares Material zu zerstören. Der General hatte seinen Leuten ein Beispiel gegeben und bis auf die Uniform, die er trug, alles verfeuert. Von der Hose bis zum zweiten Mantel.

Die große Zerstörungswut war über das LI. Korps gekommen, aber nicht nur das. Die Divisionen hatten die Riegelstellungen und Bunker geräumt und sich bis auf den Nordrand von Stalingrad abgesetzt. Sie hatten ihre festen Quartiere aufgegeben und sie gegen Schneelöcher in der Steppe und vereiste Schluchten eingetauscht.

Das war nicht wieder gutzumachen. Der Russe hatte mit starken Kräften den zurückgehenden Divisionen nachgesetzt.

Die 94. Infanterie-Division bezahlte diese Absetzbewegung mit ihrem Leben. Was von ihren Regimentern übrigblieb, wurde von den Panzer-Divisionen 16 und 24 aufgesogen. Der Stab der Division unter Generalleutnant Pfeifer war ein paar Tage danach ausgeflogen, „um die Reservelager der Armee in nichtfeindbesetztem Gebiet zu kontrollieren und zu halten".

Der Armeeführer stand unter Druck. Es kam jetzt allein auf seine Entscheidung an. General Jaenicke hat davon später einmal gesagt:

„Das war eine der Stunden im Leben eines Menschen, in denen das Blut stärker sein mußte als das Herz", und es war die Stunde, in der Fontane den ethischen Wert der Tat des Generals von York mit den Worten begründete:

„Es gibt Zeiten des Gehorchens und Abwartens und es gibt andere, wo Tun und Handeln erste Pflicht ist. Ich habe dem König Treue geschworen, aber ich will um der beschworenen Treue willen die natürliche nicht brechen."

„Wir haben zu gehorchen", sagte der Chef.

„Ich gehorche", sagte General Paulus.

Die nachfolgenden Sätze mögen als Begründung für diese Haltung gelten:

„Die Armee kann nur halten, wenn sie mit dem notwendigen Versorgungsgut, Betriebsstoff, Munition, Verpflegung und anderen klar festgelegten Dingen versorgt wird und wenn mit einem Entsatz von außen in absehbarer Zeit gerechnet werden kann. Der Umfang der notwendigen Versorgung ist eindeutig gemeldet. Es ist nun Sache der Obersten Führung, die Möglichkeit dieser ausreichenden Versorgung und eines Entsatzes generalstabsmäßig vorausschauend zu errechnen, festzustellen und dann die entsprechenden Befehle zu geben. Von seiten der Armee konnten nur die Notwendigkeiten für die eingeschlossenen Truppen gemeldet werden, nicht aber die Durchführung beurteilt werden. Das hängt von dem zur Verfügung stehenden Lade-Transportraum, von der Leistung der Bahnen, der Flugplätze, dem vorhandenen Versorgungsgut, vom Wetter, Feindeinwirkung und nicht zuletzt von der Stabilität der gegenüberliegenden deutschen Front ab. Eine Zurücknahme der 6. Armee im Rahmen der Gesamtlage ist nützlicher, aber ich kann von der Armee aus diesen Entschluß nicht fassen, da er eine Nichterfüllung der Armeeforderung hinsichtlich Entsatz und Versorgung voraussetzt, und für diese Nichterfüllung fehlen die erforderlichen Unterlagen."

General von Seydlitz gab sich mit dieser Entscheidung nicht zufrieden und verfaßte eine Denkschrift an die Heeresgruppe, in der er den Ausbruch gegen die Entscheidung Hitlers forderte, nur dem deutschen Volke verantwortlich. Er wies darauf, daß Paulus handeln müsse wie weiland York von Wartenburg und sagte weiter:

„Ich stehe hierzu voll und ganz zur Verfügung, ein positives

Verharren ist ein Verbrechen vom militärischen Standpunkt aus, und es ist ein Verbrechen bezüglich der Verantwortlichkeit gegenüber dem deutschen Volk."

General Paulus gab diesen Bericht an die Heeresgruppe weiter. Was aus ihm wurde, ist nicht bekannt, aber wenige Stunden später verfügte das Führerhauptquartier:

„Auf Befehl des Führers wird die Nordfront der ‚Festung Stalingrad' dem Kommandierenden General des LI. Korps, General v. Seydlitz, unterstellt, die Südfront dem Oberbefehlshaber der 6. Armee, General Paulus, der hiermit gleichzeitig Befehlsgewalt über die allgemeine Führung erhält."

Mit diesem Funkspruch erschwerte das Führerhauptquartier Selbständigkeitsbestrebungen des Generals v. Seydlitz und damit zwangsläufig den Gedanken des Ausbruchs auf eigene Faust.

Der Tragödie zweiter Akt begann.

Die auf den Ausbruch wartenden Divisionen wurden in neue Stellungen eingewiesen. Das ging alles im Tempo. Das XI. Korps lag in der offenen Steppe, aber so ähnlich erging es allen Divisionen im Westen und Süden.

Die 113. Division an der westlichsten Stelle der Nordfront bog ihre linke Flanke nach Westen um. Nach Süden schlossen sich die 76. Infanterie-Division, die 384. Infanterie-Division und die Hoch- und Deutschmeister-Division mit der Front nach Westen an. Teile der 29. mot. gruppierten sich um Dimitrijewka, während die 3. mot. ebenfalls mit der Front nach Westen die „Nase von Marinkowka" besetzte und mit ihrem Divisionsstab nördlich Karpowka lag. Die 14. Panzer-Division verlegte nach Karpowskaja, die 376. Infanterie-Division bezog südwestlich von Bassargino ihre Stellungen, während andere Teile der 29. mot. Rakotino hielten und die 297. mit Verbänden der 71. Infanterie-Division sich darauf konzentrierten, Zybenko zu verteidigen. Ebenfalls mit der Front nach Süden lag die 20. rumänische Infanterie-Division oder, besser gesagt, das, was von ihr übriggeblieben war. Südlich der Ringbahn und Woroponowo hielt die 371. Die Zaritza-Verteidigung übernahm die 71. Division.

Das Gesicht nach Osten behielten die 295., 305., 100., 79. und 389.

Die östliche Verteidigungsstellung der Nordfront übernahm die 24. Panzer-Division. Nach Westen schlossen sich die Reste der 16. Panzer-Division und die 60. mot. an.

Das Armee-Oberkommando lag in der Schlucht von Gumrak,

das LI. Armeekorps unmittelbar daneben. Das XI. Armeekorps bezog an der Wegkreuzung südlich der Höhe 137 sein Quartier, das XIV. Panzerkorps in Nishni-Alexijewki, während das VIII. Korps sich südwestlich von Pitomnik festsetzte und das IV. Korps seinen Gefechtsstand südwestlich Woroponowo errichtete. Der Kessel war dreiundsechzig Kilometer lang und achtunddreißig Kilometer breit.

Die Truppe grub sich ein, sprengte sich sozusagen in die Erde. Das Eingraben geschah nicht nach Vorschrift, es wurde nicht eine Schaufel nach rückwärts und drei Schaufeln gegen den Feind geworfen, man nahm es auch mit der Breite nicht so genau, wohl aber mit der Tiefe. Es wurde nach Schnauze gebaut. Jeder Graben, jedes Loch hatte vom Zweck her sein Gesicht bekommen und der Befehl für die Leute in diesen Gräben lautete: „Der Graben wird gehalten bis zum letzten." Für sie waren keine Tabellen nötig, sie wußten, worauf es ankam.

Sie verkrochen sich in Erdhöhlen, Löcher und restliche Bunker, fingen Mäuse, warteten der Dinge, die da kommen sollten, schrieben Briefe, bekümmerten sich um Verpflegung, beobachteten die Luftkämpfe der Ritterkreuzträger und bedauerten, wenn mit Verwundeten gefüllte deutsche Maschinen von Russenjägern abgeschossen wurden.

Hitler ruft Feldmarschall von Manstein

Nachdem Sewastopol gefallen war, wurde das AOK 11 mit seinem Oberbefehlshaber Feldmarschall von Manstein vor Leningrad eingesetzt, die Quartiermeister-Abteilung war nach Rostow abgesetzt.

In die Planungsbestrebungen für einen in Gegend Witebsk vorbereiteten Angriff kam am 25. November der Funkspruch Hitlers:

> „Die Führungsabteilung des AOK 11 wird zwecks Befehlsübernahme der ‚Heeresgruppe Don' nach Nowo-Tscherkask versetzt."

Die neugebildete „Heeresgruppe Don" sollte unter Führung Feldmarschalls von Manstein den Befehl über die 4. Panzerarmee, 6. Armee und 3. und 4. rumänische Armee übernehmen. Die Heeresgruppe „B" blieb dagegen weiter Oberste Kommandobehörde der 8. italienischen, 2. ungarischen und 2. deutschen Armee auf der Frontstrecke von Meschkovoskaja-Woronesch bis Kursk.

Die „Heeresgruppe Don“ war ursprünglich dem rumänischen Staatsführer Marschall Antonescu versprochen. Antonescu wollte dadurch den in Rumänien immer größer werdenden innerpolitischen Schwierigkeiten eine Zeitlang entgehen und erhoffte durch eine erfolgreiche Führungstätigkeit eine Stärkung seiner nationalen Position.

Die Beauftragung Feldmarschalls von Manstein mit der Führung des im Brennpunkt stehenden Abschnittes beiderseits Stalingrad hatte seinen Grund in der Anerkennung der hohen strategischen Führereigenschaften, und die Aufgabe, die von Manstein in Nowo-Tscherkask empfing, war wohl die schwerste, die einem Feldherrn im Verlaufe des Krieges gestellt wurde.

Eine Benutzung von Flugzeugen war infolge ungünstiger Wetterlage nicht möglich, und so mußte der Antransport des AOK 11 daher mit der Bahn erfolgen. Am 28. November traf Feldmarschall von Manstein beim Heeresgruppenkommando „B“ in Starobelsk ein. Es gab zwischen Generaloberst Freiherrn von Weichs und von Manstein keine Meinungsverschiedenheiten über die Stalingrader Situation und die zu ergreifenden Maßnahmen, sie zu meistern.

Am 29. November übernahm das Heeresgruppenkommando „Don“ den Befehl über den Kampfraum im Don-Wolga-Becken.

Die Lage war wie folgt:

Bei der 4. Panzerarmee drückte der Feind in der Lücke zwischen dem VII. und VI. rumänischen Armeekorps stark nach Süden und Südwesten.

Die 6. Armee hatte ihre Umgruppierung beendet und hatte außer örtlicher Kampftätigkeit nichts Besonderes zu melden.

An der Tschir-Front wurde der Brückenkopf über den Don bei Tschirskaja von der „Kampfgruppe Tzschökell“ und der „Division Adam“ gehalten, südlich davon lag die Kampfgruppe v. d. Gabelens. Die Nordfront stand im Zeichen starker Angriffe, die auf Kutinowka und Syssokin zeigten, aber abgewiesen wurden. Das XLVIII. Panzerkorps lag in Tormosin, die 11. Panzer-Divison und die 338. Infanterie-Division, sowie die Gruppe Stumpffeld-Selle und Schmidt waren die einzigen Kampfverbände des dreihundert Kilometer langen Abschnittes.

Der Auftrag Hitlers für die Heeresgruppe „Don“ lautete:

„Durch Angriff der 4. Panzerarmee von Süden in Richtung Stalingrad ist die Verbindung zur 6. Armee wieder herzustellen.

Hierzu werden der Heeresgruppe das LVII. Panzerkorps mit 23. Panzer-Division aus dem Bereich der Heeresgruppe ‚A', ferner laufend weitere Divisionen, teilweise aus Frankreich zugeführt und unterstellt. Mit Rücksicht auf die zu erwartende weitere Verschärfung der Lage und die voraussichtlich weitere Ausdehnung des russischen Angriffs nach Westen ist die Front der 3. rumänischen Armee zu stützen.

Die Heeresgruppen ‚A' und ‚B' haben den Auftrag, ihre Stellungen zu halten.

Luftflotte 4 hat den Auftrag, neben der Luftversorgung Stalingrads vordringlich den Kampf der Heresgruppe ‚Don' zu unterstützen."

Feldmarschall von Manstein sah die Lage anders. Er hielt die gestellte Aufgabe für undurchführbar und gedachte mit den nachstehenden Maßnahmen der verfahrenen Lage Herr zu werden:

1. Ausbruch der 6. Armee unter Aufgabe von Stalingrad und Koppelung mit dem Entsatzangriff der 4. Panzerarmee. Der Verlust der schweren Waffen und des Marterials der 6. Armee muß in Kauf genommen werden.
2. Zurücknahme der Heeresgruppe ‚A' mit Masse auf den unteren Don, wo solange ein Brückenkopf bei Rostow zu halten ist, als es die Lage der 4. Panzerarmee und der 3. rumänischen Armee erforderlich machen. Die Zurücknahme kann erst dann erfolgen, wenn Entsatzangriff auf Stalingrad nicht durchschlägt.
3. Nach erfolgtem Ausbruch der 6. Armee Bildung einer Abwehrfront am Donez oder in der Mius-Stellung oder nördlich davon (das war die Ausgangsstellung zur Offensive der Heeresgrupe ‚Süd' im Sommer 1942).
4. Bereinigung der gesamten Ostfront mit dem Ziele der Frontverkürzung.

Diese Vorschläge wurden in einem Dutzend Tonarten vom ersten Tage an wiederholt, die Oberste Führung aber sah in dem Vorschlag der Heeresgruppe „Don" Gelände- und Prestigeverluste. Der Chef des Generalstabes des Heeres stimmte den Vorschlägen der Heeresgruppe „Don" voll zu, konnte sich aber nicht durchsetzen.

Die von Tag zu Tag immer katastrophaler werdende Eisenbahnlage ließ das rechtzeitige Eintreffen der in Aussicht gestellten völlig unzureichenden Verstärkungen in Frage stellen. Dazu kam noch, daß schon die ersten Tage gezeigt hatten, daß eine Luftversorgung selbst für kürzere Zeit völlig ausgeschlossen war.

Der Oberbefehlshaber der Luftflotte 4, Feldmarschall Freiherr von Richthofen, hatte warnend seine Stimme gegen die geplante Luftversorgung erhoben. „Sie ist nur mit drei Flugplätzen im Kessel und dreitausend Maschinen zu garantieren." Wie richtig sein Urteil war, sollte sich im Verlauf der Wochen zeigen.

Die Lage wurde täglich bedrohlicher. Die Heeresgruppe „Don" bat um beschleunigte Zuführung von Kräften der Heeresgruppe „A", denn mit den Divisionen der 4. Panzerarmee allein konnte der Angriff nicht geführt werden. Außerdem drängte die Zeit, die westlich des Don gebildete Improvisationsfront konnte dem starken Feinddruck nicht mehr lange standhalten.

Im gesamten betrachtet, ergab sich die Tatsache, daß die von Westen anrollenden Verstärkungen für die vorgesehene Aufgabe ausfallen mußten, eine schnelle und wirksame Stärkung der 4. Panzerarmee konnte nur vom Kaukasus her erfolgen.

Aber da war Hitlers Entschluß, den Kaukasus ebenso wie Stalingrad zu halten, und daraus ergab sich, daß es unmöglich war, die Front der Heeresgruppe „A" unter gleichzeitiger Abgabe weiterer Kräfte an die Heeresgruppe „Don" zu halten.

Oberstleutnant Graf Kielmannsegg schrieb unter dem 5. Januar 1943 in sein Tagebuch die Worte:

„Die Lage bei ‚Don' ist mehr als bedrohlich, überhaupt hat die Krise dieses Winters die des Vorjahres an Ausmaß längst übertroffen. Die Fernschreiben Mansteins werden immer deutlicher, wenn nur alle Verantwortlichen so verfahren wollten wie er: ‚Bei Nichtgenehmigung dieser Vorschläge und weiterer Bindung im engsten Raum sehe ich keine nutzbringende Möglichkeit für meine Verwendung als Oberfehlshaber. Es erscheint dann Einrichtung einer Außenstelle entsprechend der des Generalquartiermeisters zweckmäßiger.'"

Und er hatte recht, hundertmal recht, weiß Gott.

Unternehmen „Wintergewitter"

Die Lage bei der Armeegruppe in diesen krisenreichen Tagen muß hier zumindest kurz gestreift werden. Bis zur ersten Anwesenheit des Oberbefehlshabers der Heeresgruppe im neuen

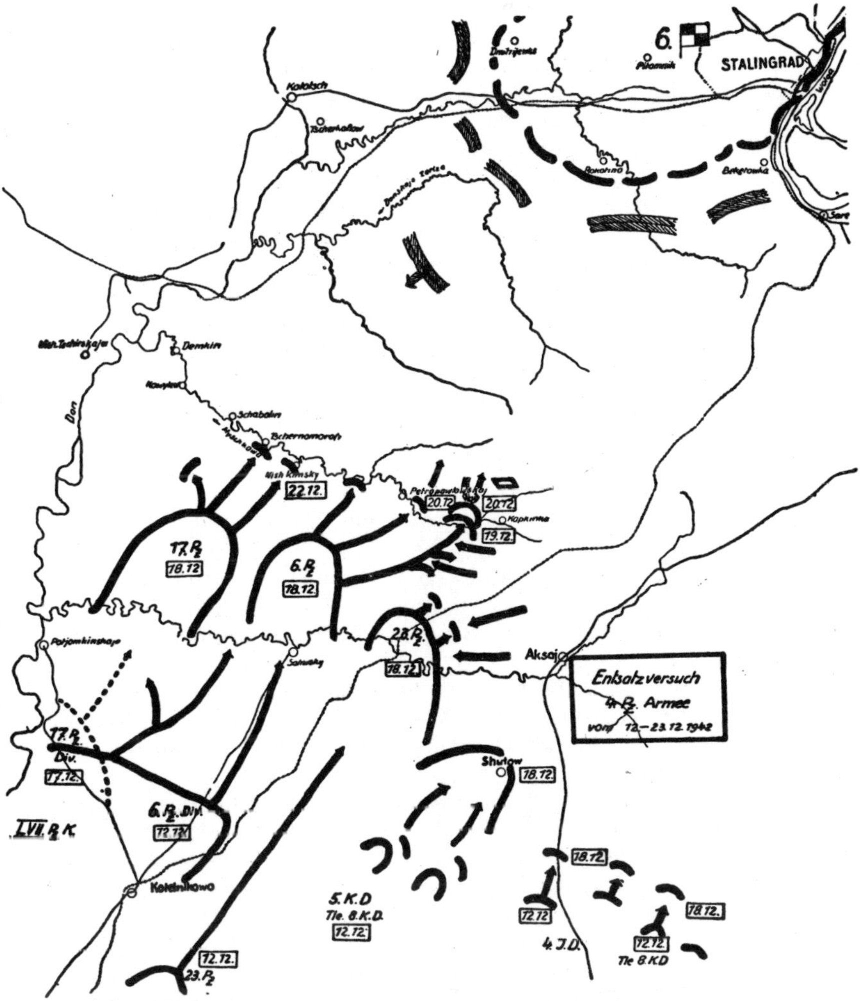

Hauptquartier der Armeegruppe Hoth in Simnowiki am 2. Dezember hatten sich die Ereignisse unaufhörlich überstürzt. Es waren nicht minder schwere Tage als vordem vor den Toren von Stalingrad. Während der Feind in der Lücke zwischen dem rumänischen VII. Armeekorps und den Restteilen des rumänischen VI. Armeekorps nach Süden und Südwesten drückte, ging ein russisches Kavalleriekorps, unterstützt von einem schwachen

Panzerverband, am Ostufer des Don auf Kotelnikowo vor. Die kurz vorher aus verschiedenen Restverbänden gebildete Abteilung „von Pannwitz" trat dem Feind entgegen und errang einen vollen Erfolg. Als das feindliche Kavalleriekorps am 27. November erneut versuchte, Kotelnikowo anzugreifen, stieß es auf die ersten Transporte der aus Frankreich eintreffenden 6. Panzer-Division. Die Truppe trat aus den Eisenbahnwaggons heraus unmittelbar ins Gefecht, säuberte den Ort von vorgeprellten Feindteilen und warf den Gegner soweit zurück, daß die weiteren Ausladungen ohne Schwierigkeiten durchgeführt werden konnten. Die beiden russischen Kavallerie-Divisionen waren sehr stark angeschlagen, dem Beschauer bot sich auf dem Gefechtsfeld das Bild einer ausgesprochenen feindlichen Niederlage.

Am 1. Dezember traf von der Heeresgrupe „A" aus dem Kaukasus auch die 23. Panzer-Division mit ihren vordersten Teilen bei der Armeegruppe ein. Langsam begann sich die Lage zu entspannen, nach zehn nervenaufreibenden und von banger Sorge erfüllten Tagen konnten Führung und Truppe mit etwas mehr Hoffnung in die Zukunft blicken.

Der Oberbefehlshaber der Armeegruppe beurteilte zu diesem Zeitpunkt die Lage etwa wie folgt:

Während die Masse der feindlichen Kräfte noch von der 6. Armee gebunden war, hatte die Rote Führung Kavallerie und einzelne motorisierte Abteilungen nach Südwesten vorgeschoben, um mit ihnen den Aufbau einer neuen deutschen Front nordwärts und nördlich Kotelnikowo zu verhindern oder zumindest zu stören. Das für die Aufklärung befohlene Ziel „Rostow" ließ erkennen, daß der Feind über die Schwächen der Armeegruppe unterrichtet war. Es zeichnete sich die Absicht ab, nach den Erfolgen bei Stalingrad und einer gewissen Atempause zur Neuorganisation des Nachschubes, die Operation nach Südwesten auszudehnen. Es mußte angenommen werden, daß diese Operation zunächst soweit durchgeführt werden würde, daß ein Entsatz der 6. Armee ausgeschlossen war. Wahrscheinlich würde sich der Gegner mit dem Gewinnen und Halten des Raumes Kotelnikowo-Remontnaja so lange begnügen, bis die Lage im Raum Stalingrad die Fortführung des Angriffes in Richtung Rostow und damit die Abschnürung der Masse der Armeegruppe und der Heeresgruppe „A" im Kaukasus gestattete. Gefangenenaussagen und der Funkaufklärung war zu entnehmen, daß der Feind das Freimachen von motorisierten und Panzer-Verbänden zu diesem Zweck an der Südfront der 6. Armee bereits eingeleitet hatte.

Da aber die sowjetische Führung auch westlich des Don gegenüber dem XLVIII. Panzerkorps starke Angriffe führte und den Einsturz des vorspringenden Tschirbogens zu erreichen suchte, glaubte Generaloberst Hoth, daß der Feind zunächst nicht in der Lage wäre, die eigenen Absichten auf dem ostwärtigen Donufer empfindlich zu stören. Die Niederlage des russischen Kavallerie-Korps bestätigte ihn in dieser Ansicht.

Inzwischen lag bei der Armeegruppe der Befehl für die Durchführung des Unternehmens „Wintergewitter" — Entsatz der 6. Armee — vor. Nach diesem war es

1. Aufgabe der Armeegruppe mit der 4. rumänischen Armee, VII. und VI. rumänischen Armeekorps und LVIII. Panzerkorps mit 6., 17. und 23. Panzer-Division durch Angriff ostwärts des Don auf kürzestem Wege die Verbindung mit der 6. Armee herzustellen.
2. Mit dem XLVIII. Panzerkorps war, falls die Lage im Don-Tschir-Bogen es gestattete, aus dem Brückenkopf bei Nishni-Tschirskaja auf Stalingrad anzutreten. Das XLVIII. Panzerkorps sollte offensiv werden, wenn das LVII. Panzerkorps den Myschkowo-Abschnitt erreicht hat. Früherer Angriffsbeginn war vorzusehen.
3. Die Ostflanke der Armeegruppe Hoth war durch die 16. mot. und das rumänische VII. Armeekorps zu sichern. Starke Aufklärung sollte möglichst weit nach Norden und Nordosten vorgetrieben werden.
4. Die 6. Armee erhielt Befehl, durch örtliche Angriffe an der Südfront Feindkräfte auf sich zu ziehen und zu binden. Die Armee hatte sich darauf einzustellen, aus ihrer Südfront zur Herstellung der Verbindung mit der Armeegruppe Hoth zum Angriff anzutreten, wenn diese das Höhengelände bei Jerski-Krepinski erreicht hatte.

Auf dem Papier stellte diese Truppenzuteilung für die damaligen Verhältnisse sicher eine ansehnliche Streitmacht dar, aber wie sah es in Wirklichkeit aus? Das VII. rumänische Armeekorps verfügte über zwei Kavallerie-Divisionen, die unter den vorangegangenen Kämpfen schon sehr stark gelitten hatten. Das VI. rumänische Armeekorps hatte praktisch nur noch die Stärke einer Infanterie-Division. Beide Korps konnten bei dem beabsichtigten Angriff nur noch mit Nebenaufgaben betraut werden, ihre Verwendung in vorderster Linie war so gut wie ausgeschlossen. Von den deutschen Verbänden war allein die 6. Panzer-Division voll kampfkräftig, ausgeruht und mit hundertfünfzig Panzern ausgestattet. Die 17. und 23. Panzer-Division — zwei an und für sich kampferprobte und gute Divisionen — hatten insgesamt nur noch rund fünfzig Panzer. Dazu kam, daß der Zeitpunkt des Eintreffens der 17. Panzer-Division noch völlig ungewiß war, während die 23. Panzer-Division auf der eingleisigen Bahn nur sehr langsam eintraf. Die ebenfalls unterstellte 15. Luftwaffen-Felddivision war noch nicht fertig aufgestellt und völlig unvorbereitet, sie mußte erst im rückwärtigen Gebiet Gelegenheit erhalten, ihre Aufstellung zu beenden und sich mit den einfachsten Grundsätzen des Kampfes vertraut zu machen.

Bei der Besprechung zwischen dem Oberbefehlshaber der Heeresgruppe und Generaloberst Hoth am 2. Dezember in Simnowiki billigte der Feldmarschall die Absichten der Armeegruppe. Es war geplant, nach der Wiedergewinnung des Akssay-Abschnittes westlich der Bahn Kotelnikowo-Bahnhof Shutowo-Bahnhof Abganerowo anzugreifen, den Feind, der zwischen dem Akssay- und Myschkowa-Abschnitt vermutet wurde, zu zerschlagen, den letztgenannten Abschnitt in Gegend Wassilewska zu gewinnen und alsdann in allgemein nordostwärtiger Richtung vorgehend die Verbindung mit der 6. Armee südwestlich Bahnhof Tundutowo zu suchen. Die Möglichkeit, den Angriff unter Umgehung der genannten Abschnitte über die Linie Plodowitoje-Bahnhof Abganerowo zu führen, lehnte der Generaloberst ab, die Lage im Raum nordostwärts Kotelnikowo (ostwärts der Bahn) schien ihm zu ungewiß. Die mögliche Weiterentwicklung der Lage beim VII. rumänischen Armeekorps ließ es nicht ausgeschlossen erscheinen, daß die Angriffstruppe in Kämpfe verwickelt würde, die nicht in ihrer Angriffsrichtung lagen, und der Stoß dann nicht mit allen verfügbaren Kräften weitergeführt werden könnte. Während das LVII. Panzerkorps mit den drei Panzer-Divisionen den eigentlichen Angriff zu führen hatte, sollte das rumänische Armeeoberkommando mit dem VII. und VI. Armeekorps mit dem Schutz von Flügel und Flanke des Panzerkorps beauftragt werden.

Über den Zeitpunkt des Angriffsbeginns konnte am 2. Dezember noch keine Klärung herbeigeführt werden. Der zunächst vorgesehene X-Tag — der 8. Dezember — war im Hinblick auf das langsame Eintreffen der 23. Panzer-Division und die Ungewißheit über die 17. Panzer-Division voraussichtlich nicht einzuhalten. Auch das Wetter — Regen und einige Wärmegrade — begünstigte zur Zeit das Vorhaben nicht. Nach Ansicht der Wetterstellen war erst nach dem 8. Dezember mit einer längeren Kälteperiode zu rechnen. Am 10. Dezember schlug das Wetter tatsächlich um, es fror, der Boden wurde schnell hart. Der Oberbefehlshaber der Armeegruppe entschloß sich daher, am 12. Dezember anzutreten, ohne das Eintreffen der 17. Panzer-Division abzuwarten. Die Entwicklung der Lage bei der 6. Armee verbot, den Angriffsbeginn noch länger hinauszuschieben.

Zum vorgesehenen Zeitpunkt trat das LVII. Panzerkorps aus dem Raum nordostwärts und nördlich Kotelnikowo an. Trotz vieler Unzulänglichkeiten hinsichtlich der personellen und materiellen Stärke der Angriffstruppen und trotz der Lage in der Ostflanke des Panzerkorps, die jederzeit neue Krisen bringen konnte, gingen Offiziere und Mann an ihre schwere Aufgabe.

Am Abend des ersten Angriffstages hatte das Panzerkorps unter weiterer Säuberung des Raumes in seiner linken Flanke das Südufer des Jehsaulowskiy-Akssay-Abschnittes gewonnen und alle Vorbereitungen für den Übergang am 13. Dezember getroffen. Der Feindwiderstand war gering, dagegen bereitete der Boden, nachdem das Wetter wider Erwarten umgeschlagen war, beträchtliche Schwierigkeiten. Am 13. Dezember konnte der genannte Abschnitt bezwungen werden, es gelang der 6. Panzer-Division bis auf das Höhengelände von Kumskij vorzudringen. Hier hatte das Panzerkorps in den folgenden Tagen einen sehr schweren Stand, erst am 18. Dezember war nach hartnäckigen und für beide Seiten recht verlustreichen Kämpfen der Feind so weit niedergerungen, daß an die Fortführung des Stoßes in Richtung Wassilewska gedacht werden konnte.

Die 6. Panzer-Division meldete am 15. Dezember den Totalausfall von dreiundzwanzig Panzern und acht Feldhaubitzen.

Am 17. Dezember war endlich die 17. Panzer-Division auf dem Gefechtsfeld eingetroffen, sie stand am 18. Dezember abends mit der Masse im Kampf zwischen dem Höhengelände von Kumskij und dem Don. Das russische Kavallerie-Korps büßte hier den Rest seiner Kampfkraft ein.

Insgesamt gesehen befriedigte das Ergebnis der ersten Angriffswoche nicht völlig. Das Panzerkorps hatte nur etwa sechzig Kilometer Raum in Richtung Stalingrad gewinnen können. Die materiellen Ausfälle waren beträchtlich. Aber auch der Gegner war sehr stark angeschlagen. Das russische XIII. Panzerkorps und das III. Garde-mot.-Korps hatten erhebliche Verluste hinnehmen müssen.

Die Feindlage machte der Armeegruppe schwer zu schaffen, denn die Bereitstellungen waren dem Gegner nicht verborgen geblieben. Unaufhörlich wurden Kräfte an der Einschließungsfront freigemacht, und auch aus Nordosten war nach der Fernaufklärung mit Eintreffen neuer feindlicher Panzerverbände zu rechnen. So schien zum Beispiel die Heranführung des russischen XXIII. Panzerkorps und einiger selbständiger Panzerverbände möglich.

Von der Luftaufklärung waren stärkere Bewegungen von Kalatsch nach Südosten beobachtet worden, mit weiteren sehr harten Kämpfen war daher zu rechnen.

Am 19. Dezember gelang es dem LVII. Panzerkorps mit der 6. Panzer-Division, den feindlichen Widerstand südlich des Myschkowa-Abschnittes vollends zu brechen. Ohne Rücksicht auf die hereinbrechende Dunkelheit, auf Schneesturm und Kälte gewannen Panzergrenadiere und Panzer der 6. Panzer-Division das südliche Myschkowa-Ufer und in einem kühn geführten Nachtangriff einen Brückenkopf auf dem Nordufer des Abschnittes.

Die einzige Brücke über die Myschkowa fiel damit unversehrt in die Hand der Truppe.

Auf fünfundfünfzig Kilometer hatten sich die Spitzen der Armeegruppe der 6. Armee genähert. Schon waren aus dem Brückenkopf über die weite deckungslose Steppe hinweg die Leuchtkugeln von der Südfront des Einschließungsringes von Stalingrad zu sehen.

In harten Kämpfen mit dem immer wieder angreifenden Feind vermochte die Truppe am 20. Dezember den Brückenkopf zu erweitern und am 21. Dezember den Widerstand des Gegners so weit zu brechen, daß die Fortsetzung des Angriffes aus dem Brückenkopf denkbar gewesen wäre. Aber die 23. Panzer-Division hatte nur in ganz geringem Umfang Boden gewinnen können. Mehrfach konnte der Feind, zwischen dieser Division und der Myschkowa aus ostwärtiger Richtung angreifend, die Verbindungen zwischen der Masse des Panzerkorps und den im Brückenkopf kämpfenden Teilen unterbrechen. Auch am 22. Dezember verboten die Lage im Rücken des Brückenkopfes und Meldungen vom Anmarsch eines neuen Panzerfeindes aus nördlicher Richtung die Fortsetzung des Angriffes auf Stalingrad. Das LVII. Panzerkorps war zu schwach, die vielfältigen Aufgaben, die ihm die feindliche Übermacht stellte, zu lösen. Die 17. Panzer-Division konnte zwar im Anschluß an die 6. Panzer-Division auch das südliche Myschkowa-Ufer bei und westlich Gromoslawka gewinnen, lag aber noch mit starken Teilen weiter rückwärts fest, um den Winkel zwischen Myschkowa und Don vom Feinde zu säubern.

Westlich des Don hatten die Sowjets in den vergangenen Tagen laufend starke Angriffe gegen das XLVIII. Panzerkorps vorgetragen. Wenn auch im Augenblick hier ein Stop eingetreten war, so mußte doch in Kürze mit einer Wiederaufnahme der feindlichen Angriffe in verstärktem Maße gerechnet werden.

Die Feindangriffe gegen das XLVIII. Panzerkorps hatten bewirkt, daß die Brückenköpfe bei Nishni-Tschirskaja von der „Division Adam“ aufgegeben werden mußten. Über diese Bewegungen wird noch an anderer Stelle ausführlich berichtet.

Da auch ostwärts des Don der Feind umgruppierte, war nunmehr sicher damit zu rechnen, daß die feindliche Führung neben der Operation westlich des Flusses einen Stoß über Kotelnikowo in südwestlicher Richtung beabsichtigte.

Hitler verbietet zum zweiten Male Ausbruch aus der Festung

Im Festungsbereich waren, wie schon einmal im November, alle Vorbereitungen zum Ausbruch getroffen. Die Panzerverbände, soweit noch einsatzfähig, waren wiederum im Süden stationiert, die Stimmung bis zum letzten Mann war großartig. Die 6. Armee glaubte zu dieser Zeit nur noch zu einem Ausbruch von etwa 15 Kilometer Tiefe befähigt zu sein, da der Kräfteverfall der Truppe, Betriebsstoffmangel und geringe Munitionsvorräte einen weiterreichenden Ausbruch nicht mehr ermöglichten. Die Armee wollte erst dann antreten, wenn die Entsatzarmee auf achtzehn Kilometer herangekommen war.

Auf das Stichwort „Donnerschlag“ sollten alle Maßnahmen zur Durchführung des Unternehmens ausgelöst werden, zu dessen Führer der Kommandeur des Nebelwerfer-Regiments 53, Oberst Schwarz, befohlen war. Zwei Pionier-Bataillone, zwei Straßenbau-Bataillone und ein Brückenbau-Bataillon sollten zur Unterstützung der Panzerkräfte, die für den Durchbruch südlich Karpowka vorgesehen waren, das Gelände von Minen räumen und für die motorisierten Kolonnen gangbar machen. Berge von Stangen zur Wegmarkierung lagen bereit, aber es sollte nicht zu diesem Unternehmen kommen.

Und wie in der Panzer- und Pionierführung hatte auch die

Armee-Nachrichtenführung alle Vorbereitungen getroffen, den Ausbruch durch Funk zu lenken. Schon vom 10. Dezember ab waren sechs Empfänger zum Abhören des Funkverkehrs der Armeegruppe Hoth eingesetzt, sowjetischerseits reagierte man mit Funkstörungen auf den benutzten Wellen und versuchte durch Abgabe von nicht entzifferbaren Funksprüchen den Horchdienst zu täuschen, aber man konnte nicht verhindern, daß man in der Festung über alle Vorgänge unterrichtet war.

Hatte man schon der Armeegruppe Hoth von seiten der Heeresgruppe keine großen Chancen gegeben, das Angriffsziel zu erreichen, so hoffte man doch, mit den zur Verfügung stehenden Kräften in die Nähe der eingeschlossenen Armee zu kommen und glaubte, daß die 6. Armee die Möglichkeit des Ausbruches wahrnehmen würde, um Stalingrad endgültig aufzugeben. Es war beabsichtigt, nach Aufnahme der 6. Armee die gesamte Front bis auf die Linie Kotelnikowo zurückzunehmen, aber der Oberbefehlshaber der 6. Armee löste sich nicht aus den Bindungen altüberlieferter Auffassungen, er haute sein Funkgerät nicht zusammen, er machte die Löwentour nicht. Trete einer vor und werfe den Stein und sage, wo die Grenze zwischen Schuld und Schicksal, Irrtum und Tragik liegt.

Es ist leicht und einfach, da, wo keine Verteidigung möglich ist, sich auf die Seite derer zu stellen, die es mit dem russischen Sprichwort von der Kohle halten: „Wenn sie nicht brennt, so macht sie doch wenigstens schmutzig“, aber es ist würdig, wenn die Wahrheit neben die Wahrheit gestellt werden soll, nach dem Wahlspruch des toten Feldmarschalls von Reichenau zu handeln:

„Audiatur et altera pars“, das heißt: Man soll auch die andere Seite hören!

In täglichen Fernschreiben und Ferngesprächen mit der Obersten Führung hatte das Heeresgruppen-Kommando um die Genehmigung zum Ausbruch der 6. Armee gerungen.

Am 21. Dezember hatte der Chef des Generalstabes des Heeres Hitler so weit, daß dieser dem Angriff der 6. Armee seine Genehmigung gab, aber Hitler machte diese Genehmigung vom Festhalten an Stalingrad abhängig. Nach seiner Ansicht sollte der Kessel unter Verteidigung der übrigen Fronten von Teilkräften der 6. Armee nach Südwesten so weit ausgedehnt werden, bis die Verbindung zur 4. Panzerarmee hergestellt war.

Diese Forderung war unmöglich zu erfüllen.

Am 21. Dezember, also dem gleichen Tag, forderte Hitler bei der Informations-Funkstelle des Majors von Zitzewitz im Kessel die Brennstoffunterlagen der Armee an, und die Armee gab sie auf den Liter genau an. Natürlich war es nun um den Ausbruch geschehen, denn als sich herausstellte, daß die Panzer nur für dreißig Kilometer Brennstoff hatten, änderte sich die Haltung Hitlers:

„Da haben wir es ja, Zeitzler, ich kann doch nicht die Verantwortung dafür übernehmen, die Panzer ohne Brennstoff in der Steppe sitzenzulassen."

Das Ergebnis dieser Besprechung war ein erneutes Ausbruchsverbot.

Die Bewegungen im Kessel erstarben, die Führung resignierte, die letzte Chance war verpaßt.

Die Lebensuhr der 6. Armee hatte einen gewaltigen Sprung nach vorn gemacht, der Scheitelpunkt ihres Lebens war überschritten, jede der Stunden, in denen das Werk noch lief, bedeutete einen Tag Leben mehr oder einen Tag Leben weniger, man konnte es nehmen wie man wollte.

Das Ende einer großen Hoffnung

Die Lage im Rücken des Brückenkopfes von Wassilewska und die Meldung vom Anmarsch starker motorisierter Feindkräfte aus nördlicher Richtung zwangen zu neuen Maßnahmen. Abermals befaßte sich der Oberbefehlshaber der Armeegruppe mit dem Gedanken, von seinem bisherigen Entschluß abzuweichen, die 17. Panzer-Division mit dem Halten des gewonnenen Raumes zu betrauen und aus dem Brückenkopf der 23. Panzer-Division heraus den Angriff an und ostwärts der Bahn Kotelnikowo-Bahnhof Shutowo-Abganerowo vorzutragen. Nachdem am 22. Dezember die Funkaufklärung die neue Feindmeldung bestätigte, entschloß sich der Oberbefehlshaber zur Umgruppierung der Kräfte und Fortsetzung des Angriffes am 24. Dezember aus dem Brückenkopf der 23. Panzer-Division.

Als kurz darauf der Chef des Generalstabes der Armeegruppe dem Chef der Heeresgruppe „Don" diese Absicht fernmündlich mitteilte, schaltete sich Feldmarschall von Manstein in das Gespräch ein und kündigte „Maßnahmen von weittragender Bedeutung" an.

Die 8. italienische Armee auf dem Südflügel der Heeresgruppe „B" war am 17. und 18. Dezember von einem überlegenen russischen Angriff getroffen, bei dem schon am ersten Angriffstage Einbrüche von fünfundvierzig Kilometer Tiefe geglückt waren. In den folgenden Tagen konnten sowjetische Kampfverbände diesen Erfolg so erweitern, daß der Oberbefehlshaber der Heeresgruppe „Don“ zu „Maßnahmen von weittragender Bedeutung“ gezwungen war, um der Gefahr, die der Nordflanke der Heeresgruppe drohte, zu begegnen.

Dieser Ankündigung folgte am nächsten Tage der Befehl an die Armeegruppe, den Angriff auf Stalingrad einzustellen, in den gewonnenen Linien zur Abwehr überzugehen und die 6. und 11. Panzer-Division (letztere vom XLVIII. Panzerkorps) zur Schließung der Lücke in der Nordflanke der Heeresgruppe zur 3. rumänischen Armee in Marsch zu setzen.

Während die Armeegruppe die nötigen Befehle und Anordnungen zum Übergang zur Verteidigung und Herauslösung der 6. Panzer-Division gab, versuchten der Oberbefehlshaber und der Chef des Generalstabes mehrfach, zuletzt in der Nacht vom 23. und 24. Dezember, in längeren Ferngesprächen, die Abgabe der 6. Panzer-Division hinauszuschieben.

Der Oberbefehlshaber der Armeegruppe war der Überzeugung, daß der Angriff auf Stalingrad nach der Umgruppierung des LVII. Panzerkorps erfolgreich sein würde und vertrat den Standpunkt, daß schon eine Annäherung auf fünfundzwanzig Kilometer genügen müsse, um der 6. Armee den Ausbruch aus der Einschließung zu ermöglichen.

Man war in der Panzerarmee bereit, noch eine letzte Karte auszuspielen und am Heiligen Abend mit allen Panzerkräften zum letzten Schlag anzutreten. Alles war für den Entscheidungsangriff vorbereitet, die Panzer aufgefahren, Spähwagen und Sturmgeschütze bereitgestellt. Es brauchte nur noch auf den Knopf gedrückt zu werden, und die Panzermasse hätte sich in Bewegung gesetzt. Aber es wurde nicht auf den Knopf gedrückt, denn die Oberste Führung wollte den Raum Stalingrad nicht aufgeben, sie glaubte, nach Wiederherstellung der Lage auf der Naht der Heeresgruppen „Don“ und „B“ den Angriff auf Stalingrad fortsetzen zu können. Es schien nach der Gesamtlage aber ausgeschlossen, die erreichten Linien längere Zeit zu halten, und mit der Abgabe der 6. Panzer-Division wurde die Kampfkraft der Armeegruppe so geschwächt, daß mit den ihr verbleibenden Verbänden nur auf einer wesentlich kürzeren Front eine einigermaßen erfolgreiche Abwehr denkbar war.

Der Befehl zur Abgabe der 6. Panzer-Division und zum Halten

des gewonnenen Raumes blieb bestehen. Die Armeegruppe hatte sich mit dieser Entscheidung abzufinden und zu versuchen, aus ihrer mißlichen Lage das Möglichste herauszuholen.

Da hatte man in Stalingrad auf den Ausbruchsbefehl Hitlers gewartet oder auf den Entschluß des Oberfehlshabers, den Ausbruch auf eigene Verantwortung durchzuführen, und am Myschkowa-Abschnitt gehofft, die Spitzen der 6. Armee auftauchen zu sehen. Einhundertunddreißig Kilometer waren die Entsatzdivisionen vorgestoßen, jeder Mann beseelt von dem Gedanken, die Kameraden in Stalingrad zu befreien, und jetzt sollte alles aus sein.

*

In der Nacht zum 23. Dezember schien sich im Oberkommando des Heeres etwas zu tun, denn im Laufe des Nachmittags war bei der Heeresgruppe ein mehrfacher Hinweis erfolgt, daß in der Nacht eine äußerst wichtige Mitteilung des Führers zu erwarten sei. Der Chef des Generalstabes wollte diese Meldung selbst entgegennehmen und befahl, ihn sofort vom Eintreffen des Funkspruches in Kenntnis zu setzen. Stunden des Wartens vergingen, um 02.30 Uhr wurde der Chef des Generalstabes von seinem Lager hochgescheucht. Ein Funkspruch war angekommen. Er lautete:

„Der Führer weist darauf hin, daß die Brücke des Myschkowa-Abschnittes als einzige imstande ist, die schweren Panzer zu tragen."

General Schulz saß eine ganze Zeitlang sinnend über dieser Meldung.

*

„Wenn jetzt nicht ein Wunder geschieht", sagte der Kommandeur der 23. Panzer-Division, „dann ist der Ofen aus."

Es geschah kein Wunder. Soldaten haben sich an die Welt der begreifbaren Vorgänge zu halten. Die ganze Aufregung war umsonst, das Blut vergeblich geflossen.

Und mit dem auf Führer und Truppe schwer lastenden Gefühl, der 6. Armee nicht die Hilfe gebracht zu haben, die diese mit Sicherheit erwartete, ging die Armeegruppe in die vierte Kriegsweihnacht.

Das Schicksal hatte ihr und der 6. Armee nicht gegönnt, der Niederlage einen wirklichen und großen Erfolg folgen zu lassen. Das Unternehmen „Wintergewitter" war eingestellt.

Über den Ausgang des Kampfes der 6. Armee in Stalingrad bestand für Generaloberst Hoth und seine engsten Mitarbeiter nun kein Zweifel mehr.

Ausklang im Angriffsraum

Nur wenige Stunden nach Abzug der 6. Panzer-Division begann der Russe mit starken Kräften gegen das VII. rumänische Armeekorps anzurennen. Da der Oberbefehlshaber der Panzerarmee befürchtete, mit dem LVII. Panzerkorps eingeschlossen zu werden, bat er um die Genehmigung, das Korps in die Ausgangsstellung vom 12. Dezember zurückführen zu können.

Bereits am 23. Dezember hatte Generaloberst Hoth auf die Unhaltbarkeit der nördlichen Front hingewiesen. Statt einer Genehmigung dieses Antrages lehnte die Heeresgruppe auf Weisung der Obersten Führung die Zurücknahme des Korps ab.

„Die Panzerarmee habe in beweglicher Kampfführung einen Durchbruch des Feindes zu verhindern.“

Die Durchführung dieser Aufgabe war eine Kräftefrage. Diese Kräfte waren nicht vorhanden, also war der Auftrag nicht zu erfüllen, und so konnte es nicht verhindert werden, daß am 26. Dezember russische Panzerbrigaden beim VII. rumänischen Korps den Durchbruch erzwangen. Erst in letzter Minute, als die Einschließung des LVII. Panzerkorps drohte, erhielt die Armeegruppe die Genehmigung, auf die Ausgangsstellungen zurückzugehen. Das VII. rumänische Korps wurde überrannt und aufgespalten, es gelang nur Resten, sich der Gefangenschaft oder Vernichtung zu entziehen.

Gegen die sowjetischen Kräfte des I. Gardeschützen-Korps, des XI. Garde-mot.-Korps und des VII. sowjetischen Panzerkorps, dem dichtauf das XIII. sowjetische Panzerkorps folgte, waren auch die Fronten der Ausgangsstellungen nicht zu halten, sie wurden daher in der Nacht zum 29. Dezember beiderseits des Bahnhofs Remontnaja zurückgenommen. Zur gleichen Zeit stürmten drei sowjetische Schützen-Divisionen und vier Panzerbrigaden unter Führung der 28. sowjetischen Armee, die im Raume Astrachan in Bereitschaft gestanden hatten, gegen die 16. deutsche mot.

Division. Das einzige, was sie tun konnte, war ein Ausweichen auf Elista.

In den letzten Tagen des Dezembers trat das Generalkommando des XLVIII. Panzerkorps zur 3. rumänischen Armee über, an seiner Stelle übernahm im Don-Tschir-Bogen Generalleutnant Mieth den Oberbefehl.

Die Lage westlich des Don Dezember 1942

In unaufhörlichen Angriffen waren sowjetische Kampfverbände im Verlaufe des Dezembers gegen die Front der zurückgenommenen 3. rumänischen Armee angerannt, und das beiderseits der Tschirmündung eingesetzte XLVIII. Panzerkorps dachte an alles andere, aber nicht daran, sich an Angriffen der 4. Panzerarmee zwecks Vorstoß auf Stalingrad zu beteiligen. Im Gegenteil, das Korps mußte die Brückenköpfe über den Tschir und Don aufgeben und wurde auf der ganzen Front in die Verteidigung gedrängt. Erbitterte Abwehrkämpfe tobten aber auch an der sich westlich anschließenden, von der 3. rumänischen Armee gebildeten Tschirfront und nur mit Mühe war der sowjetische Durchbruch in Richtung Rostow aufzuhalten. Bei den sowjetischen Bestrebungen ging es vor allem darum, nicht nur den rechten Flügel der Heeresgruppe „Don" (das war die 4. Panzerarmee, die zum Entsatz auf Stalingrad antreten sollte), sondern die ganze Heeresgruppe „A" von den rückwärtigen Verbindungen abzuschneiden.

Die deutscherseits zur Verfügung stehenden Abwehrkräfte waren gering, denn einmal wurden die aus dem Westen angeführten geschlossenen Verbände von der Bahn herunter in die Löcher der Tschirfront geworfen, während die in der Front eingesetzten Einheiten behelfsmäßig zum großen Teil aus Urlaubern zusammengesetzt waren. Schwere Waffen waren kaum vorhanden, ja, zum großen Teil gab es nicht einmal Feldküchen. Es muß aber festgestellt werden, daß an dieser Front ohne Hoffnung mit einer Hingabe und Aufopferung gekämpft wurde, die ihre Parallele nur in den Kämpfen in Stalingrad fand, und den hier eingesetzten Verbänden allein ist es zu verdanken, daß der vom Russen erstrebte Durchbruch zur Donmündung nicht gelang.

Am 17. Dezember traten sowjetische starke Kräfte zu dem erwarteten Angriff gegen die 8. italienische Armee an, nachdem der

Durchbruch im Raume der 3. rumänischen Armee gescheitert war. Der Angriff erfolgte gegen den Armeeflügel und die Mitte sowie frontal und führte bereits am ersten Angriffstage zu einem vollendeten Durchbruch mit einer Tiefe von fünfundvierzig Kilometern. Zwei Tage später war die Front in einer Breite von etwa hundertfünfzig Kilometern aufgerissen, und in diesem Loch kämpften sich einzelne eingeschlossene deutsche Verbände als Inseln nach Süden und Südwesten durch, während die italienischen Verbände völlig zersprengt und führerlos sich in wilder Flucht nach Westen und Südwesten absetzten. Um den linken Flügel der 3. rumänischen Armee nicht der Vernichtung auszusetzen, mußte er nach Süden zurückgenommen werden.

Aus dieser Situation heraus entschloß sich die Heeresgruppe am 23. Dezember, den weiteren Angriff der 4. Panzerarmee einzustellen. Auf diesen Vorgang ist in dem Abschnitt „Das Ende einer großen Hoffnung“ ausführlich Bezug genommen. Die Heeresgruppe zog, wie ebenfalls bekannt ist, die 6. Panzer-Division aus der Angriffsfront der Armeegruppe Hoth heraus, um sie beschleunigt am inneren Flügel zwischen der 3. rumänischen und 8. italienischen Armee einzusetzen. Diese Schwächung der 4. Panzerarmee mußte im weiteren Verlauf die Zurücknahme der ganzen Armeegruppe Hoth zur Folge haben und hatte sie zur Folge.

Inzwischen waren aus dem Don-Tschir-Bogen die Reste der 3. rumänischen Armee herausgezogen und durch deutsche improvisierte Verbände ersetzt. Der Widerstandswille der rumänischen Truppen war gebrochen, für die Front waren sie nicht mehr zu verwenden. Das Oberkommando der 3. rumänischen Armee bekam daher den Auftrag, die Armeetrümmer weit abgesetzt von der Front im rückwärtigen Heeresgruppengebiet zu sammeln und neu zu formieren. Den Befehl über den bisherigen Abschnitt der 3. rumänischen Armee übernahm die neugebildete „Armee-Abteilung Hollidt“.

Da die Armeegruppe Hoth gezwungen wurde, ihre Front nach Südwesten zurückzunehmen, vergrößerte sich seit Weihnachten der Abstand von der eingeschlossenen 6. Armee immer mehr, und damit schwand auch die letzte Hoffnung auf Hilfe für die eingeschlossenen Divisionen.

Aber nicht nur im Gebiet der Heeresgruppe „B“, sondern auch an der Front der Heeresgruppe „A“ im Kaukasusgebiet hatten die ständigen Feindangriffe, besonders gegen die 1. Panzerarmee, an Heftigkeit zugenommen. Mit diesen Angriffen sollte zweifellos in erster Linie eine Fesselung der hier eingesetzten deutschen Ver-

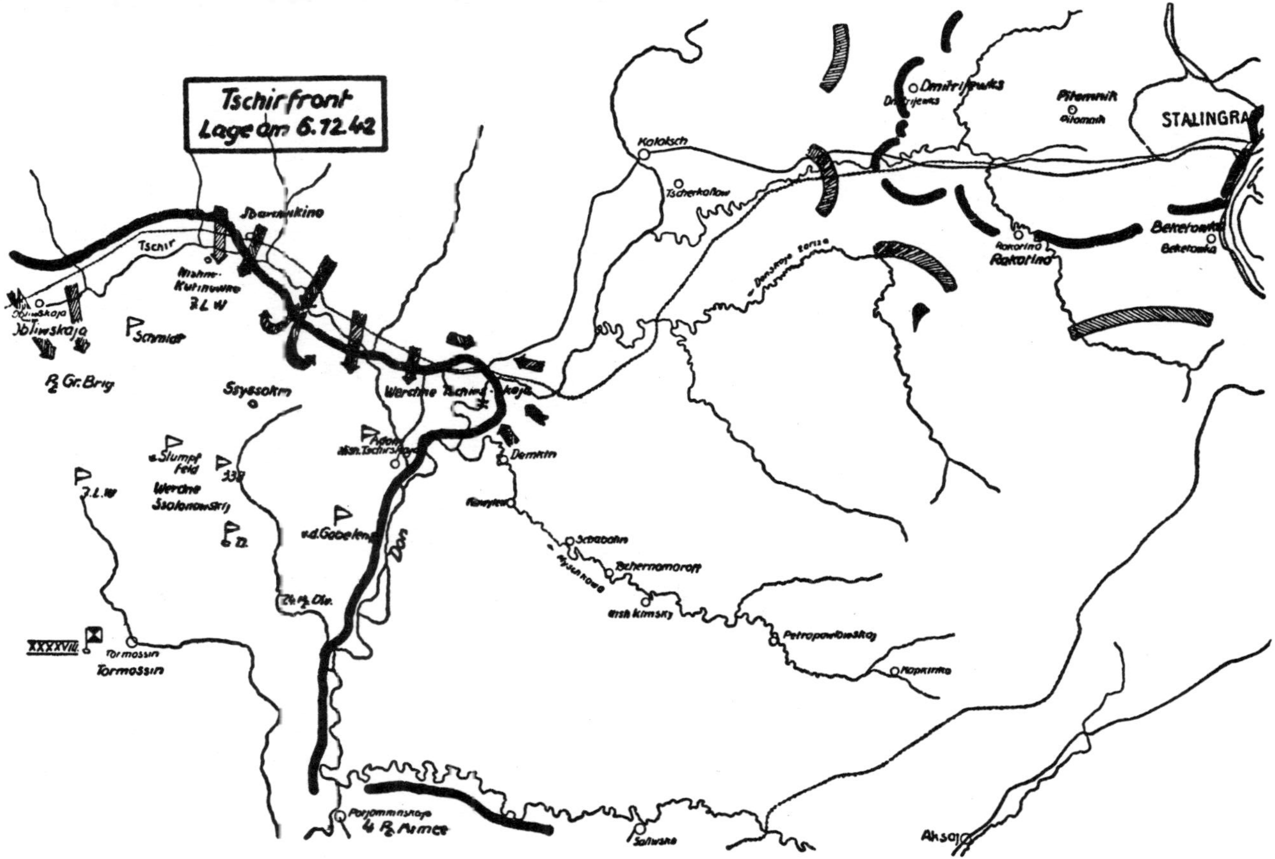

Tschirfront
Lage am 6.12.42
STALINGRA
Kalatsch
Tschir
Don
Tormossin
Demkin
Petropawlowskaja
Pitomnik
Aksai
Rakotino
4. Pz. Armee
Pz. Gr. Brig
Ssyssokin
XXXXVIII

bände erreicht werden. Jeder Tag, den die Heeresgruppe in ihren alten Stellungen kämpfte, brachte sie der Katastrophe näher. Anstelle eines Befehles, den Kaukasus aufzugeben, erhielt die Heeresgruppe am 27. Dezember nochmals den ausführlichen Befehl, die Stellungen zu halten.

Wenn die Zurücknahme der Heeresgruppe „A" jetzt auch in jedem Falle zu spät kommen mußte, um noch die eingeschlossene 6. Armee zu befreien (wenn die Aufgabe des Kaukasusgebietes übrigens bereits Anfang Dezember eingeleitet worden wäre, hätte die Möglichkeit bestanden), so war jetzt die allerletzte Möglichkeit gegeben, wenigstens Teile der Heeresgruppe „A" noch durch den immer schmaler werdenden Engpaß bei Rostow über den Don zu bekommen und damit für die Stützung der Front am Donez oder Mius verfügbar zu machen.

Moralische Zusammenhänge

Auch in der kriegsgeschichtlichen Rückschau muß die moralische Wirkung gewertet werden, welche die Befehle Adolf Hitlers zum Stalingrad-Komplex auslösten.

Geschulte Soldaten erkannten, daß hier eine ganze Armee überspannten Prestige-Vorstellungen geopfert wurde. Unvorstellbarer militärischer Dilettantismus, der mit Zeit, Raum und Transportmöglichkeiten nicht zu rechnen verstand, überließ die 6. Armee ihrem Schicksal.

Es darf ausgesprochen werden, daß die tiefe Erregung, welche sich der Höheren Führung bemächtigte, mit großer Wahrscheinlichkeit zu schweren Konflikten geführt hätte, wenn nicht gerade zu jener Zeit durch die Abmachungen von Casablanca der unerbittliche Vernichtungswille der Alliierten gegenüber Deutschland sichtbar geworden wäre. Er wurde in der Folge immer unverkennbarer und gliederte auch die durch Stalingrad in einen an sich unüberbrückbaren Gegensatz zu Hitler geratene ältere Generalität in die Abwehrfront des deutschen Volkes ein.

Es war ein schweres Schicksal, welchem sich diese Generale damit unterwarfen: Geführt von einem Mann, der ihnen nicht vertraute und dem sie selbst noch weniger vertrauen konnten, standen sie unter diktatorischen Befehlsverhältnissen, bis sich im Zusammenbruch ihre Haltung zu einem noch ungelösten Schuldproblem über ihnen emporreckte.

Mit diesem Hinweis soll nichts beschönigt, sondern nur an einen Fragenkomplex gerührt werden, ohne dessen Beachtung die kriegswissenschaftliche Forschung der Lage des deutschen Heeres nicht gerecht werden kann.

Feldmarschall von Manstein fordert: „Freie Hand" und „Oberbefehlshaber Ost"

Die Kümmernisse, die sie in der Festung hatten, waren nicht gering, aber draußen hatte man auch seine Sorgen. Zum Beispiel hätte ein verantwortlicher „Oberbefehlshaber Ost" mit großzügigen Direktiven und größter Bewegungsfreiheit durch zeitweises Ausweichen starke deutsche Kräfte für die Fortsetzung des Kampfes eingespart, eine zentrale Führung der riesigen ausgedehnten Ostfront vom Führerhauptquartier dagegen ging über die technischen und menschlichen Möglichkeiten weit hinaus. Die Spaltung der Kriegsschauplätze in „OKW" und „Heer" war sicherlich eine der Hauptursachen dafür, daß Umgruppierungen und Schwerpunkteverlagerungen immer viel zu spät erfolgten. Als Lösung dieses Problems sah Feldmarschall von Manstein die Schaffung einer Kommandobehörde mit der Führung der gesamten Ostfront und einem „Oberbefehlshaber Ost". Nur so hätte der Chef des Generalstabes des Heeres dann wieder seiner ursprünglichen Aufgabe gerecht werden können, Berater des Obersten Befehlshabers in allen Fragen der Operationen und Umgruppierungen der Verbände des gesamten Heeres zu werden.

Hitler war um die Mitte Dezember herum gar nicht abgeneigt, Feldmarschall von Manstein neben „Don" auch die Heeresgruppe „A" zu unterstellen, aber die Bedingung „freie Hand für alle als erforderlich anzusehenden Maßnahmen" lehnte er nicht nur glatt ab, sondern bestimmte darüber hinaus, daß ohne seine Genehmigung selbst die Verlegung einzelner Divisionen untersagt war.

Zwangsläufig mußte sich das bei einigen Maßnahmen verhängnisvoll auswirken, denn bis zum Eingang eines Führerentscheides vergingen oftmals zwei bis drei Tage, ja sogar eine Woche. Bei der sich täglich verändernden und verschärfenden Lage mußten somit einfach alle Maßnahmen der Führung an der Front zu spät kommen, und nur die schwere Verantwortung für die unterstellten Gebiete und Truppenverbände hielt den Feldmarschall ab, die Befehlsgewalt niederzulegen.

Während eines Vortrages im Führerhauptquartier schlug von Manstein, den die in kleinste Details gehenden Anweisungen Hitlers mit größter Sorge erfüllten, vor, den Krieg von einer höheren Warte zu führen. Seine Argumente waren: Hitler sei nicht nur für die Ostfront, sondern für alle Kriegsschauplätze da, und es sei unangebracht, Befehle zu geben, die in das Blickfeld eines Divisionskommandeurs gehörten. Was antwortete Hitler darauf:

„Wenn ich es nicht tue, wer soll es dann machen?"

Erst im Dezember 1942 sollte die Hoffnung auf einen „Oberbefehlshaber Ost" endgültig zu Grabe getragen werden, und es erscheint hier wichtig, des Zusammenhanges wegen ein späteres Ereignis vorwegzunehmen.

Am 28. Dezember flog General Hube auf Befehl Hitlers zum Führerhauptquartier, um die Schwerter zum Eichenlaub in Empfang zu nehmen.

Bei dieser Gelegenheit hielt Hube einen Lagevortrag über den Stalingrad-Komplex und schnitt von sich aus auch die Frage des „Oberbefehlshabers Ost" an. Bei Hitler entstand nun der unrichtige Eindruck, daß der Vorschlag von Feldmarschall von Manstein komme und sich auf dem Umweg über Hube gegen ihn persönlich richte. Mit dem Ziel, den Oberbefehl über das Heer niederzulegen.

Am Tage darauf rief General Schmundt beim Chef des Generalstabes der Heeresgruppe „Don" an und unterrichtete General Schulz von dem Vorkommnis. „Der Führer lehne nunmehr alle Vorschläge schärfstens ab und wünsche nicht, daß die Frage des Einsatzes eines ‚Oberbefehlshabers Ost' im Verlauf des Krieges noch einmal erwähnt werde." Die Angelegenheit war „in den falschen Hals" gekommen.

Was geschah zur selben Zeit?

Am 12. Dezember hatte Hoth gefunkt: „Haltet aus, wir kommen."

Am 25. Dezember sprach im kleinen Kreis der Chef des Generalstabes der Heeresgruppe die Worte:

„Der 6. Armee ist nicht mehr zu helfen, das einzige, was wir noch tun können, ist, ihr das zu sagen."

Mit diesen Worten teilte er die Ansicht des Oberbefehlshabers, daß die Armee von dem Zeitpunkt an verloren war, an dem sie die letzte Chance des Ausbruches ungenutzt ließ.

Dazwischen lagen zwölf Tage, die nicht unerwähnt bleiben dürfen.

*

Um den 12. Dezember herum flog auf Befehl des Armeenachrichtenführers ein Luftwaffen-Ingenieur aus. Er sollte in der Nähe von Tschirskaja die Inbetriebsetzung einer Dezimeterstation leiten.

Unterdessen war an der Südwestgrenze des Kessels ein vierzig Meter hoher Mast errichtet. Zweimal wurde das Gerüst zusammengeschossen, aber dann glückte die Verbindung. Auf der einen Seite war die Armeeführung an die Dezimeter-Sprechverbindung angeschlossen, auf der anderen Seite der Gefechtsstand der „Heeresgruppe Don". Das erste Gespräch fand zwischen dem Armeenachrichtenführer Oberst Arnold und dem Nachrichtenführer der Heeresgruppe Oberst Müller statt. Während Oberst Müller den Feldmarschall an den Apparat holte, ging Oberst Arnold in den Paulus-Bunker.

„Ich melde, daß Herr Generalfeldmarschall von Manstein Herrn General am Apparat sprechen will."

General Paulus machte kein sehr geistreiches Gesicht: „Arnold, machen Sie doch keine solchen Witze."

Als er die Stimme Mansteins hörte, hatte er wieder Boden unter den Füßen.

In jener Nacht bestand die Verbindung fünf Stunden. Für den engeren Führungsstab, Ic und OQu.

Es waren immer nur ein paar Minuten, in denen der Oberbefehlshaber der Heeresgruppe und sein Chef mit der Kesselführung sprachen, aber trotzdem Minuten stärkster Belastung, von Manstein und General Schulz standen mit leeren Händen da.

Oftmals klammerte man sich in der „Festung Stalingrad" an Kleinigkeiten, an winzige Wege und Hoffnungen, die sich nie erfüllten. Nichts war unversucht geblieben, der Chef des Generalstabes der Heeresgruppe war im Kessel gewesen, der Ia hatte mit General Paulus und General Schmidt gesprochen, Hunderte von Funksprüchen hatten die Lage schonungslos dargestellt und Stabsoffiziere und Generale waren ein- und ausgeflogen. Ihre Mappen waren mit Versorgungsunterlagen, Armeebeurteilungen und Handschreiben gefüllt, es war nichts beschönigt und nichts übertrieben, die weißen Blätter enthielten in nüchternen Zahlen und dürren Buchstaben Tatbestand und Sorge. Es half alles nichts, draußen war man ja selbst machtlos, wenn die Wünsche aus der Festung kamen.

Infanterie wollten sie haben in Stalingrad, drei Regimenter sollten eingeflogen werden. Manstein und sein Chef wußten sehr gut, wie sie in der Kesselführung dachten: „... wenn sie uns noch Soldaten einfliegen, haben sie uns nicht aufgegeben."

„Wir können ja nicht einmal die Versorgung erfüllen", resignierte man in der Heeresgruppe. „Wie soll da an Entsatz gedacht werden."

„War denn kein Mann da, der Paulus die Wahrheit sagte?" wurde oft gefragt, und die Antwort lautete: „Warum sollte das denn geschehen? Vor dem 24. Dezember war es nicht nötig, denn es bestand doch die Hoffnung, daß die Armee ausbrechen würde, und nach dem 25. Dezember war es zu spät, und warum soll man einem zum Tode verurteilten Patienten sagen, daß er sterben muß?"

Am 18. Dezember wurde über die Dezi-Funkverbindung noch eine Ferntrauung durchgeführt, am 20. Dezember war die Gegenstation in Tschirskaja feindbedroht, die Stellung wurde gewechselt. Dann ging es zwei Tage gut, doch als am 22. Dezember wieder Stellungswechsel erfolgen mußte, war die Entfernung zwischen Kessel und Ausbruchstelle zu groß. Am 22. Dezember wurde das letzte Gespräch geführt.

Noch einmal machte man einen Versuch, eine Sprechverbindung auch über größere Entfernungen durchzuführen. Die Heeresgruppe bot den Einflug eines Sägefisch-Funkfernschreibers mit Geheimzusatz und Lochstreifensender an. Das Gerät sollte Mitte Januar mit zwei Ju 90 eingeflogen werden. Nach Vortrag des Armeenachrichtenführers beim Chef des Generalstabes lehnte die 6. Armee das Anerbieten ab, da sich der Aufbau der Anlage als unmöglich erwies. Es bedurfte zur Abwicklung des Funkfernschreibverkehrs der Errichtung zweier großer Rhomben-Antennen mit acht Masten. Der letzte Versuch, mit der Außenwelt sprechen zu können, war damit begraben worden.

*

Am 12. Dezember kam ein Befehl der Armeeführung heraus. Es hieß darin, daß ein Offizier nicht lebend in Gefangenschaft gehen könne, er habe sich zu erschießen. Gefangennahme sei auch für den Mann unehrenhaft.

Vorheriges Erschießen sei verboten. „Erst wenn die Truppe überrollt ist, hat der Offizier das Recht und die Pflicht, sich zu erschießen."

Das wurde in der Nacht zum 17. Dezember der Truppe bekanntgegeben. Am Abend des 17. Dezember hatte die Sanitätsführung des Kessels den ersten Todesfall infolge Erschöpfung gemeldet.

*

Vom II. Bataillon des Infanterie-Regiments 178 waren am 19. Dezember dreißig Mann in Gefangenschaft gekommen. Nach ehrlichem Kampf und Gegenwehr bis zum letzten. In der Abendmeldung hatte das Bataillon den Tatbestand angeführt.

Zwei Tage danach stand der Bataillonskommandeur vor seinem General:

„Sie melden mir die Gefangennahme von dreißig Mann. Wie kommt das? Kennen Sie und die Leute nicht meinen strikten Befehl, daß es keine Gefangennahme gibt?"

„Jawohl, Herr General, der Befehl ist mir und dem letzten meiner Leute bekannt."

„Wie kommt das dann? Es ist eine riesengroße Schweinerei ..."

„Herr General, ich habe den Leuten den Befehl bekanntgegeben und von mir aus hinzugesetzt, daß für mich eine ehrenhafte Gefangennahme keine Feigheit ist."

„Sie sind wohl verrückt geworden. Das ist Befehlsverweigerung. Ich werde Sie als Bataillonskommandeur absetzen und vor ein Kriegsgericht stellen. Ich dulde keine Sabotage an den Befehlen des Führers."

Das sagte der Divisions-Kommandeur der 76. Infanterie-Division, die den Friederizianischen Gardehut als taktisches Zeichen trug.

„Ich bitte darum."

Das sagte der Kommandeur des II. Bataillons.

„Und Sie als Offizier, werden Sie auch etwa in Gefangenschaft gehen oder sich vorher erschießen?"

„Jawohl, Herr General, für mich ist Selbstmord die größere Feigheit."

„Raus, ich werde sehen, was ich mit Ihnen mache."

Es geschah nichts. Aber es ist gut, sich diese Worte zu merken, denn es wird später noch einmal davon die Rede sein.

*

Und es kamen drei Funksprüche:

Reichsmarschall Göring an General Paulus:

„Ich habe den Befehl gegeben, alle entbehrlichen Maschinen zur Versorgung einzusetzen. Dazu gehört auch die OKH-Transport-Staffel. In zunehmend stärkerem Maße werden laufend Maschinen von der Afrikafront abgezogen und für die Versorgung des Kessels eingesetzt. Halten Sie durch."

6. Armee an Heeresgruppe Don:

„Die Armee meldet, daß die Lage im Westen des Kessels besonders kritisch ist. Mangels Holz besteht keine Möglichkeit zum Ausbau von Stellungen und mangels Kraftstoff keine Möglichkeit, nach dorthin Baumaterial aus Stalingrad zu transportieren. Die Truppe liegt bei fünfunddreißig Grad Kälte auf freiem, völlig ungedecktem Schneefeld."

6. Armee an Luftflotte Tschir:

„Trotz herrlichstem Wetter und strahlendem Sonnenschein erfolgte am 17. Dezember nicht die Landung eines einzigen Flugzeuges. Die Armee ersucht um Aufklärung, warum nicht geflogen wird.
Schmidt."

... und den Menschen ein Wohlgefallen

An den Tagen, die im Kalender standen, war auch in Stalingrad Weihnachten, aber so, wie es sich die Heimat vorgestellt hatte, sah das nicht aus. Es war überhaupt nicht weihnachtlich. Graue Himmel hingen an den Tagen über den Schneeflächen der Steppe, mitleidlose Kälte ließ des Nachts unter der schmalen Sichel des Mondes alles erstarren.

Man muß versuchen, mit wenigen Worten das Geschehen am 42. Breitengrad verständlich zu machen.

Vor sechs einfachen Soldaten hatte ein Mann, der einst in

Dresden Pfarrer war, in einer Granatwerferstellung auf der Höhe 137 gesagt:

„Die Stalingrad-Weihnacht ist ein Evangelium der Front, wer später einmal davon hört oder daran erinnert wird, der soll mit wachen Augen und starkem Herzen die Jahre zurückgehen, zu der Stadt an der Wolga, dem Golgatha der 6. Armee."

Sie saßen nicht an langen, weißgedeckten Tischen in Stalingrad, es gab keine Nüsse und keine Äpfel und nur wenige kleine Tannenbäume oder solche aus dem Feldpostpäckchen.

Wer eine Kerze hatte, brannte sie für fünf Minuten an, steckte sie in einen Flaschenhals, auf ein Brettchen neben der Schießscharte, auf den Stahlhelm, in eine Kiste, auf irgendeinen Zweig, der mal zu einem Gebüsch oder zu einem Baum gehört hatte. Dann blies er das Flämmchen aus und hob es sich für einen anderen Abend auf.

Es ging überhaupt nicht um Tannenbaum und Ansprachen, sondern um Munition und Brot. Und um den Nebenmann.

Sie waren nicht mehr vollständig und darum rückten sie enger zusammen. Die Tische waren Bretter und Kisten, die Gläser Trinkbecher. Wer Glück hatte, trank daraus Schnaps und, wenn es hoch kam, Wein. Aber so hoch kam es meistens nicht, und so blieb es bei deutschem Tee oder Schneewasser.

Man hatte in den letzten Wochen gelernt, die Worte zu buchstabieren und war schweigsamer geworden.

Das war das Bild der äußeren Weihnacht.

Was die Männer bewegte, läßt sich schwer sagen, Gefühle lassen sich nur in dem Augenblick beschreiben, wenn sie existieren. Sicher ist, daß sie mit ihren Sehnsüchten die vielen tausend Kilometer zwischen den Stätten des Wartens und der Erfüllung übersprangen und bei denen waren, die sie liebten.

Das Gemeinsame ihrer Lage waren die leeren Hände und gemeinsam auch der Himmel, der sich über ihnen wölbte. Er war auch an den Weihnachtstagen rot von Qualm und Glut und es war schwer, daran zu glauben, daß es Gottes Mantel sein sollte. Und auch von Friede auf Erden war nicht die Rede, denn wozu, sagten sie sich, läßt Gott immer und immer wieder einen Weihnachtstag entstehen, wenn sich die Menschen, seine Worte übertönend, gegenseitig totschlagen.

Der Schnaps lag in Karpowka. Die Flaschen waren geplatzt. Neun Tage vor der Einschließung war der an die Front beorderte Zug mit dreiundvierzig Waggons aus Oels eingetroffen. Der Inhalt war zum Teil über den Don gebracht oder in Tschir und

Kalatsch eingelagert. Dreitausendsiebenhundertvierundsechzig Kisten. Wein, Sekt, Likör, Branntwein. Die Sektflaschen waren schon auf der Fahrt durch Kälteeinwirkung auseinandergeknallt. Zehntausend Flaschen hatten zurückgehende Truppen sich unter den Arm geklemmt. Hunderttausend tranken auf ihren Sieg die Soldaten der Roten Armee. Post gab es keine. Es wurden zwar verschiedentlich ein paar Sack abgeworfen, aber was war das für so viele? Wer es wissen will, dem sei gesagt, daß dreihundertachtzig Sack der Stalinpost in Shiow verbrannten, weil ein am Tage des Angriffes aus Dresden eingetroffener Feldpostmeister der Lage nicht gewachsen war. Darum nicht, weil zehn Kilometer davor Russenpanzer gemeldet wurden und weil er nicht auf die Idee kam, den unablässig in Richtung Nishni-Tschirskaja durchrollenden Kraftfahrzeugen je einen Sack mit auf den Wagen werfen zu lassen.

Dreihundertachtzig Sack sind sehr viel, und als die Flammen hundert Sack gefressen hatten, waren die Russen da. Noch Anfang Januar rauchten sowjetische Truppen „Juno rund". In Jassinowotaja standen zweiunddreißig Waggon mit dreieinhalb Millionen Päckchen. Dann brauchte man die Wagen und darum wurden die Päckchen gestapelt und Zeltplanen darübergelegt. Ende Januar ist auf Anweisung des Heeres-Feldpostmeisters die Päckchenpost auf die Lazarette verteilt worden. Soweit sie noch brauchbar war.

Viele hielten es in dem Kessel mit dem Spruch, es ist besser, einen Vetter bei der Luftwaffe zu haben, als einen Vater im Himmel. Ein paar Dutzend hatten einen Vetter bei der Luftwaffe. Und somit auch Bratgänse, Zunge in Madeira, Chablis und Martell. Die anderen aßen Erbsensuppe, Pferdegulasch oder Möhren in Schneewasser gekocht, eiserne Rationen oder Knäckebrot. Die dritten tauten sich durch den Wolf gedrehtes Pferdefleisch in Wäschebeuteln zwischen den Beinen auf und aßen es roh und ohne Salz.

Die meisten verbrachten das Weihnachtsfest mit einem bitteren Geschmack auf der Zunge, wehen Gefühlen, den Mund voll Parolen, heimlicher Angst wegen Rationierung des Brotes auf hundert Gramm und mit und ohne Vertrauen auf den Führer. Über die Weihnachtsringsendung des Großdeutschen Rundfunks, einer Erfindung des Reichspropagandaministeriums, wurde gelacht oder geflucht. Je nach Temperament.

*

In der Weihnachtsnacht sind sechsundzwanzig Mann gefallen. Es war leicht, sich ihre Namen zu merken, und man stand an ihren Schneelöchern voll tiefster Erschütterung. Vier Wochen später blieben Zehntausende unbeachtet liegen.

*

In einem Holzhause bei Woroponowo feierten elf Mann der 71. Infanterie-Division den Heiligen Abend. Zuerst sangen sie: „Stille Nacht, heilige Nacht!“ Das ging gut. Und dann sangen sie: „O du fröhliche“, und die Ziehharmonika spielte die Melodie. Den ersten Vers kannten sie alle auswendig, den zweiten Vers sangen nur noch drei Mann, den dritten keiner mehr. Nur noch die Ziehharmonika.

Da sang plötzlich ein anderer. Mit klarer Stimme und mit weichem Ton und in deutscher Sprache:

„O du fröhliche, o du selige
gnadenbringende Weihnachtszeit.
König der Ehren, dich woll'n wir hören,
freue, freue dich o Christenheit.“

Die Stimme kam aus dem Gefangenenlager und der Sänger war ein Russe.

Ein Jahr später sollte ein Neger als Wachtposten eines deutschen Kriegsgefangenenlagers in Ägypten „Vom Himmel hoch, da komm ich her“ singen. Eine seltsame Parallele.

*

In der Nacht zum Heiligen Abend haben drei Mann unter Lebensgefahr aus dem Wäldchen von Gumrak einen Kiefernstamm geholt. Danach aus Silberpapier Sternchen geschnitten und aus Verdunkelungspapier Ornamente. Am Heiligen Abend brannte der Baum auf der Höhe 137, man konnte ihn schon aus der Ferne sehen und er ist auch im Granatwerferfeuer erst nach einer Stunde „gefallen“.

*

Am Heiligen Abend spielte bei einem einsam vorgeschobenen Granatwerferzug in zwei Schichten der Kofferapparat des Divisionspfarrers eine Weihnachtsschallplatte des Dresdener Kreuzchors. Ein Transparent stand auf der Erde, ein Lichtstumpf hinter der Weihnachtsgeschichte. Im Gebet war der Einschließungsring durchbrochen. Nach Mitternacht brachte ein Feldwebel den Pfarrer durch den Laufgraben ein Stück nach rückwärts. Es wurden nur wenige Worte zum Abschied gesprochen. Hier sind sie:

„Herr Pfarrer, ich bin in scheinbar glücklicheren Zeiten aus der Kirche ausgetreten."

Schweigen.

„Aber, daß wir erst hier lernen mußten, was Kirche ist."

„Vielleicht konnten wir es erst hier lernen, wie wir auch erst hier lernten, was Heimat ist."

*

Hunderttausende kennen die „Madonna von Stalingrad", ohne zu wissen, wie sie entstand und wer sie zeichnete. In den Erdhöhlen um Stalingrad war trotz der täglichen Gefahr und Todesnähe ein Vorbereiten auf den Heiligen Abend.

Der Sanitätsbunker des Oberarztes Dr. Kurt Reuber war durch eine Decke geteilt. In dem engen Raum zeichnete der Arzt für seine verwundeten und sterbenden Kameraden ein Bild für die Feier am Heiligen Abend. Er wußte, daß Worte nicht viel bedeuten, aber daß die Augen sehen. Und im schweigenden Anschauen ging das Bild der Mutter mit ihrem Kinde, das von einem heimlichen Licht erhellt und in weitem Mantel geborgen ist, in die Seele der Kameraden ein.

*

Was Kurt Reuber und seine Kameraden erlebt haben, steht in seinem letzten Briefe:

„Die Festwoche ist zu Ende gegangen, mit Gedanken, kriegerischem Ereignis, mit Harren und Warten, in gefaßter Geduld und Zuversicht. Wie waren die Tage angefüllt mit Waffenlärm und vieler ärztlicher Arbeit. Ich habe lange bedacht, was ich malen sollte, und dabei herausgekommen ist eine Madonna oder Mutter mit Kind.

Meine Lehmhöhle verwandelte sich in ein Atelier. Dieser winzige Raum, kein nötiger Abstand vom Bild möglich, dazu mußte ich auf meinem Bretterlager auf einen Schemel steigen und von oben auf das Bild schauen. Dauerndes Anstoßen, Hinfallen, Verschwinden der Stifte in den Lehmspalten. Für die große Madon-

Im Bahnhofsgelände

Zerstörte Heimat

Sie entließ

die Schlacht

Der vorderste Graben

Vor sich den Feind, über sich den Himmel, unter sich Schnee und hinter sich nichts, so bestanden sie die schweren Tage

nenzeichnung keine rechte Unterlage. Nur ein schräggestellter, selbstgezimmerter Tisch, um den man sich herumquetschen mußte, mangelhaftes Material, als Papier eine russische Landkarte. Aber wenn ich sagen könnte, wie mich diese Arbeit an der Madonna ergriffen hat und wie ich ganz dabei war.

Das Bild ist so: Kind und Mutterkopf zueinandergeneigt und von einem großen Tuch umschlossen. ‚Geborgenheit' und ‚Umschließung von Mutter und Kind'. Mir kamen die johanneischen Worte: Licht, Leben, Liebe. Was soll ich dazu noch sagen? Diese drei Dinge möchte ich in dem erdhaft-ewigen Geschehen von Mutter und Kind in ihrer Geborgenheit andeuten. Als ich nach altem Brauch die Weihnachtstür, die Lattentür unseres Bunkers öffnete und die Kameraden eintraten, standen sie wie gebannt, andächtig und ergriffen, schweigend vor dem Bild an der Lehmwand, unter dem auf einem in die Leinwand eingerammten Holzscheit ein Licht brannte. Die ganze Feier stand unter der Wirkung des Bildes und gedankenvoll lasen sie die Worte: Licht, Leben, Liebe.

Am Ende des Tages war ich noch im Kreise meiner Kranken und Sanitäter bei einer Weihnachtsfeier. Der Kommandeur hatte den Kranken seine letzte Flasche Sekt gestiftet. Wir hoben die Feldbecher und tranken auf das, was wir lieben. Aber mit noch gefülltem Becher werfen wir uns zu Boden. Bomben draußen. Ich nehme meine Arzttasche und renne zu den Einschlägen, zu den Toten und Verwundeten.

Mein schöner Festbunker im weihnachtlichen Lichterglanz verwandelt sich in einen Truppenverbandplatz. Ich kann einem Sterbenden nicht mehr helfen. Gehirnzertrümmerung. Der Tote, der im Augenblick aus dem Festkreis zum Dienst hinausgegangen war, hatte eben noch gesagt: ‚Aber erst will ich das Lied mit euch zu Ende singen: O du fröhliche!' Einen Augenblick später war er tot. Traurige, schwere Arbeit im Festbunker. Es ist Nacht, aber doch Heilige Nacht. Und es war in allem so viel Jammer da."

*

Im Süden Stalingrads, auf einem Platz an der Zaritza, stand ein Lichterbaum. Er bestand aus einem Kiefernstumpf und quergenagelten Latten. Inmitten der weißen Trostlosigkeit brannten auf diesen Latten neun Kerzen. Niemand weiß, woher die Kerzen kamen, und niemand weiß, wer diesen Baum aufstellte und ihm Licht und Leben gab. Sicherlich ist es einer der merkwürdigsten Weihnachtsbäume gewesen.

Im Werk „Rote Barrikade“ lagen viele tote deutsche Soldaten. Unter einem Panzer, der am Heiligen Abend in die Luft ging, hatte man vier Kameraden begraben. Weil unter dem Panzer kein Schnee lag. Seit ein paar Stunden brannte auf dem zerschossenen Panzer eine dicke Kerze. Es gibt viele Gräber, aber dieses war die einsamste Weihnacht der Welt.

*

In Nowo-Alexijewki geht der Weg schnurgerade nach Osten. Da, wo er sich nach Gumrak und der Zaritza teilt, stand ein Mast mit bunten Tafeln. Das Adreßbuch der Front. Am Heiligen Abend hing an diesem Mast ein richtiges Lämpchen mit Docht und Petroleum. Früher hatte es in einer Bauernstube unter der Ikone gehangen. Meldern und Fahrern wurde dieses Lämpchen in der Weihnachtsnacht ein Richtungsweiser und mancher von ihnen hat sich daran eine Zigarette angezündet.

*

Die Schicksalsuhr schien wieder ruhig und ausgeglichen zu laufen. Aber das war nur eine scheinbare Ruhe.

Vom Moskauer Sender ertönte mit der Regelmäßigkeit einer fernen Maschinerie eine monotone Stimme. „Alle sieben Sekunden stirbt in Rußland ein deutscher Soldat. Stalingrad — Massengrab.“

Sieben Sekunden tickt dann ein fernes Werk. Der Schlag der Lebensuhr von zweiundzwanzig Divisionen mischte sich mit den zermürbenden sieben Sekunden der großen Totenuhr von Radio Moskau.

Von nun an schlugen sie zusammen.

*

An der Front gab es nur noch Löcher. Zwischen den Löchern hockten Gruppen und Grüppchen, Bataillone und Regimenter; die Truppe. Manchmal war ein Loch besonders groß, dann holte man aus dem Hinterland, das etwa auf der gleichen Höhe der Front lag, die „Lochflicker“. Es war eine verteufelt harte Zeit, in der sich das Schicksal an die 9. Kompanie erinnerte und sie mitten in das Geschehen stellte. Es gab viele 9. Kompanien, aber nur eine erlebte das Weihnachtsmärchen, ihr erstes und ihr letztes.

Zwischen Illaronowka und dem „Loch“ lagen acht Kilometer.

Ein Hauptverbandplatz, eine Batterie mit zwei Geschützen, ein Panzer ohne Raupen, zehn Dutzend Versprengte, viel, viel Schnee und ganz vorn eine Handvoll Grenadiere.

Gegen 14 Uhr war die 9. Kompanie alarmiert. Ohne Übergang und urplötzlich. Vor vier Wochen war sie aus dem Reich gekommen, außer den hundertdreiundvierzig „Neuen" waren nur der Hauptmann, sein Spieß und sechs Unteroffiziere schon in anderen Kompanien, die es heute nicht mehr gibt, mitmarschiert. Die Uniformen waren neu, die Stiefel trugen noch die Kammersohle, im Wehrpaß war die Seite 23 „Mitgemachte Gefechte" unbeschrieben und bis vor ein paar Wochen hatten sie noch gesungen „Gloria, Viktoria ... in der Heimat, da gibt's ein Wiedersehn" und „Wir lagen vor Madagaskar und hatten die Pest an Bord".

Die Kompanie trottete los, es gab keine Tuchfühlung und keinen Vordermann, alle fünfhundert Meter wechselten die ersten acnt Glieder, die den Weg durch den vierzig Zentimeter hohen Schnee trampeln mußten. Und so kam jede Rotte einmal an die Reihe. Die Nacht war kalt, gesprochen wurde nicht, jeder dachte, was er wollte. Und immer tiefer sank der Himmel mit der Last der Sterne am Heiligen Abend 1942. Im Osten zuckten die Blitze der Schlacht wie fernes Wetterleuchten, und wenn der schwache Wind aus der Richtung kam, trug er ein böses Grollen mit sich. Sehr oft standen grüne, rote und weiße Sterne am Himmel, sie sahen aus wie die Verkündungslichter der Weihnacht.

Zwei Stunden ging das so, dann passierte die 9. Kompanie die Batterie aus Wolfenbüttel mit den letzten zwei Geschützen. Jedes Geschütz hatte noch zehn Schuß, „und", so meinten die Kanoniere, „dann nehmen wir den Daumen". Nach drei Stunden Trott stand am Richtungsweiser nach Rschew der Panzer ohne Hoffnung, die Besatzung winkte: „Auf Wiedersehen, Kameraden."

Nach vier Stunden Schneegetrampel geschah es dann.

Als die 9. über die Höhe 426,5 torkelte, blieben die ersten stehen und rieben sich den feinen Schnee aus den Augen, und dann legten sie einen Schritt zu, um das Wunder, oder was es war, aus der Nähe zu sehen.

Da stand es. Ein drei Meter langer Pfahl, im Abstand von fünfzig Zentimeter Querpfähle wie an einem Kreuz und diagonal zu diesen andere Knüppel. Aber auf den Knüppeln saßen Lichter, drei Dutzend Lichter und brannten, brannten auf dem Knüppel-Weihnachtsbaum in der Mulde, hart westlich des Bezugspunktes 426,5. Vor dem Baum stand einer, die Decke um die Schulter, den linken Arm mit Binden umwickelt, den Kopf unbedeckt und in der rechten Hand ein dreißig Zentimeter hohes Kreuz aus zwei quergenagelten Brettchen. So arm war man hier. Hinter dem Baum aber stand eine seltsame Gruppe, etwa zwei Dutzend vermummte Gestalten, alle mit Decken umwickelt, die Köpfe verhüllt, mit unförmigen Handschuhen, an Stöcken und Krücken und, soweit es möglich war, die Hände in den Taschen der Mäntel. Die Verbände blutig, die Gesichter verdreckt, die Gehfähigen des Hauptverbandplatzes einer Division, die es nur noch dem Namen nach gab.

Die Kompanie stellte sich ohne Kommando im Halbkreis auf und ein Grenadier nach dem anderen nahm den Stahlhelm ab. Da standen die Männer, die Helme in den halberstarrten Händen, und sahen mit nachdenklichen und wachen Augen, jeder nach seiner Art, zu dem lichtergeschmückten Holzgerüst. Und der eine mit dem Kreuz in der Hand trat vor und stellte sich, um die eineinhalbhundert Mann übersehen zu können, auf eine Kiste.

Und das waren seine Worte:

„Wir haben gewußt, daß ihr heute abend hier vorbeikommt. Wir, also ich, ein Mensch, der einmal in seinem Leben Pfarrer werden wollte, und diese", dabei zeigte seine Hand auf die zwei Dutzend vermummten Gestalten, „und diese, der Chorus der Weihnachtswackelmänner. Und darum wollten wir euch eine Freude machen."

In diese Worte hinein lachte die Kompanie, dröhnend und lange, dankbar und herzlich, nämlich über die „Wackelmänner".

Und der Mann, der nur den rechten Arm heben konnte, sagte:

„Heute ist der Abend, den die Menschen den Heiligen Abend nennen, und morgen ist der Tag, an dem vor zweitausend Jahren die Erlösung der Erde beginnen sollte. Abend und Tag sollten den Frieden bringen. Wir stehen vor einem Feind, der diesen Abend und diesen Tag nicht kennt, und wir haben diese Menschen auf der anderen Seite auch nicht gekannt, und es wäre uns nicht eingefallen, ohne diesen Krieg auf sie zu schießen. Wir haben die Richtung bekommen, in der wir zu gehen haben, und Menschen haben uns gesagt, was unsere Aufgabe ist. Ihr seid nur eine kleine Einheit, am heutigen Abend gebt ihr Gott, was Gottes ist, und wenn diese Stunde vorbei ist, wieder dem Kaiser, was des Kaisers ist. Wir wünschen der Heimat den Frieden, der zu dieser Nacht gehört, daß die Kerzen an den Bäumen ruhig brennen, daß die Hände, die unterm Baum aufeinanderliegen, ohne Hast sind, daß sie daheim nicht an den Winter denken, sondern an den Frühling, daß sie uns, wenn wir nach Hause kommen sollten, ein Spalier flammender Herzen errichten und daß die Heimat den Kopf hochhalten soll und die Front sie niemals an Haltung erinnern muß."

Und dann sprach der Mann auf der Kiste, die bis heute mittag eiserne Rationen enthalten hatte, das Gloria: „Et in terra pax hominibus." Der Mann betete laut den lateinischen Text, und er schämte sich nicht, er sprach von Frieden. Dann drehte er sich nach der rechten Seite und hob das Kreuz: „Dominus vobiscum", senkte den Arm und legte ihn auf den blutigen Verband des linken und durch die Sternennacht in der Mulde bei Gulowka sprach er für die, die anderen Glaubens waren, laut und klar das Vaterunser. Und die einhundertfünfzig Mann vor dem Lichterbaum und die zwei Dutzend dahinter sprachen es laut mit „... denn Dein ist das Reich, und die Kraft und die Herrlichkeit in Ewigkeit ... Amen ..." Und sie sagten es hundertfach, und dieses „Amen" klang dumpf von den Schneewänden der Schlucht zurück. Und dann sang die 9. Kompanie, und sie sang: „Stille Nacht, heilige Nacht." Alle drei Strophen. Und die „Wackelmänner" hinter dem Baum sangen mit. Nie ist dieses Lied einsamer gesungen worden als an diesem Abend.

Und der einmal Pfarrer werden wollte, kletterte von der Kiste und gab jedem der Männer, vom ersten bis zum letzten, fünf Juno rund, eine Handvoll Keks aus einer Blechkiste, die aus Tobruk stammte, und dann die Hand.

Die 9. Kompanie ist an diesem Abend weitergetorkelt, aber noch auf dreihundert oder vierhundert Meter sahen sie sich um, bis der Lichterbaum durch die Schneewände verborgen wurde.

Befehl ausgeführt: „Bataillon bis zum letzten Mann gefallen"

Es war eine durchlaufende mannstiefe Grabenstellung, sie hatten sich ihren Graben für den Winter gut eingerichtet und die Division sagte von sich selbst: „Unsere Stellung ist uneinnehmbar." Sie war auch panzersicher, bis auf einige Senken, an denen die Russen durchbrausten, um im Hintergelände erledigt zu werden. Es war wie gesagt die idealste Winterstellung, die man sich denken und wünschen konnte.

Als es Dezember wurde, ging es mit der Herrlichkeit zu Ende. Die Division mußte zwölf Kilometer nach Südosten verlegen.

„In der neuen Stellung sei Zeit zum Eingraben, die Räumung sollte in der Nacht erfolgen, und eine zurückgehende Truppe übernehme die Sicherung. Alles, was nicht zur Feldausrüstung des Mannes gehört, sei in der Stellung zurückzulassen."

Die Kommandeure sprachen dagegen, es sei der Untergang, mitten im Winter, mit unzulänglichen Mitteln in eine unvorbereitete Stellung zu gehen und innerhalb zwölf Stunden abwehrbereit zu sein.

Sie sprachen also dagegen, aber es nützte nichts.

Man fuhr in die neue Stellungsgegend.

Hinter den Kommandeuren war eine große freie Fläche, auf vier- bis fünfhundert Meter eine kleine Bodenwelle. Vor ihnen lag eine kleine Senke, der jenseitige Rand war etwas überhöht. Sonst kein Baum, kein Strauch, kein Haus, keine Regenschlucht, dafür aber Schnee und Vereisung und neues Fallen der Flocken.

„Meine Herren, wir sind angelangt, hier Verlauf der HKL."

Der Regimentskommandeur sah den General an: „Wo, Herr General?"

Dieser streckte die Arme nach rechts und links aus und sah nach Norden.

„Hier in dieser Linie, mit dieser Front."

„Wo rechte und linke Grenze, Herr General?"

„Hier etwa, wo wir stehen, linke Grenze, die rechte müssen Sie dann abschreiten."

Der Schneefall verdichtete sich, Regimentskommandeur und Bataillonsführer sahen sich an.

„Wo ist der Anschluß zu den Nachbarn, Herr General?"

„Die werden auch eingewiesen."

„Wo ist der Divisionsgefechtsstand? Und wie ist die Zuteilung der schweren Waffen?"

„Wird alles noch befohlen, die Herren haben jetzt eine Stunde Zeit, ihre Bataillone einzuweisen. In einer Stunde ist von hier wieder Abfahrt."

Der Regimentskommandeur ging mit den beiden Bataillonskommandeuren los. Sie versuchten im dichten Schneefall die Grenzen abzuschreiten. Markierungspunkte gab es keine und im Schnee markierte Stellen wurden bald wieder verwischt. Es blieb nichts anderes zu tun, als sich die Gegend ein wenig genauer anzusehen. Der Kommandeur vom II. Bataillon rannte in dem ihm zugewiesenen fünfhundert Meter breiten Abschnitt hin und her, vor-

und rückwärts. Als die Stunde zu Ende ging, war ihm klar, daß die Stellung entweder auf der kleinen Anhöhe jenseits der Senke liegen müsse, oder aber auf der Bodenwelle hinter ihm. Der Regimentskommandeur war der gleichen Ansicht.

Der General lehnte ab.

Man trennte sich mit der Versicherung, „es würde schon alles getan werden und es gäbe noch einen schriftlichen Befehl!"

Die Kommandeure dachten, „wenn das man gut geht und wir überhaupt morgen nacht diese Gegend und Stelle wiederfinden".

Bevor es soweit war, bat der Bataillonskommandeur nochmals um Verlegung seiner Stellung. Ohne Erfolg.

Am anderen Tage ging die Truppe aus ihrer festen Stellung zur befohlenen Zeit in die Schneenacht. Die „Rollbahnkrähe" hatte kurz zuvor ihren Segen abgeworfen und begleitete den Abmarsch mit Leuchtkugeln.

Mit Taschenlampen fand man die verwehten Spuren der Autos vom Vortage. In der Morgendämmerung war das Bataillon zur Stelle. Die Leute legten sich auseinandergezogen in den Schnee. Rechts vom II. Bataillon suchte das I. Bataillon seine Stellung. Vom linken Nachbarn war nichts zu sehen, die vier braven Leutnants des II. Bataillons schüttelten den Kopf.

Der Kommandeur ging nach vorne und durch die kleine Senke nochmals auf die Anhöhe. Vom Westen kamen graue Gestalten aus dem Nebel. Russen? Nein, es war die Truppe, die doch bis zum Abend halten sollte. Und nun kamen sie zwölf Stunden früher. Unter dem Druck der Russen war sie jedenfalls nicht ausgewichen, denn die ersten Spähtrupps kamen zögernd in den Morgenstunden des anderen Tages. Also mußte es Befehl gewesen sein.

Das Bataillon hatte keine Zeit mehr, sich ordnungsgemäß einzurichten. In die Erde kam es erst nach stundenlangem, mühseligem Aufkratzen des gefrorenen Bodens.

Am Abend war der Russe da. Er besetzte die kleine Anhöhe, die eigentlich das Bataillon haben wollte, und begann mit leichtem Druck vorzuschieben. Die Anhöhe bespickte er mit Granatwerfern und Paks, und beide schossen am Tage auf einzelne Leute.

Jede Bewegung erstarrte, nur nachts war es möglich, sich zu regen. Solange es sich um Infanterie und Granatwerfer handelte, ging das noch.

Eines Morgens tauchten die ersten Panzer auf. In der Nacht waren sie in die Senke eingesickert und im Morgengrauen traten sie an. Panzerabwehr hatte das Bataillon nicht. Hinter der kleinen

Bodenwelle stand eine 8,8-cm-Flak. Wie sich die fünf Panzer da vorne herumtummelten, weigerte sich die Flak zu schießen. Sie habe keinen Befehl. Der Bataillonskommandeur tobte und meldete. Toben und Meldungen blieben ohne Erfolg, zwei Tage später war die 8,8 verschwunden.

Der Russe war eingebrochen und setzte sich sofort fest. In der darauffolgenden Nacht wurde er wieder hinausgeworfen, am nächsten Tage war er wieder da. Jedesmal gingen ein paar Leute drauf. Das wurde der Division gemeldet. Die befahl erneuten Gegenangriff.

Der Bataillons-Kommandeur rückte bei der Division an.

„Herr General, ein Gegenangriff wird zwecklos sein. In der Nacht werfen wir den Russen raus, am Tage ist er wieder da. Das Bataillon verliert seine Männer. Die Stellung ist denkbar unmöglich. Ich bitte, jetzt auf die Bodenwelle hinter mir zurückgehen zu dürfen. Dann können wohl die Panzer kommen, aber die nachfolgende Infanterie kann ich abschießen und er kann sich nicht festsetzen. Oder ich bitte um Panzerabwehrkräfte."

Der General ließ nicht mit sich reden. „Ohne Hilfsmittel von der Division wird das nicht gehen. Ich bitte um Sturmgeschütze oder Panzerunterstützung."

„Die kann ich Ihnen nicht geben. Jedenfalls melden Sie mir heute nacht, daß der Iwan von Ihnen rausgeworfen und die alte Hauptkampflinie fest in Ihrer Hand ist. Schluß."

Das Bataillon machte keinen Gegenangriff und meldete auch nichts in der Nacht.

Vor der Morgendämmerung erschien der Divisions-Kommandeur vorne.

„Warum haben Sie nicht die Bereinigung des Einbruchs gemeldet?"

„Weil ich keinen Gegenangriff gemacht habe, Herr General. Es ist ein sinnloses Ausbluten meiner Leute und . . ."

Der General fiel ihm ins Wort: „Ich habe Ihnen den Befehl gegeben und Sie haben zu gehorchen. Sie werden heute abend den Sturm führen, haben Sie verstanden?"

„Nur mit Hilfe von Sturmgeschützen, Herr General."

Der General wurde rot im Gesicht. „Das werden wir ja sehen."

Raus war er.

Am späten Nachmittag bekam das Bataillon den Besuch eines Leutnants von der Sturmgeschütz-Abteilung. Die Sache wurde besprochen und in den frühen Morgenstunden startete der Angriff mit zwei Sturmgeschützen. Der Kompanieführer der 6. Kompanie fiel bei diesem Gegenstoß.

Die Stellung war wieder im Besitz des II. Bataillons, um nach zehn Stunden wieder an die Russen verlorenzugehen.

Das wurde dem Divisions-Kommandeur wieder gemeldet. Er fragte nur, „und?"

Der Bataillons-Kommandeur wiederholte sein Sprüchlein am Telefon.

„Herr General, es ist zwecklos, ich bitte noch einmal, auf die Bodenwelle zurückgehen zu dürfen."

Ein klares „Nein" war die Antwort. Die Stimme auf dem Bataillons-Gefechtsstand antwortete nicht, und darum ist auch die nochmalige Frage des Generals verständlich: „Haben Sie mich verstanden?"

Der Offizier am anderen Ende der Leitung war jetzt an der Reihe, mit „Nein" zu antworten. Und darauf hörte er die folgenden Worte seines Generals:

„Wenn Sie auch nur einen Zentimeter zurückgehen, bringe ich Sie vor das Kriegsgericht, haben Sie mich verstanden?"

Der Bataillons-Kommandeur blieb eisern. „Ich werde nur unter dem Druck der Verhältnisse ausweichen."

Es erfolgten noch drei Fragen und drei Antworten. Ihre Anführung ist zum Verständnis der Situation wichtig.

„Ich verbiete Ihnen, auszuweichen. Sie haben vorher bei mir anzufragen. Wollen Sie heute abend den Bogen wieder bereinigen oder nicht?"

„Nein, Herr General."

„Warum nicht?"

„Die Gründe sind Herrn General bekannt."

„Dann wollen Sie meine Befehle nicht ausführen?"

„Nein, Herr General."

Der Bataillons-Kommandeur hängte ab. Das war das letzte Telefongespräch mit der Division, denn von diesem Augenblick an existierte keine Verbindung mehr. Das Bataillon machte keinen Gegenstoß und bereinigte den Bogen nicht wieder. Zwei Tage ließen die Russen Ruhe, ihre Infanterie blieb in den Löchern. Aber Granatwerfer, Katjuscha und Panzer begannen ihr Vernichtungswerk.

Was soll ein Infanterie-Bataillon gegen Panzer ausrichten? Die Leute krochen in die Löcher und ließen die Panzer über sich kreiseln. Die Panzer kamen schneller und tiefer in die Erde als die Männer. Was noch am Leben war, wurde zermalmt, und was am

Tage sichtbar war, wurde unter Granatwerferfeuer genommen, bis sich nichts mehr regte.

So fiel das II. Bataillon eines tapferen Infanterie-Regimentes.

. . . die andere Seite

In Nowo-Alexijewki war das Verpflegungslager des LI. Korps ausgebrannt, von der Butter bis zur Marmelade. Man hatte es zweckmäßig am Nordrand des Ortes angelegt, zwischen sechzig Faß Brennstoff auf der einen Seite und Artilleriemunition und Kisten mit Hand- und Nebelgranaten auf der anderen.

Artilleriefeuer oder Panzerbeschuß vernichteten das Korpsverpflegungslager nicht. Eine jener tackenden, langsamen Maschinen der Russen, die von den Landsern „Rollbahnkrähen" genannt wurden, hatte ihre Fünf-Kilo-Bomben auf den Ort geworfen. Eine davon fiel auf die Benzinfässer. Das ging nicht gut. Die Fässer flogen in die Luft, und die fünfzig Meter Zwischenraum bis zur Butter genügten nicht, den Brand des Zeltes mit Kisten und Fässern zu verhindern.

Man hätte löschen können, aber die zwölf Mann und der Stabszahlmeister saßen im Keller. Als sie nach drei Stunden an die Oberfläche krochen, floß ihnen die brennende Butter aus fünfundvierzig Fässern zischend und knisternd entgegen. In kurzen Abständen explodierten die Benzinfässer und sechzehntausend Schuß Artilleriemunition schlossen sich dem Feuerzauber harmonisch an.

Das Feuerwerk dauerte vierundzwanzig Stunden.

„Die Bestandsmeldungen, Herrgott, wo sind die Bestandsmeldungen", das waren die ersten Sorgen, als man den Tatbestand festgestellt hatte. „Die Bestandsmeldungen sind in der Kiste von Herrn Stabszahlmeister."

„Wo ist die Kiste?"

„Im Quartier."

„Richtig, im Quartier." Da stand die Kiste unter dem Fenster, vorschriftsmäßig zweimal verschlossen. Säuberlich mit Zahlen beschrieben und mit Gewichtsangaben versehen, lagen dort gebündelt die weißen, blauen und gelben Zettel.

4.300 Kilo Butter, 2.100 Kilo Zucker, 28.000 Fischkonserven, 11.600 Brote, 71 Kisten Schweinefleisch, 22.000 Eiserne Rationen,

3.600 Kilo Marmelade, 200 Kilo Salz, Kaffee, Tee, Gewürze, Schokolade.

Es war alles in Ordnung, die Bestandsmeldungen gingen zum Korpsintendanten.

„HVL LI. AK Nowo-Alexijewki durch Feindeinwirkung vernichtet. Bestandsaufnahme in der Anlage. Geprüft und für richtig befunden.“ gez. Unterschrift.

„Geprüft und für richtig befunden“, da stand es. Munition war sowieso genug vorhanden, und die sechzig Faß Brennstoff waren ein schwarzes Lager des Korpsstabes gewesen. Das lag alles nicht im Sinne der höheren Führung, aber Feindeinwirkung ist Feindeinwirkung, und der Krieg wird auch so weitergehen. Der Krieg ging weiter, aber da war noch etwas am Rande, und darum ist dieser Bericht geschrieben.

Einen Tag, bevor die Bombe auf die Benzinfässer fiel, hatten zehn Heimkehrer zur Front unter Führung eines Feldwebels den Stabszahlmeister um Marschverpflegung für zwei Tage gebeten. Um 660 Gramm Butter, 11 Dosen Fischkonserven, 4 Brote und 22 Gramm Tee.

„Wo liegt Ihre Truppe“, hatte der gefragt.

„An der Zaritza, Herr Stabszahlmeister“, war die Antwort.

„Das sind nur dreißig Kilometer. Wir können uns hier nicht mit der Ausgabe so kleiner Mengen befassen, was glauben Sie wohl, was das für Schweinereien in unseren Büchern geben würde.“

Die elf Mann glaubten das nicht, aber das ist für diese Geschichte nicht so wichtig. Am anderen Tage war es jedenfalls aus mit der Herrlichkeit, die in den Zelten gelagert hatte. Die elf Mann machten sich, die letzten Brotrinden zwischen den Zähnen, bereit, ihrer nur dreißig Kilometer entfernt liegenden Truppe nachzumarschieren. Der Stabszahlmeister saß auf einem ungestürzten Schornstein und bemerkte stirnrunzelnd, wie der Kommandoführer auf die schwelenden, stinkenden Überreste sah und mit dem Kopf schüttelte. Der einstige Herr über eine Wochenverpflegung für eine kriegsstarke Division stand auf.

„Sie werden mir nicht den Vorwurf der Unkorrektheit machen können.“ Er sagte es mit Überzeugung und Haltung, und dann ging er aufrecht in der entgegengesetzten Richtung den Weg, auf dem die elf zu ihrem Haufen an der Zaritza tippelten.

Es wäre schwer geworden, ihm seine Worte zu widerlegen.

Untätigkeit macht träge

Wenn der Russe nicht angriff oder seinen Feuersegen über die Stellung goß, wurde gegraben oder gebaut. Die Truppe ging tiefer in die Erde und verbesserte ihr Abwehrsystem.

„Untätigkeit macht träge“, hatte General Heitz bei einem Besuch im Armeeoberkommando zu General Schmidt gesagt, und der hatte ihm geantwortet:

„Jawohl, und sogar noch mehr, Trägheit ist ein Sakrament des Teufels.“

Wenn der Mann nicht beschäftigt war, hatte er zuviel Zeit zum Nachdenken. Es wurde sowieso genug geredet und gesponnen, die Zeit war mit Latrinenparolen reichlich gesegnet.

Da sollten Geheimwaffen im Anflug sein, vom Süden wurden zwei Panzerarmeen erwartet, und der Führer sei in Stalingrad eingetroffen. Moskau sollte durch unerklärliche Kräfte vernichtet sein, Spanien und China hatten den Alliierten den Krieg erklärt, ein SS-Korps war im Anmarsch von Norden, General Paulus sei zum Führerhauptquartier geflogen, die Division „Großdeutschland“ kämpfe bereits in Kalatsch.

Das letzte sei ganz bestimmt wahr, denn man habe bei der 44. Infanterie-Division und auch bei der 3. mot. die Leuchtsignale klar erkannt.

Wie sah das nun in Wirklichkeit aus?

Geheimwaffen gab es nicht, das elektrische Maschinengewehr und die Panzerflammenwerfer waren bereits im Einsatz, aber wenn zweitausend Schuß in der Minute aus den Läufen rasten, lagen zehn leere Munitionskästen am Boden. Dieselben Erfahrungen machte man beim Panzerflammenwerfer. Im Häuser- und Angriffskampf hatte dieser Werfer sich als hervorragende Offensivwaffe bewährt, ohne Flammenöl war er eine witzlose Angelegenheit.

Ersatzarmeen rollten an, sie hatten leider nur die Stärke von Divisionen und kamen auch nur bis zu zweihundert Kilometer an den Kessel heran. Dann wurden sie über Nacht ausgeladen, um die Bruchstellen in der Donezfront zu flicken oder um den Durchbruch „Mitte“ aufzuhalten, in Alarmeinheiten aufgesplittert, um hundert Löcher zu stopfen, um als Ersatz in zerschlagenen Truppenteilen unterzugehen, um gegen Partisanen eingesetzt zu werden. Um jeden Zweck zu erfüllen, nur den einen nicht, Stalingrad zu entsetzen.

Hitler war nicht im Kessel. Was hätte er auch da sollen? Auch der Oberbefehlshaber der Armee war nicht ausgeflogen. Er hatte den Kessel nicht ein einziges Mal verlassen.

Das SS-Korps, das von Norden anmarschieren sollte, war ebenfalls eine Parole und nichts weiter, Spanien und China dachten gar nicht daran, den Alliierten den Krieg zu erklären, und Moskau hatte, abgesehen von ein paar Bomben, die gelegentlich gefallen waren, die Feuerfaust des Krieges noch nicht kennengelernt. Entsatzverbände aus dem Norden waren nicht zu erwarten, denn dort war man genau so im Druck wie in der „Mitte" und im „Süden". Was von der Division „Großdeutschland" gesagt wurde, gehörte auch ins Reich der Wunschträume, „Großdeutschland" befand sich im Anmarsch auf Charkow, seine Ersatzeinheiten lagen in Poltawa und davor.

Nur die Signale, die man bei der 44. Infanterie-Division und der 3. mot. gesehen hatte, stimmten. Es waren richtige Leuchtsignale gewesen, und wenn von der Ausbruchsgruppe, zu der Unteroffizier Nieweg gehörte, die Rede ist, soll auch darüber gesprochen werden.

Quartiermeistersorgen in Stalingrad

Die westlich des Don gelegenen Divisionen hatten bei dem Rückzug im November einen großen Teil ihrer Versorgungsbestände in den Einschließungskämpfen verloren, und um nun auf einen gleichen Nenner für alle Divisionen zu kommen, mußte ein Ausgleich befohlen werden. Es ging nicht an, daß die „wohlhabenden" Divisionen an der Wolga alles hatten und die anderen nichts. Natürlich ging es nicht so glatt, wie es wünschenswert gewesen wäre, denn die Divisionen saßen auf ihren Sachen und sie ahnten, daß die Not noch größer würde. Die doppelte Buchführung triumphierte, die schwarzen Bestände lagen „im Keller", und die „Armendivisionen" zogen den kürzeren bei der Verpflegung und beim Brennstoff.

Der letzte Kommandeur der 16. Panzer-Division, General von Angern, hatte dazu seine Ansicht unmißverständlich geäußert:

„Schwarzbestand, schön und nützlich, aber wenn es der Hortung dient und auf Kosten anderer geht, ist er vom Übel."

Nun, der Vorschlag erstreckte sich auf eine gleichmäßige Verteilung der Vorräte, der Mittags- und Abendkost. Hülsenfrüchte, Konserven, Büchsenfleisch und Nährmittel, Brot- und Sonderzuteilungen an Schoka-Cola, wurden durch die Einflüge gedeckt, Munition wurde in die Schwerpunkte der jeweiligen Kämpfe geleitet, die Betriebsstoffversorgung erfolgte nach den gleichen Richtlinien und nach der Zahl der benötigten Kraftfahrzeuge. Trotzdem waren doch alle Vorkehrungen und Maßnahmen nur so viel wert wie der berühmte Tropfen auf den heißen Stein. Die Berechnungen der Oberquartiermeister-Abteilung ergaben, daß sich die Armee auch nach dem Ausgleich nur noch bis zum 28. Dezember halten konnte, wenn in der Zwischenzeit nicht eine erhebliche Verstärkung der Luftversorgung einsetzte.

*

Zwischen Kriwomusinskaja an der Westfront und Woroponowo in der Westecke verkehrte noch in den Tagen des November und Dezember die Eisenbahn. Während der Angriffskämpfe im Sommer 1942 war sie in Betrieb genommen und hatte, was Umschlag der Güter und An- und Abfuhr der Urlauber betrifft, unschätzbare Dienste geleistet. Bis dahin waren die Gleisanlagen zwischen Kalatsch und Stalingrad nicht ausgenutzt. Major Muth von der 94. Infanterie-Division kann es sich zur Ehre anrechnen, mit den geringfügigsten Mitteln eine Anzahl von Lokomotiven instand und eingesetzt zu haben. Um die Weihnachtszeit machte die Bahn ihre letzten Kilometer, denn die Kohle ging zu Ende.

*

Das wichtigste Nahrungsmittel war und blieb das Brot. Um eine tägliche Ausgabe an alle Truppen durchhalten zu können, mußte schon zu Beginn eine Rationierung auf zweihundert Gramm pro Tag festgesetzt werden, aber es lag auf der Hand, daß eine weitere Kürzung auf hundert Gramm in absehbarer Zeit erfolgen würde. Um diese einschneidenden Maßnahmen zu verhindern, wurde beabsichtigt, in Zukunft, um Platz zu sparen, keine fertigen Brote mehr einzufliegen und statt dessen die Maschinen mit Mehl zu beladen. Der Versuch zur Umstellung aber scheiterte, weil das bisher eingeflogene Brot sofort zur Ausgabe gelangen mußte und bei einem Einflug von Mehl die Überbrückung von drei bis vier Tagen, die der Backprozeß erforderlich gemacht hätte, fehlte.

Als zwangsläufige Folge der mangelhaften Luftversorgung war um Weihnachten herum eine neue Kürzung der Brotrationen nicht mehr zu umgehen. Weil es Weihnachten war, sollte diese Notwendigkeit nicht bekanntgegeben werden, und darum wurde sie für den 26. Dezember vorgesehen. Von diesem Tage an standen noch fünfzig Gramm Brot zur Verfügung, zu Mittag gab es noch einen Liter Suppe ohne Fettzusatz, meist aus Hülsenfrüchten, und des Abends etwas Büchsenverflegung oder ein zweites dünnes Suppengericht. Die Folge war ein baldiger allgemeiner Kräfteverfall der Truppe.

Für den Oberquartiermeister in Stalingrad war der Krieg überhaupt nur eine Material- und Nachschubfrage, denn die Versorgungsfachleute sahen die Dinge eben doch von einer anderen Seite aus als die Offiziere in den Führungsabteilungen. So zog man dann auch berechtigterweise die Stirn kraus, denn jeder Vorrat, der nicht ergänzt wird, hat ja einmal zwangsläufig ein Ende.

*

Im Oktober war der Befehl gekommen, die entbehrlichen Pferde in die Erholungsräume südlich des Tschir abzugeben, und am Tage danach galoppierten siebzehntausend Pferde über Karpowka, Kamijschewka, Kalatsch, am Don entlang nach Tschir, um von dort weiter zu marschieren.

Zwölftausend Pferde waren im Kessel verblieben. Zwölftausend, das hört sich gewaltig an, aber was sind zwölftausend Pferde unter dreihunderttausend Menschen verteilt, auf ein paar Monate?

*

Während der Entsatzoperation der 4. Panzerarmee war auch in der Quartiermeister-Abteilung des Stalingrader Kessels ein reger Betrieb. Wenn die Spitzen der Entsatzarmee nahe genug herangekommen waren, sollte der Ausbruch erfolgen. Von seiten der Heeresgruppe war mitgeteilt, daß unmittelbar hinter der 6. angreifenden Panzer-Division über sechshundert Tonnen Versorgungsgüter auf Lastkraftwagen folgten. Die Armee war aufgefordert, jeden verfügbaren Leerkolonnenraum zusammenzuziehen, um ihn nach Herstellung der Verbindung zur Auffüllung nach draußen zu schicken. Es waren schon Sorgen, die der Oberquartiermeister hatte, denn da mußte die Versorgungsstraße erkundet und ausgeflaggt, die Nachschubkolonnen hereingeleitet und verteilt und der Leerkolonnenraum nach außen gebracht werden.

Wenn den Panzer- und motorisierten Fahrzeugen auch das Walzen von „Straßen" überlassen blieb, so mußten doch in regelmäßigen Abständen Ausweichstellen vorgesehen und die Durchführung der Absperrung organisiert werden. Für die Dauer des eigenen Ausbruches war das Fliegerkorps angewiesen, durch Abwurf aus der Luft den Ausbruch mit Munition und Betriebsstoff zu unterstützen, die Ju 52 war in der Lage, aus ihren großen Seitentüren Zweihundert-Liter-Fässer Betriebsstoff aus geringen Höhen abzuwerfen.

Siebenhundert Tonnen Laderaum wurden von den Divisionen im Kessel angefordert und tausendfünfhundert umgehend gestellt. Man war sich also in den Divisionen darüber im klaren, um was es ging.

Aber es waren noch tausend andere Vorkehrungen zu treffen, da mußte das überzählige Gerät vernichtet werden, da wurden Absprachen wegen der Geschütze und Fahrzeuge der Infanterie-Divisionen getroffen und in Besprechungen mit der 9. Flak-Division Flak-Batterien zum Schutz der verschiedensten Verbände und des in der Steppe einzurichtenden Flugplatzes angefordert.

*

Es gab noch andere Sorgen im Zusammenhang mit einzufliegenden Versorgungsgütern. Da wurden sehr unwichtige Dinge in die Festung geflogen, beispielsweise kamen an einem Tage fünf Tonnen Bonbons, ein Dutzend Kisten Männerschutzmittel, dann wieder zwei Maschinen, die mit nichts anderem beladen waren als Majoran und Pfeffer; insgesamt vier Tonnen. Dann wurde sperriges Pioniergerät eingeflogen, mit dem man nichts machen konnte, zweihunderttausend Tornisterschriften der Abteilung Wehrmacht-Propaganda, eine Tonne Gewürze, Schnürsenkel, Schutzhüllen aus Cellophan für Handgranaten und dergleichen mehr. Die Bonbons konnten zur Not ja noch an die Truppe ausgegeben werden, für die anderen Dinge hatte man keine Verwendung, und der I-Berta meinte, was den Pfeffer beträfe, so sei vielleicht geplant, ihn im Nahkampf zu verwenden.

Natürlich war es schwer, jemand für diese unmöglichen Beladungen verantwortlich zu machen, denn obwohl mit dem Ober-

So schliefen sie . . . *. . . wenn sie nicht kämpften*

Achtung, Feindeinsicht!

Der Kommandeur der 71. (niedersächsischen) Infanterie-Division, Generalmajor von Hartmann, erhält aus den Händen von General von Paulus das Ritterkreuz

quartiermeister der Heeresgruppe eine ständige Funkverbindung bestand, konnte er natürlich nicht jedes Flugzeug kontrollieren.

*

Ursprünglich gab es in Stalingrad keine Kriegsgefangenenlager, denn die Gefangenen wurden immer, nachdem sich zum großen Teil die Einheiten brauchbare Kräfte für den Arbeitsdienst herausgesucht hatten, auf dem schnellsten Wege nach hinten abgeschoben.

Im Herbst wurde Dulag 205 aus dem rückwärtigen Gebiet nach Woroponowo verlegt mit dem Auftrag, nach Einnahme Stalingrads den zu erwartenden Gefangenenanfall durchzuschleusen.

Als der Kessel geschlossen war, befand sich im Lager ein Arbeitskommando in Bataillonsstärke, das zu Straßenbauarbeiten verwendet wurde. Um die vier Bunker des Lagers auf- und auszubauen, wurden in der ganzen Zeit zwischen September und den Tagen der Einschließung nur immer etwa hundert bis hundertundzwanzig Gefangene zurückbehalten. Die vier Bunker faßten bei enger Belegung je höchstens hundertundfünfzig bis hundertundachtzig Mann, in der ersten Zeit der Einschließung war die Belegung etwa hundertundzehn bis hundertundfünfzig Mann, und erst im Januar, als die Verpflegung knapp und knapper wurde und die Einheiten ihre sowjetischen „Mitarbeiter" in das Dulag Woroponowo abschoben, waren die Bunker insgesamt mit etwa siebenhundert Mann belegt.

Die Lebensmittelbestände bei den Kriegsgefangenen waren naturgemäß ebenso zu Ende gegangen wie bei der Truppe, und ein Tag war schwerer als der andere. Während bei der Truppe noch gewisse Reservebestände vorhanden waren, erhielten die Gefangenen keine Sonderzuteilungen und mußten ausschließlich mit ihren Rationen auskommen.

Ein dutzendmal war der Verantwortliche für die Verpflegungssituation, Oberzahlmeister Rehberg, bei der Armee, um zusätzliche Verpflegung zu erlangen, aber woher sollte die Armee sie nehmen? Jeden Tag lagen zwanzig Tote im Lager, weil die entkräfteten Körper nicht mehr den Widerstand gegen das Fleckfieber aufbringen konnten.

Nach langem Hin und Her erhielt das Gefangenenlager eine Sonderzuteilung von fünfzig Pferden, aber die hatten außer Steppengras und Stroh seit Wochen nichts gefressen, und es war nicht mehr viel mit ihnen anzufangen. Die ständigen laufenden Sterbefälle wurden von den Eingängen ausgeglichen, ja, zum Schluß schickten selbst die Divisionen auch ihre treuen „Hiwis“, da ihnen die Ernährung unmöglich war.

Als die Absicht bekannt wurde, die Gefangenen an die Rote Armee auszuliefern, wehrten sich die im Lager Befindlichen mit allen Kräften gegen diesen Vorschlag, aber als die Not aufs höchste gestiegen war, verfügte das Armee-Oberkommando die Abgabe an die russischen Angriffstruppen und beauftragte mit der Übergabe den mitgefangenen russischen Stabsintendanten Syrakin.

Die von russischer Seite nach dem Zusammenbruch angestellten Nachforschungen über die Behandlung der Kriegsgefangenen und bösartige Verletzung der Versorgungspflichten hatten zur Folge, daß der ehemalige Verpflegungsbeamte des Lagers, Oberzahlmeister Rehberg, mehrfach verhört wurde. Die Verhandlungen ergaben aber keinen Anlaß zu Beanstandungen, die zu einem Vorwurf gegen die deutsche Lagerverwaltung hätten führen können. Oberzahlmeister Rehberg ist 1947 aus der Kriegsgefangenschaft entlassen worden.

Silvester-Bilanz im Osten

Das Jahr hing von Sonnenwende zu Sonnenwende wie in Angeln. Tage und Nächte gingen vorbei, sie unterschieden sich in ihrer Schwere nicht untereinander. Stürme kamen, Wetter zogen vorüber, die Wolken lagen am letzten Tag des Jahres schwer unter dem Himmel. Das Licht war arm, unaufhaltsam fiel die Tür zu.

Bei der 24. Panzer-Division am östlichsten Ende der Front kam einer auf die Idee, um Mitternacht eine Garbe Leuchtmunition hinauszujagen, ohne Ursache, nicht gegen den Feind, sondern an den Himmel. Und der Posten vierhundert Meter links von ihm nahm das Signal auf und gab es weiter. Wie ein Feuerwerk umlief das flimmernde Band der Stahlkerne und Leuchtschirme von Posten zu Posten, von Division zu Division die Hauptkampflinie der Festung Stalingrad.

Die 6. Armee schoß ihr letztes Lebensjahr ein.

Das Oberkommando der Wehrmacht hatte am Mittag des 31. Dezember nur mit ein paar Zeilen am Rande an die Stalingrad-Armee gedacht. Der Wehrmachtsbericht enthielt den einzigen Satz: „Transportverbände der Luftwaffe versorgen vorgeschobene Kräftegruppen.“

Gegen Abend wurde den Angehörigen der Armee folgender Funkspruch Hitlers bekanntgegeben:

„Die 6. Armee hat mein Wort, daß alles geschieht, um sie herauszuhauen. Adolf Hitler."

„. . . daß alles geschieht, um sie herauszuhauen."

An Generaloberst Zeitzler sandte Hitler einen Neujahrsgruß mit folgendem Wortlaut:

„Die 6. Armee muß aushalten. Wir werden sie entsetzen, das wird einstmals der glorreichste Sieg der deutschen Wehrmacht sein."

Wie sah es um die Jahreswende an den Fronten aus?

Die Heeresgruppe „A" hielt ihre Stellungen und schlug die heftiger werdenden Feindangriffe ab. Alle Vorbereitungen für eine Räumung des Kaukasusgebietes waren von oberster Stelle bisher verboten worden, im geheimen aber wurde die Räumung trotzdem von den örtlichen Führungsstellen eingeleitet. So wurde alles entbehrliche Material abgeschoben und mit ihm etwa neunzehntausend Verwundete, die sich im Dezember in Kurorten des Kaukasus befanden.

Im Abschnitt der Heeresgruppe „Don" kämpfte die 6. Armee einen hoffnungslosen, verzweifelten Kampf.

Die Armeegruppe Hoth war durch die Abgabe von Kräften an den linken Flügel der Heeresgruppe „Don" sehr geschwächt, sie konnte sich nur durch Ausweichen nach Südwesten der Vernichtung entziehen. Die im Verband der Armeegruppe eingesetzten rumänischen Einheiten mußten so schnell wie möglich aus der Front herausgezogen werden, sie versagten völlig und bildeten keine Kampfverstärkung, sondern nur eine Gefahr für die deutschen Verbände.

Die Armeegruppe Hollidt ging auf den unteren Donez zurück. Sie hatte die Tschirfront in den letzten Tagen des Dezember aufgegeben.

Die Front der 8. italienischen Armee war völlig aufgerissen. Der Russe hatte hier Einbrüche von fünfzig Kilometer Breite erzielt. Im Durchbruchsabschnitt kämpften zusammenhanglos deutsche Verbände einen einsamen und aussichtslosen Kampf. Nördlich Kamensk war die Armeeabteilung Fretter-Pico gebildet. Die Abteilung hatte den Auftrag, mit der im Anrollen befindlichen 304. Division die in Millerowo eingeschlossene 3. Gebirgs-Division zu befreien und ein Vordringen des Feindes in das Industriegebiet des Donez zu verhindern.

Die italienischen Verbände waren, soweit sie sich nicht ergeben hatten, in voller Flucht nach dem Westen.

Die Heeresgruppe „B“ war bemüht, ostwärts Starobelsk unter Einsatz der 19. Panzer-Division das Vordringen des Feindes nach Westen und Südwesten zu verzögern. Der Nordflügel der 8. italienischen Armee und die 2. ungarische Armee waren noch nicht angegriffen, sie standen in ihren alten Stellungen am Don, es konnte sich aber nur noch um Tage handeln, dann würden auch hier die russischen Divisionen zum Angriff übergehen.

In ihrer Gesamtheit betrachtet, konnte die Lage an der Ostfront als hoffnungslos bezeichnet werden. Es stand jetzt nicht mehr die Sorge um die 6. Armee im Vordergrund, sondern riesengroß zog am Horizont die Gefahr auf, die mit der Vernichtung der gesamten Heeresgruppen „A“ und „B“ drohte.

Daß die Lage, die gegen die Vorschläge der Oberbefehlshaber der Heeresgruppen und des Chefs des Generalstabes des Heeres entstanden war, in den nächsten Monaten noch einigermaßen gemeistert werden konnte, ohne daß es zu einer noch größeren Katastrophe als in Stalingrad kam, ist ausschließlich Verdienst der militärischen Führung und der unübertroffenen Tapferkeit der Truppe.

Das Führerhauptquartier und der Oberste Befehlshaber hatten daran keinen Anteil.

Der Stabsarzt und die blauen Zelte

Er stand vor den dunkelblauen Zelten und beaufsichtigte das Einladen der Verwundeten. Die Maschinen waren mit Munition und Brot gekommen und nahmen die menschliche Fracht mit hinaus aus dem Kessel.

Dabei half der Stabsarzt mit. Es war nicht seine Aufgabe, aber er tat es aus sich heraus. Es ist doch begreiflich, wenn die Männer, die gehend oder kriechend gekommen waren, kleinlaut wurden. Die Schwerverletzten kamen immer zuerst und die anderen blieben wenigstens in der ersten Zeit in verhältnismäßig guter Ordnung in der Reihe.

Der enge Bau zwischen den Zelten empfing sein Licht durch eine viereckige Öffnung, die als Schacht nach oben führte. Er war fünf Meter lang und drei Meter in der Breite. Zwei Fensterscheiben aus den Resten eines alten Kraftwagens waren in den rohgezimmerten Rahmen eingelassen, die Fugen hatte man mit Fetzen aus Tuch und Papier gegen die rote Steppenerde abgedichtet.

Von draußen trieb der Wind den feinen Pulverschnee gegen das Glas, auf der anderen Seite der Scheibe taute mit hörbarem Tropfen das Eis ab. Das kam von dem kleinen Blechofen, der das Holz von Bombenkisten fraß.

Ein paar Eimer standen herum, von der Wand hing ein Brett, das mit Drähten gehalten wurde, auf einer Kiste stand eine Waschschüssel, und eine einfache Tragbahre aus Segeltuch war auf vier Pfosten gesetzt, die aus der Erde ragten.

Die Tragbahre beherrschte den Raum, sie ist der Operationstisch, auf dem in den letzten Tagen Hunderte lagen.

Fremdartig in diesem Raum ist nur die hohe Stehlampe aus Leichtmetall. Über die leere Bahre neigt sich die blaue Lichtbirne.

In diesem Raum und auf dieser Bahre ist viele Wochen große und größte Kriegs-Chirurgie getrieben worden.

Um diese Zeit werden in den Zelten und im Schnee die „Fälle" sortiert. Das dauert zehn Minuten, und dann weiß der Stabsarzt, wen man auf die Bahre legen wird. Einen nach dem anderen, ein Dutzend in der Stunde, manchmal hundert am Tag.

Aber davon soll hier nicht gesprochen werden.

Früher war der Stabsarzt Oberarzt eines großen Krankenhauses. Auf dem Parkett standen viele weiße Betten, sein Operationssaal enthielt alle Werkzeuge der Technik. Heute ist er Stabsarzt, ihm gehören vier Zelte und fünftausend Quadratmeter Schnee.

Früher stand auf der Straße vor der Klinik ein Schild „Ruhe, Krankenhaus". Heute zittern Bunker und Zelte unter den Einschlägen der Bomben.

Die Leistung der jüngsten Zeit stand im Gesicht dieses Menschen, und wer in den Gesichtern von Menschen zu lesen verstand, der wußte, was so einer hinter sich hatte.

Aus dem Gespräch mit dem Stabsarzt, dem mit seiner ganzen Staffel und seinen Ärzten hier ein Denkmal gesetzt werden soll, sind ein paar Worte wichtig, mit in dieses Buch übernommen zu werden.

Der Stabsarzt meinte, daß die Geschichte nach dreihundert Jahren kaum Gewicht darauf legen würde, am wievielten Breitengrad Deutsche gestorben seien. Nach dreihundert Jahren würden die Wunden verheilt sein und die Anzahl der Opfer ständen in Ziffern auf vergilbten Blättern. Und andere würden dann die

Geschichte des Zweiten Weltkrieges so lesen, wie wir die Chronik der Fehrbelliner Schlacht. Wir hätten einen großen Fehler, war die Ansicht des Stabsarztes, wir nähmen uns in der Gesamtheit zu wichtig und darum müßten wir diese Überheblichkeit auch anders bezahlen; nämlich mit unserem Leben. Und wenn wir noch mehr nach Macht strebten, dann würde unsere nationale Existenz auf dem Spiele stehen. Und darum sei es unerheblich, den Erfolg nach der Masse des Opfers zu messen. „Das Opfer wird in diesem Kriege größer sein als der Erfolg. Und wenn es jemand gelingen sollte, Hitler von der Wahrheit dieser Worte zu überzeugen, könnte er sich als Retter Deutschlands bezeichnen."

Ein paar Minuten nach diesen Worten beugte sich der Stabsarzt über Soldaten, die unter dem kalten Licht dieses neuzeitlichen Wunders lagen. Gesprochen wurde dabei nichts, die Luft legte sich schwer auf die Lungen und mancher, den man hinaustrug, hat am anderen Morgen die Augen nicht mehr aufgemacht. Daran war nicht der Stabsarzt schuld.

Sein Name ist unwesentlich, und wenn man ihn wüßte, so würde er doch schnell vergessen werden.

Ein paar tausend, die in der Heimat sind, kennen ihn, und sie werden, wenn sie diese Zeilen lesen, mit dem Kopf nicken und noch einmal sein lebendiges Bild empfinden. Jenes Bild, das die sonnenarmen Tage vergoldete und das Leuchten seines starken Herzens, das sich wohltuend über die Opfer breitete, die nach Ansicht des Stabsarztes schwerer seien als der Erfolg.

An einem der letzten Tage ist er dann gefallen. Und mit ihm seine blauen Zelte. Ein Stabsarzt ohne Namen.

Operationen der Heeresgruppen „A", „Don" und „B" bis Ende Januar 1943

In den letzten Dezembertagen 1942, über einen Monat zu spät, erreichte die Heeresgruppe „A" der Befehl Hitlers zur Räumung des Kaukasus-Gebietes. Am 1. Januar begann die Rückzugsbewegung. Dieser schnelle Beginn der Räumung des Kaukasus war nur dadurch möglich, daß die Heeresgruppe „A" sowie die 1. Panzerarmee und 17. Armee in richtiger Beurteilung der Gesamtlage an der Südfront schon wochenlang vorher gegen den Befehl der Obersten Führung im geheimen Vorbereitungen für diese Räumung durch Abschub von entbehrlichen Teilen und Auflockerung nach rückwärts trafen. Trotzdem mußte die große Rückzugsoperation über Hunderte von Kilometern zu sehr ungünstiger Jahreszeit bis zu ihrem Abschluß wochenlang dauern. Sie erstreckte sich bis in den Februar hinein. Erschwert wurde — wie schon Anfang Dezember vorauszusehen war — die Absetzbewegung durch die immer stärker werdenden Fesselungsangriffe des Russen. Er hatte den Rückzug der Heeresgruppe „A“ bereits früher erwarten müssen. Jeder Tag, den die Heeresgruppe in ihren alten Stellungen hielt, war für den Gegner zweifellos ein Gewinn, denn gelang es ihm, die Enge bei Rostow rechtzeitig zu schließen, wurde die gesamte Heeresgruppe in Richtung Kuban-Halbinsel zusammengedrängt. Für die Entscheidung nördlich des Asowschen Meeres fiel sie dann ganz aus. Außerdem würde es Monate dauern, bis sie sich über die Enge von Kertsch auf die Krim absetzen konnte. Die Aussichten, der gesamten Heeresgruppe „Don“ das Schicksal der 6. Armee zu bereiten, waren damit für die Russen die denkbar günstigsten.

Es mußte das Bestreben der Heeresgruppe „A“ sein, möglichst starke Kräfte der Heeresgruppe nach Norden über Rostow zurückzuführen, mindestens die gesamte 1. Panzerarmee und möglichst noch Teile der 17. Armee. Aber die Oberste Führung konnte sich mit dem verspäteten Entschluß zur Aufgabe des Kaukasus nicht entschließen, klar zu befehlen, welche Teile in Richtung Rostow, welche in Richtung Kuban-Halbinsel zurückzuführen seien. Ihre Entschlüsse wechselten im Verlauf der ersten Hälfte des Januar wiederholt und verursachten dadurch erneut Verzögerungen, Unklarheiten und Unsicherheiten bei der Führung an der Front. So schwankten die Entschlüsse Hitlers zwischen einer nur teilweisen Räumung des Kaukasus-Gebietes unter Festhalten des Ölgebietes von Maikop — aus dem bisher noch kaum ein Tropfen Öl gewonnen werden konnte — zwischen Rückzug der gesamten Heeresgruppe „A“ in Richtung Kuban-Halbinsel, mit der die Gesamtlage völlig verkennenden Hoffnung, von hier aus später zu erneuter Offensive antreten zu können, und dem Entschluß, Teilkräfte in Richtung Don abzuzweigen.

Inzwischen verschärfte sich die Lage bei Heeresgruppe „Don“ und „B“ von Tag zu Tag.

Bis zum 5. Januar war die 4. Panzerarmee bis etwa in Linie Proletarskaja—Zymownika zurückgefallen. Der Russe griff hier pausenlos mit großer Überlegenheit an. Die Gefahr eines Durchbruches des Gegners südlich des Don in Richtung Rostow wurde von Tag zu Tag größer.

Im Donbogen stand die Armeeabteilung Hollidt in einem erbitterten Kampf und wurde immer mehr auf den Donez zurückgedrängt.

Die zur Schließung der durch Ausfall der italienischen Armee entstandenen Lücke zwischen Heeresgruppe „Don“ und „B“ eingeschobene Armee-Abteilung Fretter-Pico stand im Kampf hart nördlich des Donez nördlich Kamensk. Mit den geringen Kräften, die der Armee-Abteilung zugeführt werden konnten, erschien es sehr fraglich, ob sie ihren Auftrag, einen Durchbruch des Russen über den Donez in das Donez-Industriegebiet zu verhindern, würde ausführen können. Weiter nordwestlich näherte sich der Gegner im Vorgehen nach Südwesten Starobelsk. Hier war eine „Front“ nicht mehr vorhanden. Einzelne kleine Kräftegruppen versuchten das Vordringen des Gegners zu verzögern. Der Nordflügel der 8. italienischen Armee und die 2. ungarische Armee standen noch am Don. Die Führung erwartete auch hier in den nächsten Tagen den Beginn der russischen Angriffe und damit auch den Zusammenbruch dieser Front, da irgendwelche Reserven zur Stützung dieses Frontabschnittes nicht vorhanden waren.

Die 6. Armee kämpfte in Stalingrad ihren letzten verzweifelten Kampf.

Bis zum 10. Januar trat eine erneute Verschärfung der Lage bei der 4. Panzerarmee ein. Dem Russen gelang es, dicht südlich des Don die schwache Front der 4. Panzerarmee zu durchbrechen und mit Panzern und Infanterie zwischen Manich und Don bis zum Don ostwärts Nowotscherkask vorzudringen. Es bestand die Gefahr, daß die 4. Panzerarmee nach Süden abgedrängt und damit die Enge bei Rostow dem Gegner geöffnet würde.

Die Lage bei der Armee-Abteilung Hollidt und Fretter-Pico hatte sich in den letzten Tagen nicht wenig geändert. Nördlich Kamensk war es im Gegenangriff gelungen, in Richtung Millerowo nach Norden Boden zu gewinnen. Auch die Lage ostwärts Starobelsk hatte sich etwas gefestigt.

Da setzte am 12. Januar 1943 der seit Tagen erwartete Angriff des Russen gegen den Nordflügel der 8. italienischen Armee und gegen die 2. ungarische Armee mit nördlichem Angriffsflügel bei Woronesh ein und riß auch diese Front in wenigen Stunden auf.

Bis zum 18. Januar entwickelte sich die Lage wie folgt:

Heeresgruppe „A“ stand noch mit ihrem rechten Flügel (17. Armee) im wesentlichen in ihren alten Stellungen. Die 1. Panzerarmee hatte im Rückzug die Gegend Woroshilowsk erreicht.

Bei Heeresgruppe „Don“ hatte sich am Südflügel die Lage erneut erheblich verschärft. Die 4. Panzerarmee war bis auf einen kleinen Brückenkopf bei Proletarskaja über den Manich zurückgeworfen worden. Dem Russen war es gelungen, ostwärts Proletarskaja den Manich nach Süden zu überschreiten, er drohte, in das Loch zwischen Nordflügel der 1. Panzerarmee und Südflügel der 4. Panzerarmee ostwärts Salszk nach Süden vorzustoßen und damit eine enge Verbindung zwischen den beiden Panzerarmeen unmöglich zu machen. Er hatte das Dreieck zwischen Manich und Don voll in Besitz und sich damit an der Manich-Mündung bis auf etwa dreißig Kilometer Rostow genähert.

Die Armee-Abteilungen Hollidt und Fretter-Pico kämpften am Donez.

Bei der Heeresgruppe „B“ war die Front bis Woronesh völlig aufgerissen. Die 2. ungarische Armee befand sich im fluchtartigen Rückzug nach Westen. Dem Feind stand der Weg nach Charkow, auf den Dnjepr in Richtung Dnjepropetrowsk sowie gegen Südflügel und Flanke der 2. deutschen Armee offen.

Die Initiative im gesamten südrussischen Raum war nunmehr restlos auf den Feind übergegangen und drohte sich nun auch auf die Heeresgruppe „Mitte“ auszuwirken.

Das Oberkommando des Heeres war auf Grund der Gesamtentwicklung nicht in der Lage, durchgreifend zu helfen. Zu großen Entschlüssen des rechtzeitigen Absetzens der Front konnte Hitler nicht bewogen werden. Die Lage der Heeresgruppe „A“ hätte jetzt auch ein größeres Absetzen nicht mehr zugelassen.

Es war wohl nur dem tiefen Winter und wohl auch einem Kräftemangel des Russen, der jetzt vom Kaukasus bis Woronesh im Angriff stand, zu danken, daß dieser in der Verfolgung nicht sofort in die Weite des Raumes nach Westen und Südosten vorstoßen konnte.

Heeresgruppe „A“ war nunmehr nicht mehr in der Lage, den operativen Flankenschutz für die beiden Heeresgruppen „A“ und „Don“ auszuüben.

Die Beurteilung der Lage der Heeresgruppe „B“ kommt in der Meldung des Oberbefehlshabers vom 21. Januar 1943, 22.40 Uhr, zum Ausdruck. Sie hat folgenden Wortlaut:

„F. S. Von Heeresgruppe „B“. Ia,
an den Führer und Obersten Befehlshaber der Wehrmacht:

Tag: 21. 1. 1943
Zeit: 22.30 Uhr

Ich halte es für meine Pflicht, Ihnen, mein Führer, in Ergänzung bzw. Zusammenfassung der vom Oberkommando der Heeresgruppe „B“ mündlich und fernschriftlich erstatteten Lageberichte zu melden:

Nachdem sich herausgestellt hat, daß die Verbände des auf den Raum um Budennyj zurückgenommenen Korps Cramer nur noch eine schwache gemischte Division betragen und mit Sicherheit zu erwarten ist, daß auch die Kräftegruppe XXIV. Panzerkorps und Alpini-Korps schwerste personelle und materielle Ausfälle haben wird, haben sich die Kräfteverhältnisse derart verschoben, daß der der Heeresgruppe zur Abdeckung obliegende Raum nicht mehr gesichert werden kann.

Auf der Front zwischen Aidar-Mündung und Starij-Oskol — etwa dreihundert Kilometer Luftlinie — verfüge ich noch über

a) die Südgruppe, bestehend aus der geschwächten 19. Panzer-Division, der 320. Division und den Resten der 298. und 27. Panzer-Division,
b) die Gruppe Cramer, d. h. eine schwache Infanterie-Division,
c) die in der Ausladung begriffene auffrischungsbedürftige Division „Großdeutschland“,
d) vielleicht in einigen Tagen einen gemischten deutsch-italienischen Verband in Stärke etwa einer Infanterie-Division.

Aufgabe der Südgruppe kann im Rahmen der operativen Lage nur die Abdeckung der Nordflanke der Heeresgruppe „Don“ sein. Diese Gruppe muß also bei notwendig werdendem Ausweichen nach Südwesten zurückgeführt werden. Dadurch wird dann die zwischen dem Nordflügel dieser Gruppe und Starij-Oskol bestehende Lücke von zur Zeit etwa hundertsiebzig Kilometer immer weiter nach Süden aufgerissen. Zur Kampfführung in ihr stehen aber nur die vorstehend unter b)-d) aufgeführten Verbände zur Verfügung. Mit ihnen kann — auch bei beweglichster Kampfführung der Division „Großdeutschland“ — der weite Raum um so weniger abgedeckt oder auch nur gesichert werden, als die Rote Führung sich neuerdings von Stützpunkten nicht mehr anziehen läßt, sondern sie — wenn sie nicht zerschlagen werden können — liegen läßt und zwischen ihnen durchsickert. Ich sehe mit den mir zur Verfügung stehenden Mitteln bei dieser Gesamtlage keine Möglichkeit mehr, den feindlichen Vormarsch auch nach Westen zu verhindern und beobachte mit Sorge die Entwicklung der Lage im Bereich der 2. Armee, die — jeder Anlehnung im Süden beraubt — nur zu leicht ein Opfer doppelseitiger Umfassung werden könnte, ein Kampf, bei dem die Armee sich zwar ohne Zweifel taktisch, aber unter schwerer personeller und materieller Einbuße, durchschlagen würde.

Im Rahmen meiner Befugnisse kann ich keine praktischen Folgerungen ziehen, durch die die Lage gefestigt werden könnte. Ob bei Genehmigung des von mir gestellten Antrages auf Zurücknahme der 2. Armee nur hinter den Olym die Lage im Bereich der Heeresgruppe noch gefestigt werden kann, muß bei nüchterner Betrachtung bezweifelt werden.

gez. Freiherr von Weichs."

Ein- und Ausflugsorgen

Etwa vom 25. November an nahmen Ein- und Ausflüge eine geordnete Form an. Im Kessel selbst standen die Flugplätze Pitomnik und Gumrak zur Verfügung, als Ausweichplatz Bassargino und als Notlandeplatz Stalingradsky. Die Absprungbasis außerhalb des Kessels bildeten vor allem die großen Flugplätze Tatsinskaja und Morosowskaja, und als diese verlorengingen, Salszk, Nowotscherkask, Stalino, Markijewka, Woroshilowgrad und der letzte für Ju-Flüge mögliche Flugplatz Swerewo.

Verfügbar waren um das Novemberende etwa hundertachtzig Ju 52, zwanzig Ju 86 und neunzig He 111.

Mit diesen Maschinen mußten also die Forderungen der Armee und die Zusagen Görings bzw. Hitlers erfüllt werden.

Die Armee hatte ursprünglich siebenhundertfünfzig Tonnen gefordert, war dann auf fünfhundert Tonnen als Minimum heruntergegangen, die auch von Reichsmarschall Göring zugesagt wurden.

Auf Befehl Hitlers sollte die tägliche Einflugmenge rund 280 cbm Kraftstoff, 40 Tonnen Brot und 40 Tonnen Waffen und Munition, sowie 100 Tonnen Versorgungs- und Verpflegungsgut betragen.

Die in den Kessel geflogenen Mengen entsprachen aber in keiner Weise den Zusagen bzw. den Mindestanforderungen. Bis zum 10. Januar etwa, wenn man den Beginn der Luftversorgung auf den 24. November verlegt, wurde eine tägliche Durchschnittsleistung von hundertundzwei Tonnen eingeflogen, das waren zwanzig Prozent der unbedingt erforderlichen Menge. Einmal erreichte die Einflugmenge zweihundertundachtzig Tonnen, das war am 19. Dezember, dem Tage, an dem rund hundertundfünfzig Maschinen landeten. Oft aber blieb sie weit unter der erforderlichen Menge, ja, an manchen Tagen fiel die Versorgung geradezu aus.

Die angegebenen Zahlen beziehen sich auf die Zeit bis zum 10. Januar, denn als Pitomnik aufgegeben werden mußte, fielen zum großen Teil auch die Landungen aus, so daß sich die Maschinen auf den Abwurf des Versorgungsgutes beschränken mußten. Die nach dem 10. Januar noch nach Pitomnik eingeflogenen Mengen wiesen eine Durchschnittstonnage von zweiundvierzig Tonnen auf, während nach dem 16. Januar die Zahlen für abgeworfene Lasten erheblich sanken und zwar auf zwanzig Tonnen, dann um den 25. Januar auf sechs bis acht Tonnen. Von diesem Tage an ist eine Kontrolle nicht mehr möglich, da die Last nicht mehr einheitlich erfaßt und verteilt, sondern zum großen Teil stützpunktmäßig abgeworfen wurde.

Am 24. Dezember ging die Versorgungsbasis Tatsinskaja verloren, das war ein schwerer Schlag und es gelang nur mit Mühe, etwa hundertundzwanzig Maschinen herauszuholen, als der Platz unter Panzer- und Artilleriefeuer lag. Am 2. Januar verließ das Kampfgeschwader 55, das mit seinen Heinkelmaschinen von Morosowskaja Versorgungseinsätze geflogen hatte, unter seinem Kommandeur, Oberst Kühl, den ebenfalls schon unter Beschuß liegenden Flugplatz und am 16. Januar ging Salszk verloren, während Nowotscherkask, ja, selbst die Flugbasis Swerewo und Stalino schon bedroht waren. Der Verlust eines jeden Flugplatzes bedeutete eine gewaltige Verminderung der Hoffnungen, die Armee durch die Luft wenigstens teilweise versorgen zu können, und so war es dann, als Tatsinskaja fiel, schon nicht schwer, das baldige Ende, versorgungsmäßig gesehen, vorauszusagen.

Aber das war ja alles kein Geheimnis, denn sowohl der Befehlshaber der Luftflotte Generaloberst von Richthofen und General Fiebig, der Kommandeur des 8. Fliegerkorps, der Lufttransportführer, ja, die Fachleute der Fliegenden Waffe und die der Versorgung hatten ihre Stimme warnend erhoben und auf die Unmöglichkeit der Versorgungsdurchführung hingewiesen.

Die Wolga ist die Wetterscheide zwischen maritimer und kontinentaler Luft. Das wußte man damals noch nicht, und daher gab es viel Aufregung und unnützen Ärger. War beispielsweise über Nowotscherkask herrlichster Sonnenschein, so konnten durchaus über dem Kesselgelände Nebelwände und Schneetreiben nicht nur das Landen unmöglich machen, sondern auch den Abwurf der Lasten erschweren und umgekehrt. War es in Stalingrad, wie Generalmajor Schmidt funkte:

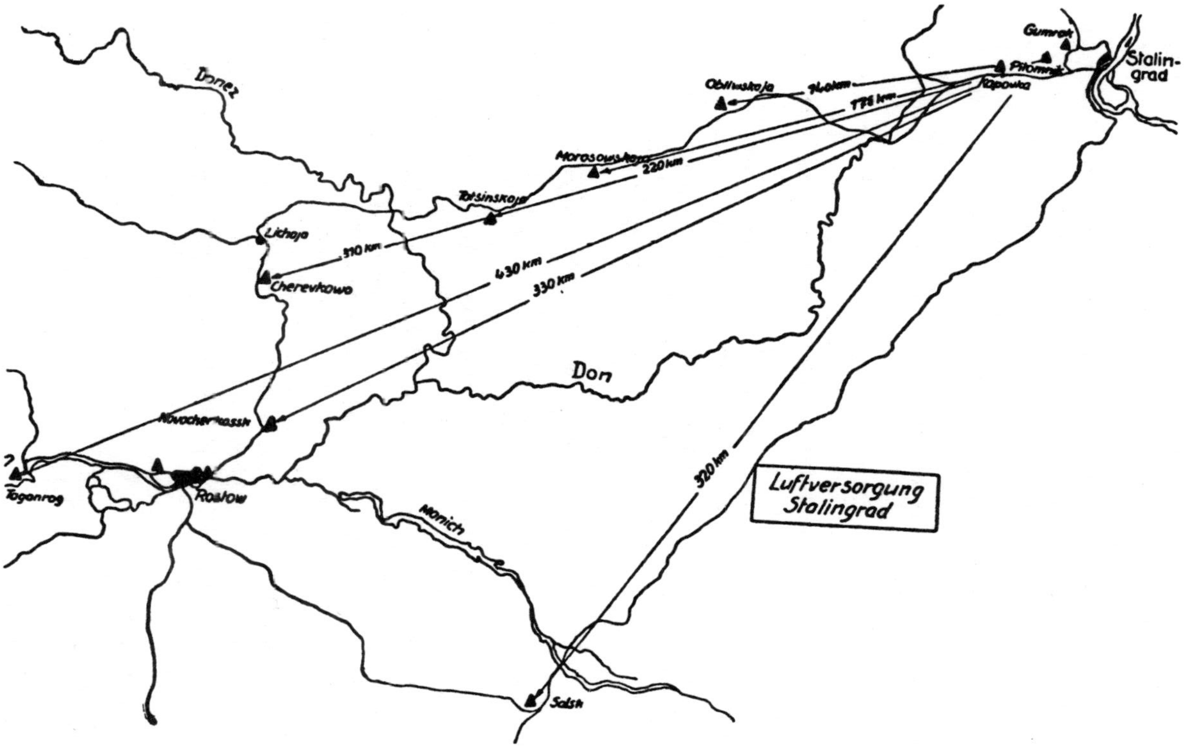

Luftversorgung
Stalingrad
Stalin-
grad
Gumrak
Pitomnik
Morosowskaja
220 km
Tatsinskaja
Lichaja
310 km
Cherevkowo
430 km
330 km
Don
Donez
Rostow
Taganrog
Manich
320 km
Salsk

„Wetter zum Eierlegen, warum fliegt ihr nicht?"
so konnten in Morosowskaja und Salszk die Piloten nicht die Hand vor den Augen sehen.

Eine Riesensorge war der Ausflug der Verwundeten. Man hatte im Kessel getan, was man konnte, jeder Verwundete, der ausflugreif war, bekam den Zettel auf die Brust, den sie „Lebensbillett" nannten. Wer laufen oder kriechen konnte, fand sein Flugzeug schon, die anderen wurden getragen. Angeordnet war zwar: „Immer der Nummer nach", aber es kam meistens anders, denn die Zahl der landenden Flugzeuge regulierte den Abtransport der wartenden Verwundeten, die in den Zelten und im Schnee am Rande des Flugplatzes lagen. Später ließ dann die Organisation merklich nach. Die Verwundetenzahlen schwollen auf Tausende an, die Flugzeuge wurden gestürmt und mancher fand dabei den Tod.

Die beängstigend ansteigende Zahl der Verwundeten erfüllte den Generalarzt und die Inspektion mit ernster Besorgnis. Kein Lichtblick ließ eine Änderung der Lage erhoffen, ja, manchmal schien es sogar, als ob sie draußen nicht verstünden, wie groß die Not war, denn wie hätte es sonst zu diesem Funkspruch kommen können:

„Die Armee hat die Zahl der auszufliegenden Verwundeten vierundzwanzig Stunden vorher zu funken, um den Einsatz entsprechender Transportmaschinen zu regeln."

Der Chef des Sanitätswesens antwortete darauf:

„Armeearzt ersucht um Verbandzeug und Opiate. Verwundete seit zwei Tagen mangels Anlandungen von Transportflugzeugen nicht ausgeflogen. Anzahl zum Ausflug bestimmter Verwundeter zur Zeit dreißigtausend, Einsatz von tausendfünfhundert Transportmaschinen somit erforderlich."

Ja, das waren Sorgen, aber es waren nicht die einzigen. Da wünschte die Heeresgruppe, daß Spezialisten herausgeflogen werden sollten. Werkmeister, Funker, Veterinäre, Beschlagmeister, Panzerleute, Waffenmeister, Eisenbahner, Postbeamte, Brückenbauer, Meteorologen, kurz gesagt, alles Leute, deren Einheiten nicht mehr bestanden und die im Kessel völlig überflüssig waren, dagegen in der Außenwelt und auf anderen Posten dringend benötigt wurden. Der Chef des Generalstabes der 6. Armee verbot diese Ausflüge, und so vergrößerten die Spezialisten sinnlos die Kopfzahl im Kessel zu einer Zeit, da es schon keine Werkstätten, keine Panzer, keine Eisenbahn, keine Post und keine Pferde mehr gab.

Es durfte überhaupt niemand ohne die Unterschrift des Chefs des Generalstabes ausfliegen, und das war sicherlich gut so. Die Genehmigung wurde in Ausnahmefällen für Kuriere oder auf besonderen Befehl erteilt. Bei den Einflügen war es ähnlich. Bis zum 2. Dezember wurden noch Urlauber und Funktions-Unteroffiziere eingeflogen, auch die Offiziere, die für „offene" Bataillons- oder Regiments-Kommandeurstellen namentlich genannt waren. Diese Bestimmung mußte erlassen werden, denn es gab Hunderte von Offizieren, die zum „alten Haufen" zurückwollten, ja, sehr viele, die um diese Zeit noch gläubig waren.

Es soll in diesem Zusammenhang aber noch auf die ungeheuren Schwierigkeiten eingegangen werden, die von der Luftwaffe zu bewältigen waren.

Bei Temperaturen von zwanzig bis fünfunddreißig Minusgraden waren es nicht nur die Kälte und der Schnee, die den Maschinen den Start erschwerten, sondern das Fehlen von Vorwärmgeräten, die Gefahr der Vereisung, Nebel und Bombenangriffe auf die Absprungplätze und dann die ungeheuerlich erschwerte Landung auf ungenügend ausgewalzten Bahnen, im Artillerie- und Bombenfeuer während der Landung, und alles wiederum eben auf Bahnen, die vom Schnee verweht und von Bombentrichtern übersät waren, auf Bahnen, auf denen zerschossene Flugzeuge mit nicht abgeräumtem Versorgungsgut lagen. Dazu kamen empfindliche Zünd- und Vergaserstörungen in den Maschinen selbst, Hemmungen an den Waffen bei der Abwehr und versagende Funkgeräte.

*

Da saßen in den Bunkern am Platzrand des Flugfeldes die hundert Mann des Versorgungsstabes Pitomnik, das war gleich neben dem Stabsarzt mit den blauen Zelten, der Flugplatzkommandantur und der Versorgungsstelle der Armee. Die hundert Mann entluden die Maschinen, als noch alles in Ordnung war, und stapelten die Verpflegungsbomben im Süden des Platzes, sie überwachten den Ausflug der Verwundeten und notierten die Ladegüter, getrennt nach Menschen, Munition, Brennstoff und Verpflegung. Gehortet wurde nichts, denn dazu war es viel zu wenig. Ein paar Wochen war eine ungeheure Geschäftigkeit zu spüren.

Einstmals war der Versorgungsstab Pitomnik das Flak-Regiment 104 gewesen, der russische Stoß traf das Regiment im Vorjahr empfindlich, Teile entgingen der Vernichtung nach Süden, aber die leichte Abteilung mit dem Regimentsstab wurde nach Stalingrad abgedrängt. Dort übernahm Oberst Rosenfeld die technische Überwachung der Luftversorgung.

Zusammen mit etwa zehntausend Mann der 9. Flak-Division waren noch die Reste einer Stuka-Gruppe im Kessel stationiert sowie zwei Gruppen des Jagdgeschwaders Udet und vier Nahaufklärer.

Wenn hier mit ein paar Worten auf die Tätigkeit der Jagdluftwaffe eingegangen wird, so ist völlig klar, daß dieses eben nur Worte bleiben können, denn weder Platz noch Ausdrucksform gestatten auch nur annähernd, die Leistungen wiederzugeben, wie sie geschahen. An keinem anderen Ort und zu keiner anderen Zeit sind solche gewaltigen Anforderungen an fliegendes Personal gestellt worden wie in Stalingrad, wo die Besatzungen der dort stationierten Nahkampfflugzeuge bei ständiger Feindberührung und hohem Kräfteverschleiß auf ihren Flügen in Anbetracht des körperlichen Erschöpfungszustandes durch Hunger und Kälte nur mit größter Mühe ihre Einsatzfähigkeit aufrechterhalten konnten.

Es soll bewußt davon Abstand genommen werden, den einen oder anderen Namen oder eine Tat herauszustellen, denn ein solches Tun würde eine Zurücksetzung aller anderen Geschehnisse bedeuten, und darum soll gestattet werden, zusammenhängend zu sagen, daß die 9. Flak-Division bis zum 19. Januar die Abschüsse von dreiundsechzig feindlichen Flugzeugen buchte. Die Pitomniker Platzschutzstaffel schoß bis einschließlich 15. Januar mit den verschiedenen Flugzeugführern und bei einem unter fünfundzwanzig Prozent liegenden Einsatzbestand einhundertunddreißig russische Flugzeuge ab.

In der Nacht zum 16. Januar standen die russischen Panzerspitzen auf dem Flugplatz Pitomnik. Die Flugzeugführer der Jagdmaschinen sprangen in die flugklar gemeldeten Me 109, während das Bodenpersonal die Motore ankurbelte. Dabei wurden auf den Tragflächen stehende Warte durch Infanteriefeuer heruntergeschossen. Sechs Maschinen gelang der Start nach Gumrak, acht Me 109 blieben zurück. Von den sechs nach Gumrak fliegenden Maschinen machten bei der Landung auf dem nicht rechtzeitig vorbereiteten Platz fünf Maschinen Bruch, Kopfstand und Überschläge in den hohen Schneemassen. War es nicht zu verstehen, daß daraufhin die sechste Maschine mit Oberleutnant Lucas nicht landete, sondern nach Schachty flog, um beim Geschwader über den Verlust des Flugplatzes Pitomnik und die somit eingetretene Situation zu berichten?

Damit stand für den Jagdeinsatz in Stalingrad keine Maschine zur Verfügung, denn die einfachsten räumlichen Voraussetzungen fehlten. Das Geschwader Udet befahl daraufhin durch Funkspruch die Rückkehr aller in den Kessel kommandierten Jagdflieger, und die für den Abtransport vorgesehene He 111 rettete mit den letzten Flugzeugführern das fliegende Personal des innerhalb des Kessels eingesetzten Jagdkommandos.

Ein Wort ist schnell gesprochen, und es ist leicht, sich gegenseitig ein Verschulden vorzuwerfen, aber es ist schwer, die Richtigkeit der Anklage nachzuprüfen.

Das beginnt mit dem vielgebrauchten Wort:

„Die Luftwaffe hat uns verraten, denn sie garantierte die Luftversorgung."

Das Verlangen nach Garantien spielte überhaupt immer eine merkwürdige Rolle. So verlangte die Heeresführung bei den Vorarbeiten zur Durchführung des Unternehmens „Seelöwe" (es handelt sich um die Invasion Englands) von der Luftwaffe die Garantie, die erstgelandeten Truppen so lange in der Stellung auf der Höhe von Hastings zu unterstützen, bis genug Truppen gelandet waren, um eine Offensive zu beginnen. Die Garantie sollte sich dahin erstrecken, daß jeder englische Gegenangriff durch die Luftwaffe so niedergekämpft würde, daß die in den ersten Wochen schwachen deutschen Kräfte auf keinen Fall geworfen würden. Die Dauer dieser Garantie war auf drei Wochen erbeten worden. Die Luftwaffe lehnte diese Forderung ab, da Schlechtwetter und Nebel imstande waren, den Luftwaffeneinsatz zu verhindern oder sehr zu erschweren.

Zum Durchmarsch der deutschen Flotte durch den Kanal meldete Generaladmiral Raeder an den Führer:

> „Der Durchmarsch ist nur möglich, wenn die Luftflotte 3 die Sicherheit der Schiffe garantiert."

Auf diese Forderung bekam die Seekriegsführung die Antwort:

> „Garantieren kann die Luftwaffe nicht, aber sie wird tun, was möglich ist, und sie ist davon überzeugt, daß das Unternehmen gelingt und weder ein englisches Schiff noch ein Flugzeug an die deutsche Flotte herankommt, wenn so verfahren wird, wie wir vorgeschlagen haben."

Wäre damals das Unternehmen gestartet und fehlgeschlagen, dann wäre mit Sicherheit auch bei der Marine das Schlagwort von der „nicht eingehaltenen Garantie" oder „einem Verrat an der Flotte" entstanden.

Diese Zeilen sind keine Entschuldigung, denn es ist bekannt, daß der Reichsluftmarschall, ohne genügend informiert zu sein und ohne die für eine solche Zusage erforderlichen Unterlagen seine Garantie gab. Wenn es nicht zur Durchführung der Luftversorgung im beabsichtigten Maße kam, so ist das zweifelsohne ein Versagen der Obersten Führung der Luftwaffe, aber es ist unmöglich, dafür fliegendes oder Bodenpersonal verantwortlich zu machen.

Der eine wirft dem anderen ein Verschulden vor, und der andere antwortete dem einen mit seinen Argumenten.

„Keine einzige Maschine ist eingeflogen", sagte die Armee.

„Es sind keine Entladungskommandos vorhanden, und die Bahn ist nicht landeklar", sagen die Flugzeugführer.

„Die Jagdluftwaffe ist ohne Befehl ausgeflogen", behaupten Dienststellen in der Armeeführung, aber die Ausgeflogenen legen den Funkspruch und die Ausflugsgenehmigung auf den Tisch der Stelle, die allerdings ein paar hundert Kilometer vom Armeegefechtsstand entfernt ist.

In Stalingrad behauptet man:

„Wir waren über die taktische Lage außerhalb des Kessels nicht informiert", und Heeresgruppe und Panzerarmee antworten:

„Wir haben euch mehrfach den Befehl zum Ausbruch gegeben, die Armeeführung hat versagt und keine Entschlußkraft bewiesen."

„Nein, die Armeeführung hat nicht versagt, sie war verantwortungsbewußt", entgegnete man, „wir wären mit unseren Leuten in der Steppe elend umgekommen."

Die Gegenseite lehnte diese Argumente ab:

„In der Festung wäret ihr ja auf jeden Fall zugrunde gegangen, also hättet ihr den Weg der Entscheidung wählen müssen, und eine Truppe wie die 6. Armee hätte das geschafft."

Anklage und Anklage gehen hin und her, aber das Recht steht nicht auf der Seite der Höchsten Befehlsführung und es ist auch unabhängig von der Rangordnung.

*

Am 12. Januar wurde der Kommandeur der 9. Flak-Division, Generalmajor Pickert, zu Generaloberst Paulus befohlen und startete gegen Mittag im Schneesturm als Kurier nach Nowotscherkask. Der Auftrag war klar:

> „Persönlicher Vortrag beim Oberbefehlshaber der Heeresgruppe über die sprunghaft sich verschlechternde Lage in der Festung."

Damit beim Abschuß der Maschine der Feind nähere Angaben nicht erkennen konnte, stenografierte Generalmajor Pickert die Unterlagen für den Bericht in Stichworten auf den Rand einer Zeitung.

Der Bericht Generalmajor Pickerts wurde von der Heeresgruppe als Sondermeldung sofort an das Oberkommando des Heeres durchgegeben. Pickert meldete sich anschließend bei Generaloberst von Richthofen, der die Lage so kannte, wie sie ihm vorgetragen wurde. Generaloberst von Richthofen befahl Pickert, auf den Flugplätzen die Luftversorgung noch persönlich zu kontrollieren und dann am anderen Abend zurückzufliegen. Vierundzwanzig Stunden später befand sich Generalmajor Pickert auf dem Rückflug mit einer He 111. Über der Festung wurde zunächst keine Landeerlaubnis erteilt, die Maschine kreiste über Stalingrad, aber auch nach einer Stunde war noch keine Landeerlaubnis da, da der Platz durch Artilleriebeschuß und Bombenfeuer als landeunklar befunden wurde. Nach einer Stunde forderte der Flugzeugführer eine Entscheidung, ob die Landung auf dem Platz mit größter Bruchgefahr oder der Rückflug befohlen werden sollte. Generalmajor Pickert entschied Rückflug, um in der nächsten Nacht erneut einzufliegen. Am 15. Januar stand Generalmajor Pickert vor dem Oberbefehlshaber der Luftflotte, um ihn über den vergeblichen Einflug zu unterrichten. Da aber Flugplatz Pitomnik von Truppen und Versorgungseinheiten der 6. Armee inzwischen geräumt war (es handelt sich um jene panikartige Flucht, weil ein russischer Panzer durchgebrochen war. Der Platz wurde anschießend wieder von deutschen Einheiten besetzt und noch bis zum 16. Januar gehalten), verbot Generaloberst von Richthofen den erneuten Einflug und befahl Generalmajor Pickert, sich beim Generalfeldmarschall Milch zu melden. Dieser hielt das Verbot seinerseits aufrecht und gab Generalmajor Pickert den Auftrag, zur Berichterstattung zum Reichsmarschall zu fliegen, um ihm aus persönlicher Kenntnis der Lage in Stalingrad vorzutragen. Aus dem Vortrag beim Reichsmarschall wurde nichts, statt dessen wartete Generalmajor Pickert nach dem Rückflug bei der Luftflotte in Taganrog, um von dort den Befehl zu erhalten, eine neue 9. Flak-Division im Raum Kuban-Brückenkopf und Krim aufzustellen und die dort schon vorhandenen und noch eintreffenden neuen Flakkräfte zu einer neuen Division zusammenzufassen. Am 27. Januar traf Generalmajor Pickert im Kuban-Brückenkopf ein und erhielt hier den Abschiedsfunkspruch der 9. Flak-Division aus Stalingrad:

„Haben in den Kellern am Roten Platz in Stalingrad die Feier des 30. Januar mitgehört. 9. Flak-Division kämpft noch unter der Hakenkreuzfahne auf den Trümmern von Stalingrad für Deutschland."

Auf diesen Funkspruch antwortete Generalmajor Pickert:

„Voll stolzer Trauer Funkspruch erhalten, schmerzerfüllt, nicht bei euch zu sein. Stelle neue 9. Flak-Division auf."

*

Als Antwort auf den Einflug des Hauptmanns Behr traf Mitte Januar der Befehlszug des Generalfeldmarschalls Milch in Taganrog ein.

„Um die Luftversorgung zu organisieren", sagte Milch, „und um die zum Aushalten erforderliche Tonnage einzufliegen."

Der Chef des Fliegerkorps ist anderer Ansicht:

„Um zu retten, was zu retten ist", meinte er dazu.

Am 15. Januar ist nichts mehr zu retten. Die Führung der Luftflotte 4 bleibt zwar in der Hand des Generaloberst von Richthofen, aber zu einer Zeit, in der Lasten nur noch abgeworfen werden können, ist eine Ankurbelung der Versorgungsbestrebungen ohne Wert.

Am 16. Januar stehen noch knapp zweihundertundfünfzig Maschinen zur Verfügung, aber nur fünfundsiebzig davon sind einsatzbereit, und diese Einsatzbereitschaft zu steigern wird auch dem mit höchsten Führervollmachten ausgestatteten Staatssekretär der Luftwaffe, Feldmarschall Milch, nicht gelingen. Er fordert Flugzeuge und weitere Geräte und Abwurfbehälter an, aber weder der Nebel noch der Schnee noch die Erfolge der Front fügten sich seinen Wünschen. Der Einsatz von Lastenseglern ist geplant, es ist sicher gut gemeint, aber wann soll man sie absetzen. Am Tage werden feindliche Flak und die Jägerschwärme das Anfliegen verhindern und in der Nacht ...

Ja, überhaupt, es war ja nur noch von einem Platz, von Swerewo aus, zu fliegen, denn nach diesem Platz haben inzwischen die Ju-52-Gruppen verlegen müssen. Die Verbände in Nowotscherkask sind gefährdet, und die Front rückt täglich weiter von Stalingrad ab.

Führerentschlüsse und Sondervollmachten können hier nicht mehr helfen. Der Zusammenbruch ist unabwendbar, und man kann nur noch das Ende um ein paar Tage hinauszögern.

Am 25. Januar sind im Gesamtbereich der Luftflotte gut einhundert Flugzeuge einsatzbereit. Über vierhundert Maschinen können aus verschiedenen Gründen nicht zum Einsatz kommen.

Immer wieder durchbrechen Transport- und Kampfmaschinen den Feuergürtel der russischen Flak und werfen, verfolgt von den Lichtarmen und den Kanonen der russischen Jäger, ihre Versorgungsbomben ab, immer wieder starten von den letzten Absprungplätzen Transporter und Bomber, um auf der Wolkenbrücke nach Stalingrad, oft zwei- und dreimal am Tage, den Einsatz zu wagen, der immer der letzte sein konnte.

Als die kleinen Lichter von Stalingrad in die großen Lichter der göttlichen Weltordnung eingegangen waren, belasteten die Rechnung der Luftbrücke 536 Transportmaschinen, 149 Kampfflugzeuge und 123 Jäger mit 2196 Bordmannschaften.

Wenn von Stalingrad die Rede ist, soll das nicht vergessen werden.

Drei Gesandte des Kessels

Am 28. Dezember flog General Hube, der Kommandierende General des XIV. Panzerkorps, aus dem Kessel, um die „Schwerter zum Eichenlaub" in Empfang zu nehmen. Die besten Wünsche der Armeeführung begleiteten ihn, denn es war anzunehmen, daß Hube in ausführlicher Form beim Führer auf die Lage im Kessel hinweisen würde.

Hube kam am 8. Januar in den Kessel zurück, er brachte die „Schwerter zum Eichenlaub" mit und die Aussicht auf Entsatz. Hitler habe ihm gesagt: „Zu Beginn des Frühjahres geht das Gesetz des Handelns wieder in deutsche Hände über."

Wenn dies eine Aussicht auf Entsatz sein sollte, dann mußte viel in der Zwischenzeit geschehen, um die Worte Hitlers zu realisieren. Woher sollte im Frühjahr der Entsatz kommen? Und wäre er gekommen, dann würde er zu spät eintreffen, denn nach den Berechnungen der Oberquartiermeister-Abteilungen der Armee lebte im Frühjahr von der Armee niemand mehr. Auch ohne Feindeinwirkung mußte um die Monatswende Januar mit dem endgültigen Zusammenbruch der Versorgung gerechnet werden, und die einmal entstandene Lücke war auch durch erhöhte Zufuhren nicht mehr zu schließen.

Wenige Tage später stand der erste Quartiermeister, Hauptmann Toepke, vor dem Oberbefehlshaber.

„Toepke, ich will genau wissen, welche Verstärkungen der Luftzufuhr uns noch gegeben werden können. Fliegen Sie zur Heeresgruppe, nehmen Sie sämtliche Unterlagen mit und melden Sie sich beim Feldmarschall persönlich, um ihm zu sagen, daß Sie die Forderungen der Armee auf die zweckmäßige Beladung der Versorgungsmaschinen erwirken sollen."

Eine halbe Stunde später schüttelte dem Hauptmann Toepke der Chef des Generalstabes die Hand:

„Sorgen Sie dafür, daß man draußen endlich aufhört, nutzlose Löcher vor die Front von Tatsinskaja zu schmeißen, geben Sie sofort Nachricht, wenn wir mit verstärkten Einsätzen rechnen können. Die Augen der Armee sind jetzt auf Sie gerichtet."

Es war das letztemal, daß Hauptmann Toepke dem Chef gegenüberstand, er sollte nicht mehr zurückkehren.

Der Auftrag Toepkes war klar. Er sollte von Feldmarschall von Manstein eine präzise Antwort auf seine Fragen in Empfang nehmen und in Erfahrung bringen, mit welchen Verstärkungen in der Luftzufuhr gerechnet werden könne. Ja, noch mehr, es war ihm aufgetragen, das Unmögliche möglich zu machen, die Versorgung der Armee bis zur Erfüllung der Wünsche zu steigern.

Hauptmann Toepke wurde mit größtem Wohlwollen empfangen und man brachte seinen Wünschen überall vollstes Verständnis entgegen. Sie hatten offene Ohren bei der Heeresgruppe, der Feldmarschall, der Chef des Generalstabes, der Oberquartiermeister, alle, alle.

„Die Forderungen der Armee sind berechtigt und niemand weiß es besser als ich. Aber woher soll ich die Flugzeuge nehmen", sagte Feldmarschall von Manstein, und er fügte hinzu:

„Die 6. Armee ist zwar meine größte Sorge, aber nicht meine einzige."

„Wir können bei der Heeresgruppe unsere Entscheidungen auch nicht mehr selber fällen; wäre es nach uns gegangen, würde die 6. Armee nicht eingeschlossen sein. Es ist eine Unmöglichkeit, eine ganze Armee durch die Luft für längere Zeit zu versorgen."

Das sagte der Oberquartiermeister der Heeresgruppe, Oberst Finkh.

Der Kommandierende General des II. Fliegerkorps und sein Chef, Oberstleutnant Heinemann, zuckten mit den Schultern:

„Eine Verstärkung der Verbände ist zwar angekündigt . . ."

Der Chef des Generalstabes, General Schulz, sagte gar nichts, er ließ Hauptmann Toepke einen Blick auf die Lagekarte werfen.

Und Toepke wußte genug.

Aber der Hauptmann ließ sich nicht unterkriegen, er wirbelte Staub auf, er versuchte alles. Er rief beim Oberkommando des Heeres an, er sprach mit dem Generalquartiermeister des Heeres, er machte jeden Tag seine Rundgänge im Heeresgruppengebäude, von Tür zu Tür, er schrieb Briefe, er telefonierte, er ließ Fernschreiben abgehen.

Es kam nichts dabei heraus, es konnte ja nichts dabei herauskommen. Seine Funksprüche in den Kessel wurden abgeschwächt oder gekürzt. Und dann hatte er die Nase voll und wollte zurückfliegen.

Es kam nicht zu einem Rückflug. „Sie haben hier zuviel Einblick bekommen", sagte Feldmarschall von Manstein. „Was wollen Sie Generaloberst Paulus melden. Es ist notwendig, daß Sie Paulus wirklich positive Nachrichten mitbringen, und Sie wissen selbst, daß es im Augenblick noch nicht geht."

Der Rückflug Toepkes wurde verboten, die Heeresgruppe befahl seinen Einsatz als ersten Quartiermeister für ihre Lufttransporte, mit dem besonderen Weisungsrecht für die Beladung der Flugzeuge.

Aber Hauptmann Toepke war nicht dümmer geworden. Er hatte viele Erfahrungen gesammelt und seine unzähligen Aussprachen ergaben das folgende Bild:

Der Armee war nicht mehr zu helfen, Entsatzangriffe konnten nicht gestartet werden, die Luftversorgung war nicht in der Lage, den Verteidigern eine Atempause zu geben, und jede Stelle war bemüht, ihre Hilflosigkeit zu verbergen. Die Armeeführung hatte an Hitlers Worte geglaubt und in diesem guten Glauben ihre Entschlüsse bisher gefaßt oder unterlassen. Die tatsächliche operative Lage war der Armee nicht bekannt.

Auf einen kurzen Nenner gebracht, bedeutete das für Toepke die Feststellung:

Die 6. Armee ist eine verlorene Armee, und im Landser-Deutsch ausgedrückt: Der Ofen ist aus.

*

Als letzter Abgesandter des Kessels flog der erste Ordonnanzoffizier der Armee, Hauptmann Behr, zum Oberkommando des Heeres. Er sollte an Hitler die präzise Forderung stellen, „die Armee erwartet eine klare Antwort auf die Frage, was innerhalb der nächsten 48 Stunden für die Rettung der Armee getan wird."

Am 15. Januar, fünf Tage, nachdem der Russe zum entscheidenden Schlag angetreten war, und einen Tag, bevor Pitomnik fiel flog Behr an. Achtunddreißig Stunden danach kehrte er zurück. Nicht in den Kessel, sondern nach Taganrog. Er brachte ein Flugzeug voll Speck und Verpflegungspakete mit. Das war alles.

Hauptmann Behr hatte sich als letzte Weisung des Armee-Oberbefehlshabers für die Führerbesprechung zum Punkt Versorgung aufgeschrieben:

„Trotz allen Opfermutes der hervorragenden Flugzeugbesatzungen und ihrer Leistung fehlte es an einem energischen Mann, der mit genügend Mitteln und Unterlagen ausgerüstet ist, die dem Befehl des Haltens zugrunde liegen", und er nahm beim Empfang durch den Obersten Befehlshaber kein Blatt vor den Mund.

Hauptmann Behr gab eine Schilderung der Armeelage, die an Nüchternheit und Klarheit nichts zu wünschen übrigließ, es war wohl das einzige Mal, daß Hitler im Kreise seiner Ratgeber von einem Hauptmann die Wahrheit über Stalingrad hörte. Der Chef des Oberkommandos der Wehrmacht, Generalfeldmarschall Keitel, war zugegen, der Chef des Wehrmachtsführungsamtes, Generaloberst Jodl, der Adjutant Hitlers, Generalmajor Schmundt, der Reichsführer SS Himmler und Reichsleiter Martin Bormann.

Hitler sprach über alles mögliche, von der Lage an der Front und seinen Einsatzplänen, die in sechs Wochen reifen würden, von der Situation im Süden und Norden, von den Fehlern, die gemacht worden seien, und von der Möglichkeit sie zu korrigieren, nur von der Hilfe, die Hauptmann Behr gefordert hatte, sagte der Führer kein Wort.

Da entschloß sich Hauptmann Behr, zu handeln. Er unterbrach die Worte Hitlers und sagte:

„Für die Armee ist es wichtig zu wissen, wieviel Tonnage in den Kessel eingeflogen wird, alle Planungen auf weite Sicht müssen für die Armee zu spät kommen, die Armee ist am Ende und bittet um eine klare Entscheidung, ob innerhalb von achtundvierzig Stunden mit Hilfe und Unterstützung zu rechnen ist."

Das war noch nie vorgekommen, daß jemand den Führer in seinem Gespräch unterbrochen hatte. Lähmendes Schweigen lastete über dem Zimmer, jeden Augenblick wurde eine Szene befürchtet. Aber nichts geschah, Hitler war sichtlich beeindruckt und blieb völlig ruhig.

Aber das war auch alles. Eine Antwort erhielt Hauptmann Behr an diesem Abend nicht mehr.

Am nächsten Tage erfolgte die Ernennung des Generalfeldmarschalls Milch zum Generalbevollmächtigten für die Luftversorgung.

Das war die Antwort, die Hitler auf die Frage der Armee gab.

Russisches Ultimatum an die 6. Armee

Durch Funkspruch an den Oberbefehlshaber der 6. Armee kündigte am 7. Januar das Oberkommando der Roten Armee das Erscheinen von drei Parlamentären an. Die Armee erklärte sich zum Empfang der Parlamentäre bereit. Die Zeit wurde auf den 8. Januar, 10 Uhr vormittags, festgelegt.

Im Auftrage des Oberbefehlshabers der russischen Truppen der Don-Front ließ Generalleutnant Rokossowski am 8. Januar der 6. Armee durch Parlamentäre, die sich an der Nordfront den deutschen Stellungen näherten, nachstehendes Ultimatum überreichen:

„An den Befehlshaber der deutschen 6. Armee, Generaloberst Paulus, oder seinen Stellvertreter und an den gesamten Offiziers- und Mannschaftsbestand der eingekesselten deutschen Truppen von Stalingrad.

Die deutsche 6. Armee, die Verbände der 4. Panzerarmee und die ihnen zwecks Verstärkung zugeteilten Truppeneinheiten sind seit dem 23. November 1942 vollständig eingeschlossen.

Die Truppen der Roten Armee haben diese deutsche Heeresgruppe in einem festen Ring eingeschlossen. Alle Hoffnungen auf Rettung Ihrer Truppen durch eine Offensive des deutschen Heeres vom Süden und Südwesten her haben sich nicht erfüllt. Die Ihnen zu Hilfe eilenden deutschen Truppen wurden von der Roten Armee geschlagen, und die Reste dieser Truppen weichen nach Rostow zurück.

Die deutsche Transportluftflotte, die ihnen eine Hungerration an Lebensmitteln, Munition und Treibstoff zustellte, ist durch den erfolgreichen und raschen Vormarsch der Roten Armee gezwungen worden, oft die Flugplätze zu wechseln und aus großer Entfernung den Bereich der eingekesselten Truppen anzufliegen. Hinzu kommt noch, daß die deutsche Transportluftflotte durch die russische Luftwaffe Riesenverluste an Flugzeugen und Besatzungen erleidet. Ihre Hilfe für die eingekesselten Truppen wird irreal.

Die Lage Ihrer eingekesselten Truppen ist schwer. Sie leiden unter Hunger, Krankheiten und Kälte. Der grimmige russische Winter hat kaum erst begonnen. Starke Fröste, kalte Winde und Schneestürme stehen noch bevor. Ihre Soldaten aber sind nicht mit Winterbekleidung versorgt und befinden sich in schweren sanitätswidrigen Verhältnissen.

Sie als Befehlshaber und alle Offiziere der eingekesselten Truppen verstehen ausgezeichnet, daß Sie über keine realen Möglichkeiten verfügen, den Einschließungsring zu durchbrechen. Ihre Lage ist hoffnungslos und weiterer Widerstand sinnlos.

In den Verhältnissen einer aussichtslosen Lage, wie sie sich für Sie herangebildet hat, schlagen wir Ihnen zur Vermeidung unnötigen Blutvergießens vor, folgende Kapitulationsbedingungen anzunehmen:

1. Alle eingekesselten deutschen Truppen, mit Ihnen und Ihrem Stab an der Spitze, stellen den Widerstand ein.
2. Sie übergeben organisiert unserer Verfügungsgewalt sämtliche Wehrmachtsangehörige, die Waffen, die gesamte Kampfausrüstung und das ganze Heeresgut in unbeschädigtem Zustand.
3. Wir garantieren allen Offizieren und Soldaten, die den Widerstand einstellen, Leben und Sicherheit und nach Beendigung des Krieges Rückkehr nach Deutschland oder in ein beliebiges Land, wohin die Kriegsgefangenen zu fahren wünschen.
4. Allen Wehrmachtsangehörigen der sich ergebenden Truppen werden Militäruniform, Rangabzeichen und Orden, persönliches Eigentum und Wertsachen, dem höheren Offizierskorps auch die Degen belassen.
5. Allen sich ergebenden Offizieren, Unteroffizieren und Soldaten wird sofort normale Verpflegung sichergestellt.
6. Allen Verwundeten, Kranken und Frostgeschädigten wird ärztliche Hilfe erwiesen werden.

Es wird erwartet, daß Ihre Antwort am 9. Januar 1943 um 10 Uhr Moskauer Zeit in schriftlicher Form übergeben wird. Durch einen von Ihnen persönlich genannten Vertreter, der in einem Personenkraftwagen mit weißer Flagge auf der Straße nach der

Ausweichstelle Konny, Station Kotlubanj zu fahren hat. Ihr Vertreter wird von russischen bevollmächtigten Kommandeuren im Bezirk B 0,5 Kilometer südöstlich der Ausweichstelle 564 am 9. Januar 1943 um 10 Uhr empfangen werden.

Sollten Sie unseren Vorschlag, die Waffen zu strecken, ablehnen, so machen wir Sie darauf aufmerksam, daß die Truppen der Roten Armee und der Roten Luftflotte gezwungen sein werden, zur Vernichtung der eingekesselten deutschen Truppen zu schreiten. Für ihre Vernichtung aber werden Sie die Verantwortung tragen.

Der Vertreter des Hauptquartiers des Oberkommandos
der Roten Armee,
Generaloberst der Artillerie Woronow
Der Oberbefehlshaber der Truppen der Don-Front,
Generalleutnant Rokossowskij."

*

Die Armee übermittelte das Ultimatum dem Führerhauptquartier und erbat mit Funkspruch vom 8. Januar erneut Handlungsfreiheit. Die Genehmigung dazu wurde nicht erteilt. Hitler wollte vor den Russen nicht kapitulieren und darum war er auch gegen jede Teilkapitulation. Die Begründung der Kapitulationsablehnung war: „Jeder Tag, den die 6. Armee länger hält, hilft der gesamten Front und zieht von dieser russische Divisionen ab." Am 9. Januar 1943 lehnte daher die 6. Armee das Ultimatum des Sowjetkommandos ab. Das Schriftstück trug die Unterschrift von Generaloberst Paulus. Das Armee-Oberkommando erließ zusätzlich auf dem Funkwege an die Generalkommandos nachstehenden Befehl:

„Die Truppe ist davon zu unterrichten, daß Parlamantäre in Zukunft durch Feuer abzuweisen sind."

Es ist nie bekanntgeworden, wer das Zustandekommen dieses Funkspruches befahl. Generaloberst Paulus hat jedenfalls immer wieder erklärt, daß er von dieser Feueranweisung nichts wisse.

Eine Stunde nach Ablehnung des Kapitulationsangebotes empfing General Schmidt den Armee-Pionierführer Oberst Selle. Der Chef des Generalstabes beauftragte ihn, eine Sehnenstellung zu erkunden, die etwa auf dem ostwärtigen Ufer der Rossoschka von Nowo-Aleijwki bis Noworogatschik zu denken sei. General Schmidt rechnete mit dem russischen Angriff um den 20. Januar herum und glaubte, daß er von Südwesten her gegen die Nase von Marinowka vorgetragen würde.

Am Nachmittag erließ der Armee-Oberbefehlshaber einen Aufruf an die Truppe. Der Feind versuche durch Propaganda die Moral der Truppe zu untergraben, den Bemühungen des Feindes sei kein Glaube zu schenken, denn die Entsatzarmee sei im Anrollen und ein Aushalten von sechs Wochen oder auch noch länger erforderlich.

Das war das einzige, was man der gegnerischen Propaganda entgegensetzen konnte, denn der Versuch einer Rundsprechanlage im Kessel zwecks Gegenpropaganda mittels Telefon auf 100-Watt-Sendern scheiterte, weil es keine geeigneten Großlautsprecher gab, mit denen die Truppe erreicht werden konnte.

... zum Angriff angetreten

Gegen eine Front von achtzig Kilometern im Nordwesten, Westen und Süden richtete sich die Wucht des russischen Angriffes. Am 10. Januar, genau zwei Minuten nach zehn Uhr, das war zwei Minuten nach Ablauf der ultimativen Forderung, die Waffen niederzulegen. Fünftausend Geschütze und Mörser aller Kaliber, Salvengeschütze und Granatwerfer trommelten zwei Stunden.

Zwei Stunden legten die russischen Batterien mit zwanzigfacher Feuerüberlegenheit gezieltes Feuer auf die deutschen Stellungen, verlegten nach einer Stunde vierhundert Meter nach vorn und dann wieder zurück. Das Land wurde umgepflügt, die Stellungen verschüttet, die Waffen unbrauchbar gemacht. Ein Teil der Geschütze in den deutschen Bereitstellungen kam überhaupt nicht zum Schuß.

Zuerst übersahen die Regimenter die Lage, denn die Gefechtsstände befanden sich zum großen Teil in der Front. Die Meldungen wurden zu den Divisionen weitergegeben, und da der Feuerschlag das Kabelnetz zerrissen hatte, war die Befehlsübermittlung nur durch Melder oder Funk möglich. Die Divisionen waren nicht unvorbereitet, sie hatten im Gegensatz zur Armee den Angriff täglich erwartet, nur die Stärke und Heftigkeit war überraschend.

Aber die Divisionen wußten nur, was in ihrem Befehlsbereich los war, dagegen war bei den Korps die Schwere der Situation schon in ihren Anfängen sichtbar. Ein Blick in die Lagekarte der

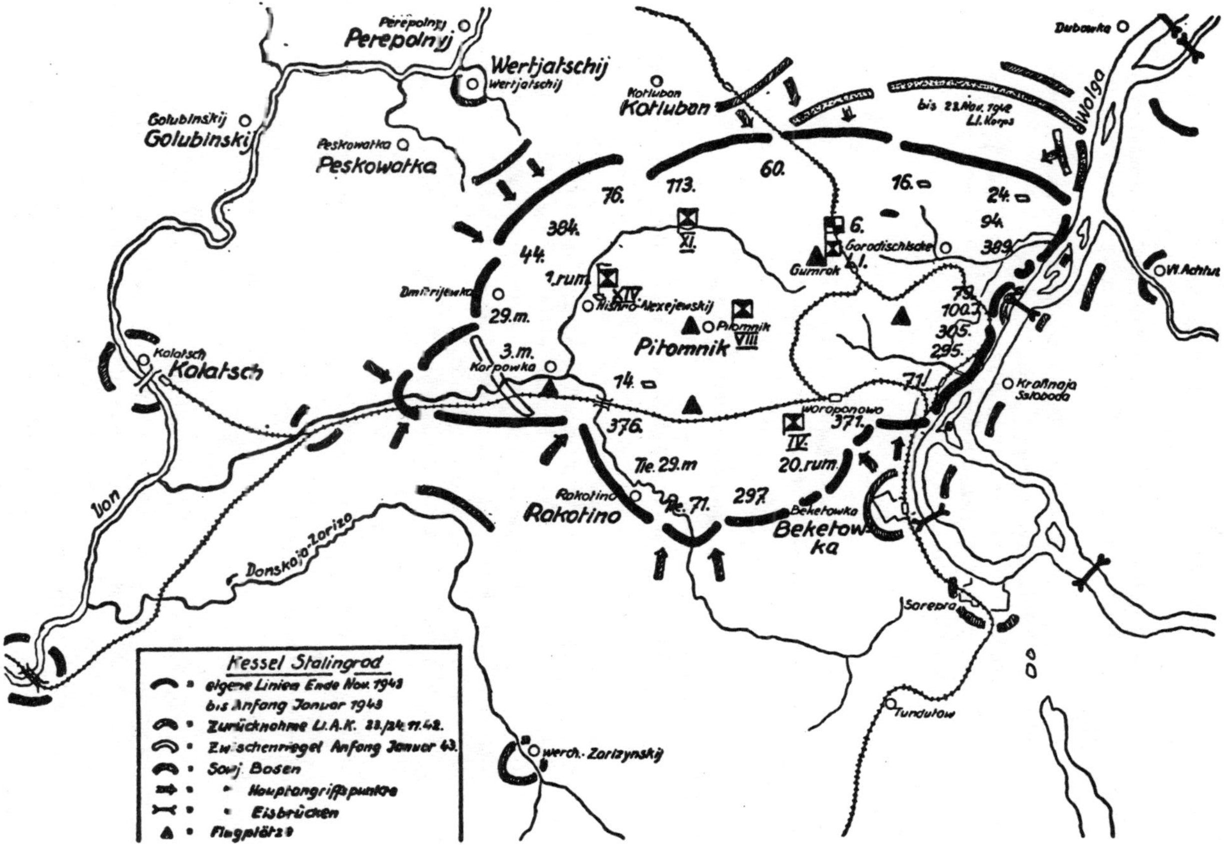
Kessel Stalingrad
eigene Linien Ende Nov. 1942 bis Anfang Januar 1943
Zurücknahme LI.A.K. 23./24.11.42.
Zwischenriegel Anfang Januar 43.
Sowj. Basen
Hauptangriffspunkte
Eisbrücken
Flugplätze
Perepolnyj
Wertjatschij
Golubinskij
Golubinski
Peskowatka
Kotluban
Kalatsch
Don
Donskaja-Zarizo
Dmitrijewka
Karpowka
Rakotino
Pitomnik
Alexejewskij
Gumrak
Gorodischtsche
Woroponowo
Beketowka
Krasnaja Sloboda
Sarepta
Tundutow
werch.-Zarizynskij
Dubowka
Wolga
Vl. Achtuba
bis 23.Nov. 1942 LI. Korps
76.
113.
60.
16.
24.
94.
389.
384.
44.
1.rum.
29.m.
3.m.
14.
376.
79.
100.J.
305.
295.
71.
371.
20.rum.
297.
Tle. 29.m
Tle. 71.
XI.
XIV.
VIII
IV.
6.
LI.

Armee beseitigte jeden Zweifel: Die Rote Armee hatte zu ihrem entscheidenden Schlag ausgeholt. Die Befürchtungen schienen alles zu übertreffen. Die Schwerpunktlage war richtig vorausgesagt, im Termin hatte sich der Chef des Generalstabes um zehn Tage verrechnet.

Um vierzehn Uhr sandte der 1000-Watt-Kurzwellensender einen Funkspruch an die Heeresgruppe „Don“:

„Nach Artillerievorbereitung Russe um zwölf Uhr im Norden, Westen und Süden des Verteidigungsringes zur Offensive angetreten.“

*

Am Morgen des russischen Großangriffes begegnete Oberst Selle dem Oberbefehlshaber vor dem Hauptquartier. Die hohe aufrechte Gestalt des Generals war nach vorn gebeugt, er sah sehr müde aus.

Als er Oberst Selle bemerkte, blieb er stehen.

„Was sagen Sie nun zu allem?“

„Nichts anderes, Herr Generaloberst, als was alle älteren Herren des Stabes meinen.“

„Und das ist?“

„Herr Generaloberst hätten nicht gehorchen dürfen, eine große Stunde ist dadurch versäumt. Bereits im November hätten Herr Generaloberst zurückfunken müssen: ‚Ich schlage die Schlacht mit der 6. Armee. Solange gehört mein Kopf der Armee. Nach der Schlacht, mein Führer, gehört er Ihnen.‘“

Paulus sah Selle an: „Ich weiß, die Kriegsgeschichte hat schon jetzt das Urteil über mich gesprochen.“

Kurz darauf fuhr Oberst Selle nach Westen, um die Ausweichstellung zu erkunden, aber er konnte seinen Auftrag nicht ausführen, denn vor der Linie, die als Auffangstellung „zu denken“ war, standen russische Panzerbrigaden.

*

Zwölf deutsche Divisionen standen in der Verteidigung. 540 Kompanien lagen im Feuer der Stalinorgel und Geschütze. Das waren nicht alles Infanterie-Kompanien, sondern so bezeichnete Einheiten, Sammelpunkte von Pionieren, Luftwaffen-Männern und Truppenlosen. Dazu kamen 150 selbständige Alarmeinheiten und Kampfgruppen, 31 Flakbatterien, 43 Batterien leichter Artillerie,

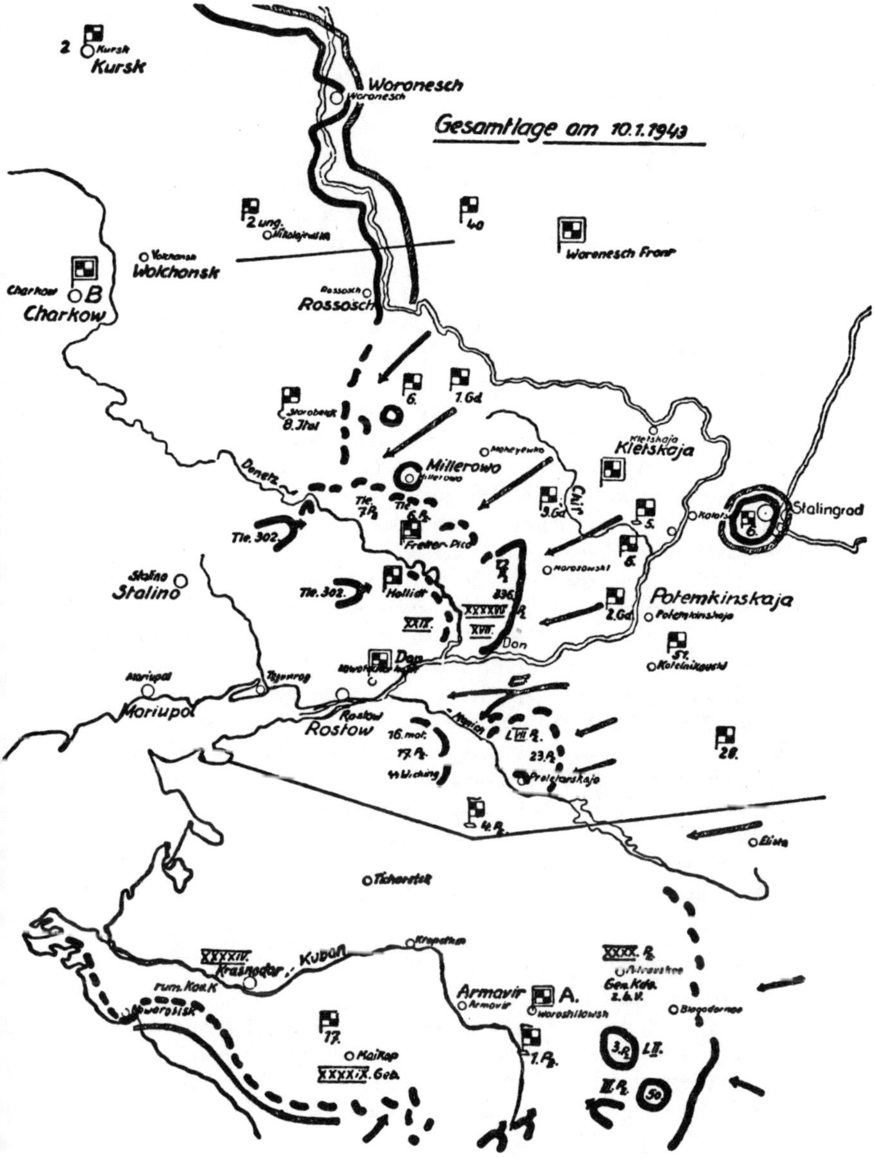

Gesamtlage am 10.1.1943
Kursk
Woronesch
2 ung.
40
Woronesch Front
Wolchonsk
B
Charkow
Rossosch
6.
1. Gd.
8. Ital
Millerowo
Kletskaja
Donetz
Tle. 7. Pz.
Tle. 6. Pz.
Fretter-Pico
Tle. 302.
Chir
5.
Stalingrad
6.
Stalino
Hollidt
336.
Potemkinskaja
XXIX.
XXXXVIII. Pz.
XVII.
2. Gd.
Don
57.
Mariupol
Taganrog
Rostow
16. mot.
17. Pz.
LVII. Pz.
23. Pz.
Proletarskaja
28.
4. Pz.
Elista
Tichorezk
XXXXIV.
Krasnodar
Kuban
XXXX. Pz.
rum. Kav. K
Armavir
A.
Woroshilowsk
17.
Maikop
XXXXIX. Geb.
1. Pz.
3. Pz.
50

21 Batterien schwerer Artillerie und 52 Kompanien der Panzerjäger-Einheiten mit 3,7- und 7,5-cm-Geschützen. Und 16 eingegrabene Panzer, denen der Sprit gefehlt hatte, um weiterzufahren.

Werfer, schwere Artillerie und Flak-Abteilungen waren im Norden Stalingrads zusammengeballt, um den Mittelpunkt einer massiven artilleristischen Verteidigung zu bilden.

Eine zweite Linie gab es nicht. Reserven waren auch nicht vorhanden. An Panzern standen vierzehn Stück zur Verfügung. Artillerie- und Flakwaffen sowie Panzerabwehrmittel waren beschränkt vermunitioniert, die Batterien hatten oft nur zwei Geschütze, die Panzer nur für einen Tag Brennstoff. Infanteriemunition war ausreichend vorhanden, Munition für Werfer in geringem Maße, Maschinengewehrmunition nur für zwei Tage, Verpflegung kaum oder gar nicht.

Die Lage am Tage des russischen Angriffs war an allen Fronten die gleiche, innen und außen. War es drinnen die kaum ernstlichen Widerstand leistende Abwehrkraft, so waren es draußen das Trommelfeuer, der Aufmarsch der weißgetünchten Panzerherden, der Durchbruch und die damit verbundene Auflösung der Front und zwangsläufige Verengung des Kessels.

Der Hauptstoß traf das VII. und XI. Armeekorps, der Angriff erfolgte gleichzeitig und zusammenfassend und ließ die Hauptrichtung auf Karpowka erkennen. Der nördliche Stoß erschütterte die 113. Infanterie-Division. Die Division konnte aber ihren linken Flügel ohne Schwierigkeiten zurücknehmen, da ihr rechter Flügel Anschluß an die 60. mot. hatte. Diese Division hatte alle Angriffe am ersten Tage abgeschlagen. Der Durchbruch geschah zwischen der 113. Infanterie-Division und der 76. Infanterie-Division, ein zweiter Durchbruch riß die 44. Infanterie-Division auseinander und die 384. zwangsläufig mit in den Strudel. Die 76. Infanterie-Division setzte sich nach Osten ab.

An diesem Tage fiel Dimitrijewka, der Panzerstoß zielte auf Pitomnik.

Die Abmeldung an die Heeresgruppe „Don" sah so aus:

„Armee meldet schwere russische Durchbrüche, Norden, Westen, Süden, mit Zielrichtung Karpowka und Pitomnik. 44. und 76. Infanterie-Division schwer angeschlagen. 29. mot. nur mit Teilen einsatzfähig. Keine Aussicht, entstandene Durchbrüche zu schließen. Dimitrijewka, Zybenko und Rachotin aufgegeben."

Ja, Rachotin und Zybenko waren nach erbitterten Kämpfen um die Fleischkonservenfabrik von der 279. Infanterie-Division den

Russen überlassen, und mit Zybenko ging auch Krawzow verloren.

Der russische Panzerstoß aus dem Süden zielte klar nach Karpowka, die 197. Infanterie-Division wurde auf eine vorbereitete Linie beiderseits Woroponowo zurückgenommen, und das war der Anfang vom Ende, denn während des nächtlichen Rückzuges gingen bis auf zwei Geschütze alle übrigen des Artillerie-Regimentes und die Masse der schweren Waffen infolge Pferde- und Treibstoffmangels verloren. In der neuen Hauptkampflinie, einer im Schneefeld verlaufenden Linie, meldete sich der Kommandeur des Artillerie-Regiments mit Rucksack und Karabiner als Einzelkämpfer. Zu führen hatte er nichts mehr. Wenn die Division oder, besser gesagt, ihre Trümmer, noch tagelang in dieser Stellung aushielten, so war es weniger ein echter Abwehrerfolg, sondern vielmehr das Ergebnis des schematischen russischen Vorgehens unter größtmöglicher Schonung der eigenen Truppen. Jedes deutsche Durchschnitts-Infanterie-Regiment mit normaler Stärke und Ausrüstung hätte ab 20. Januar innerhalb von vierundzwanzig Stunden bis zur Wolga durchstoßen können.

In dieser Stellung war bereits die 297. Infanterie- Division untergegangen, und alle Alarmeinheiten, Festungs-Bataillone und Verstärkungen aus der noch nicht angegriffenen Ostfront konnten darüber nicht hinwegtäuschen, daß sie im Rahmen einer Division zermahlen wurden, die dafür nur noch ihren Namen gab.

Die 3. mot. hatte im Südwesten die sogenannte „Nase von Marinowka" zu halten, und dort befanden sich auch die gut ausgebauten und warmen Quartiere. In die Räumungsvorbereitungen, die von der Division befohlen waren, fiel der Großangriff am 10. Januar, und den russischen Panzern gelang es, südlich und nördlich der 3. mot. durchzubrechen. Die noch marschfähigen Einheiten der Division traten ihren Rückzug nördlich Karpowka und südlich Pitomnik und der südlich Gumrak gelegenen Tolleowoy-Schlucht auf dem Nordrand der Zaritza und dem Westrand Stalingrads beiderseits des Gefängnisses an.

Auch die 29. mot. konnte einen im Divisionsstreifen liegenden Einbruch nicht verhindern. Es wurden einhundertsiebenunddreißig Panzer abgeschossen, und dann war es mit der Widerstandskraft der Division zu Ende, was übrigblieb, wich nach Karpowka und Dubininsky aus.

Bei der 376. Infanterie-Division sah es ganz mulmig aus. Die Division hatte sich im November nur mit Teilen über den Don retten können. Nun wurde sie von russischen Panzerkräften, die auf beiden Seiten der Karpowka anrollten, nach Norden und Osten zurückgeworfen.

Bei der 76. Infanterie-Division lag der Schwerpunkt des Angriffs auf dem linken Flügel und der Aufklärungsabteilung. Wenn es der Division auch am ersten Tage gelang, die Angriffe abzuwehren, so war ein Halten in den Ursprungsstellungen nicht mehr möglich. Die Division ging ostwärts Rossoschka in Stellung, konnte aber auch hier nicht verhindern, daß sich russische Kräfte im Rükken der eigenen Linie befanden. Die Division besaß weder Pferdenoch motorisierte Fahrzeuge mehr, konnte zwar feindliche Infanterie-Angriffe abweisen, aber gegen Panzerkräfte ist ein Maschinengewehr eine Waffe ohne Hoffnung.

Vom 20. Januar ab ging es in zwei Etappen bis zum Bahndamm westlich Stalingrads zurück und dann über Stalingradsky auf den Tatarenwall. Von hier bis zum letzten Kampftag war es nur noch ein Schritt, und selbst dieser Schritt kostete bis zur letzten Stunde noch tapferes Blut.

In der Nacht zum 11. Januar ging bei der Armee vom Oberkommando des Heeres folgender Funkspruch ein:

> „Stellung Zybenko-Karpowka-Rossoschka ist in jedem Falle zu halten. Es ist mit allen Kräften zu verhindern, daß Pitomnik in russische Hand gerät. Zybenko ist unter allen Umständen wieder zu nehmen. Die Armee meldet Gegenmaßnahmen und wie Zybenko ohne Genehmigung des Oberkommandos des Heeres aufgegeben werden konnte."

Über diesen Funkspruch schüttelten in der Nacht nicht nur der Oberbefehlshaber, sondern auch sein Stabschef den Kopf.

*

Die Lebensuhr der 6. Armee ging hastig und unregelmäßig. Manchmal schien es, als ob sich der Schlag verlangsame, aber dann jagten neue Impulse das Werk. Blut ist kein geeignetes Schmiermittel, und daher mochte es auch kommen, daß die Räder des Triebwerkes ächzend ineinandergriffen.

Am Abend des 10. Januar stand ein großer goldig-feurig brennender Mond über einem ungeheuren Totenfelde.

Stichwort „Sonnenblume" und „Löwe"

Der 12. Januar war der Geburtstag zweier Pläne.

Im Norden nahmen die sowjetischen Angriffe an Macht zu, im Westen und Südwesten waren die russischen Panzer im Vorgehen. Die Situation verlangte ein Eingreifen. Der Chef des Generalstabes hatte die Idee, der Oberbefehlshaher sagte dazu ja und amen, danach arbeitete die Operationsabteilung die Einzelheiten aus und gab den Plänen die Namen „Sonnenblume" und „Löwe".

Was bedeuteten diese Stichworte?

„Sonnenblume" war der Deckname für den Aufbau einer neuen Front. Sie sollte fünfzehn Kilometer westlich der Höhe 137 ihren Anfang nehmen und nach Süden über Gonschara, vier Kilometer östlich am Flugplatz Pitomnik vorbei auf die Bahn von Bassorgino stoßen, danach dem Verlauf der alten HKL Woroponowo-Jelschanka folgen und etwa in Höhe der Wolgainsel Anschluß an die Ost-Verteidigungslinie finden.

Der Plan ging in den Abendstunden den beteiligten Korps mit der Weisung zu, bei der Auslösung des Stichwortes die befohlene Front einzunehmen.

Die Korps lehnten den Plan einstimmig ab. Sie gaben der Armeeführung ihre Gründe bekannt.

1. Ohne Pitomnik ist das Schicksal der Armee unrettbar besiegelt.
2. Die Divisionen schaffen die Entfernungen in der angegebenen Zeit nicht. (Russische Panzerspitzen standen bereits mit ihren Panzern vor Dubininski und Karpowka.)
3. Die vorgeschlagene Linie hat keinerlei natürliche Widerstandsmöglichkeiten. Der Bau von Bunkern und Befestigungen ist infolge Zeitmangel und Fehlen jeglichen Materials unmöglich.
4. Die für die Besetzung der Widerstandslinie vorgesehenen Divisionen sind

   a) nicht zu erreichen,

   b) nicht mehr in der angenommenen Stärke vorhanden.

Auch ohne diese Absage hätte Plan „Sonnenblume" nicht durchgeführt werden können. Das Oberkommando des Heeres billigte zwar den Plan „Sonnenblume", befahl aber, die Linie Rogatschew-Zybenko in jedem Falle und um jeden Preis zu halten.

Ein Eventualplan V sah noch eine andere Widerstandslinie vor. Er verlegte die Front über Punkt 137 Baburkin-Nishni-Alexijewki und das Karpowka-Tal entlang nach Zybenko. Der Plan entsprach der Vorstellung, die sich das Oberkommando des Heeres nach dem Offensivbeginn gemacht hatte, er war am grünen Tisch ausgearbeitet. Als er der 6. Armee durch Funkspruch übermittelt wurde, befanden sich weder Rogatschew, noch Punkt 137, noch Karpowka im Besitz der 6. Armee.

Das Stichwort „Löwe" bedeutete die Ausführung einer Verzweiflungstat. Der Befehl hierzu lautete:

„Nach Ausgabe des Stichwortes ‚Löwe' geschieht der Aufbruch und Ausbruch der Armee auf eigene Verantwortung. Zu diesem Zweck treten jeweils zweihundert Mann starke Kampfgruppen ohne Feuervorbereitung an und stürmen die feindlichen Stellungen mit dem Ziel des Durchbruchs und der Vereinigung mit der südlichen und westlichen deutschen Front. Die in den Befehlsräumen befindlichen Panzer und Gefechtsfahrzeuge werden den Kampfgruppen unterstellt."

In der Armeeführung rechnete man mit etwa vierhundert Kampfgruppen in einer Gesamtstärke von achtzigtausend Mann. Der Befehl sah auch den Ausbruch nach Osten über die Wolga hinweg und dann, nach Süden abbiegend, eine Vereinigung mit der 1. Panzerarmee und der 17. Armee als möglich an.

Ohne Feuervorbereitung — stürmen — Durchbruch!

Im November hätte dieser Plan noch Aussicht auf Erfolg gehabt, selbst Mitte Dezember, als Generaloberst Hoth mit seinen Panzern im Süden Stalingrads stand und innerhalb der Festung die Kräfte von drei Panzer-Divisionen bereitstanden, alles auf eine Karte zu setzen, wäre, wenn auch unter großen Verlusten, der Ausbruch gelungen. Am 12. Januar war es zu spät. Die Truppe war verbraucht wie ein Scheuertuch.

Die Meldungen der Kommandierenden Generale ergaben dann auch die völlige Undurchführbarkeit des Planes „Löwe".

Die Todesstraße nach Pitomnik

Zum Flugplatz Pitomnik führten viele Wege, man konnte von Karpowka, Gonschara, Woroponowo und Goroditsche dorthin kommen. Auch von Stalingrad. Der Weg von der Ringbahn nach Pitomnik war vier Meter breit und gut acht Kilometer lang, das heißt, er war es, bevor der Krieg über das Land kam. Im Sommer war der Weg auch noch acht Kilometer lang, aber über hundert Meter breit.

Auf diesem Wege bemühten sie sich, aus der todgeweihten Stadt den Flugplatz zu erreichen, denn dort standen die großen gutmütigen Jus und versprachen den Flug ins Leben. Aber zuerst mußte man über die Straße kommen, also diese acht Kilometer hinter sich bringen.

Und das versuchten Grenadiere und Generale, Kranke, Verwundete, Krüppel und Gesunde, mit Befehl und ohne Befehl, in Pelzmänteln, Fellen und verbrannten Uniformen, in Fellwesten und mit blutgetränkten Decken um Bauch und Kopf, Tapfere und Feige, im Pkw und auf den Knien.

Zuerst waren es ein paar hundert, die noch ein Bein vor das andere setzen konnten. Die kamen auch am Flugplatz an, bis auf ein paar, die im Schnee liegenblieben und am anderen Morgen hart wie Bretter waren. Um jene Zeit hielten auch die Fahrzeuge noch an und man konnte zumindest auf dem Kotflügel mitfahren. Dann wurden es mehr, die nach Pitomnik wollten, sie traten immer in die Fußstapfen der anderen, um sicher und leichter zu gehen. Das war oft schwierig, aber es wurde geschafft. Um die Menschenbretter im Schnee fuhren Sankas und andere Fahrzeuge, und in die Radspuren setzten die Wanderer ihre Füße. Tripp, trapp, tripp, trapp, am Tage und in der Nacht.

Nach fünf Tagen lagen zehn Dutzend auf der Straße, reckten ihre Arme nach den vorbeifahrenden Wagen, riefen, schrien, brüllten.

Dazwischen fiel Schnee und legte seine Flocken über die grauen Mäntel. Wer im Sturm oder im Dunkeln kam, sah das nicht und fuhr sich fest. Zwischendurch kippte ein Fahrzeug um, blieb hier ein Krad liegen, sprang dort eine Kette, eine Welle, ein Rad, ein Getriebe. Und die anderen machten ihre Bogen weiter um die Hindernisse im Schnee und um die Körper auf der Erde, man fährt nicht absichtlich über tote Menschen.

Aber bevor sie tot waren, krochen sie auf Brettern und Säcken Meter um Meter weiter, Kameraden schleppten sie in Zeltbahnen und zogen sie in Mollen und Munitionskästen.

Und dazwischen fiel wieder Schnee, und in der Nacht holperten die Wagen über Hindernisse, daß es krachte und knackte. Gefrorene Knochen brechen wie Glas.

Der Elendshaufen wurde länger und der Weg wurde breiter. Viele Wagen steckten im Schnee und es gab ebenso viele Ursachen.

Der Haufen hinterließ Blutspuren, aus denen häßliche braune Flecke wurden. Ausrüstungsgegenstände lagen herum, man warf die Waffen weg und eisdurchkrustete blutige Decken und Mäntel. Ein Bomber, ein Transporter und zwei Jäger gaben ihre Motorenseelen auf und legten sich auf den Weg oder in den Graben daneben. Das gab viel Kleinholz, und die anderen tapsten herum, und darum wurde der Weg wieder breiter. Und schneller mußte es gehen, immer schneller, der Tod saß ihnen im Nacken, der Hunger im Magen, die Kälte im Blut und das furchtbare Schlukken im Halse.

Die Gruppen der Toten saßen eng aneinandergedrängt, so, als ob sie noch im Tode Wärme suchten, und um diese furchtbaren Gruppen sind die noch Lebenden gefahren, gelaufen, gegangen, gekrochen, zu den Inseln der Rettung. Ein paar Tausend haben es geschafft. Vierzehntausend sind auf dem Wege geblieben, auf der Todesstraße nach Pitomnik, im Eiswind erfroren, verblutet, verfault, überfahren, zertrampelt. Sie beteten und niemand hörte sie, sie fluchten und keiner kümmerte sich darum.

Die harten Tage

Kälte, Sturm und Eis wechelten, nur der Wind war immer da. Tagaus, tagein, nachtein, nachtaus.

Über das harte und wilde Konzert der Schlacht erhob sich immer wieder das dumpfe Trommeln der Salvengeschütze, dann kamen die Panzer und danach stürzten sich die Reihen der Angreifer gegen Schneemulden und Widerstandsnester und die wenigen Menschen, die noch darin mit Waffen in der Hand lagen.

Die Truppe ging zurück, wenn man das noch gehen nennen

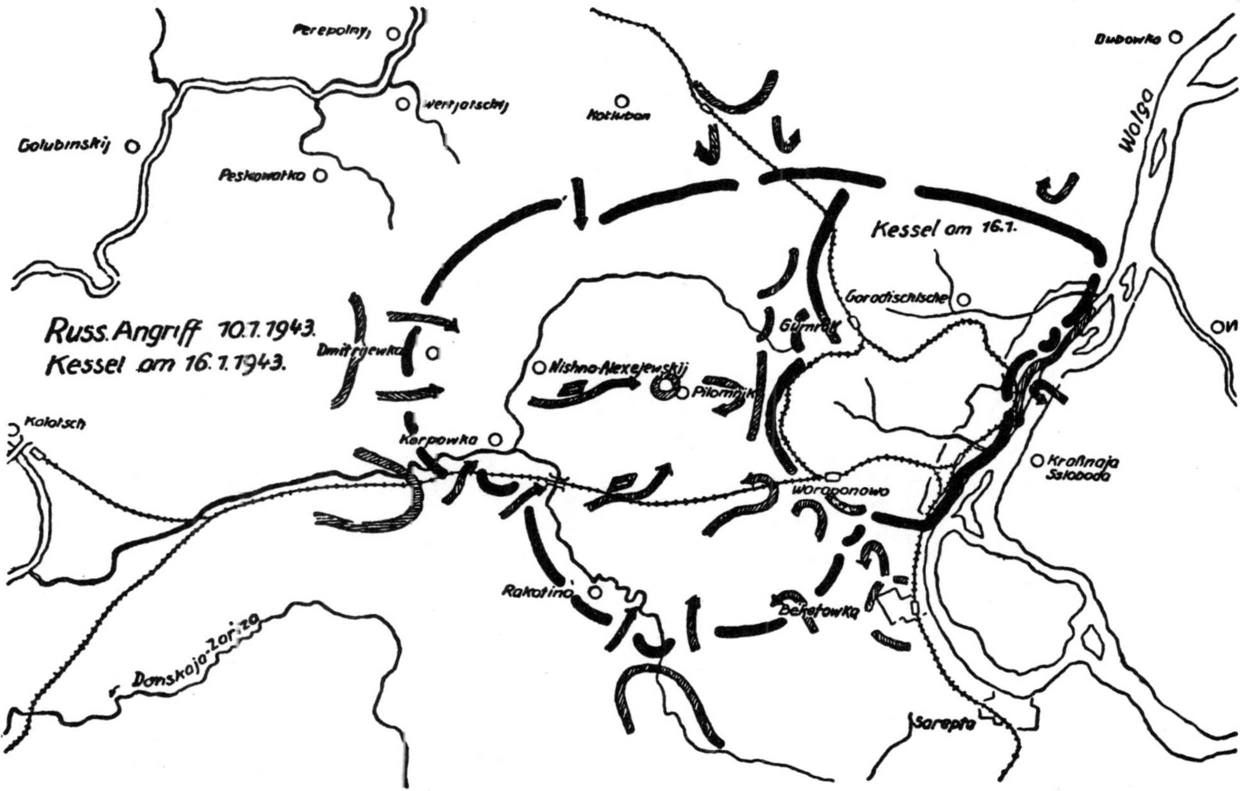
Russ. Angriff 10.1.1943.
Kessel am 16.1.1943.
Kessel am 16.1.
Perepolnyj
Golubinskij
Peskowatka
Kotluban
Dubowka
Wolga
Gorodischtsche
Gumrak
Dmitrijewka
Nishno-Alexejewskij
Pitomnik
Kolotsch
Karpowka
Woroponowo
Kraßnaja Sslobada
Rakotino
Beketowka
Sarepta
Donskaja-Zariza

konnte, und doch hatte jeder Schritt den Wert eines toten Sowjetsoldaten. Zusammengerechnet ergab das eine beachtliche Summe.

Und wir wollen doch gerecht sein.

Am 11. Januar konnte die 113. nicht mehr halten. Sie machte auf der Stelle kehrt und schloß sich den Absetzbewegungen der 60. mot. an. Der Feinddruck von vorn hatte die 60. mot. nicht aus ihrer Front geworfen, aber die roten Panzer im Rücken der 113. machten ihr viel zu schaffen und zwangen sie nach rückwärts. Nachdem einmal die Reste der 44. Infanterie-Division auf Karpowka zurückgegangen waren, konnte sich Rogatschik nicht mehr behaupten. Das Rososchkatal war sowieso nicht zu halten. Rogatschik fiel am 13. Januar, einen Tag später ging Karpowka verloren.

Die 76. Infanterie-Division hatte sich noch einmal in Nowo-Alexijewski festgesetzt. Ohne panzerbrechende Waffen war das ein unnützes Beginnen, mit Gewehren und leichten Granatwerfern der russische Angriff nicht zu stoppen. Baburkin fiel, der Weg nach Pitomnik war frei.

Das XI. Korps hatte über Nacht nach Goroditsche verlegt, das VIII. Korps nach Gumrak, und Stalingradsky hatte das LI. Armeekorps aufgenommen. Südlich der Zaritza baute das XIV. Panzerkorps seinen Gefechtsstand auf, während sich das IV. Armeekorps in einer Schlucht am Ufer des Flusses niederließ.

Was Infanterie-Divisionen an Leid ertragen können, das lernten ihre Männer in diesen Tagen kennen.

Am schwersten hatte es die 44. Infanterie-Division, sie hatte den weitesten Weg und mußte vierzig Kilometer marschieren. Der 384. ging es nicht viel besser. Während die 376. über Bassargino auf Jeschanka abgedrängt wurde, wich die 295. auf Werchi-Jalschanka aus. In Dubininski trafen die russischen Panzerspitzen von Norden und Westen zusammen.

Am 15. Januar lag auf Pitomnik schweres russisches Artilleriefeuer. Versorgungsstab 104 räumte in den Abendstunden den Platz, das Restkommando sollte in der Nacht aufbrechen. Vier Maschinen flogen in dieser Nacht den Platz noch an, zwei davon brannten wie Fackeln auf der eintausend Meter breiten Eisfläche aus.

Am 12. Januar war es in Pitomnik bereits zu einer Panik gekommen. Die Versorgungseinheiten hatten fluchtartig den Platz geräumt. Und das kam, weil ein einzelner Panzer durchgebrochen war und im Gelände herumkreiste. Der Chef des Generalstabes hatte getobt, ein halbes Dutzend Ferngespräche geführt, und am anderen Morgen war der Platz wieder besetzt worden. Nun aber ging es zu Ende. Die beiden übriggebliebenen Flakbatterien der Flak-Artillerie-Schule Bonn sprengten ihre Geschütze, die dritte war zwei Tage vorher überraschend nach Bassargino geworfen, sie kehrte auch nicht mehr zurück.

Das Herz der Festung, wie General Schmidt es genannt hatte, schlug nicht mehr, wie sollte da der Körper weiterleben.

Von Pitomnik konnten keine Verwundeten mehr in die Heimat geflogen werden, von hier wurde den Divisionen keine Munition oder Brot mehr zugeführt, und Oberst Rosenfeld ritt nicht mehr auf einem Panjepferd die Flugplatzrunde.

Mit Pitomnik fiel nach erbittertem Widerstand Gondschara. Die Front am 16. Januar verlief nunmehr von Rynok über Orlowka bis an die Straße Goroditsche. Sie ging dann über den Haltepunkt Konia entlang der Bahnlinie nach Süden, bildete um den Bahnhof Gumrak einen Brückenkopf und zog sich über Alexijewki und Woroponowo nach Kuprovosnoje.

An seiner breitesten Stelle maß der Kessel sechzehn Kilometer, seine Länge betrug fünfundzwanzig Kilometer.

Zum erstenmal meldete das Oberkommando der Wehrmacht zwischen den Zeilen:

> „... im Raum von Stalingrad schlugen unsere Truppen, die dort seit Wochen in heldenmütiger Abwehr stehen, gegen den von allen Seiten angreifenden Feind auch gestern starke Angriffe feindlicher Infanterie und Panzerverbände unter hohen Verlusten für die Bolschewiken ab."

Das Armee-Oberkommando verlegte nach dem früheren Gefechtsstand der 71. Infanterie-Division, während die Division ihr neues Quartier im GPU-Haus bezog. Das war an dem Tag, als von Rostow ein Major der Luftwaffe einflog.

Es war keine leichte Aufgabe, die der Kommandeur der 3. Gruppe des Kampfgeschwaders 27 zu lösen hatte, nicht weil hier ein Geringerer im Rang der Front der Generale gegenüberstand, sondern, was weit bedeutsamer war, der Mauer ihrer Ansichten und dem Wissen um die Dinge, deren Wirkung sie am eigenen Leibe verspürten.

Und dieses Wissen hatte schon Gewicht.

Wie war es zu diesem Einflug gekommen?

Am 16. Januar war Pitomnik in russische Hand gefallen, und das mußte zwangsläufig den Ausfall weiterer Einflugtonnagen bedeuten. Flugplatz Gumrak bildete nunmehr die letzte für die Luftversorgung zur Verfügung stehende Basis.

Aber Gumrak war nicht Pitomnik, der Platz war zu klein und, wie die ersten den Platz anfliegenden Maschinen meldeten, ohne Landebahnbefeuerung. Elf Flugzeuge warfen ihre Lasten ab, weil eine Landung nicht möglich erschien, in der Festung aber dachte man, wie es in dem Funkspruch stand, den Generaloberst Paulus an Adolf Hitler direkt sandte:

„Mein Führer, Ihre Befehle für die Versorgung der Armee werden nicht befolgt. Flugplatz Gumrak seit 15. Januar anfliegbar, Platz einwandfrei nachtlandeklar befunden, Bodenorganisation vorhanden, schnelles Eingreifen, höchste Gefahr."

Zwei Stunden danach setzte die Armee an „Heeresgruppe Don" einen zweiten Funkspruch ab:

„Die Einwände der Luftwaffe werden als Vorwand empfunden, Landemöglichkeit durch Organe der Luftwaffe, und zwar fliegende Verbände, nach Länge und Breite in allen Richtungen gefunden. Landebahn ist wesentlich erweitert, Bodenorganisationen mit allen Einrichtungen ebenso wie vorher Pitomnik einwandfrei. Oberbefehlshaber hat unmittelbar beim Führer Durchgreifen erbeten, da ständige Verzögerungen durch Luftwaffe bereits zahlreichen Menschen das Leben gekostet haben."

Und wieder geht zwei Stunden später ein Funkspruch an die Luftwaffe:

„Noch immer keine Anflüge. Armee ersucht, den Flugzeugbesatzungen Landebefehl zu erteilen."

Am 18. Januar landen vier Maschinen in Gumrak, weitere dreizehn werfen ihre Lasten ab, und das ist in der Gesamtheit betrachtet so gut wie nichts. Doch die Schwierigkeiten sind ungeheuer groß.

Es schneit fortgesetzt, und auf den Absprungplätzen hat der Wind große Verwehungen angerichtet, die Maschinen springen nicht an, das Wetter wirft alle Berechnungen und Bemühungen um. In Gumrak selbst ist die Landebahn gewalzt, die Befeuerung aufgestellt, und die Peilgeräte arbeiten. Aber das ist in Wirklichkeit nicht so klar, wie es hier steht. Es liegen zerschossene und abgestürzte Maschinen, Freund und Feind, auf der Landebahn, und Trümmer und zerstreutes Versorgungsgut verteilen sich auf die schon an sich schmale Fläche der Landebahn. Was sind schon hundert Meter, als Landebasis betrachtet, wenn von ihnen noch gut fünfzig Meter durch sperrige Trümmer ausfallen, und das alles bei Landegeschwindigkeiten von ein paar hundert Kilometern und bei schlechter Sicht?

Was russische Jäger und Artilleriefeuer nicht zerstören, gerät in Gefahr, in der Nacht den sowjetischen Störflugzeugen vom Typ „U 2“ zum Opfer zu fallen. Einige von ihnen sind immer über dem Platz, und nahezu jede landende Maschine wird mit Splitterbomben belegt. Aus fünfhundert Meter Höhe sind Flugzeuge ein gutes und sicheres Ziel.

So sieht es draußen und drinnen aus.

In diese Situation hinein befahl Reichsmarschall Göring den Einflug eines Luftwaffenoffiziers mit dem Auftrage, dem Oberbefehlshaber der Armee Rede und Antwort über Verhältnisse und Möglichkeiten zu stehen.

Der Major vom Kampfgeschwader 27 stand vor dem Oberbefehlshaber der Armee, dem Chef des Generalstabes und einem halben Dutzend Generalen, darunter Strecker, von Seydlitz und Heitz, um als erste die Frage zu hören, warum er komme, und ob es die Armee nicht wert sei, von einem General informiert zu werden.

Das wußte der Major natürlich nicht, aber er sagte, was man ihm aufgetragen hatte, und er sagte es ohne Beschönigung und ohne schwarz zu malen. Er sprach von den Schwierigkeiten auf den Flugplätzen, den Schwierigkeiten beim Absprung und bei der Landung, vom Wetter, der geringen Zahl der Maschinen, von den Absprungpositionen, die der Luftwaffe verlorengingen, und vom Frontverlauf des Heeres, aber seine Argumente fegte Generaloberst Paulus mit der Lagekarte vom Bunkertisch im Schneehaus bei Gumrak:

„Tote interessieren sich nicht mehr für Kriegsgeschichte.“

Den Sekunden des Schweigens folgten die Worte von General Schmidt:

„Die 6. Armee hat nur noch für Tonnagezahlen Verständnis, sie schätzt nur Worte, die sich in Granaten, Sprit oder Brot umrechnen lassen, alles andere, was die Luftwaffe als Grund für das Ausbleiben dieser Werte angibt, ist uns gleichgültig.“

Soundso ähnlich sagte man dann ...

„Den Flugzeugbesatzungen muß die Landung befohlen werden, warum hat man uns die Luftversorgung zugesagt, wenn es nicht möglich war, sie auszuführen?“

„Wer trägt die Verantwortung für diese Zusage, einer muß doch dem Führer die Unterlagen vorgelegt haben?“

„Wir verlangen Sprit, Munition und Verpflegung, unsere Leute hungern und haben zum Teil seit vier Tagen nichts gegessen. Womit sollen sie schießen, wovon sollen sie leben?“

Und dann wurden die Sätze drohender:

„Die Luftwaffe hat uns im Stich gelassen, sie hat ihr Wort nicht gehalten.“

„Das Verbrechen an der 6. Armee ist nicht wieder gutzumachen.“

Das sagten der Oberbefehlshaber, sein Chef und die Generale der 6. Armee.

Und soundso ähnlich antwortete der Major, der auf Befehl des Reichsmarschalls im Bunker in Gumrak stand:

„Maschinen können nur Flugplätze finden, die eine genügende Landebefeuerung haben.“

„Die Maschinen können nur auf Startbahnen landen, die landeklar sind.“

„Die Flugzeugbesatzungen machen keine falschen Meldungen und sind auch nicht feige. Wenn sie eine Möglichkeit zur Landung haben, dann landen sie.“

„Herr General Fiebig hat im November bereits erklärt, daß die Versorgung der Armee auf dem Luftwege unmöglich ist.“

„Ich bitte, die mir gemachten Vorwürfe hinsichtlich des Versagens der Luftwaffe Feldmarschall Milch direkt mitzuteilen.“

*

Und wieder stand die Frage nach der Schuld unsichtbar im Raum. Trug Adolf Hitler die alleinige Last, und konnte ein einzelner überhaupt eine solche Last übernehmen und tragen, war Reichsmarschall Göring schuldig, als sein Wort in die Waage fiel, oder die Männer, die ihm die Unterlagen zu seinem Entschluß lieferten?

Waren Feldmarschall Keitel und Generaloberst Jodl am Zustandekommen dieser Katastrophe zwischen Wolga und Don beteiligt? Traten der Oberbefehlshaber der Armee oder der Chef des Generalstabes, als sie die Luftversorgung im November forderten, in den Kreis der Schuld, oder die Alarmeinheiten und Fragmente von Truppenkörpern, die Tatsinskaja und Morosowskaja nicht halten konnten, oder gar die Flugzeugbesatzungen oder das Bodenpersonal?

Hatte nicht der Oberbefehlshaber der Luftwaffe 4, Generaloberst Freiherr von Richthofen, vor der Luftversorgung gewarnt, und war nicht vor ihm schon der Chef des Generalstabes des Heeres, General Zeitzler, aufgestanden, um die Unmöglichkeit der Luftversorgung herauszustellen, und hatte nicht im gleichen Atemzug der Generalquartiermeister des Heeres gewarnt? War nicht am 22. November General von Seydlitz mit erhobenen Fäusten auf den Oberbefehlshaber zugegangen, um seiner Aufforderung, auszubrechen, Nachdruck zu verleihen, und hatten nicht die Generale Heitz, Strecker, Hube, Pickert und Jaenicke den Ausbruch gefordert und auf den unausbleiblichen Zusammenbruch hingewiesen, und hatte der Befehl der Heeresgruppe vom 22. Dezember, in jedem Falle auszubrechen, nicht klar und unmißverständlich gelautet?

Natürlich war das so gewesen, aber ebenso klar war der Befehl des Führers: „Stalingrad ist zu halten."

Die Frage nach der Schuld und dem Versagen wird allem, was mit Stalingrad im Zusammenhang steht, immer und ewig folgen, und nie wird ihr eine befriedigende und klärende Antwort werden.

Gewogen und zu leicht befunden

Am Morgen ist von der Truppe alles aussortiert, was nicht mehr benötigt wurde, und verpackt, was lebenswichtig schien. In den Grachten im Süden war es so, bei Woroponowo, an der Zaritza und nördlich davon, aber vielleicht geschah an anderen Stellen das gleiche, denn es war gesagt worden, daß jeder noch einmal schreiben könne.

Die Waffen behielten sie bei sich, die Erkennungsmarke, ein paar kleine und letzte Andenken und das, was sie auf dem Leibe trugen. Brot war keines mehr da. Mit den Briefen, Bildern und restlichen Habseligkeiten zündeten die Männer ein Feuer an und wärmten sich die frosterstarrten Finger. Überall flogen Eckchen und Zipfelchen der Asche taumelnd in die Höhe, bei anderen Briefen kroch die Glut über den weißen Rand der oft gelesenen und nun schmutzig gewordenen Papierstückchen, und manchmal blieb auch das Verbrannte wie die Schrift von Geistern stehen. Wenn man darauftrat, dann brachen die traurigen Reste zusammen, aber noch einmal strahlten die versengten Fetzen durch den Flammentod die Lebenswärme aus, die sich in ihnen gesammelt hatte. Gedanken, Empfindungen, Wünsche, Gebete und Flüche hatten in diesen Briefen gestanden, einige waren eine Quelle der Kraft, aber die meisten Zeilen entsprangen doch banger Sorge um das Leben und die Zukunft in der Heimat. Sorgen und Freude, Hoffnungen, Wendungen des Lebens, Zerwürfnisse, Schuld und Irrtum und viel Liebe füllten die weißen und grauen Blätter.

Nun waren die Briefe dahin, im Schnee blieben häßliche schwarze Flecke zurück, und man sah nicht mehr viel von dem Licht, das von den weißen und grauen Bogen, die mit ungelenker oder geübter Hand geschrieben, ausgegangen war. Der Kriegspfarrer der 94. Infanterie-Division, Franz Düker, sagte dazu:

„Nun haben sich die Seelen der verbrannten Briefe hinübergerettet."

Es war bekannt, daß sie noch einmal schreiben durften, und sie schrieben auch alle. Die Post ging zu den Einheiten, soweit die noch vorhanden waren, oder irgend jemand nahm sie mit zu dem letzten Flugplatz, der Gumrak hieß und der sie über die Wolkenbrücke mit der Heimat verband. Mit einer Ju flog die letzte Stalingrader Post Richtung Heimat, aber sie erreichte nie die Empfänger, denn die sieben Sack wurden auf Befehl des Wehrmachtsführungsstabes, der befohlen hatte, die Stimmung in der Festung zu sondieren, von der Heeresfeldpost-Prüfstelle angehalten und beschlagnahmt. Das war in Nowo-Tscherkask. Von dort flogen die sieben Sack über Lemberg nach Brieg und gelangten mit der Bahn nach Berlin. Nach Feststellung des Inhaltes wurden die Briefe entsprechend ihrer Tendenz gebündelt und der Heeresinformationsabteilung „zur Kenntnisnahme und Auswertung" zugeleitet. Anschrift und Absender hatte man sorglich oder unbewußt entfernt, in jedem Falle war es gut so.

*

Die „Stalingrader Stimmung" wurde statistisch erfaßt und in fünf Gruppen eingeteilt. Sie ergab folgendes Bild:

a)	positiv zur Kriegsführung	2,1 Prozent
b)	zweifelnd	4,4 Prozent
c)	ungläubig, ablehnend	57,1 Prozent
d)	oppositionell	3,7 Prozent
e)	ohne Stellungnahme, indifferent	33,0 Prozent

Zwanzig Tage danach gelangten Hunderte dieser Briefe nach der statistischen Erfassung und Kenntnisnahme mit den übrigen Dokumenten über Stalingrad, Führeranweisung, Befehlen, Funksprüchen und Meldungen in die Obhut des Schreibers dieser Zeilen, der am 18. Februar beauftragt wurde, das „Schriftwerk Stalingrad" zu schreiben.

Da lagen nun diese tausendundein Schicksale in Briefform und in dürren oder schwungvollen Worten geschrieben, und keiner wußte, wem die Hand gehörte, die vor zwanzig Tagen in der Festung Stalingrad die Feder führte. Da lagen sie nun, diese tausendundein Schicksale auf einfachem Papier, auf den Rückseiten von Generalstabskarten, auf den punktierten Linien der Funk- und Fernsprechmeldungen, auf Einwickelpapier und der Innenfläche von Briefumschlägen, aber auch auf Pergament und gehämmertem Leinen geschrieben. Und es war auch nicht bekannt, an wen diese Briefe gerichtet waren, und darum bestand keine Möglichkeit, sie nachträglich ihren Empfängern noch auszuhändigen.

Es stand viel darin, von Hoffnungen und vom Wiedersehen, von letzter Enttäuschung und Resignation, von frohen, heiteren und gläubigen Gemütern, aber auch von solchen, die unter der Last der Erkenntnis zusammengebrochen waren. Sie nahmen in den Briefen Abschied, und sie redeten sich ein, recht bald wieder durch ein Blütental im Frühling zu gehen, sie sprachen von der Zukunft und hofften, daß sie wie ein farbenfroher Teppich sei, und in anderen Briefen trat an die Stelle des bunten Teppichs ein endlos weißes Feld, in dem es keinen Sommer mehr und keine Zukunft gab. „Wir glauben nicht, daß unserer Heimat das sinnlose Opfer von Nutzen sein könnte."

Da gingen ganz schlichte Briefe an ebenso schlichte Menschen und wohlgesetzte Worte an die Gebildeten unseres Volkes, die Klugen, ja selbst Weisen.

Ich sagte schon, wer sie schrieb und für wen sie bestimmt waren, ist unbekannt, aber sie gaben einen Auszug dessen, wie in Stalingrad um den 20. Januar empfunden wurde.

Tausend Situationen der Schlacht

Die Schlacht im Osten ging weiter, aber ihr Höhepunkt war noch nicht erreicht. Draußen wankten und zerrissen die Fronten, drinnen wanderte der Kessel von West nach Ost.

In der Nacht schneller, am Tage langsamer.

Am Don und Donez versuchten Führung und Truppe die Katastrophe zu verhindern, die Lücken zu schließen, die Löcher zu stopfen.

Im Kessel verstärkte sich der Druck, die Wände fielen zusammen.

Jede Minute gebar Situationen, Höhepunkte, Niederungen, ließ irgend etwas anlaufen oder brachte es zum Abschluß. Zerstörte Menschen, Tiere und Dinge, Erinnerungen, Hoffnungen und Lebenswerte.

Die Summe der harten Tage trug sich mit Blut in das Buch der Geschichte des Zusammenbruchs und Unterganges ein.

Das Tatsächliche wurde nur von wenigen bewußt beobachtet und kaum zur Kenntnis genommen, war es doch der Fall, dann löschte die Not des einzelnen das Geschehene oder Empfundene aus. Die Zeit war kurzlebig, und die Menschen vergaßen schnell.

Der Tag hatte vierundzwanzig Stunden und lebte von dem Bund durcheinandergewürfelter Situationen, den Schicksalen, gebündelt oder allein, seltsamen Begebenheiten, scheinbar Gleichgültigem, Heldentum, Feigheit und Grauen.

Hier ist in die Fülle des vielfältigen Erlebens hineingegriffen. Nichts ist hinzugefügt, nichts fortgelassen.

*

Ein Panjewagen rast im Galopp über die Kraterstraße. Der Kasten stöhnt und dröhnt, springt hoch, droht nach links und rechts umzukippen. Die Fracht schwingt im gleichen Tempo mit. Vorne im Wagen zwei Mann, die Gewehre zwischen den Knien, Tücher um Kopf und Hals. Einer hat in der Hand eine Peitsche. Nach einer Viertelstunde ist das Ziel erreicht, eine 10,5 Batterie. Die Plane wird beiseite gerissen, darunter liegen Granaten ohne Korbhülsen. Ganz einfach verstaut auf dem Grunde des Wagens, kreuz und quer übereinander, Eisen und Sprengstoff, und niemand denkt sich etwas dabei.

Ein Anflug von Jagdbombern hetzt gegen das Dorf. Sie kommen zwanzig Meter hoch heran. Donnernde Motoren, fallende Bomben, in den Dreck und auf das Gesicht fliegende Menschen. Krachen, Splittern, Bersten, Qualm, Geschrei, geborstene Häuser, auseinandergerissene Wagen, Menschen ohne Glieder bleiben zurück. Es hat genau zwölf Sekunden gedauert.

*

Da steht ein Pferd unter dem Strohdach einer Kate. So weit es mit dem Maul reichen kann, hat es das Stroh abgefressen. Es zittert in der Kälte. Aus der Steppe kommen sechs Landser. Sie sind führerlos und auf der Flucht.

Was nun kommt, geht sehr schnell und mit jener Selbstverständlichkeit, die man nur im Augenblick des Geschehens begreifen kann. Ohne Verabredung, ohne Wortwechsel, ohne Blicke, ohne Gesten.

Einer schießt. Der Schuß sitzt zwischen den Augen des Pferdes. Gleich sind sechs Messer oder Seitengewehre zur Hand. Ausgeweidet wird nichts. Wo Fleisch sitzt, wird es aus dem blutenden, zuckenden Körper herausgeschnitten, geteilt, eingepackt, unter die Arme geschoben. Das alles dauert keine zehn Minuten. Dann gehen die sechs Landser weiter, etwas schneller als zuvor, denn sie wissen nicht, ob das Pferd jemand gehörte, der in der Kate noch schläft.

*

Die Panzerjägerabteilung 46 hatte noch acht Rohre. Aus diesen acht Rohren schoß sie, was herausgehen wollte. Um die Stellung herum lagen zwölf brennende T 34 und zwei große „Amerikaner". Nach vier Panzerangriffen waren noch zwei Geschütze feuerbereit. Von den einhundertachtundzwanzig Mann waren vierundsechzig gefallen und der Rest bis auf sechs Mann verwundet.

Diese sechs Mann lagen um das eine Geschütz und schossen wie auf dem Exerzierplatz. Keiner kam an ihre Stellung heran.

Es war wie auf einer Insel mitten in der Schlacht, vor ihnen zog ein Panzerrudel in Richtung Pitomnik, und es kam ein telefonischer Anruf, warum die Abteilung nicht mehr feuere.

Der letzte lebende Unteroffizier antwortete. Er hätte sechs

Gründe. Grund eins sei: „Das einzige Geschütz hat keine Munition mehr." Von diesem Augenblick an klingelte der Fernsprecher der Division nicht mehr. Die Abteilung war aufgegeben.

*

In Pitomnik bot ein Major zehntausend Mark für einen Flug in das Leben. Der sie bot, war ein Fabriksbesitzer vom Niederrhein, der sie nehmen wollte, ein Flugzeugführer aus Wien. Sie wurden nicht gegeben und nicht genommen, weil zweihundert zerlumpte graue Gestalten sich um die Plätze schlugen. Als die Maschine voll war, hingen sie sich an die Türen und an das Leitwerk, achtundzwanzig von zweihundert kamen mit. Der Major, der zehntausend Mark geboten hatte, blieb mit den anderen zurück.

*

Tausende von Männern taumelten von einer Widerstandslinie zur anderen. Manchmal waren diese Linien viele Kilometer voneinander entfernt, manchmal existierten sie nur in der Phantasie der Generalstabsoffiziere. Aber die Männer sprangen gegen die Panzer, standen hinter Pak und Flak und schossen, solange sie etwas zu schießen hatten.

Es gab auch andere. Die verkrochen sich in die Erde, in die Wagenpulks, in die Keller. Sie kamen nur hervor, wenn sie deutsche Flugzeugmotoren hörten und wenn die Verpflegungsbomben fielen. Dann stahlen sie, was sie fanden, und schlugen sich die Bäuche mit Hartwürsten und Pumpernickel voll. Marodeure sind nach einem Armeebefehl sofort zu erschießen.

Im Bereich von vier Divisionen im Westen und Süden Stalingrads sind in acht Tagen dreihundertvierundsechzig gezählte Todesurteile vollstreckt worden. Die Urteile wurden ausgesprochen wegen Feigheit, unerlaubter Entfernung von der Truppe, Fahnenflucht und Verpflegungsdiebstahl. Ja, auch Diebstahl.

*

An einem Morgen wird der Schütze Wolp aus einem Loch geholt, verhört und abgeurteilt. Das Urteil lautet auf Tod. Es wird in einem Haus gefällt, in dem ein Tisch und drei Stühle stehen und in der Ecke ein Kanonenofen. An der Wand hängt das Bild Lenins.

„Warum er das Brot gestohlen habe?“

Warum hat wohl der Schütze Wolp das Brot gestohlen?

Die Frage ist eine Formsache, und die Antwort ist eine Formsache. Schlimmeres als Hunger gibt es nicht, und deshalb muß auch das Urteil eine Formsache sein.

Das Feldgericht besteht nicht aus drei Richtern, es ist auch kein Verteidiger für den Schützen Wolp da. Ein „vereinfachter Tatbericht“ ist alles, was die „Schuld“ auf dem Papier festhält.

Ab 16. Januar 1943 wurde der Schütze Wolp erschossen.

Dreihundertvierundsechzig Todesurteile gehören mit in die Bilanz des Blutes, das in Stalingrad floß.

*

Seit acht Tagen ist über die Brücke ein fortgesetzter Strom von Wagen gefahren, ein fortgesetzter Strom von Menschen gegangen. Da sackte ein Achttonner durch die Brückenbohlen, liegt mit dem Differential auf, hoffnungslos. Fünfzig Männer müssen ran, rükken, ziehen, stemmen, schreien. Von hinten stoßen andere Wagen nach, Panjefahrzeuge und Pferde versuchen auf beiden Seiten zu überholen, aufgeregtes Schreien, Brüllen, ein kreischender Tumult.

Von nun ab ist die Brücke gesperrt. Wenn kein Panzer kommt oder der Wagen nicht seitlich über das Geländer geworfen wird, kann hier niemand mehr fahren. Ein einfacher Vorgang, eine geringe Ursache, aber eine gewaltige Wirkung. Die Massen der Flüchtenden müssen auf der schmalen Dorfstraße kehren, zurückfinden und einen neuen Weg von vielen Umweg-Kilometern machen.

*

Da lagen in der Stellung einhundertvierzig Verwundete. Alle so schwer verwundet, daß sie nicht mehr kämpfen konnten. Hundert Meter hinter den Schützenlöchern war in einer Balka ein Bunker mit acht Verwundeten. Jeder mit mindestens ein paar Bauch- oder Kopfschüssen. Sie lebten noch, aber es gab für sie keine Rettung mehr. Und dann kam der Befehl, die Stellung aufzugeben. Der Leutnant gab den Befehl weiter und er setzte hinzu, daß alle Verwundeten sich bis zu den Gefechtswagen „zurückzuziehen“ hätten. Das ging auch alles gut, nur die acht ohne Hoffnung lagen noch in dem Bunker. Und es gab auch keine Möglichkeit mehr, sie zurückzuschaffen. Sanitäter hatte die Kompanie nicht mehr. Es lagen nur noch sieben Mann in den Löchern und schossen, und die hatten etwas anderes zu tun, als die Verwundeten zu schleppen, denn hinter jedem Mauervorsprung, aus jeder Nische und aus jeder Fensterhöhle zielte ein Gewehr auf sie. Aber es war ein Arzt da, und zu dem ging der Leutnant, der die Kompanie führte. „Doktor, was machen wir? Ich lasse keinen von denen da im Bunker den Russen." Und der Arzt, der im Niedersächsischen eine Landpraxis hatte, sah den Leutnant an. „Dann bleibe ich hier und übergebe sie den Sowjets." Dem Leutnant kam eine Idee. „Sie sind wohl verrückt, dann haben wir keinen Arzt mehr. Doktor, geben Sie den Leuten Morphium, es ist ein barmherziges Werk." Der Landdoktor sah entsetzt in das schwarze Gesicht des Kompanieführers. „Das darf ich nicht, das geht nicht." Der Leutnant versuchte noch einmal, den Arzt zu überreden. „Sie sterben ja doch, wir können ihnen den Tod nur erleichtern. Es gelten hier eben andere Gesetze."

Der Doktor sah in den Schnee und schüttelte den Kopf.

Und die Zeit drängte. Es waren noch dreißig Minuten bis zum Absetztermin, das Feuer war langsam verstummt. Hoffentlich merkt der Russe nichts und stößt nicht sofort nach. Der Leutnant stand, kämpfte mit Gewissenskonflikten, aber als nur noch zwanzig Minuten Zeit waren, wurde er ruhig. „Doktor, ich befehle Ihnen, daß Sie Morphium nehmen und die Leute erlösen." Dem Doktor kamen die Tränen, dann drehte er sich um und ging zurück. Mittlerweile setzten sich die ersten Gruppen des Nachbarn ab. Die sieben Mann aus den Schützenlöchern kamen zurückgerobbt, und als der letzte aus der Stellung war, raste der Leutnant zum Sanitätsbunker. Dort saß auf einer Trage der Doktor und vor ihm auf der Erde lagen acht tote deutsche Soldaten. Der Leutnant hat später gesagt: „In diesem Moment war ich glücklich, als ich sie so friedlich liegen sah, es ist ihnen manches erspart geblieben."

*

Unteroffizier M. lag mit seiner Gruppe im Schnee und in vorderster Linie. Seit Tagen griffen die Russen täglich nur noch mit Panzern an. In Rudeln zu fünf bis acht Panzern tauchten sie auf und fuhren mitten in die tiefgestaffelte HKL hinein. Eine Panzerabwehr gab es seit einer Woche nicht mehr. Dann suchten sie die einzelnen Gruppen auf und zermalmten mit ihren Ketten die im Schnee liegenden Leute. Der Unteroffizier von der 5. Kompanie hatte sich das vier Tage mit angesehen und es in den vier Tagen neunmal erlebt, daß die Nachbargruppe draufging. Und als sich eines Tages der Angriff gegen seine eigenen Leute richtete, wurde er weich, ließ seine Leute im Stich und verschwand.

Der Bataillons-Kommandeur fand nach Abmarsch der Panzer im Abenddunkel die Gruppe tot auf. Am darauffolgenden Morgen lag der Unteroffizier im Schneeloch neben dem Kommandeur des II. Bataillons. „Mein Gott, wo kommen Sie denn her, ich denke, Sie sind tot." Den Major sahen aus verzerrtem Gesicht angsterfüllte Augen an. „Ich habe das einfach nicht ertragen können, dieses viehische Totmalmen. Ich weiß, ich war feige. Vorhin war ich bei meinen Leuten. Sie sind alle tot."

Der Major wußte, was das bedeutet, wenn man, im Schnee liegend, Panzer auf sich zukommen sieht. „Es ist gut. Ich werde Sie nicht bestrafen und vor kein Gericht bringen. Sie haben Ihre Leute in der Todesstunde im Stich gelassen, und das haben die Männer nicht verdient. Mit welchem erbärmlichen Gefühl sind Ihre Leute wohl in den Tod gegangen, als sie merkten, daß ihr Gruppenführer verschwunden war. Gehen Sie in der Dämmerung nach vorn und übernehmen Sie die Gruppe des gefallenen Gefreiten Ziehrer. Die Kompanie wird von dieser Sache nichts erfahren."

In der darauffolgenden Nacht erreichte das furchtbare Schicksal auch den Unteroffizier Matthies mit seiner Gruppe.

*

Auf den Haupstraßen drängten oft zwei oder drei Kolonnen nebeneinander nach Osten. Vor den Eingängen von Dörfern wurde jede Vorfahrtechnik und Routine erstickt.

Die Dörfer waren Lebenspunkte von gewaltiger Anziehungskraft. Sie waren scheinbare Häfen. Das Scheinbar muß erwähnt werden, wenn im gleichen Maße die Dörfer Rettungsinseln sind, vereinigen sie alles, was auf ihnen weiterleben will und noch laufen kann, zum anderen ziehen diese scheinbaren Sicherheiten aber verstärkte Angriffe und Feuerüberfälle auf sich.

In den Dörfern hatten sich Stäbe und Versorgungseinheiten festgesetzt. Jeder Raum war zehnfach belegt. Die zurückgehenden Einheiten der Front hatten die Räume leer vorgefunden und belegten sie zwanzigfach.

Die müde Truppe hätte gern ausgeruht, aber sie konnte es nicht, und darum tippelte sie mit der Sehnsucht nach Wärme weiter. Eine vierzigfache Belegung hielten die Räume nicht aus.

Nun müßte eigentlich auch über Sehnsüchte geschrieben werden, aber dafür ist in diesem Rahmen kein Platz. Es soll die Feststellung genügen, daß sie sich nach Ruhe und Schlaf und Brot sehnten. Irgendwo liegen zu können, eine Tür hinter sich zu schließen, die Klamotten vom Leibe herunterzureißen, ein ganzes Brot langsam und bedächtig zu essen und dann umzufallen. Für eine Woche oder noch länger.

Nässe, Kälte, Hunger, Platzmangel und russische Panzer trieben die Truppe weiter. Die Dorfstraßen sahen wie Barrikaden von Kraftfahrzeugen aus, und um die Häuser und Kraftfahrzeuge streiften Männer und suchten, was sie nicht hatten. Es wurde unheimlich geklaut. Brot hatte Seltenheitswert. Wenn jeder erschossen worden wäre, dessen Hand sich um ein Stück Brot schloß, die Armee würde in einer Woche ein Fünftel ihres Mannschaftsbestandes verloren haben.

*

Ein paarmal zogen die Umstehenden die Fausthandschuhe aus, steckten die Finger in den Mund, um sie anzuwärmen, und wer laufen konnte, trabte im Kreise herum. Die dreiunddreißig waren die letzten Verwundeten eines Sammelplatzes, der südlich Gumrak lag. Das Herz konnte sich im Leibe herumdrehen, wenn man die Menschen sah, die so gekommen waren, wie sie die Schlacht entlassen hatte. Und hier stand die letzte Maschine. Das bedeutete, die letzte Lebenschance. Ist es begreiflich, daß sich um die Tür Knäuel bildeten, die hineinwollten, schoben und drängten? Der Leib des Riesenvogels faßte sechzehn Mann, und als diese Platz gefunden hatten, schoben sich weitere acht Mann nach, und doch standen immer noch neun in der frierenden Einsamkeit. In der Maschine gruppierten sie sich, legten sich auf den Boden, saßen in Hockstellung darüber, klammerten sich an Verstrebungen und Leisten, lagen buchstäblich übereinander, und trotzdem standen noch sechs draußen. Und diese sechs mußten hinein, und darum warfen sie die Bahren raus, Kanister und Notbeleuchtung, darum zogen sie die Mäntel von den Wunden, in die man eine Faust legen konnte, krochen in den Führerstand, besetzten die Heckkanzel, und doch waren drei Mann noch nicht geborgen. Dann warfen sie die Munition durch die Tür und das Verbandzeug, und wieder kam ein Mann zu der lebenden Last, die bis unter die Decke die Metallwände füllte. Nun, es ging nicht allein um den Platz, würde die Maschine mit der Belastung hochkommen? Der

Pilot konnte aus dem Führersitz nicht heraus, und es konnte auch niemand mehr hinein. Über drei anderen Kameraden stand an der Tür, die nicht schloß, der zweitletzte von draußen, und wenn sie nun die Farbe von den Wänden gekratzt hätten und die Tür ausgehangen und die Verbindungswände und das Funkgerät den Weg des anderen Inventars gegangen wäre, es wäre niemand mehr hineingegangen. Im Schnee, der um die Maschine herum flachgetreten war, lag der dreiunddreißigste mit zerschossenen Knien und um ihn herum tanzte das Eis.

Wißt ihr, was das heißt, wenn man zweiundzwanzig Jahre alt ist, dann eine letzte Lebenschance bekommt, wenn man sich seit Wochen nicht gewaschen hat und nichts über die Lippen brachte wie ein Stück trockenes Brot, rohe Rüben und gekochtes Schneewasser und dazu den Eisenhagel über sich ergehen ließ, und das alles bei fünfunddreißig Grad Kälte und ohne Hoffnung? Nein, ihr wißt das nicht, und darum könnt ihr auch nicht beurteilen, was die Tat des Gefreiten aus Iserlohn wert war, der an der Türe über den dreien stand, heraussprang und zu dem allerletzten ging und zu ihm sagte: „Mensch, meine beiden Arme sind kaputt, aber du kannst nicht mehr laufen." Und so kam es denn, daß ein paar von den anderen herauskletterten, ihn auf die Arme nahmen und quer über die Köpfe und Schultern der anderen legten, um dann wieder in qualvoller Enge zu stehen. Fragt nicht danach, was sie schrien und brüllten, fragt auch nicht danach, was sie in ihrer Vorstellungswelt empfanden. Es ging im Donner der Motoren verloren und sie konnten nicht hören, was er sagte, der doch draußen lag, und er nicht verstehen, was die anderen meinten. Von drinnen zogen sie ein Koppel durch das Schloß der Tür und hielten es mit zwei Mann zu, so voll war die Maschine.

Sie kamen hoch, wie das vor sich ging, soll hier nicht erwähnt werden. Es war nichts dabei übrig und es wird auch für alle Zeit eine einzigartige Leistung des Feldwebels der Transportstaffel bleiben, der am Steuerknüppel saß. Auf einer Schneewelle des Flugplatzes bei Gumrak saß ein einzelner Soldat, die Kragen von zwei Mänteln hochgeschlagen, darüber ein paar Tücher gewickelt, den Kopf mit Pelz bedeckt, und sah der gestarteten Maschine nach. Es ist kein weiterer Fall bekannt, daß ein Flugzeug um einen einzelnen Soldaten eine Ehrenrunde geflogen ist. Der Pilot sagte, er hätte niemals einen einsameren Menschen gesehen wie den Gefreiten auf der Schneewehe bei Bezugspunkt 426, der mit dem Kopf im Nacken in die Höhe starrte. Das einzige Farbige an ihm sei das Blut gewesen, von dem die Verbände um seine

Arme braun ausgesehen hätten. Und wenn der Mann die Absicht gehabt hätte zu winken, so wäre selbst das nicht einmal möglich gewesen.

*

Der Kommandeur betrachtete das Häuflein der Überlebenden. Sechsundzwanzig Mann waren der Rest von vierhundertfünfzig. Dann sah der Major zu den neun Toten, die am Morgen gefallen waren. Sie lagen nebeneinander und starrten mit wachsgelb spitzem Gesicht ins Leere.

Das waren nun die letzten sechsundzwanzig Mann. Einen Angriff hatten sie am Morgen noch abgewehrt, dann war es mit der Munition zu Ende. Nein, es ging wirklich nicht mehr weiter. General Stempel hatte vorgestern die Stellung besichtigt und zu dem Major gesagt: Ich glaube nicht, daß mehr als zehntausend von der Armee noch schießen. Die anderen sind nur dabei, wenn gestorben wird. Und ihre Zahl vermindert sich von Stellung zu Stellung im Quadrat, ohne daß die Truppe die Möglichkeit hat, sich zu wehren. Wenn man sich aber nicht mehr wehren kann, soll man Schluß machen."

Das war vor achtundvierzig Stunden. Vor drei Jahren hatte der Kommandeur Hitler in München gehört. „Was immer auch im einzelnen uns an Opfern zugemutet wird, das wird vergehen, es ist belanglos. Entscheidend ist und bleibt der Sieg."

Und die Worte des Generals und die Worte Hitlers gingen dem Kommandeur im Kopf herum.

„Wenn man sich nicht mehr wehren kann, soll man Schluß machen." Sie konnten sich nicht mehr wehren, also ...

Die Leute bauten sich im Halbkreis auf und sie verstanden sehr gut, was ihr Regimentskommandeur sagte. „Die Armee ist für uns unerreichbar, die Division ist tot und das Regiment sind wir. Also sind wir die Letzten der Armee. Ihr habt den Eid auf die Fahne geschworen und gesagt: ‚... wenn es sein muß, bis zum Tod.' Die Kammern eurer Gewehre sind leer und eure Mägen sind es auch. Ich gebe euch euren Eid zurück, jeder kann machen, was er will. Deutschland muß nun sehen, wie es ohne uns auskommt."

Dann gab der Kommandeur jedem seiner sechsundzwanzig Männer die Hand und sah ihm dabei in die Augen. Die Männer hatten das Gefühl, daß er weinte, aber das konnte auch vom Eiswind kommen. Hierauf hob er zum letztenmal die Hand zum

Gruß an die Feldmütze. Einmal in Richtung seines Haufens und dann noch nach dorthin, wo die neun Mann mit dem spitzen Gesicht lagen.

Hundert Meter von diesem letzten Antreten entfernt, hatten sechs Soldaten einen lebenden Klepper gesichtet. Der Kommandeur sah, wie einer von hinten zwischen die Hinterbeine kroch und ihn leicht anhob. Zwei Mann schoben das Pferd, zwei Mann hielten die Balance, damit es nicht umfiel, und einer zog am Kopf. So brauchte das geschwächte Tier nur die Vorderbeine zu bewegen. Es tat es gern, weil es lebensmüde war, denn Schnee war seine Hauptnahrung gewesen.

Auf diese Gruppe schritt der Kommandeur zu, aber er beachtete sie nicht. Er ging an ihr vorbei und bemühte sich, aufrecht zu gehen, er ging so lange, bis er die Mündung von zehn russischen Panzern sah. Und ein Dutzend Schritt hinter ihm tappten sechsundzwanzig Mann, die Letzten der „Reichsnährstanddivision".

*

Da fährt ein Lkw, beladen mit dreißig Verwundeten. Zu der Kolonne gehören fünf Fahrzeuge und sie rasen in Richtung Flugplatz. Ein Bomberverband zieht keine fünfhundert Meter hoch auf den Platz zu. Der vorderste Wagen dreht auf, der letzte bleibt zurück, um die Abstände zu vergrößern. Die Bomben fallen. Der erste Wagen hätte nicht so schnell fahren sollen oder noch schneller. Von den dreißig Mann sind dreiundzwanzig tot, der Fahrer ist durch das Verdeck gewirbelt und findet sich im Schnee wieder. Über das Gesicht läuft Blut. Und er faßt in die Manteltasche, um einen Stoffetzen herauszuzerren. Findet eine klebrige Masse und reißt sie heraus. Es ist der halbe Kopf seines Kameraden, der beim Angriff neben ihm saß. Und daran denkt er nun immer und seitdem kann er keine Haare mehr anfassen.

*

Die achtzig letzten Schuß waren verschossen. Zuerst hatte man nach den Seitengewehren gegriffen, aber die Russen kamen nicht. Nach einer Viertelstunde war man ruhiger geworden. Es waren elf Mann und sie waren durch nichts aus der Ruhe zu bringen. Was im Soldbuch stand, hatte man an, und der Eßvorrat bestand noch aus ein paar Gramm Brot. Es war der 31. Januar und nichts mehr zu hoffen.

Der Feldwebel vom 2. Zug hatte einmal Pfarrer werden wollen. Nun versammelte er die elf Mann um sich. Sie folgten ihm in den Keller.

Ihre Gesichter waren so schwarz wie ihre Bärte. Sie setzten sich auf die Erde und ihr Feldwebel schnitt für jeden eine Scheibe Brot. Dann sprach er ihnen die Worte, die über dreihundert Jahre alt sind und die Neumark einmal geschrieben hat:

„Was helfen uns die schweren Sorgen,
was hilft uns unser Weh und Ach.
Was hilft es, daß wir alle morgen
beseufzen unser Ungemach.
Wir machen unser Kreuz und Leid
nur größer durch die Traurigkeit."

Dann sagten sie gemeinsam „Amen". Es klang schaurig in dem Keller. Wenn sie dieses Brot gegessen haben, werden sie nichts mehr zu essen haben. Es ist also ihre letzte Mahlzeit.

Auf dem Kistendeckel stand eine Riesendose mit eingemachten Gurken. Es ist nicht bekannt, woher sie diese Dose hatten. Sie hätten die Gurken auch noch essen können, wird der eine oder andere von euch jetzt sagen, aber er weiß nicht, warum sie das nicht getan haben. Wenn man vierzig Tage nichts im Leib hat als Brot und dazu eine dünne Suppe, wenn man mehr als zehn Tage nur Brot und seit drei Tagen nur Suppe gegessen und im Magen hat, dann kann man keine Gurken mehr essen. Und darum blieben sie auf dem Kistendeckel stehen, der ihre letzte Mahlzeit sah.

Sie sind aus dem Keller nicht wieder nach oben gegangen und eine Stunde darauf durch einen schweren Artillerievolltreffer gefallen. Alle auf einmal.

*

Die 22. Panzer-Division hat vom ersten Tage an im Kampf gestanden. Damals war sie mit dem XLVIII. Panzerkorps nach Süden ausgebrochen. Und hatte immer wieder die Lücken geschlossen oder die Flucht gedeckt. In der Schlacht um Stalingrad ist die Division bis zum letzten Mann verblutet. Kampfgruppen und Eingreif-Bataillone gingen nacheinander verloren. Von ihren Regimentern blieb nichts. Von jeder Kompanie blieb vielleicht ein Mann übrig. Die nicht unter dem Schnee lagen, flüchteten über den Donez, um als „Kampfgruppe" noch bis zum 27. Februar zu existieren. Nur dem Namen nach war noch die Rede von einer ehemaligen Panzer-Division.

So erreichte denn diese Division, genau wie die 27. Panzer-Division, ihr Schicksal. Sie wurde aus der Front gezogen und am 15. April durch Führerbefehl aufgelöst. Es hieß darin: „Die Division hat die in sie gesetzten Erwartungen im Kampf um Stalingrad nicht erfüllt.“

Die Männer waren tot, die Panzer zerschossen, das Ziel der Klasse war nicht erreicht.

*

Was vom Infanterie-Regiment 194 im Schwarzkopf noch übrigblieb, war bis Orlowka gekommen und dort zugrunde gegangen.

Die Panzerjäger der 60. motorisierten hatten danach die Stellung übernommen und in die kleine Gracht, die einstmals den Befehlsstand beherbergte, die einundzwanzig Toten gelegt, die vom Regiment übriggeblieben waren. Es fehlte nur noch der Schnee, der die Gestalten zudecken sollte. Dann kamen russische Panzer, und als es vorbei war, nahm die Grube mit den einundzwanzig vom 194. Infanterie-Regiment auch noch dreizehn Panzerjäger auf. Und dann kam russische Infanterie, und davor hatten die Granatwerfer geschossen. Die Panzerjäger hielten die Stellung, aber es fehlten weitere siebzehn Mann. Und dazu kamen dreiundfünfzig Russen. Am Abend war die Gracht mit dem früheren Befehlsstand bis zur Hälfte gefüllt.

Am anderen Morgen waren die Panzerjäger mit ihrem letzten Geschütz nach Osten gezogen. Die Aufklärungsabteilung der 44. Infanterie-Division übernahm die Front. Das ging wieder ein paar Stunden gut. Granatwerfer, Artillerie und Stalinorgel sorgten dafür, daß die Grube sich bis an den Rand füllte. In der Nacht fiel Schnee, viel Schnee, und als der Morgen kam, bemerkte man eine Senke im Boden, wo das Grab von vier Einheiten war, aber sonst nichts. Und dann kamen wieder die Panzer, und die Aufklärungsabteilung ging dahin, wohin die Panzerjägerabteilung am Tage vorher gegangen war, und der Kampf um fünfhundert Meter Schnee war beendet.

Der erste Panzer kroch über die Höhe und glaubte, daß die Mulde eine Mulde sei. Und so kam es, daß er ins Grab von zweihundert Soldaten fiel und mit seinen Ketten und der vielhundertpferdigen Motorenkraft in Blut und Fleischfetzen rührte und nicht wieder herauskam.

Über Nacht waren sie alarmiert und von ihren Pritschen hochgeschreckt, in Torgau, Anklam, Graudenz und Hela. Sie hatten einst gestohlen, gemeutert, verrückt gespielt, die Hände in den Taschen behalten, einem Vorgesetzten ins Gesicht geschlagen. Wie gesagt, sie waren über Nacht alarmiert und einen Tag später untersucht, eingekleidet und zusammengestellt. Vier Kompanien bildeten die Feldstrafabteilung 8. Sie trugen keine Spiegel, keine Schulterklappen und keine Abzeichen und selbstverständlich keine Waffen und Koppel.

Die Feldstrafabteilung wurde für den Arbeitseinsatz „Ost" bestimmt. Güterwagen nahmen sechzig Personen auf, und als sie in Isjum ausgeladen wurden, waren neun Tote darunter. Die Abteilung kam als Arbeitskommando nach Rußland, sie entfernte Minen und bekämpfte Partisanen. Jeder vierte hatte ein Gewehr, dann kamen sie nach Stalingrad. Als tausend tot waren, wurden die Feldstrafabteilungen 3, 5 und 8 aufgefüllt und nun waren es zweitausendachthundert Mann.

Ein paar Schritt hinter der vordersten Linie warteten sie darauf, die Gefallenen zu begraben. Die Front war auch die Grabstätte. Damals setzten sie noch Kreuze und es lagen unter den Kreuzen oft einer oder hundert. Mit der Zeit bekamen sie Übung im Ausschachten von Löchern. Sie hoben die Gräber nicht mehr nach Vorschrift, sondern nach der Situation aus. Beine sind einfacher zu legen wie Brustkorb mit Kopf, später kam es dann darauf an, ob die Zeit reichte. Im Januar wurden sie als würdig befunden, „mit der Waffe zu kämpfen". Sie krochen in den Pioniereinheiten unter, kamen in die Panzervernichtungstrupps und waren bei der Infanterie zu Hause. Sie schoben genauso Kohldampf wie die anderen, verkrochen sich unter die Erde oder fielen. Die gemeinsame Erde nahm sie auf. Später waren es die gemeinsamen Schneelöcher, und um die Monatswende lagen sie gemeinsam nebeneinander und wurden vom Eiswind zugeweht.

*

Sie sind heute nicht mehr am Leben, und es ist darum so schwer, ihre Namen zu nennen oder sie aufzuzählen. Hier soll auch dem Krieg kein Denkmal gesetzt werden, sondern seinen Toten. Daß sie vorher tapfer waren, soll man ihnen hoch anrechnen.

Erinnert ihr euch noch an den Obergefreiten Zinke von einer Flak-Batterie, der die Sehschlitze der Panzer mit der Zeltbahn zuband? Neunzehn hatte er auf seinem Konto stehen.

Da war die Schwadron, die an einem Nachmittag neununddreißig Pak zusammenschlug und zwei Artillerie-Abteilungen ganz allein auf ihre Kappe nahm. Die Schwadron ist nicht mehr, die Reiter sind abgesessen.

Da war der Hauptmann mit dem Goldenen Militärverdienstkreuz. Damals war er zweiundfünfzig Jahre alt, heute ist er tot. Er räumte drei Bunker allein aus und kam mit sechs Maschinenpistolen und neunundzwanzig Gefangenen zurück. Dafür fehlten ihm vier Finger an der linken Hand.

Und der Unteroffizier, der bei dreißig Grad Kälte in seinem zerfetzten Rock an der 8,8 stand, da, wo die Bahnlinie nach Gumrak geht, und von siebenundzwanzig Panzern siebzehn eine Himmelfahrt bereitete.

Und an den Hauptmann, Feldgeistlichen, den Gefreiten, den Leutnant, den Schützen, den . . .

*

Es gab auch seltsame Soldaten in Stalingrad. Drei Darstellungen mögen das bezeugen.

Der Gefreite Fehrmann war aus Brasilien gekommen. Gerade noch vor Toresschluß. Am 25. August 1939. Nun war er in Stalingrad und Gefreiter geworden. Er trug ein seltsames Reisegepäck, einen Rucksack voll Kursbücher, Atlanten, Flugkarten, Schiffahrtstabellen, Reiseprospekte, Landkarten und einen Taschenglobus.

Der Krieg interessierte ihn nur am Rande, im Ausbildungsbataillon war er dadurch aufgefallen, daß er jede freie Stunde mit dem Ausarbeiten riesenhafter Reisen und Fahrpläne ausfüllte.

Nach Afrika, Asien, Amerika. Er wälzte Kursbücher und stellte Routen zusammen, berechnete die Zeiten und Fahrpreise, stellte Klima und Jahreszeit in Anrechnung und unterrichtete sich über Paß- und Zollvorschriften.

In einer Mappe trug er neunundvierzig fertige Reisepläne, sie waren in Dresden, Breslau, Luck, Poltawa und Stalingrad entstanden. Dazwischen lagen noch ein paar Dutzend andere Orte. Es waren Reisen nach Syrien und dem vorderen Orient, nach Damaskus und Tonking, Valparaiso und einem kleinen Ort mit unleserlichem Namen in den Pyrenäen. Es hat keinen Zweck, hier alle Reisepläne aufzuführen, denn über Fehrmann wäre ein eigenes Buch zu schreiben. Er kannte alle Reisebüros und Häfen von Rang, Agenten und Bordelle der Welt, war zweiundvierzig Jahre alt und sprach sechs Sprachen.

In Stalingrad war er beim Troß. Nachschub gab es nicht mehr, aber die Kolonne existierte noch. Dem zweiten Führerbefehl, „zur Stärkung der Front durch frisches Blut“, war er entgangen. Mit den Nöten des Tages wurde er spielend fertig, ein Mann, der gewohnt ist, in den Spiegelkästen von Möbelwagen zu schlafen, findet sich auch in Rußland zurecht.

Er war gerade dabei, über Wladiwostok eine Fahrt nach Japan und den Philippinen auszuarbeiten. In diesem Augenblick drückte Iwan oder Konstantin oder ein anderer mit ähnlichem Namen, dreihundert Meter über ihm, auf den Bombenauslöseknopf.

Als seine Kameraden ihn fanden, war er bereits auf der größten und längsten Reise. Er hatte sie in seinen Plänen nicht vorgesehen.

*

Unteroffizier Michel baute Uhren. Andere schossen, aßen, schrieben Briefe, sammelten Geld oder Erfahrung. Unteroffizier Michel baute Uhren. Sie waren seine Leidenschaft. Ihr Anblick wirkte auf ihn wie Pervitin — Taschenuhren, Wecker, Regulatoren. Wahrscheinlich auch Kirchenuhren, aber die lagen alle im Parterre.

Er hatte das Glück, von Anfang an so um Orlowka herum zu liegen. Sein Bunker glich einem Museum. Michel ging auf Suche nach Uhren, reparierte die unmöglichsten Stücke, suchte unter den Trümmern und streifte durch noch stehende Räume. Und er fand Uhren. Neunzehn Prachtstücke schlugen in seinem Bunker, wie im Spielwarenladen des Zauberkönigs, pingelten, scharrten, gongten.

Es war erstaunlich, daß es inmitten des Zusammenbruchs einer Welt einen Menschen gab, der sich damit etwa so abfand, wie jemand, der seine Brötchen vom Bäcker in einer Tüte gebracht bekommt.

Die Reparaturen machte er nicht etwa gegen Lohn. Gott bewahre, nur aus Freude am Werk.

Im Januar gab es keine Uhren mehr. Sie lagen alle unterm Dreck oder waren so verbeult, daß einhundertfünfundfünfzig Teile ersetzt werden mußten. Michel schien untröstlich, und da passierte in Stalingrad ein tolles Ding. Sein Budenkamerad kam auf eine großartige Idee (es ist wichtig, zu erwähnen, daß Michel und Hans an der Technischen Hochschule gemeinsam Feinmechanik studiert hatten).

Als Unteroffizier Michel von einem Dienstgang, der zwei Tage gedauert hatte, zurückkehrte, blieb er wie vom Schlag getroffen stehen. Das war nicht sein Bunker, das Ticken und Pingeln und Gongen war vorbei. Die Uhren hingen nicht mehr an der Wand, es waren überhaupt keine richtigen Uhren mehr, ich möchte sagen, in Marschordnung lagen die Bestandteile auf dem Boden. Neunzehn Häufchen oder Haufen, je nachdem, bis in die kleinsten Teilchen säuberlich auseinandergenommen und gestapelt. Zuunterst das Zifferblatt, oben drüber das andere.

Das sollte ein Freundesdienst sein, es war ein Irrtum. Michel weinte, weinte wie ein kleines Kind, dem man seinen Ball weggenommen hatte. Dann war er eine Viertelstunde lang ruhig und stierte vor sich hin. Es ist nicht zu sagen, was in seinem Gehirn vorging, aber das Resultat war eindeutig. Der Unteroffizier aus Mannheim sprang auf, raste über Haufen und Häufchen, trat sie in alle Richtungen, griff mit seinen Händen und wirbelte sie an die Bunkerdecke: 19 Zifferblätter, 38 Zeiger, 19 Federn, 2000 Rädchen und sicherlich 5555 Schrauben und Schräubchen. Das war am 1. Februar 1943.

Als mit vorgehaltenen Maschinenpistolen fünf neugierige Russen in den Bunker eindrangen, sahen die erstaunten Augen einen Soldaten auf einem Berg von Uhrenbestandteilen sitzen. Der Soldat war dabei, das Werk eines Weckers aus dem Wirrwarr der Rädchen und Schrauben neu erstehen zu lassen.

So was gab es.

*

Es gab noch zwei Mann, von denen gesprochen werden muß. Das war in der Nordriegelstellung nahe Bahnhof Konoja. Sie hatten sich ihr Loch gut ausgebaut, mannstief mit anschließendem Schlafraum. Drei Meter unter der Erde, acht Meter im Quadrat war der Kampfstand. Aber das ist nicht so wichtig.

Die Front war ruhig, die Russen lagen einhundertundfünfzig Meter entfernt. Ab und zu fiel ein Schuß, sonst nichts.

Eines Tages knallte es ein dutzendmal. Es mochte um vierzehn Uhr sein. Die Landser in Kompanie und Regiment pennten oder schrieben Briefe. Raus aus den Bunkern, Nase über den Rand, nichts zu sehen.

Zwanzig Minuten später tolles Geknall, nichts zu sehen, kein Angriff, keine Fortsetzung der Schießerei. Drei Tage ging das so. Von zwölf Uhr mittags bis gegen vierzehn Uhr. Alle zwanzig bis dreißig Minuten. „Feuerüberfall durch Gewehrfeuer“, hieß es in den Meldungen. Die Kompanie gab das vermutliche Ziel an, das Bataillon reichte den Bericht dem Regiment ein. Es gab keinen Zweifel, das Feuer lag auf Postenstand 135.

An einem Sonnabend war es wieder soweit. Achtmal zwei Minuten, das zog sich mit den Pausen auf drei Stunden hin. Danach war Ruhe. Der Regiments-Kommandeur robbte durch den Verbindungsgraben und lag nach 15 Minuten am Rande der 135. Dann ließ er sich in das Geviert fallen, der Bataillons-Kommandeur und Kompaniechef folgten in Abständen. Der Spieß hatte sich auch nicht drücken können.

Eine Minute Schweigen, dann platzte der Kragen. Der Kommandeur stand kurz vor einem Schlaganfall. Die Adern an Stirn und Hals schwollen. Er brüllte drei Minuten so, als ob die Mauern von Jericho umfallen sollten. Dann kroch er zurück. Der Bataillons-Kommandeur blieb wesentlich ruhiger, aber man konnte alles, was er sagte, am Regiments-Gefechtsstand verstehen.

Der Kompanieführer stand mit rotem Gesicht da. Die beiden Gefreiten von 135 hatten den Eindruck, daß er explodieren müsse. Als der Bataillons-Kommandeur fünfzig Meter weg war, explodierte es auch, nämlich das Gesicht vor Lachen. Der Kompanieführer war sechsundzwanzig Jahre alt, Architekt in Düsseldorf und Leutnant. Dafür war er viermal verwundet.

Die beiden Männer der 2. Kompanie hatten sich aus Langeweile ein amüsantes Spiel ersonnen. Sie malten auf einen Stahlhelm mit Lehm sechs Kreise, wie auf einer Schießscheibe. Dann wetteten sie auf Ring oder Fehler, jedesmal eine Mark. Setzten den Helm auf die Stange und hoben ihn zehn Zentimeter über die Brusthöhe. Die Wirkung blieb nicht aus. Sie knallten von drüben, runter den Helm, nachgesehen, Mark verteilt, Loch verklebt, gewertet, raus das Ding.

Im Postenstand 135 lagen sieben völlig zerschossene Stahlhelme. Der Gefreite Grube hatte einhundertsechsundvierzig Mark gewonnen.

*

Am 17. Oktober 1942 gab die 6. Armee die Zahl der kämpfenden Truppe mit 66.549 an, die Stärken des IV. Armeekorps und des XLVIII. Panzerkorps waren darin nicht enthalten. Die Verpflegungsstärke der Armee betrug am gleichen Tage 334.000 Mann.

Bis zum 18. November wurden rund 17.000 Mann als Verwundete ausgeflogen oder mit der Bahn abtransportiert.

Madonna in Stalingrad

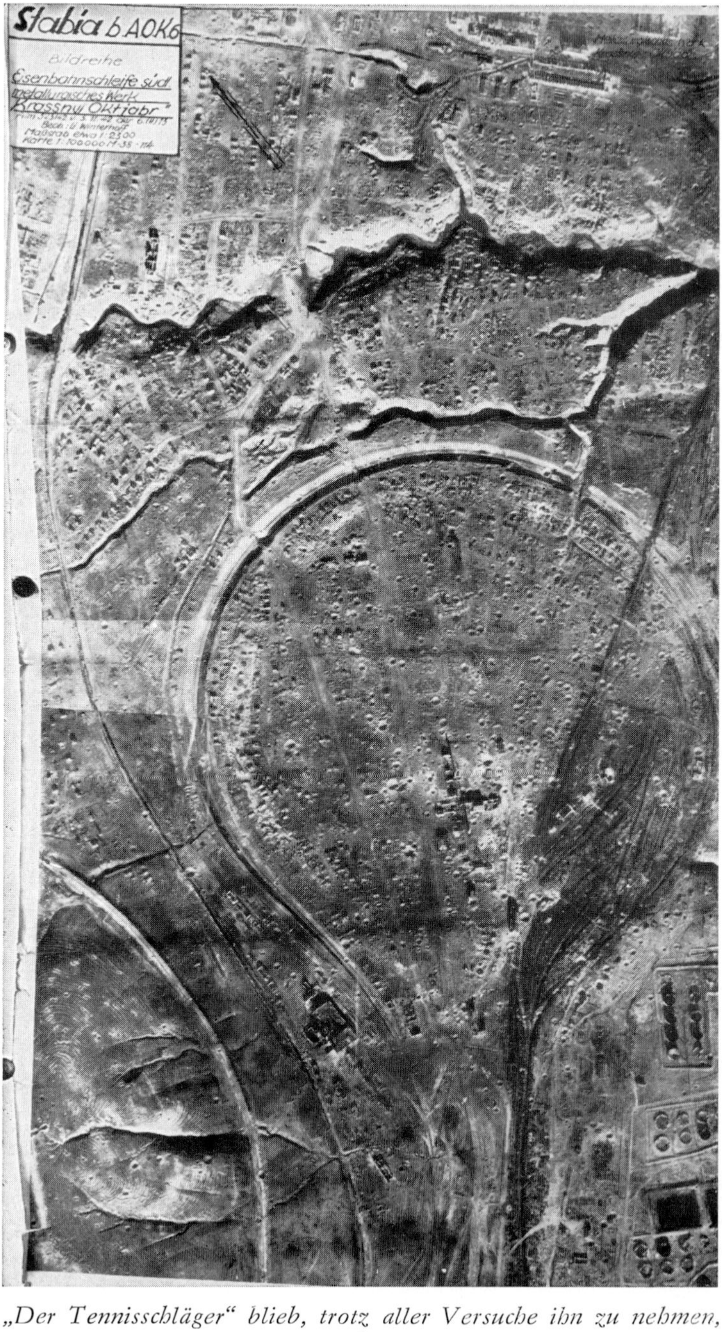

„Der Tennisschläger“ blieb, trotz aller Versuche ihn zu nehmen, in sowjetischer Hand

Immer war er Mittelpunkt, er:
der Infanterist

Während des russischen Durchbruchs vom 19. bis 21. November gingen 34.000 Mann verloren. Die Auffangziffern der Tschir-Front betrugen 39.000 Mann.

Am 25. November betrug die Kesselstärke einschließlich des XLVIII. Panzerkorps und des IV. Armeekorps sowie der Rumänen 284.000 Mann. Davon wurden bis zum 24. Jänner 1943 29.000 Mann verwundet ausgeflogen. Von den 255.000 im Kessel Zurückgebliebenen fielen bis Ende Januar 132.000 durch Tod oder Vermißt aus.

Demnach gerieten 123.000 bis zum 2. Februar 1943 in Gefangenschaft.

*

In Fleckfieberträumen stöhnte der Pfarrer mit dem Sportabzeichen auf dem zerschlissenen Waffenrock noch zwei Monate später im Gefangenenlager von Jelabuga auf seiner Holzpritsche.

„Ich bin der Totenkönig von Gumrak."

Dr. Ludwig hatte bis zur Selbstaufgabe den priesterlichen Beistand geleistet, die letzte Ölung gespendet, die letzten Grüße an die Angehörigen entgegengenommen und die Totenmarke abgebrochen, ohne zu wissen, ob er sie je den Eltern oder der Frau zustellen könnte.

Mit Kinderaugen schaute ihn ein Neunzehnjähriger an: „Den Rosenkranz", und deutete auf die zerfetzte und blutige Hosentasche. Der „Totenkönig von Gumrak" griff hinein und zog die Hand bestürzt zurück. Er faßte in die offene Bauchhöhle.

Es sind immer wieder tausend Dinge.

Der Pfarrer nahm den aussichtslosen Kampf mit dem Massensterben auf. Er konnte sich nicht mehr mit einzelnen befassen, sondern arbeitete summarisch. Die letzte Ölung, ein Vaterunser, der Nächste, denn in Gumrak liegt ein Leichenberg von dreißigtausend, und das darf man nicht vergessen.

Da ist ein besonderer Raum auf dem Hauptverbandplatz für Kopf- und Bauchschüsse, und aus dem Operationszelt werden die hoffnungslosen Fälle „zum Pfarrer" transportiert. Einen bringen die Sanitäter, dem das Gesicht schon mit der Zeltbahn zugedeckt ist. Der Pfarrer schlägt die Decke zurück und erteilt die Krankensakramente, zum hundertsten Male heute, und betet ein Vaterunser. Als er mit der katholischen Form zu Ende ist, falten sich die Hände unter der Decke, „der Tote" betet die evangelische Schlußformel, „denn Dein ist das Reich, die Kraft und die Herrlichkeit."

„Das eigentliche Stalingrad kann man nicht aussprechen und nicht schreiben. Es kann nur gebetet werden."

Das sagte Pfarrer Kayser von der 76. Infanterie-Division, der in der Nacht vom 15. auf den 16. Januar in Gefangenschaft geriet, zu einer Zeit, da alles verloren und nichts mehr zu retten war. Entgegen dem ausdrücklichen Befehl seines Divisions-Kommandeurs war er bei den Verwundeten im Rossoschka-Tal zurückgeblieben, um ihnen die priesterliche Hilfe zuteil werden zu lassen. Mit einem Leichtverwundeten machte er in der Nacht die letzten Brote zurecht. Auf den Kopf kam eine dicke Scheibe von fünfzig Gramm. Die Ärzte waren abgerückt und auch die Sanitäter, sie hatten den Pfarrer für verrückt erklärt. Klumpenweise hatten sich die verzweifelten Kranken und Verwundeten an die abfahrenden Kraftfahrzeuge geklammert. Dann wurde es unheimlich still in der kleinen Balka zwischen Rossoschka und Pitomnik.

In der Stille polterte der Angstruf: „Die Russen kommen." Es entstand eine Panik, wer noch auf den verbundenen, erfrorenen Füßen weiterkonnte, versuchte es in Richtung Stalingrad.

Der Pfarrer trat aus seinem Erdloch heraus und schritt auf der Sohle der Balka den Russen entgegen. Hinter einer Biegung der Schlucht hervorkommend, standen sie ihm plötzlich fünfzehn Meter gegenüber, junge Sibiriaken, in prachtvoller Winterkleidung. „Je swetschennik, Chrestos woskress wo woino!" rief der Pfarrer. (Ich bin der Priester, Christus ist im Krieg auferstanden!)

Auf diesen Anruf senkten die Russen ihre Maschinenpistolen, bekreuzigten sich und antworteten:

„Wahrhaftig, er ist auferstanden!"

Sie legten dem Pfarrer ihre Hände auf die Schulter und gaben ihm den russischen Osterkuß, indes sie ihn auf beide Wangen und auf den Mund küßten.

Dann führten sie den Pfarrer durch die Schlucht nach Süden, wo ehedem der Sanitätsunterstand der 76. Infanterie-Division war. Das Erdloch, in dem einst die Küche gestanden hatte, war etwas besser ausgebaut. Vor dem Eingang lag ein toter Russe, hinter ihm stand ein junger deutscher Soldat, den Karabiner schußfertig in der Hand. Zwei weitere ängstliche junge Gesichter starrten aus dem Erdloch auf den Pfarrer. „Kameraden!" rief der Pfarrer, „die Russen tun uns nichts, kommt, helft mir, die Verwundeten zu bergen."

„Du bist ein Russe", rief der Junge am Eingang. Er hatte seinen Karabiner auf den Pfarrer gerichtet.

Der Leichtverwundete, der dem Pfarrer beim Fertigmachen der letzten Verpflegung geholfen hatte, sprang auf ihn zu:

„Mensch, mach doch keinen Blödsinn! Das ist doch der Pfarrer von der 76.!"

Der russische Oberleutnant riß den Pfarrer zurück, über dem toten Russen am Eingang brach der Soldat, der helfen wollte, zusammen. Die Russen zogen den Pfarrer mit fort. In hundert Meter Entfernung richteten sie das Rohr eines Geschützes auf das Erdloch, und ehe sie abzogen, drehte sich der Pfarrer um.

„Das eigentliche Stalingrad kann man nicht aussprechen und nicht schreiben, es kann nur gebetet werden!"

*

Der Panzer hatte keine Ketten mehr, aber seine Luke war zu schließen und Kanone und Maschinengewehr waren einsatzfähig. Es waren fünf Mann, die in diesem Panzer saßen, und sie hatten es sich auch darin so bequem gemacht, wie es eben ging. Der Panzer war in der vordersten Stellung stehengeblieben, und früher hatte darin ein Regiments-Kommandeur seinen Befehlsstand gehabt. Darum war auch eine Fernsprechleitung gelegt, die zur Division führte. Der Regiments-Kommandeur war fort, seine Truppe auch, aber die fünf Mann, die zum Nachbarregiment gehörten, hatten sich hier festgesetzt.

„Bis zum Untergang der Welt."

Sie probierten das Maschinengewehr aus, es funkte, sie drehten die Kanone und schoben eine Granate in den Lauf, es knallte, sie fanden den Fernsprechapparat und drehten an der Kurbel. Es meldete sich die Division. Sie hängten ab und blieben eine Woche lang vom Feinde unentdeckt. Bis der Russe nachstieß. Die fünf ließen ihn auf fünfzig Meter herankommen und hielten dann dazwischen. Damit hatten sie für vierundzwanzig Stunden Ruhe. Am anderen Tag kamen Panzer, die Sache wurde fauler. Sie schossen über den Daumen und erledigten drei T 34. Am Abend gaben sie der Division einen „Kampfbericht" durch. Zwischen ihnen und der deutschen Front lagen zwei Kilometer, und die Russen versuchten es mit Granatwerfer, dann mit Artillerie und zum Schluß nochmals mit Panzern. Die Geschichte ihrer Einsamkeit würde ein Buch füllen, es soll so schnell gesagt werden, wie es zu Ende ging. Zuerst blieb die MG-Munition aus, dann holten sie das letzte Krümchen Brot aus den Manteltaschen, und dann drehten sie an der Kurbel und fragten, was sie machen sollten. Von der Seite der

Freunde konnte keine Hilfe kommen, aber dafür kam eine Antwort:

„Denkt an die Russen vom Silo."

Mit den „Russen vom Silo" war es wie folgt gewesen:

Die 71. Infanterie-Division griff von allen Seiten die Getreidelager an, die von sowjetischen Soldaten verteidigt wurden. Nach drei Tagen funkten die Verteidiger zu ihrer Befehlsstelle im „Tennisschläger":

„Wir haben hier nichts mehr zu essen."

Die Antwort lautete: „Kämpft, dann vergeßt ihr den Hunger."

Nach drei Tagen funkten sie wieder. „Wir haben nichts mehr zu trinken, was sollen wir machen?" Und es kam die Antwort:

„Jetzt kommt die Zeit, Genossen, da ihr vom Verstande und eurer Munition leben müßt."

Die Verteidiger warteten zwei Tage, dann gaben sie den letzten Funkspruch durch.

„Wir haben nichts mehr zu schießen."

Es dauerte keine fünf Minuten, dann waren sie im Besitz der Antwort:

„Die Sowjetunion dankt euch, euer Leben hat einen Zweck gehabt."

Und daran dachten die fünf im Panzer, als der letzte Schuß auf vierhundert Meter eine Panzer-Abwehrkanone in die Luft gewirbelt hatte, gegen Flammenwerfer waren sie machtlos. Als die Sonne aufging, meldete sich aus dem Befehlsstand 506 niemand mehr, aber Deutschland dankte ihnen nicht und auch der Zweck ihres Todes war nicht erwiesen.

*

Der Augenblick, wenn die Post kam, ist nicht zu beschreiben. In diesem Durcheinander von Briefen und Karten lag die Überwindung der Ferne. Wer die Gesichter von Menschen angesehen hat, die in Stalingrad auf Post warteten, wird darin nur noch eine unerträgliche Spannung gefunden haben. Alle Blicke hingen an dem kleinen Berg aus Papier. Die zerstörten Häuser starrten zu den Männern hin, sie sahen es nicht, ihre Erwartung und Sehnsucht trennten sie von aller Welt.

Der Krieg war für sie auf eine unbegreifliche, völlig gewaltlose Art zu Ende gegangen. Sie hörten die Namen der Kameraden. Ihre Kehlen wurden spröde und trocken, jeder wartete nur auf seinen Namen, wie auf die Freisprechung von einer besonderen

Art des Todes, von einem unsagbaren Druck. Die Namen fielen, die Hände streckten sich aus und empfingen einen Brief, der Mann, dem diese Hände gehörten, fühlte sich aus einem Meer von Erwartung und Unsicherheit an festes Land gezogen.

Unter seinen Füßen war wieder Erde.

*

Er stand an seiner Feldküche, mit breitem Brustkasten und kleinen zusammengekniffenen Augen in einem Gesicht, das ohne Hals auf den Schultern ruhte. Er war souverän, hatte zu rauchen und hatte Geld. Er gehörte zu denen, die sich in jeder Organisation rasch unentbehrlich machen. Beim Militär war er eben in der Küche, wenn der Kampf in Stalingrad zu Ende ist, wird er bestimmt „Kommandant" eines deutschen Kriegsgefangenenlagers. Er kontrollierte die Fleischbüchsen und zählte die Erbsen, er wog die Butter und füllte die Flaschen ab. Das war vor acht Wochen noch so gewesen, und heute thronte er noch auf den Schätzen, mit denen eine kriegsstarke Kompanie zweimal satt geworden wäre. Er hatte seine Freunde, und seine Freunde hatten ihn. „Guten Morgen, Herr Oberzahlmeister." „Guten Morgen, Paul." Sie warfen sich die Bälle zu, der Molch ohne Hals schätzte nur die Worte, die auch nach Stalingrad noch im Kurs standen. Die nahm er gerne, und dann faßte seine Hand die Kelle fester und rührte damit über den Grund. Er war ein typisches Schwein.

Die Granaten schätzte er auch, aber von einer anderen Seite.

Einmal kam ein Landser zu ihm, aus einem Loch, um das drei andere, die früher gelebt hatten, eine Schutzwand gegen Schnee und Wind bildeten. Es war eine ausgehungerte Seele. Als von seiner Kompanie nichts mehr übriggeblieben war, machte er sich auf den Weg. Drei Küchenbullen hatten für ihn kein Herz.

Dann kam er zu Paul. Er sah in das feiste Gesicht und wußte, daß der Mann nicht vom Schnee dick geworden war. Ohne etwas zu sagen, drehte er sich um und kam nach einer Viertelstunde mit einem Sack zurück. Paul hörte folgende Worte: „Fünf Brote, zehn Pfund Wurst, zehn Dosen Fett." Sein Gesicht verzog sich zu einem Grinsen, aber das Gesicht des anderen legte sich in Falten, nur waren sie viel schärfer, weil sie mehr Platz im Gesicht hatten. Und der das Brot haben wollte, sah auf die Hand, die den Hirsebrei rührte, und der, zu dem sie Paul sagten, sah auf die Hand des Mannes, der den Sack über der Schulter trug.

Und da verstand Paul, was gemeint war, der Anblick einer 08er hat eine verteufelte Wirkung.

Paul lachte nicht mehr, aber der aus dem Schneeloch zog mit einem gefüllten Sack ab. Einmal drehte er sich noch um, tippte mit dem Zeigefinger an den Kopf und sagte: „Hier fehlt's dir eben, du vollgefressener Strunk."

Als Paul in Gefangenschaft kam, fand man in seinem Besitz vierzehntausend Reichsmark. Erspart vom Wehrsold, meinte er. Im Frühjahr 1946 ist er an Fleckfieber gestorben.

„Spion" des OKH

Am 23. November klingelte bei Major von Zitzewitz das Telefon:

„Hier ist Zeitzler, kommen Sie sofort mal zu mir herüber." Eine Viertelstunde später stand der Major vor dem Chef des Generalstabes des Heeres.

Der General trat mit Major von Zitzewitz an die auf dem Tisch liegende Lagekarte:

„Die 6. Armee ist seit heute morgen eingeschlossen. Sie fliegen noch heute mit einem Funktrupp des Führungs-Nachr.-Regiments nach Stalingrad. Es kommt mir darauf an, daß Sie unmittelbar und schnell möglichst viel melden. Irgendwelche Führungsaufgaben haben Sie nicht. Wir haben keine Sorge, der General Paulus macht alles sehr schön. Noch eine Frage?"

„Nein, Herr General."

„Sagen Sie dem General Paulus, daß alles geschieht, um die Verbindung wieder herzustellen."

„Danke sehr."

Am 25. November landete der aus vier Mann und einem Unteroffizier bestehende Funktrupp des Führungs-Nachr.-Regimentes mit einem 70-Watt-Kurzwellengerät und einem 15-Watt-Ultra-Kurzwellengerät in Pitomnik und zwei Stunden später meldete sich Major von Zitzewitz bei Generalmajor Schmidt. Der sprach nur wenige Worte mit ihm, ließ sich Befehl und Auftrag wiederholen und befahl, daß alle Funksprüche, die von Major von Zitzewitz abgesetzt werden, vor Aufgabe zur Abzeichnung vorzulegen sind.

Der Oberbefehlshaber empfing Major von Zitzewitz in seinem Bunker und erinnerte daran, daß er den Major im Januar 1942 mit einem ähnlichen Auftrag zur 9. Armee in den Raum von

Rschew geschickt habe. Damals hatte General Paulus zu ihm gesagt:

„Ich habe vor Ausbruch des Rußlandkrieges ein großes Planspiel im Auftrage des Generalstabes abgehalten und auch dann schriftlich festgelegt, wie alles kommen würde. Es ist alles genau so eingetroffen, wie ich vorausgesehen habe. Dort in jenem Panzerschrank“, damit deutete er in die Ecke, „liegt es schriftlich fest. Ich überlege, ob ich, wenn ich mal Zeit habe, endlich einmal ausschlafe oder mir dieses Schriftstück vornehme, ich glaube, ich tue letzteres.“

An diese Worte dachte Major von Zitzewitz an jenem späten Novembertag.

Die Gedankengänge des Oberbefehlshabers aber verliefen in andere Bahnen. Wie und wodurch sich das Oberkommando des Heeres den Entsatz der 6. Armee denke, die Armee habe den täglichen Versorgungsbedarf von fünfhundert Tonnen gemeldet und es interessiere ihn, wie seine Armee kämpfen und lebensfähig sein solle.

Auf diese Fragen konnte Major von Zitzewitz keine Antwort geben, und an den Dingen, die von nun an in sein tägliches Leben traten, nichts ändern. Ihm blieb lediglich übrig, darüber zu berichten.

Aber es ist nichts Neues, was er berichtet. Die Armee hat ihre gesamten Versorgungseinrichtungen, Lager, Vorräte und fast alle Nachschubtruppen bei den Kämpfen westlich des Don verloren, fünfhundert Tonnen sind wirklich das mindeste, was täglich verlangt wird, während in den letzten vierundzwanzig Stunden nur hundertfünfzig Tonnen eingeflogen wurden, also nicht einmal die Hälfte des notwendigsten Mindestmaßes.

Er berichtete vom Holzproblem der Armee, von der Verteilung und Heranführung des aus den Ruinen der Stadt Stalingrad gewonnenen Bau- und Brennholzes für die weiter entfernt liegenden Divisionen, und er faßte alle Sorgen der Armee in einer Funksendung zusammen, damit man sich „oben“ allmählich ein Bild von den unendlich vielen Sorgen und großen Schwierigkeiten machen kann, die sich auf Führung und Truppe bei den bevorstehenden, von der Obersten Führung befohlenen Kämpfen entscheidend auswirken müssen.

Alle Funksprüche liefen über General Schmidt, aber als eines Tages der Armeechef die unmißverständlichen Funksprüche durch Änderungen mit dem Hinweis abgemildert hat, für eine solche pessimistische Meldeerstattung sei es noch nicht an der Zeit, beschloß Major von Zitzewitz nach Rücksprache mit dem Ia einen Weg zu finden, die wichtigsten Funksprüche ohne Vorlage beim Chef nach eigenem Ermessen abzusetzen. Von nun an gingen solche Sprüche nachts, wenn der Chef nicht gestört werden durfte, an einen, Major von Zitzewitz wohlbekannten Sachbearbeiter der Operationsabteilung im Hauptquartier, von dem Zitzewitz wußte, daß er diese Meldungen trotz der persönlichen Anschrift an höchster Stelle vorlegen würde. Dieses Verfahren hatte überdies den Vorteil, daß sich der „Spion des Oberkommandos des Heeres" nicht in seiner Ausdrucksweise so gewählt auszudrücken brauchte wie in offiziellen Meldungen.

Da hatte eine Division in Stalingrad täglich hundert Abgänge infolge Erkältungs- und Darmerkrankungen, das sind bei vierundzwanzig Divisionen zweitausendvierhundert Mann täglich, und zum Ausgleich sollten nun alle innerhalb des Kessels befindlichen Einheiten einer Auskämmung unterzogen werden. Der Kommandeur der 14. Panzer-Division wurde mit der Aufgabe betraut, das „anfallende" Personal zu erfassen, auszubilden und in „Festungs-Bataillonen" zusammenzustellen. Major von Zitzewitz berichtete, wie sich die Divisions-Kommandeure abfällig über die rumänischen Truppenteile äußerten und immer wieder die Unmöglichkeit meldeten, diese Truppen geschlossen einzusetzen, aber er berichtete auch von General Dimitrescu, einem besonders klugen und einsichtigen Mann.

Einen breiten Raum in den Funksprüchen, die nach Angerburg gingen, nahm die sogenannte Panzerlage ein und die Beurteilung der Durchhaltemöglichkeit und die starke Kritik, die an den durch Rundfunk verbreiteten Nachrichten und Wehrmachtsberichten geübt wurde.

*

Major von Zitzewitz ging mit wachen Augen umher, er sprach nicht viel, aber er konnte gut zuhören. Was ihm von dem, was er hörte und sah, wert genug erschien, die Schwere der Situation der 6. Armee zu unterstreichen, funkte er zur „Wolfsschanze".

Wir finden Major von Zitzewitz in der Steppe, wenn sie im hellen Sonnenschein liegt und weißverschneit ohne Baum und Strauch ist, und wenn der Eiswind und der Schneesturm über die weiße Fläche rasen, an der Front im Norden und in den Trümmern der Wolgastadt, im Wagen des Oberbefehlshabers und beim Armeearzt auf dem Flugplatz, er spricht mit Zahlmeistern, Inten-

befehlshabers enthält, und in der Brusttasche trägt er die Ausflugsgenehmigung des Chefs des Generalstabes und im Herzen sehr wenig Hoffnung auf Änderung der verzweifelten Lage.

Was zu dem damaligen rätselhaften Funkspruch zu sagen ist, soll hier erwähnt werden. Die Aufklärung wurde Major von Zitzewitz ein paar Stunden nach seinem Eintreffen im Führerhauptquartier zuteil.

Als die unmißverständlichen, die aussichtslose Lage darstellenden Funkmeldungen von Major von Zitzewitz im Führer-Hauptquartier vorgelegt und besprochen wurden, hatte der Reichsmarschall dazu mit den Worten Stellung genommen:

> „Es ist ausgeschlossen, daß ein deutscher Offizier derart defaitistische Meldungen abgeben kann, die Vermutung liegt nahe, daß diese Sprüche vom Feind herrühren, der die Funkunterlagen erbeutet hat."

Achtundvierzig Stunden später öffnete sich im Führerhauptquartier vor General Zeitzler und Major von Zitzewitz die Tür zum Arbeitszimmer des Obersten Befehlshabers.

„Sie kommen aus einer jammervollen Lage." Das sagte Adolf Hitler, sprach dann in längeren Auseinandersetzungen über die Lage, deutete verschiedentlich auf die Karte und sprach von der angestellten Erwägung, eine Abteilung der neu herausgekommenen Panzer vom Typ „Panther" mitten durch den Feind nach Stalingrad angreifen zu lassen, um auf diese Weise Versorgung heranzuschleusen.

Major von Zitzewitz sprach die gleichen Worte, die er in den Wochen seines Kessel-Aufenthaltes gefunkt hatte, vom Hunger, den Anforderungen, den feindlichen Panzern, überhaupt von allen fehlenden Mitteln und dem Gefühl des Aufgegebenseins.

> „Mein Führer, ich darf melden, dem Menschen von Stalingrad kann man das Kämpfen bis zur letzten Patrone nicht mehr befehlen, erstens weil er physisch nicht mehr dazu in der Lage ist, zweitens weil er diese letzte Patrone nicht mehr hat."

Auf diese Worte antwortete Hitler mit einem kurzen Satz:

„Der Mensch regeneriert sich sehr schnell."

Rotes Ziel erreicht: Kessel halbiert

Das operative Ziel der russischen Führung war erreicht. Es war zwar nicht so schnell gegangen, wie man es sich auf der Feindseite vorgestellt hatte, aber der Erfolg ließ sich nicht leugnen, der Kessel war halbiert.

Die Stärke der angegriffenen Divisionen war auf vierzig Prozent zusammengedrückt, und von nun ab konnten die Tage bis zum Ende gezählt werden.

Während bisher von der Armee immer laufend zwei Empfänger besetzt gewesen waren und dazu zwei 100-Watt-Sender auf der Mittelwelle, ging dem Maschinensatz der 100-Watt-Sender der Betriebsstoff aus, an ihre Stelle trat ein 5-Watt-Sender, der mit Tretsatz betrieben wurde.

Es ging alles seinem Verfall entgegen.

Mit einer gewaltigen Anstrengung sollte noch einmal versucht werden, die Front im Westen Stalingrads zu halten. Der Armee-Pionierführer wurde damit beauftragt, für den Ausbau der Stellung ostwärts Pitomnik zu sorgen. Zwei Lastwagen voll Spaten und Kreuhacken rollten mit hundert Pionieren in die Steppe. Es war ein verzweifeltes Bemühen, mit diesem Gerät in die Erde zu kommen, und auch die Ausnutzung von Bodenwellen und Gräben brachte keine Stellung mehr zustande, die als Front bezeichnet werden konnte.

Es war wirklich ein Versuch mit untauglichen Mitteln am untauglichen Objekt.

Verwundungen, Krankheiten und Entbehrungen hatten die Kampfkraft auf ein Minimum herabgedrückt. Doch die Truppe blieb am Feind, schlief unter freiem Himmel, ließ sich in den Löchern immer wieder vom Feind überrollen und schoß auf die Infanterie.

Am 22. Januar wurde Gumrak aufgegeben und der Flugplatz Stalingradsky in Betrieb genommen. Das Ersatzherz der Festung war ausgefallen, das Flugfeld im Nordwesten der Stadt konnte nicht entfernt einen Ausgleich bieten.

An diesem Tage wurde der Pionierführer zum Oberbefehlshaber gerufen, um als Kurier auszufliegen.

„Gehen Sie mit Gott und sorgen Sie zu bescheidenem Anteil

dafür, daß die Führung der Wehrmacht wieder auf sachliche Grundlage gestellt wird."

Das sagte der Oberbefehlshaber, und wer zwischen den Zeilen die Dinge verstand, wußte, was damit gemeint war.

Dann ging der Pionierführer zum Chef und empfing auch hier seine letzten Worte:

„Sagen Sie es überall, wo Sie es für angebracht halten, daß die 6. Armee von höchster Stelle verraten und im Stich gelassen worden ist."

So nahm Oberst Selle nicht nur die Worte, sondern die Gewißheit einer, wenn auch zu spät gekommenen Erkenntnis mit auf seinem Flug ins Leben.

*

Der Ia der 44. Infanterie-Division scheuchte in den frühen Morgenstunden des 26. Januar den Chef des Korpsstabes von seinem Lager hoch. „Herr Oberstleutnant, die Rumänen sind heute nacht vorne weg. Große Schweinerei bei der 44."

So traurig das klang, es war Tatsache. Das tausendeinhundert Mann starke rumänische Regiment, dem die Verteidigung des Gefechtsabschnittes zwischen der 44. Infanterie-Division und der 29. mot. übertragen war, hatte sich heimlich aus der Front gelöst und war mit allen Waffen und sämtlichem Gerät in der Nacht zum Russen übergegangen. Es stellte sich heraus, daß dieses Regiment eine Fernsprechverbindung zum Russen besaß und über alle Angriffe unterrichtet war.

Dieser scheinbar einfache Vorgang war nicht wiedergutzumachen. In die entstandene vier Kilometer breite Frontlücke schob der Gegner in aller Eile seine schon bereitgestellten Truppenteile. Der Keil gewann schnell an Tiefe und nach beiden Seiten an Raum. Starke Troßteile der 44. Infanterie-Division wurden bei diesem Überraschungsangriff völlig aufgerieben.

Das Loch war nicht mehr zu schließen. Die den russischen Kräften entgegengeworfene Eingreiftruppe der 29. mot. konnte in Verbindung mit einer als Korpsreserve bereitgehaltenen Radfahrabteilung das weitere Vordringen zwar zum Stillstand bringen, aber die alte Hauptkampflinie war nicht wiederherzustellen.

Beim Gefechtsvorposten der 44. Infanterie-Division hockte ein weinender rumänischer Oberleutnant, der das EK I trug, er hielt die Hände vor sein Gesicht, weil er sich des Verrats seiner Landsleute schämte, und ist am gleichen Tage gefallen.

Mit dem Einbruch begann die Aufspaltung des Kessels. Hatte bisher der Kessel seine größte Länge von Nord nach Süd, so zielten die mit starker Panzerunterstützung angesetzten Angriffe nunmehr auf eine Spaltung des Kessels von Ost nach West.

Jeder Tag riß ein Stück aus der Front.

Im Süden griffen Infanterie und motorisierte russische Verbände die Zaritza an, nahmen die Getreidesilos, Konservenfabrik und den Bahnhof Stalingrad-Süd. Starke Kampfgruppen setzten sich an der Bahnlinie fest. Besonders stark litt die 371. unter dem Angriff, nur Splitterteile konnten den Widerstand fortsetzen.

Im Westen tastete der russische Angriff mit Panzern an der Bahn von Gumrak entlang. Nach schweren Kämpfen um den Flugplatz und die östlich davon liegende Fliegerschule mußte die Verteidigung auf die weißen Häuser zurückgenommen werden.

Im Norden wurde der letzte Kilometer des Artillerie-Regiments 53 gefahren, die Abschiedssalven waren noch mal nordnordwestlich gegangen. Die Kanoniere sagten, sie hätten Feierabend gemacht. Die Geschütze waren ausgeschossen und wurden gesprengt.

Gleichzeitig mit dem aus Westen nach Norden abdrehenden Angriff gegen die Höhe 107,5 erfolgte aus dem „Tennisschläger" nach starker Artillerievorbereitung ein massierter russischer Infanterieangriff. Er richtete sich gegen das Metallurgische Werk. In den Abendstunden wurde der Nordteil aufgegeben. Die 305. Infanterie-Division hatte an diesem Tage schwerste Verluste. Der Hauptstoß richtete sich gegen die Höhe 102, die mit sechzig Batterien im Sinne des Wortes bespickt und eine artilleristische Machtanlage von großer Kampfkraft war.

Nun lag sie unter dem pausenlosen Feuer der Stalinorgel, Granatwerfer-Regimenter und schwerer Artillerie. Von Nordosten hämmerte die russische Artillerie aus dem „Tennisschläger", Fernartillerie beschoß die Stellung aus den russischen Artilleriestellungen östlich der Wolga, von Westen waren russische Panzer auf einzelne Batterien eingeschossen. Unaufhörlich fiel das Feuer auf die drei Quadratkilometer, die mit allen Waffen zurückschossen. Nach achtstündigem Beschuß, der noch durch Bombenangriffe unterstützt wurde, hatten sich die deutschen Einheiten verschossen. Die Geschütze der Höhe 102 waren durch Feindeinwirkung ausgefallen, zertrümmert oder verschüttet. Was nicht unbrauchbar war, wurde gesprengt. Aber dazu kam es auch oft nicht mehr, denn die Bedienungen waren gefallen.

Das LI. und VIII. Korps wurde nach Süden abgedrängt. Dem

XIV. Panzerkorps ging es nicht besser. Es hatte bisher mit Restteilen der 14. Panzer-Division, 29. mot. und 3. mot. die Straße nach Gumrak gehalten. Die Kämpfe tobten bis in die Nacht, die 14. Panzer-Division setzte sich in der Pionierkaserne noch einmal fest, das Armee-Oberkommando zog in das Kaufhaus am Roten Platz, das IV. Korps setzte sich auf das „Sanatorium" ab.

Zwischen dem XI. und dem LI. Korps war die Verbindung in der Nacht zum 27. Januar unterbrochen. In den Häuser- und Trümmervierteln kämpften in Rundumverteidigung noch Splittergruppen, aber die konnten nicht verhindern, daß die unter General Strecker stehenden Truppenteile des XI. Korps auf den Nordteil Stalingrads zurückgeworfen wurden. Der Hauptstützpunkt war im Traktorenwerk.

Seit zwei Uhr morgens war Stalingrad in den Nord- und Südkessel aufgespalten. Zwischen den beiden Kesseln bestand nur noch Funkverbindung.

Der verlorene Haufen

„Dollar Haufen", meinte Unteroffizier Nieweg von der 4. Flak-Batterie am 26. Januar 1943 gegen 18 Uhr und klopfte dabei seine Pfeife am Stiefelschaft eines vor ihm Liegenden aus. Der sagte nichts dazu und konnte auch nichts dazu sagen, denn er hatte den Mund nicht frei. Es lag Schnee darauf und der Schnee ging bis zum Knie, und wenn der Schnee nicht dagelegen hätte, dann würde er auch nichts gesagt haben, denn da, wo das Herz seinen Platz hatte, war ein Loch, so groß wie ein Fausthandschuh. Nieweg machte sich keine Gedanken über den Unbekannten unter dem Schnee. Es lagen viele Unbekannte links und rechts neben ihm und man konnte ja nicht bei allen den Schnee wegräumen, um die Erkennungsmarke zu suchen, wie das so Vorschrift war. „Später", dachte Nieweg, „aber wann wird das sein."

Der Pfeifenrest stank fürchterlich, Matratzenfüllungen sind kein geeigneter Tabakersatz. Der Führer des dollen Haufens stand auf, kurz darauf erhob sich Nieweg, und die anderen in der Runde kamen auch auf die Beine. Man konnte sie alle überblicken, die Nachrichtenleute, ein paar Kanoniere, zwei Mann von der Feldpost, einen Leutnant von der 71. Infanterie-Division, zwei Dutzend Infanteristen aus allen möglichen Regimentern, sieben Artilleristen und eine Handvoll Soldaten aus so vielen Formationen, wie eben eine Hand Finger hat. Richtig, es waren noch zwei Flugzeugführer dabei, die am Tage vorher noch Verpflegung über Jelschanka abgeworfen hatten und dieses Unternehmen durch Jägerangriff mit dem Verlust der rechten Tragfläche bezahlten und dadurch auf die Nase fielen. Nieweg wußte das ganz genau, denn ein paar Verpflegungsbomben waren in seine Nähe gefallen, der Inhalt war, ohne registriert zu werden, verteilt. Und das alles spielte sich ein paar hundert Meter südlich von Woroponowo ab. Insgesamt waren es sechsundfünfzig Mann, die sich zusammengefunden hatten, und es wird ewig das Geheimnis der Front bleiben, wie so ein Haufen zustande kommt. Gestern war hier noch ein Divisionsgefechtsstand, heute war man im Begriff, das Stichwort „Löwe“ ohne Befehl zu realisieren. Ausbruch ist die einzige Chance, das war allen Leuten klar, und es war auch dann die einzige Chance, wenn die Möglichkeit durchzukommen nur im Verhältnis wie 1:99 stand.

Nieweg wußte von zwei anderen Gruppen, die aus Stalingrad vor fünf Tagen in südlicher Richtung losgestolpert waren. Sie hatten nichts zurückgelassen als Verwundete, Verhungernde, Erfrierende; im Endeffekt also Tote. Weiß Gott, was aus den beiden Gruppen geworden ist. Nieweg wußte es jedenfalls nicht. Er war zu sehr mit seinen eigenen Gedanken beschäftigt. Nieweg dachte an Lumpenbündel und Mäntel, die sich ab und zu noch bewegten, einen Augenblick an die Häuser, die keine mehr waren, an die armseligen Löcher, in denen man bis gestern gehaust hatte und daran, was er wohl mitnehmen würde auf den Marsch in die Freiheit. Es blieb allerlei zurück, das ließ sich nicht ändern. Die Blechkanister, in denen sie in guten Tagen das Essen geholt hatten, das Kleinfunkgerät, das so lange Tanzmusik ausgespuckt hatte, bis die Batterien ohne Atem waren, die verrosteten und verschmierten Maschinengewehre, die eiskalten Stahlhelme, Koppel, Tornister und der Kleinkram, der von Stellung zu Stellung mitgeschleppt wurde. Damit es nicht falsch verstanden wird, die Maschinenwaffen blieben nur zurück, weil in den Muni-Kästen nichts als leere Gurten lagen.

Sich selbst nahmen sie mit, die Stiefel, Mäntel, Decken und Tücher. In den Taschen über dem Herzen waren ein paar Briefe oder Bilder. Truppenausweise, Soldbücher und Verpflegungsbescheinigungen gab es schon lange nicht mehr. Noch etwas Wichtiges ging mit auf die Reise. Der Wille und die Hoffnung, diesen Marsch

Seitenansicht, im Hintergrund die Wolga

Bereitstellung
zum Gegenangriff

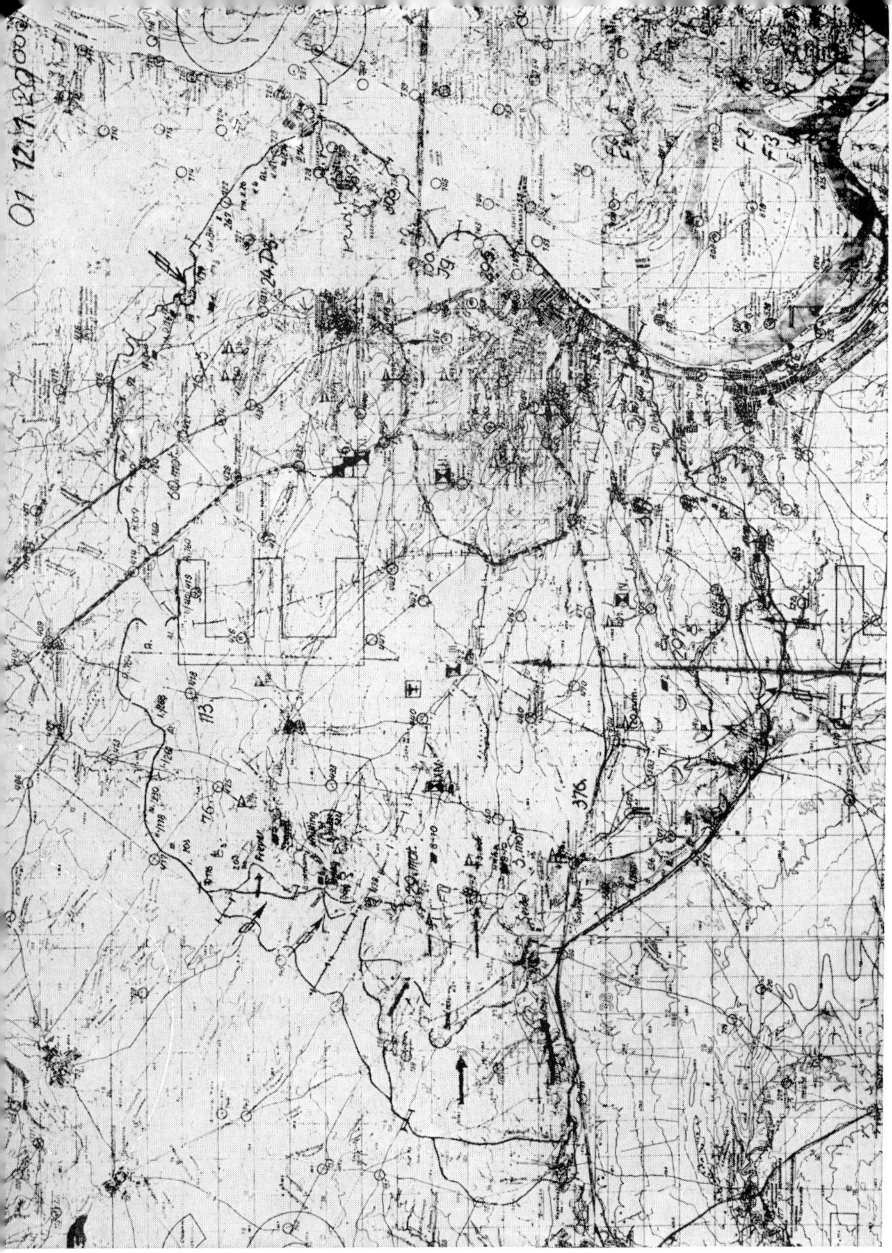

Lage am 12. Jänner 1943

durchzustehen. Es war wirklich ein „toller Haufen“, und jeder einzelne trug die Erfahrung des letzten halben Jahres mit sich herum, die Erfahrung, die lehrte, das Wichtige vom Unwichtigen zu unterscheiden und sich danach zu richten. Zu lernen hatten nur noch die beiden Flieger etwas. Das Wichtige waren der Marschkompaß und was zum Schießen. Die Uhren des Haufens zeigten alle Stunden der Erde, aber das war auch ganz egal, ob das Ende zur Greenwicher oder Moskauer Zeit erfolgte. Die Verpflegungsbomben am gestrigen Tage hatten Schinken, Konserven mit Schweinskopf und in Pergament verpacktes Brot enthalten. Das war eine glückliche Zusammenstellung, und jedermann trug davon, so viel er tragen konnte. Den Rest legten sie auf die Bündel oder auf die Mäntel am Wege, und wenn das nicht ging, in den Schnee davor.

Es sollte ein langer Trip sein, hatte der Oberleutnant gemeint, und die es vom Haufen hörten, hatten dazu mit dem Kopf genickt. Hundert Kilometer würden dabei herauskommen, hatte der Führer hinzugefügt und hatte damit nicht unrecht. Hundert Kilometer waren es bestimmt, und es war schon ganz gut so, daß er nichts von den zweihundertfünfzig Kilometern wußte, die um diese Zeit zwischen den Fronten lagen.

Der Aufbruch geschah ohne Zeremonien. Die ersten stapften einfach los, die anderen bemühten sich, in die Fußstapfen ihrer Vordermänner zu treten. So unterschiedlich Herkunft, Formation und Bekleidung waren, so unterschiedlich auch die Gedanken in den Hirnen kreisten, so gemeinschaftlich war der Gang. Das ist die Bezeichnung für das Stolpern und Taumeln in der Schneenacht im Süden Stalingrads. Ein paar hundert Meter ging es gut, es ging überhaupt gut bis in die Gegend von Zybenko. Dort knallte es einige Male, aber das ging nur die ersten zehn Mann etwas an. Ab und zu blieb einer liegen, aber die anderen stapften weiter, und sie gingen nicht nur an den grauen Mänteln ihrer Kameraden vorbei, die so häßliche Flecken im Schnee abgaben, sondern auch an lehmbraunen Gestalten, die sich ihnen in den Weg stellten. In der Dunkelheit konnte man das nicht so genau ausmachen und Blut sieht in der Nacht immer schwarz aus. Wichtig war, daß es immer wieder einen ersten Mann gab, unwichtig, ob am Schluß dann ein paar fehlten. Landser denken unkompliziert.

Südlich Krasnow wurde die Bahn gekreuzt, gerade an der Stelle, wo noch vor ein paar Tagen die 371. gelegen hatte. Von Süden nach Norden gerechnet liegen zwischen Zybenko und Rogatschew zwei Dutzend Kilometer, aber zwei Dutzend Kilometer Steppe mit Schnee. Außerdem hatte die Karpowka zwischen beiden Orten hundert Windungen und jede dieser Windungen war zweihundert Meter lang. Der Haufen stolperte zwischen den Lagerfeuern der Roten Armee hindurch, es waren leuchtende Richtungsweiser. Das ging so bis an einen Fluß, die Donskaja-Zaritza mochte das gewesen sein, und dann nördlich davon über die Bahnlinie Kalatsch-Stalingrad und weiter nordwestlich nach Kamyschewka. Fünf Mann blieben im ehemaligen Quartier der Veterinärkompanie wortlos zurück, die vor Wochen gebauten warmen Pferdeställe strahlten eine ungeheure Anziehungskraft aus. Tausend Meter nördlich Kalatsch ging der Haufen über das Eis des Don, überquerte später die Liska auf der Höhe von Katschalinskaja und bestand dort einen langwierigen Kampf mit einer russischen Nachschubgruppe, dem gut dreißig Mann entkamen.

Am 28. Januar hatte ein deutscher Aufklärer in den Vormittagsstunden gegen 11.30 Uhr etwa drei Kilometer westlich Kalatsch eine Gruppe von Soldaten gesichtet, die bei Annäherung der Maschine Sternsignale schoß. Der Aufklärer ging auf zweihundert Meter herunter, um die Gruppe genauer auszumachen, und meldete seine Wahrnehmung in Nowo-Tscherkask. Auf Anordnung von Generalfeldmarschall Milch wurde mit der festgestellten Gruppe Verbindung gehalten, und in den Nachmittagsstunden des zweiten Tages schoß ein Zerstörer Sternsignale und warf der nunmehr sieben Kilometer westlich der Donhöhe gesichteten Einheit eine Meldung ab, die besagte, daß sich die „Kampfgruppe bei Annäherung deutscher Flugzeuge in Hakenkreuzformation aufzustellen habe."

Am 29. Januar wurde die Gruppe sechzehn Kilometer westlich Kalatsch mit Marschrichtung auf Tschernitschewskaja festgestellt und daraufhin Verpflegung, Munition und Lagemeldung abgeworfen. Die Ausbruchgruppe quittierte durch zwei grüne Signale, die Zeichen waren willkürlich. Am dritten Tag nach Aufspürung der deutschen Formation wurden durch Flugzeuge fünfundzwanzig Kilometer Marschstrecke vermessen, die Meldung besagte, daß etwa fünfundzwanzig Personen festgestellt seien. Der vierte Tag sah die Gruppe vierzig Kilometer westlich der Donhöhe, ihr Marsch mußte sich demnach erheblich verlangsamt haben.

Dieses war der letzte Tag, an dem die Luftwaffe mit dem einsamen Haufen in der Steppe Verbindung hatte. Sie hatten die Hälfte ihres Marsches hinter sich, aber sie wußten es nicht. Ein Zerstörer und später ein Aufklärer warfen zum letztenmal Verpflegung und Feindmeldungen ab, die von starken russischen Truppenversammlungen im Raume von Tscherkowo und Millerowo sprachen. Der Gruppe wurde weiter der Auftrag gegeben, in Zukunft zweimal rot und einmal grün zu schießen.

Von der Erde schoß man nicht zweimal rot und einmal grün. Seit dem 30. Januar kamen überhaupt keine Zeichen mehr. Am 31. Januar eingesetzte Aufklärer meldeten: „Von gesuchter Formation keine Spur.“ Auf Anordnung des Feldmarschalls wurden die Suchaktionen bis zum 2. Februar fortgesetzt. Es kam nichts mehr dabei heraus, denn was waren schon fünfundzwanzig müde kranke, torkelnde, verbrauchte Menschen in einer Eiswüste, die einem Dutzend Armeen den Aufmarsch gestattet?

Einer konnte sagen, wie es zu Ende ging. Der Unteroffizier Nieweg meldete sich am 3. März bei einer deutschen Vorposteneinheit westlich des Donez und erzählte die Geschichte des verlorenen Haufens. Die Geschichte von unsagbarem Leid und vielem Grauen.

*

Nach dem Kampf mit der russischen Nachschubgruppe, sagte Nieweg, blieben weitere sechs Mann auf der Strecke. Dysenterie, Ruhr und Erschöpfung haben sie umgeworfen. Die anderen torkelten weiter in Richtung Obliwskaja. Aber der Versuch, dorthin zu kommen, mißlang, denn starke russische Verbände wurden gesichtet. In der Steppe zwischen der Dobraja und Beresowaja kam es zum Endkampf. Nun waren noch vier Mann dabei. Auf der Straße, in der Steppe, im Schnee, mal inmitten einer Russenkolonne, mal einsam. Bis sich zwei Mann einer russischen Sanitätskolonne ergaben. Nieweg und einer, der früher zur Feldpost gehörte, kamen durch Orte, von denen sie den Namen nicht wußten, aber in Weluiki erreichte diese beiden letzten das Schicksal. Der Mann, der einst in Stalingrad die Feldpost bearbeitet hatte, blieb mit erfrorenen Füßen liegen, Nieweg aber nahm die Hände hoch. In der Gefangenschaft brachte man ihn bis Charkow und von hier türmte er zur Front. Auf einem Verpflegungsfahrzeug, das Versorgungsgüter zu den russischen Einheiten brachte. Das ist hier so einfach geschrieben, aber es lag viel am Wege, von dem hier nicht gesprochen wird. Um den einzelnen kümmerte sich im Niemandsland keiner, und so geriet Nieweg am 3. März in „deutsche Hand“. Bei einem Vorstoß von Einheiten der SS-Division „Das Reich“ im Zusammenwirken mit Teilen der 11. Panzer-Division wurde Nieweg überrollt. Was er zu sagen hatte, stand auf zwei Seiten eines Protokolls. Nieweg hätte noch mehr sagen können, aber dazu war er zu schwach. Morgen oder übermorgen wäre er vielleicht dazu imstande gewesen.

Es gab aber kein Übermorgen, denn der Mann, der von Stalingrad bis zur deutschen Front gekommen war, ist am Tage nach seiner glücklichen Ankunft auf dem Regimentsverbandplatz eines Panzer-Grenadier-Regiments durch Granatwerferbeschuß gefallen. Die Odysee des Unteroffiziers Nieweg war zu Ende.

„Weitere Verteidigung sinnlos, Paulus"

Am 24. Januar tastete die 6. Armee einen verzweifelten Funkspruch an die Funkleitstelle des Oberkommandos des Heeres:

„Die Armee meldet auf Grund der Korpsberichte und persönlicher Meldung der Kommandierenden Generale, soweit noch erfaßbar, folgende Lagebeurteilung:

Truppe ohne Munition und Verpflegung, erreichbar noch Teile von sechs Divisionen. Auflösungserscheinungen an der Süd-, Nord- und Westfront. Keine einheitliche Befehlsführung mehr möglich. Ostfront geringfügig verändert. 18.000 Verwundete ohne Mindesthilfe an Verbandzeug und Medikamenten. 44., 76., 100., 305., 384. Infanterie-Division vernichtet. Front infolge starker Einbrüche vielseitig aufgerissen. Stützpunkte und Deckungsmöglichkeiten nur noch im Stadtgebiet, weitere Verteidigung sinnlos. Zusammenbruch unvermeidbar. Armee erbittet, um noch vorhandenes Menschenleben zu retten, sofortige Kapitulationsgenehmigung. gez. Paulus."

Das Führerhauptquartier quittierte den Spruch um 11.16 Uhr.

*

Die Front war nach einer harten und kalten Nacht wieder wach geworden, und die noch atmen konnten, drehten sich in ihren Eislöchern, die so breit oder so schmal wie ein Sarg waren. Die Gefallenen oder Erfrorenen blieben liegen, oft waren auch Verhungerte darunter, es kam immer auf das gleiche heraus, sie waren tot niemand nahm von ihnen Notiz.

An diesem Tage geschah noch manches, von dem zu berichten ist.

Da waren fünf Funksprüche, die besondere Beachtung verdienen.

Heeresgruppe „Don“ an 6. Armee:

„... erbitten für Beförderungsvorschläge und Auszeichnungen Angabe verdienstvoller Taten im Bereich des XI. Korps.“

6. Armee an Heeresgruppe „Don“:

„XI. Korps meldet 60 Prozent seines Gesamt-Mannschaftsbestandes als Verluste. Frontverwendungsfähig 3.000 Mann. Rest felddienstunfähig. Auszeichnungen bewirken keine Änderung.“

Heeresgruppe „Don“ an 6. Armee:

„... ist auf Anordnung des Heerespersonalamtes die Verleihung des Eisernen Kreuzes 2. Klasse durch den Kompanie-Chef, 1. Klasse durch den Bataillons-Kommandeur selbständig vorzunehmen.“

6. Armee an Heeresgruppe „Don“:

„Zu Spruch 1849 wird ersucht, das Heerespersonalamt davon zu unterrichten, daß die Truppenführung durch Unteroffiziere und Generale erfolgt.“

Heeresgruppe „Don“ an 6. Armee:

„OKH bemängelt das Ausbleiben resp. die unregelmäßige Übermittlung der Verlustlisten. In Zukunft ist den Bestimmungen genaueste Beachtung zu schenken.“

6. Armee an Heeresgruppe „Don“:

„Armee bemängelt unregelmäßigen Einflug von Munition und Verpflegung. Es ist zweckmäßig, um die ordnungsgemäße Durchführung der Bestimmungen über Verlustmeldungen zu garantieren, geeignete Sachbearbeiter des OKH einzufliegen.“

Heeresgruppe „Don“ an 6. Armee:

„Auf Anordnung Reichsluftmarschall sechs weitere Transportmaschinen eingesetzt.“

6. Armee an Heeresgruppe „Don“:

„Schlagen Sie mit dem Knüppel dazwischen, wenn nicht 600 Maschinen eingesetzt werden.

gez. Schmidt.“

*

Auf der Verkehrswelle des Kurzwellensenders ging am 5. Januar ein verschlüsselter Spruch ohne Angabe der Uhrzeit und Nummer beim LdN des Oberkommandos des Heeres ein:

„6. Armee ersucht um Bereitstellung der Mittel für Staatsbegräbnis."

Dieser Spruch wurde dem Nachrichtenchef des Führer-Hauptquartiers nicht vorgelegt.

An diesem Tag

... fluchten Hunderte von Offizieren über die Sinnlosigkeit der gegebenen Befehle und führten sie doch aus.

... sagte General Hartmann zu General Pfeffer:
„Vom Standpunkt des Sirius aus betrachtet, werden Goethes Werke in tausend Jahren nur noch Staub sein und die 6. Armee ein unleserlicher Name, den keiner mehr kennt."

... erklärt der Chef des Generalstabes des LI. Armeekorps:
„Die Lage ist hoffnungslos, jeder kann machen, was er will."

... wurde der 1000-Watt-Sender der Armee gesprengt und mit dem 70-Watt-Kurzwellensender Verkehr zum Oberkommando des Heeres aufgenommen.

... sagte General Stempel zu seinem Sohn: „Verhalte dich bis zum letzten Augenblick so, wie es sich für einen anständigen Soldaten gehört."

... stand auf dem Roten Platz eine große Inschrift:
„Der Führer wird Stalingrad retten." Und darunter hatte einer mit Kreide geschrieben: „Wieso? Ist es denn verloren?"

... gab es Flugzettel, auf denen Hitler abgebildet war. Er hielt in der einen Hand ein Eisernes Kreuz und zeigte mit der anderen Hand auf ein Grab. Darunter aber stand: „Ich habe euch Ruhm und Boden versprochen. Nun habt ihr beides."

... hörte die organisierte Verpflegung auf und der Augenblick war gekommen, von dem General Jaenicke gesagt hatte, „einmal werden wir alle in dieser verfluchten Stadt Gottes Sohn sein müssen ..."

... war General Hube, der am 18. Januar auf Befehl der Armee ausgeflogen war, um die Gesamtversorgung zu übernehmen, am Ende seiner Kunst.

... marschierte im Südwesten des Kessels eine Sowjet-Division mit entrollten Fahnen zum Angriff.

... befahl der Armee-Nachrichtenführer Oberst van Hofen bei Angabe einzelner Frequenzen die Verbindungsaufnahme durch

Funk zur Sowjetischen Heeresgruppe, um bei Kapitulations-Verhandlungen entsprechend vorbereitet zu sein.

... ging im Norden des Kessels über einer Batterie, die mit fünfundzwanzig Mann gefallen war, eine schwere Lage von Werfergeschossen nieder, aber sie konnte der toten Batterie nichts mehr anhaben. Als die Panzer kamen, brauchten sie nicht mehr über den Löchern zu kurven. Die letzten zwei Mann hockten auf dem Rande eines zugewalzten Trichters. Ihre Hände waren leer und die Augen sahen ins Weite.

... war es sehr schwer, noch an einen lieben Vater über den Sternen zu glauben.

... meldeten sich bei der Heeresgruppe „Don" vier ehemalige Himalaja-Forscher, um ihre Erfahrungen hinsichtlich der Verwendbarkeit konzentrierter Nahrungsmittel der Heeresgruppe dienstbar zu machen.

... befahl Generaloberst Paulus, die im Kriegsgefangenenlager Woroponowo befindlichen russischen Kriegsgefangenen der Roten Armee zu übergeben.

... legte der Chef der Operationsabteilung im Oberkommando des Heeres, General Heusinger, seinem Ia ein Blatt Papier auf den Tisch. Es enthielt den Text des Befehls, den Hitler am 20. Januar persönlich aufsetzte und unterschrieb. General Heusinger sagt dazu:

„Der Chef des Generalstabes wünscht, daß dieser Befehl, den wir leider herausgeben müssen, so herausgeht, daß nicht einmal in der geringsten Formalität eine Beteiligung des Generalstabes des Heeres ersichtlich ist. In der Krieggeschichte soll einmal ganz klar dastehen, daß ‚er' ganz allein die Verantwortung trägt."

... wurde der Befehl von Graf Kielmannsegg, ohne Kopf, Nummer und Eintragung in das Geheimtagebuch, in den Fernschreiber gegeben, und Entwurf und Fernschreibstreifen vernichtet, so daß sich beim Oberkommando des Heeres auch nicht der geringste büromäßige Hinweis auf die Herausgabe dieses Befehles befand.

... setzte der Funker an der Taste die Antwort Hitlers an die 6. Armee ab:

„Verbiete Kapitulation. Die Armee hält ihre Position bis zum letzten Mann und zur letzten Patrone und leistet durch ihr heldenhaftes Aushalten einen unvergeßlichen Beitrag zum Aufbau der Abwehrfront und der Rettung des Abendlandes."

Das Drama an der Zaritza

Um die Mitte der dritten Januarwoche tauchten zum ersten Male russische Parlamentäre vor der Südfront auf. Sie kamen gegen zehn Uhr von der Höhe, die südlich der Zaritza liegt, mit weißer Fahne und Trompeter und standen dreißig Minuten danach vor der 371. Infanterie-Division, den Resten der 297. und vor den vordersten Löchern der „glückhaften" Division. Die Posten schossen nicht auf sie, aber man ließ sie auch nicht an die Stellung heran. „Es ist kein Offizier dabei", wurde ihnen zugerufen.

Um zwölf Uhr kamen sie wieder, dieses Mal waren es drei Mann unter Führung eines Majors der Gardedivision. „Weiterer Widerstand ist nutzlos", dolmetschte ein russischer Feldwebel, „am 26. Januar werden wir mit starken Kräften die deutschen Stellungen im Süden angreifen. Sie können sich ja selbst ausrechnen, was von Ihnen übrigbleibt. Die Rote Armee bietet die ehrenvolle Kapitulation an, die Offiziere können ihren Degen behalten, für reichliche Verpflegung wird gesorgt, und außerdem wird den Verwundeten Hilfe und Pflege zuteil."

Im Armeebefehl vom 9. Januar hieß es:

„Parlamentäre sind durch Feuer abzuweisen", aber am 9. Januar hatte man noch zwei Scheiben Brot am Tag und die Taschen voll Munition, und am 9. Januar war noch nicht die Hälfte jeder Kompanie unter dem Schnee.

Man hörte sich an, was die Russen sagten, aber eine Entscheidung fiel nicht, und ein Leutnant der Artillerie und ein Oberleutnant vom Schützen-Regiment 523 brachten die Parlamentäre über den Frontabschnitt zurück.

*

In einem Bunker fand das Gespräch statt, einem Bunker mit Betten und Tischen aus Brettern und Kisten. Um den Brettertisch saßen auf Munitionskisten der Kommandierende General des IV. Korps, General Pfeffer, der Kommandeur der 71. Infanterie-Division, General von Hartmann, der Kommandeur der 371. Infanterie-Division, General Stempel, und der Chef des Generalstabes des IV. Korps, Oberst i. G. Crome.

Einst waren die drei Generale Herren über sechzigtausend Soldaten mit guten Waffen und viel Gerät, jetzt nur noch dem Namen nach Befehlshaber eines Haufens von eintausendachthundert Mann.

Die Flasche ging um den Tisch, sie tranken aus Feldbechern, gesprochen wurde fast nichts.

In diese Runde kamen die beiden deutschen Offiziere, die den Major und die Männer mit der weißen Fahne zurückgebracht hatten. Die Arme voller Wurst und Brot.

„Das schicken die Russen", sagte der Leutnant, „das Kapitulationsangebot läuft am 25. Januar, vormittags zehn Uhr, ab", sagte der Oberleutnant, „nicht nur die 371. soll kapitulieren, das Angebot erstreckt sich auf das ganze Korps. Die Russen wollen kein weiteres Blutvergießen."

Im Bunker lastete eine lähmende Stille, die beiden Offiziere standen da, die Arme mit Wurst und Brot beladen.

„Ich denke nicht daran, zu kapitulieren", sagte General Pfeffer und schlug zur Unterstützung seiner Worte mit dem Trinkbecher auf die Tischplatte. „Das IV. Korps hat den Befehl, den Südabschnitt bis zum letzten Mann zu verteidigen, und wird diesen Befehl ausführen."

Der General stand auf, ging einmal um den Tisch herum und setzte sich wieder.

Der hagere Kommandeur der 71. niedersächsischen Division nahm die Hände gar nicht aus den Manteltaschen.

„Kapitulieren kommt gar nicht in Frage", sagte der Mann mit dem schmalen Mund, „und vor den Russen überhaupt nicht."

General Stempel trank bedächtig, sah dann zu Hartmann hin und nickte mit dem Kopf: „Bin Ihrer Ansicht, Hartmann."

„Das IV. Korps lehnt die Kapitulation ab." Der weißhaarige General, sechzig Jahre alt, sagte es mit Nachdruck.

Das war alles, mehr wurde nicht gesprochen. Die beiden Offiziere gingen, das Brot und die Wurst mußten sie mitnehmen.

Am anderen Morgen in der Frühe wurde der Kommandierende General durch den Chef des Stabes hochgeschreckt:

„Herr General, die 297. . . ."

Vom Bunkerfenster blickten drei Offiziere dem Zug der 297. nach. Er verließ den Südabhang ohne Waffen, mit Decken und Tüchern um Kopf und Schultern, stolperte die leichte Anhöhe hinab, durchschritt das Tal und kletterte den jenseitigen Hang hinauf. Spitze und Schluß bildeten Soldaten der Roten Armee.

Der General im Korpsgefechtsstand sagte nichts. Das IV. Korps hatte einen Divisions-Kommandeur und die Reste einer Division weniger.

*

Am 25. Januar hatte die 297. Infanterie-Division keinen linken Nachbarn mehr, der Armeestab wurde an diesem Tage vom Chef des Generalstabes entlassen. Auf dem offenen linken Flügel der Division lag der Schwerpunkt des russischen Angriffes, und zwangsläufig mußte das Flügel-Regiment mit seinen achtzig Leuten das nächste Opfer werden.

So kam es auch. Melder des nur hundert Meter entfernten Divisionsgefechtsstandes erhielten nachmittags russisches Feuer aus der Stellung dieser Kampfgruppe, und Oberst Pickel, der Kommandeur des Regimentes 524, das mit vierzig Mann als nächstes nach Norden anschloß, war noch am Nachmittag des 26. zu einer kurzen Rückfrage beim Divisionsstab. Wenige Minuten, nachdem er sich auf den Rückweg gemacht hatte, erschien er wieder, sein Gefechtsstand war inzwischen in russische Hand gefallen.

Es ist müßig, diese Agonie von Truppentrümmern zu verfolgen, der Kampf hörte örtlich so auf, wie eine ausgebrannte Kerze verlöscht, und so wie bei anderen Divisionen ist es auch bei der 297. in dem Augenblick gekommen, als die Verteidiger gegen Panzer wehrlos waren. Meist war es so, daß der Russe, des Tötens überdrüssig, aufhörte zu schießen, und es gab auch einen Befehl des IV. Armeekorps, der wörtlich lautete:

> „Mit Rücksicht auf die Verwundeten darf der Kampf nicht weiter in das Stadtinnere getragen werden. Die jetzige Hauptkampflinie ist zu halten, dort, wo weiterer Widerstand sinnlos wird, kann er eingestellt und dies dem Feind sichtbar gemacht werden."

Der Befehl beschleunigte nicht den Ablauf des Geschehens, aber er war der Ausdruck der nüchternen Erkenntnis, daß die Phase „Kampf bis zur letzten Patrone" vorbei sei.

Im Laufe des Nachmittags war der Gefechtsstand der 297. umgangen. Es gab keine Pak, keine Munition, und russischerseits schossen die Panzer in den Raum. Angesichts der Aussichtslosigkeit, noch irgend etwas tun zu können, und der Notwendigkeit, an Menschenleben zu retten, was noch zu retten war, ging der Dolmetscher zu den Russen, um zu übermitteln, daß der Rest der Division den Widerstand einstelle. Als der Ic einen russischen Offizier in den Divisionsgefechtsstand führte, gab es außer einigen Pistolen nur einen Karabiner. Zu verhandeln war nichts, und wenn bei einigen anderen Verbänden das Ende ein paar Tage später kam, dann geschah es, weil der Russe in seiner Schematik entsprechend später zur „Liquidation“ erschien.

Ein paar Stunden später stand der Divisions-Kommandeur der 297. vor dem Divisions-Kommandeur der 8. russischen Garde-Division.

„Ich kenne Ihre Division, sie hat mir viel zu schaffen gemacht.“

*

Einen Tag, bevor es soweit kam, hatten im Gefechtsstand der 297. sich die Generale von Drebber, von Hartmann und Stempel getroffen und darüber gesprochen, was in den nächsten vierundzwanzig Stunden sich ereignen würde.

Hartmanns Standpunkt war klar:

„Ich werde mich nicht selbst erschießen, sondern lasse mich von den Russen erschießen. Ich stelle mich auf den Bahndamm, schieße stehend freihändig, und dann werde ich fallen. Meine Frau ist eine praktische Frau, sie wird sich ohne mich durchs Leben schlagen, mein Sohn ist gefallen, meine Tochter ist verheiratet, den Krieg werden wir nicht gewinnen, und der Mann, der an unserer Spitze steht, ist nicht der Mann, für den wir ihn gehalten haben.“

Auch General Stempel stellte sich nicht auf die Seite des Kommandeurs der 297., des Korpsbefehls und der Anordnung der Armee:

„Ich habe meine einzige Hoffnung, meinen Stolz, verloren, es war mein Sohn. Ich gehe nicht in Gefangenschaft, sondern ich erschieße mich.“

Ein paar Stunden später verabschiedete sich der Kommandeur der 371. Infanterie-Division von seinen beiden Divisionspfarrern:

„Wenn Sie in die Heimat kommen, grüßen Sie Deutschland, für mich gilt auch auf meinem letzten Weg als Mensch und Soldat das Wort: Der Wolken, Luft und Winden, gibt Wege, Lauf und Bahn, der wird auch Wege finden, wo mein Fuß gehen kann.“

Am Abend erschoß sich General Stempel in einem Zimmer, das seit einigen Tagen sein Aufenthaltsraum gewesen war. Das IV. Korps hatte zwei seiner Divisions-Kommandeure verloren.

*

Vierundzwanzig Stunden vorher hatte sich Leutnant Stempel von seinem Vater verabschiedet, nachdem er vorher den Befehl des IV. Armeekorps, „ab 0.00 Uhr völlige Handlungsfreiheit", überbracht hatte. Leutnant Stempel war für Ausbruch, und die Worte seines Vaters: „Verhalte dich bis zum letzten Augenblick so, wie es sich für einen anständigen Soldaten gehört", nahm er mit einem letzten Händedruck und einer letzten Ehrenbezeugung mit auf den Weg.

Der Leutnant wurde bei seinem Ausbruchsversuch angeschossen, und General Stempel konnte nicht wissen, als er mit den Kommandeuren der beiden Nachbardivisionen sprach, daß diese Verwundung nicht den Tod zur Folge hatte. So kam es zu dem Mißverständnis.

*

Am Abend des 25. Januar hatte der Stab des Artillerie-Regimentes der 71. Infanterie-Division sich im Regimentsbunker versammelt, pro Mann eine Flasche Schnaps ausgetrunken, ein Hoch auf Deutschland ausgebracht und sich auf Kommando erschossen.

Die Lage war ernst geworden, es mußte etwas geschehen, und es geschah auch etwas. Es sollte doch die Südfront bis zur letzten Patrone verteidigt werden, und die Generale schlossen sich von dieser Verteidigung nicht aus.

Da waren noch General Pfeffer und General von Hartmann und der dazugekommene Artillerie-Kommandeur vom IV. Korps, Generalmajor Wulz, und bis zum Bahndamm an der Zaritza waren nur wenige Schritte. Sie hatten ihre Hände in den Manteltaschen vergraben und die Gewehre über den Schultern hängen. Es kam nicht oft vor, daß ein General die Stärkemeldung einer Division von einem Oberleutnant erhielt, der gleichzeitig die Kommando-Funktionen eines Kompanieführers, Bataillonsführers und Regimentschefs besitzt. Der Oberleutnant meldet die Stärke mit hundertdreiundachtzig Mann, sieben Unteroffizieren und drei Offizieren, meldete auf dem Bauch liegend und ohne Deutschen Gruß, am 26. Januar, morgens 9 Uhr, am Nordhang des Bahndammes zwischen Jelschanka und Woroponowo. General von Hartmann winkte ab:

„Schon gut, mach dich auf ein anständiges Ende gefaßt", und laut, als stünde er wie ehedem vor seinem Regiment in Osnabrück: „In Deckung bleiben, alles in Deckung bleiben."

Links und rechts von ihm lagen die Reste der 71. Infanterie-

Division, soweit sie nicht an der Wolga eingesetzt waren. Es ging mit der Division, die als taktisches Zeichen ein „vierblättriges Kleeblatt" trug und die man „glückhafte" nannte, zu Ende.

Was anschließend geschah, gestattet uns einen Blick in die tiefe Verzweiflung, vor der die üblichen militärischen Maßstäbe versagen.

General von Hartmann stand auf dem Bahndamm und hob sein Gewehr. Mit dem Schuß zusammen fiel drüben ein Russe aufs Gesicht. Die anderen Generale schossen auf alles, was sich vor ihnen bewegte, und kümmerten sich nicht um die einschlagenden Werfergranaten. Ihre Haut sollte so teuer wie möglich verkauft werden.

Von diesen Geschehnissen erhielt Generaloberst Paulus Kenntnis, setzte seinen Ia, Major von Below, in Marsch und gab ihm die Weisung, „die Generale von ihrem Vorhaben abzubringen und den Wahnsinn zu unterlassen".

Der Ia kam am Bahndamm an und näherte sich, aufspringend und wieder hinwerfend, um dem Granatwerferfeuer zu entgehen, der Fünfergruppe, blieb am Hang liegen und richtete den Auftrag des Armeeführers aus. Er bekam vom Kommandierenden General des IV. Korps eine klare Antwort:

„Das IV. Korps hat vom Oberbefehlshaber den Auftrag, den Südabschnitt Stalingrad zu verteidigen. Es ist eine Selbstverständlichkeit, daß sich in dieser Situation die Generale bei ihren Leuten aufhalten."

Von Below robbte den Weg zurück, nach kurzer Zeit war er wieder da, dieses Mal mit dem schriftlichen Befehl des Generalobersten Paulus:

> „Das IV. Korps erhält den Befehl, seine Front auf den Stadtrand zurückzunehmen. Der Kommandierende General hat sich beim Oberbefehlshaber zu melden."

Um diese Zeit fiel durch Schuß in die rechte Schläfe der Kommandeur der 71. Infanterie-Division, General Alexander von Hartmann, so, wie er es vorausgesagt hatte.

Das IV. Korps hatte keinen Divisions-Kommandeur mehr, das Übungsschießen auf dem Bahndamm an der Zaritza war beendet.

Kampf bis zur letzten Patrone

Zum letzten Male kamen die Kommandierenden Generale zu einer Besprechung zusammen, und mit ihnen die Divisions-Kommandeure des Südabschnittes.

Die Lage war besprochen, die Fronten geklärt, jetzt mußten die Positionen bezogen werden. Die Generale waren allgemein für Schluß mit dem Widerstand. Nur General Heitz und General Pfeffer waren für Kampf, das heißt, sie wollten zwar ihre Truppen nicht sinnlos opfern, aber sie standen zu dem Befehl, der gegeben war. General Schmidt hatte auf dieser Besprechung gesagt: „Kapitulation ausgeschlossen, Kampf bis zur letzten Patrone", und Generaloberst Paulus hatte diese Worte wiederholt und hinzugefügt: „Befehl ist Befehl!"

Und so kam es zum Endkampf.

Mit Riesenschritten nahte das Ende, es wurde Zeit, daß man sich über die letzten Konsequenzen klar wurde, denn nun ging es um Sein oder Nichtsein, um Gefangenschaft, Ausbruch, Kampf oder Freitod.

Hunderte erwogen den Ausbruch, er bot immerhin eine Chance, auch wenn sie 1:99 stand. Die Entfernung zur Front schätzte man auf zweihundert bis dreihundert Kilometer, genau waren es um diese Zeit dreihundertundfünfzig. Die meisten entschlossen sich zu einem Ausbruch nach Westen, ihre Marschrichtung schien festzustehen, ein Drittel wollte nach dem Süden ausbrechen, einige hatten die Absicht, über die vereiste Wolga zu flüchten, um auf diesem Wege zur 17. Armee oder zur 1. Panzerarmee zu stoßen. Die Situation gebar die wunderlichsten Pläne. Man rasierte sich nicht mehr, man verschaffte sich die Unterstützung der Hilfswilligen und der russischen Frauen, die in irgendwelchen Diensten tätig waren.

Der Stab des LI. Armeekorps war ohne Befehl ausgebrochen, nur der Kommandierende General war zurückgeblieben, der Stab des IV. Korps hatte den gleichen Versuch unternommen, der Ia und Ic der Armee berieten einen ähnlichen Plan. Beim VIII. Korps war es genau so gewesen und am 26. war auch Leutnant Stempel mit seinen Kameraden durch die Minenfelder der 71. Infanterie-Division auf das Eis der Wolga gegangen. Nur weg von hier, war

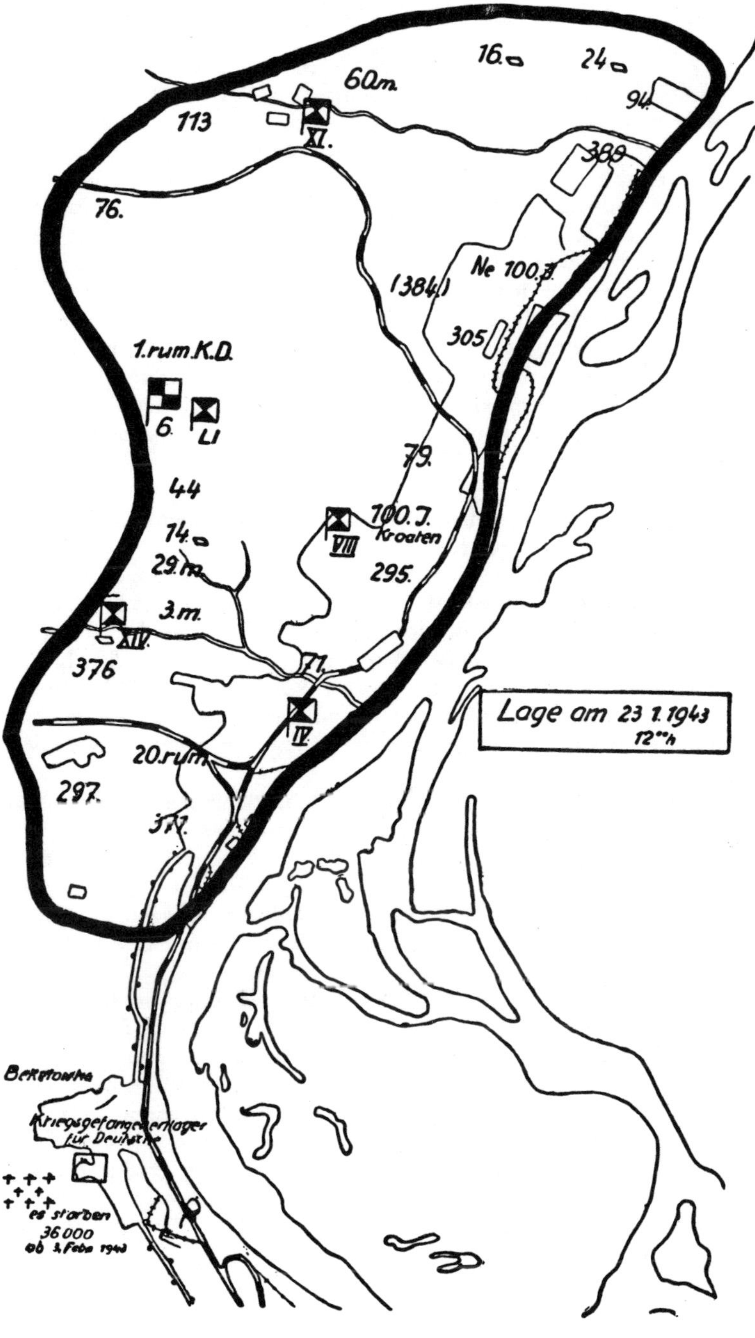

16.
24
60m.
94.
113
XI.
380
76.
Ne 100.J.
(384)
305
1.rum.K.D.
6.
LI
79.
44
100.J.
Kroaten
14.
VIII
29.m.
295.
3.m.
XIV.
376
71.
IV.
Lage am 23.1.1943
12^00 h
20.rum.
297.
371.
es starben
36.000

der Gedanke, nur raus. Es herrschte eine verzweifelte Stimmung.

Andere waren für die Gefangenschaft. „Warum soll der Russe seine Wut an uns auslassen", sagten sie, „über das Schicksal gefangener Offiziere ist nichts bekannt, warum also dem Gegner finstere Absichten unterstellen."

Gegner dieses Gedankens sagten: „Gefangenschaft bedeutet Sibirien oder Tod." Auf der anderen Seite redete man sich Mut zu. „Der Kampf war zwar mitleidlos, aber der besiegte Gegner muß doch geachtet werden." Es ging hin und her.

Die Dritten sagten: „Freitod", obwohl der Selbstmord von der Armeeführung verboten war, „der Offizier hat das gleiche Schicksal wie die Truppe zu tragen." Es war schlimm genug, daß nach dem Ausfall der Kommandeure durch Feindeinwirkung die Truppe zum Teil führerlos umherirrte und mit den dunklen Gestalten, die sich drückten, unter die Trümmer kroch, sich in die Keller verzog und die Essenholer überfiel, raubte, plünderte, mordete.

Sie waren der verschiedensten Ansicht, und jeder glaubte, von seinem Standpunkt aus recht zu haben.

General von Hartmann hatte gesagt: „Der Offizier hat im Kampf zu fallen." General Stempel war seiner Ansicht gewesen, er hatte eine Konsequenz gezogen, die sich nur in der Methode unterschied. General von Seydlitz schwankte, sich erschießen hieße, eine Schuld auf sich nehmen. Wofür? Für Hitler etwa? Nein, ein Soldat, der tapfer gewesen ist bis zuletzt, muß seine Kraft dem Vaterlande erhalten. Es galt noch mehr zu tun, wenn man an der Reihe war.

General Pfeffer dachte nicht daran, sich für den „böhmischen Gefreiten" zu erschießen, und der Kommandierende General des VIII. Armeekorps, Generaloberst Heitz, ließ vor seinem Gefechtsstand eine Kanone auffahren. Sein Befehl lautete: „Ich lasse auf jeden Überläufer schießen." Er selbst wollte sich, wenn das Ende kam, in den Himmel oder in die Hölle sprengen, für ihn gab es keine Kapitulation.

General Schlömer wollte der Truppe die Blutopfer ersparen, „jetzt noch weitermachen heißt, die Sinnlosigkeit zum Prinzip erheben", während General von Angern für ein anständiges Ende war: „Sich nur nicht festlegen, aber in jedem Falle aufrecht stehenbleiben, um Gottes willen nicht feige sein." General Strecker stimmte ihm zu: „Wir haben kein Recht, zu tun, was wir wollen. Der Soldat wird wegen Gehorsamsverweigerung erschossen, ich sehe nicht ein, warum Soldatsein beim General aufhört. Wenn hier jemand den Befehl zur Einstellung des Kampfes geben kann, so ist es Generaloberst Paulus. Wir sind grundsätzlich gegen jedes weitere Blutvergießen, aber Gehorsam und Disziplin sind die Grundlagen jedes Lebens in der menschlichen Gemeinschaft."

Jeder hatte auf seine Weise recht, keiner stand mehr zu Hitler. Aber niemand lehnte sich gegen die Disziplin auf!

*

Der Wind blies aus Nordost, das Thermometer zeigte fünfunddreißig Grad unter Null. Die draußen vor der Stadt lagen, im Süden und Westen, wußten von der Lage wenig oder gar nichts. Sie kämpften um ihr Leben.

Im Süden lag das II. Bataillon vom Grenadier-Regiment 523, im ganzen noch hundert Mann. Das Essen war schon zum vierten Male ausgefallen, man kratzte ein Loch in den Schnee und deckte über die Gefallenen wieder Schnee. Die Lebenden waren auch starr, vom Kopf bis zu den Füßen, sie hockten in den Löchern, die Zeltbahnen um die Köpfe gewickelt, die Knie am Kinn und warteten auf das Feuer und den Angriff. Das Feuer kam zwei Stunden lang und deckte die hundert Mann ein. Es gab keine Abwehrmöglichkeit.

Vierhundert Meter westlich ging es den Letzten vom Regiment 195 nicht viel besser; von achtzig Mann fielen fünfzig, der Rest wurde aufgesplittert oder geriet in Gefangenschaft.

Die Propaganda der Gegenseite sorgte für Lesestoff in Form von Flugblättern. „Kommt zu uns, Kameraden, macht dem sinnlosen Gemetzel ein Ende, ihr werdet es gut haben." Das stand auf den Blättern mit schwarz-weiß-rotem Rand und hieß auf deutsch: „Überlaßt die Sache Gott und den Generalen."

Die Truppe war seit acht Tagen kein Gegner mehr, aber so unwahrscheinlich es klingt, es gingen nur wenige auf die andere Seite. Jeder aber steckte den „Passierschein" ein. Für alle Fälle!

Es soll doch die Wahrheit neben die Wahrheit gestellt werden. Teilkapitulationen kamen überall vor, die Einheiten handelten nach der Lage, aber die Männer hoben die Hände erst hoch, wenn keine Munition mehr in ihren Taschen war und wenn sie vor einem T 34 standen und die Wahl hatten, ihre Fäuste zu nehmen oder sich in den Schnee walzen zu lassen.

Das steht hier geschrieben, und es soll niemand daran drehen und deuteln. Die Haltung der kämpfenden Front hatte keine Angriffspunkte. Es ist gleich, ob die Notwendigkeit des Kampfes und Sterbens zu Recht bestand oder nicht, die unverantwortliche

Rechnung hatte die Truppe mit dem einzigen bezahlt, was sie in Stalingrad noch besaß, ihrem Leben, und die Front der 6. Armee schuf ein neues Wertmaß für die Größe des persönlichen Opfers. Deutschland braucht sich seiner Söhne in Stalingrad nicht zu schämen.

„Der Heldenkampf in Stalingrad wird unauslöschbar in die Geschichte eingehen. Schon jetzt hat die 6. Armee das Vermächtnis Clausewitz erfüllt." Das funkte Hitler, aber die Front wußte davon nichts, ihre Männer kämpften und starben, schlicht um schlicht. Es ist schwer, das zu begreifen, und unmöglich, dafür Worte zu finden. So sollen die Meldungen der Kampfgruppen und Regimenter für sich sprechen.

„Panzerjägerabteilung 371 hat ihr letztes Geschütz gesprengt."

Am Abend fiel der Kommandeur, und als der Morgen kam, hatte die Abteilung aufgehört zu bestehen.

*

„Infanterie-Regiment 669 aufgesplittert und versprengt."

Wo sich die Zaritza nach Nordosten vordrängt, stand ein Häuserviertel wie ein Dorf. Der Krieg hatte es ausgelöscht. Wie ein riesiger Maulwurf hatte sich die 4. Kompanie in den Boden gewühlt. Von den Gräben des II. Bataillons sind Teile der Stadtruinen eingeschlossen, wo die verrostete Schalttafel liegt, war das Elektrizitätswerk, wo die schwarzen Aschenflecken sind, stand die Schule. Mitten durch den Friedhof läuft der Graben. Am Abend gab es 669 nicht mehr. Seine letzten neunzehn Mann blieben auf dem Friedhof, den die Gräben des Regiments durchzogen.

*

„Maschinengewehr-Bataillon 9 aufgerieben."

Auf den Tatarenwall fiel ein Feuervorhang. Vier Kilometer breit und zwei Stunden lang. Danach gab es kein Maschinengewehr-Bataillon 9 mehr und auch keine Kampftruppen der 3. mot.

*

„Kampfgruppe Fiebig übernimmt Reste Infanterie-Regiment 203 und Pi 176. Schlägt sich nach Süden durch."

Noch kampffähige Teile des Infanterie-Regiments 178 und 203 fanden den Tatarenwall im Süden bereits vom Feind besetzt und wurden nach Norden aufgesplittert. Mit ihnen kam keine Verbindung mehr zustande. Die Kampfgruppe hielt mit zwei Geschützen der 295. Infanterie-Division bis zum Abend und setzte sich dann auf die Widerstandslinie C ab.

*

„Mit Artillerie-Regiment 179 keine Sprechverbindung mehr."
Die Meldung lag mit einem Dutzend anderer im Bunker des Artillerie-Führers. Artillerie-Regiment 179 konnte sich auch nicht mehr melden, denn die Abteilung hatte ihre Geschütze dreimal verloren und dreimal wiedergenommen. Als die Pfälzer und Rheinländer zum drittenmal bei ihren Geschützen waren, standen noch sechsundzwanzig Mann aufrecht. Sie wehrten noch einen Angriff ab und schossen auf angreifende Infanterie mit Panzergranate 39 rot. Als der Feind zum viertenmal in der Stellung auf Höhe 107 war, lebten noch zwei Mann. Und so kam es, daß der VB auf seinem Gerät keine Sprechverbindung mit der Abteilung mehr erhielt und seine Aufgabe als erledigt ansah. Von diesem Augenblick ab meldete sich die Abteilung mit dem Lothringer Doppelkreuz nicht mehr wieder.

*

„Die Verbindung wird wahrscheinlich in Kürze abreißen. Sagen Sie Ihren Herren, daß Selbstmord nicht am Platze ist, der Offizier geht mit seinen Soldaten in Gefangenschaft. Außerdem weiß niemand, wofür ihn das Vaterland später noch einmal braucht. Bei massierten Panzerangriffen ist der Kampf einzustellen."
Diese Worte sprach der Kommandeur der 76. Infanterie-Division, und er sagte sie zu dem Führer der Kampfgruppe Fiebig. Als das II. Bataillon vom Infanterie-Regiment 178 von vierhundertfünfundachtzig Mann auf einundzwanzig dezimiert wurde, hatte der General zu dem Kommandeur dieses Bataillons vor sechs Wochen noch anders gesprochen. „Selbstmord" war nicht mehr am Platze. Am Nachmittag ergab sich die Kampfgruppe mit allen Stäben und Einheiten in der Runde.

*

„Die III. Abteilung von 371 soll sich auf Rundum-Verteidigung einstellen und eine Batterie an den Theaterplatz abgeben."

„Die Abteilung meldet sich nicht mehr, Herr General."

„Was heißt, meldet sich nicht mehr, sie hat doch vorhin noch geschossen."

„Ruf geht ab, Herr General, aber es meldet sich niemand."

„Sauerei, möchte wissen, was da los ist. Weiterrufen."

Vorhin, das war vor drei Stunden, hatte die Abteilung noch geschossen; mit sechs Geschützen und achtundzwanzig Schuß. Vor zwei Stunden schossen noch drei Geschütze und es waren noch drei Schuß für jedes Rohr vorhanden. Dann fing es an zu schneien, weiter als zehn Meter konnte man nicht sehen. Dann kamen zwei Lagen aus der Stalinorgel und dann kamen Panzer.

„Nein, Herr General."

„III. Abteilung immer noch nicht?"

„Weiterrufen."

Viertelstündlich ging der Ruf an die schwere Abteilung. Dann war auf einmal Strom in der Leitung. „Hallo Saarland, hallo Saarland", schrie der Mann in den Handapparat. Das Stimmengewirr war deutlich hörbar, und noch einmal wurde das Tarnwort „Hallo Saarland" gerufen.

Von weither kam die Antwort. „Nix Saarland, Russki."

Nun war kein Zweifel mehr, was für eine „Sauerei" bei der III. Abteilung passiert war, und der Chef der 11. Batterie wußte es noch genauer, aber um es sagen zu können, hätte er erst den Schnee wegschieben müssen, der auf seinem Munde lag.

*

Am 2. Januar hatte das Infanterie-Regiment 71 die Ortsverteidigung von Nowo-Alexijewki mit zweihundert Mann übernommen und Alexijewki gehalten, bis die Bunker einstürzten. Das war am 15. Januar. Einer schrieb einen Brief und darin die Worte: „Der Krieg brachte hundertfachen Tod, aber gleichzeitig wurde in den Tagen seiner Herrschaft tausendfaches Leben geboren. Was wir fortan schaffen und streben, gründet sich auf die Taten unserer Toten, sie sind gefallen, und sie haben gewonnen, was wir auch gewinnen müssen, um es dauernd zu besitzen: den Frieden."

*

Viele Befehle gingen zur Truppe und ebenso viele Meldungen kamen zur Führung.

Die Befehle lauteten alle gleich. „Stellung halten." — „Keinen Schritt zurück." — „Wenn Änderung der Lage verlangt wird, vorher anfragen."

Die Antworten waren auch alle gleich.

„Verschossen, kein Sprit mehr." — „Bedienung ausgefallen." — „Geschütze gesprengt."

Oder es kamen keine Meldungen mehr. Dann wußte man höheren Orts auch, woran man war.

Massengrab Kommandantur „Mitte"

„Es ist dafür Sorge zu tragen, daß die nach Stalingrad gelangenden Verwundeten in der Ortskommandantur ‚Mitte' zu sammeln sind. Die Verpflegung unterliegt dem Versorgungsabschnitt 3."

Am 15. Januar war dieser Befehl schon von der Armee erlassen. Alle Divisionen hatten davon Kenntnis erhalten. Die Divisionen wiederum hatten diesen Befehl an die Lazarette und die Verbandsplätze weitergegeben.

„... Ortskommandantur ‚Mitte' zu sammeln sind."

Seit dem 15. Januar drängten Tausende von Verwundeten nach Stalingrad. Der große Bau mit seinen zwei Seitenflügeln schien eine magnetische Anziehungskraft zu haben.

Die Verwundeten kamen in langen Zügen von Orlowka und Woroponowo. Und aus dem Westen. Ihren Weg zeichneten Blutspuren und Tote. Sie waren oft drei Tage unterwegs gewesen und manchmal zwei Wochen. Es waren alles junge Menschen, aber sie hatten Gesichter von Großvätern. Sie stolperten durch die schweren Stunden, wehrten sich gegen das Umfallen und den Tod, sie wurden getragen oder geschleppt oder krochen auf Stöcken und Brettern. „Nach Stalingrad ‚Mitte'", riefen sie, „zur Kommandantur."

Sie wollten in ein Lazarett mit Dach und Lagerstätten, heißem Tee und Hilfe für die schwärenden Wunden. Die Kommandantur war für sie die Insel des Heils, die Kommandantur bedeutete Hilfe — Verbände — Wasser — Ruhe. In Gruppen und Zügen strebten sie ihrem Ziel zu. Die vom Westen kamen, sahen nicht die Steinsäulen mit den Inschriften im „Stadtzentrum": „Das Proletariat des roten Zarizyn den Freiheitskämpfern, die 1919 im Kampfe gegen die Wrangel-Henker gefallen sind", und die vom Süden gegen die Trümmer gespült wurden, sahen mit leeren Augen an der Tafel vorbei, die sich ihnen an der Zaritza in den Weg stellte: „Betreten verboten. Neugierige gefährden ihr Leben und das Leben ihrer Kameraden."

„Vorwärts, nur vorwärts", war ihre Losung. Alles andere blieb unbeachtet am Wege liegen. Tag und Nacht schlurften die Verwundetenschwärme zu der scheinbaren Sicherheit des großen Gebäudes.

Sie kamen nach Stalingrad „Mitte" und auch zur Kommandantur.

Das Haus der Hoffnungen stürzte ein, die drei Etagen waren gefüllt bis zum Rand. Schon seit Wochen gefüllt. Mit Verwundeten, Kranken, Flüchtenden, Versprengten und Drückebergern.

Und im Keller saßen Kampfgruppen der 29. und 3. mot. und Reste der 376. Infanterie-Division und links und rechts von ihnen wurde geschossen.

Es gab keine Lagerstätten und keine Verbände, keinen Tee und keine Hilfe. Sechzehn Ärzte kämpften einen verzweifelten Kampf, Träger und Sanitäter schafften bis zum Umfallen, aber in die Knäuel kamen sie gar nicht mehr hinein.

Und immer neue kamen und krochen über die Haufen in die Räume, Korridore, drängten sich in die Keller und auf die Treppen. Und blieben liegen. Ohne Bett, ohne Wort, ohne Hilfe, ja, nicht einmal mit Hoffnung auf Hilfe sanken sie um. Sie baten um Wasser und keiner gab es ihnen, sie schrien nach Essen und erhielten nichts, sie stöhnten, riefen, brüllten nach dem Pfarrer, Arzt, Sanitäter, Morphium, Verband, Briefpapier, Kameraden, Mutter, Frau, Kind und Revolver.

Revolver erhielten sie manchmal, damit ihr Platz frei wurde.

„Ihre Körper sind ohne Lager und ihre Seele ist ohne Obdach", sagte der Pfarrer der 44. Infanterie-Division.

Und weil geschossen wurde, kam auch die Kommandantur „Mitte" in den Feuerbereich der Artillerie, fing Feuer und Brand.

Zuerst glühte der Westflügel auf und dann schlugen die Flammen aus dem Dachgeschoß des Mittelbaues.

Wer laufen konnte und den Ausgängen nahe war, gewann die Flucht um das Leben, andere versperrten aber die Ausgänge und Treppen. Über sie fielen die Nächsten, und dann ging das Hasten über zwei Schichten von Menschen, die auf dem Boden lagen. Panik und Todesfurcht hetzten die vor dem Feuer Fliehenden über die Geländer, nahmen ihnen die letzte Übersicht und ließen sie aus den Fenstern springen. Gleichzeitig mit dem Eingang des Mittelbaues stürzte das Obergeschoß zusammen und versperrte einen Weg in die Freiheit. Sie drängten die Treppen wieder hoch, um über die Korridore zu den Seitenflügeln zu gelangen, aber die Toten und Krüppel im Gang ließen sie nur mühsam vorwärts kommen, und gegen sie drängte ein anderer Flüchtlingsstrom an, der vom Zusammenbruch des Haupteinganges nichts wußte und dorthin wollte.

Drei Stunden dauerte der Kampf der Stärkeren und Glücklicheren. Über dreitausend waren tot.

Zusammengetreten, erstickt, verbrannt, aus den Fenstern gestürzt oder unter den Trümmern der Kommandantur begraben. Ihr Schreien hatte das Prasseln der Flammen und schmetternde Krachen der Einschläge übertönt. Und sie schrien noch, als die Steine schon von den Flammen gefressen waren.

Die Keller des Grauens

Es gab kein Haus mehr, das nicht ein Trümmerhaufen oder eine Ruine war, aber die Keller waren zum großen Teil erhalten geblieben. Die zusammenstürzenden Mauern hatten sich über sie gelegt und dadurch eine beschußsichere Auflage geschaffen. In den letzten Tagen des Kampfes erreichten diese Keller eine traurige Berühmtheit.

Allein die Aufzählung ihrer Namen würde ein paar Seiten füllen und darum soll hier nur ein Dutzend genannt werden. Wer die Eingänge betrat, ließ die Hoffnung hinter sich, lebend wieder hinauszukommen. Das war so vom Traktorenwerk bis zum GPU-Gefängnis, unter dem Theater und dem Haus der Roten Miliz, der Bibliothek und der Lederhandlung. Die Keller der Ortskommandantur und des Timoschenko-Bunkers machten ebensowenig eine Ausnahme wie die Gewölbe unter dem Museum und Elektrizitätswerk.

Die Zufluchtsstätten vor Bomben und Granatwerferfeuer wurden zu Auffangräumen der Verbandplätze und Lazarette und wurden zu Höllen, in denen gestorben wurde; allein und kollektiv.

Im Keller des Kaufmanns Simonowitsch lagen achthundert Mann, lagen an die Wände gepreßt und in der Mitte der feuchten Räume. Füllten die Stufen mit ihren Leibern und häuften sich in den Gängen. Es gab keine Unterschiede mehr, Rang und Dienststellung waren wie dürre Blätter von ihnen abgefallen. Im Keller Simonowitsch war der Marsch ihres Lebens zu Ende, und wenn noch kleine Unterschiede waren, so bestanden sie in der Schwere der Verwundung und Zahl der noch verbleibenden Lebensstunden. Noch einen Unterschied gab es, nämlich die Art, wie jedesmal ein Leben zu Ende ging.

Auf der Treppe verröchelte einer an Diphtherie des Kehlkopfes, dazwischen lagen drei, die schon lange tot waren, es hatte sich nur keiner um sie gekümmert, weil es dunkel war und man sie nicht sehen konnte. Im Hintergrund schrie ein Unteroffizier, dem die Zunge wie ein glühendes Stück Eisen aus dem Munde hing, vor Durst und Schmerzen, die Füße waren bis zum Gelenk abgefault.

An der Wand des Mittelkellers glühte in einer Konservendose ein stinkender Docht. Es roch nach Kerasin, aber auch nach faulendem Blut und brandigem Fleisch, gärendem Eiter und süßlich nach verwesenden Körpern. Und nach Jodoform, ausgebrochenem Schweiß, Kot und Schmutz.

Die Luft preßte Herz und Lungen zusammen, kratzte im Halse, ließ ein böses Schlucken hochkommen und machte die Augen tränend.

Die Haut fiel ihnen in Blasen vom Körper, von Wundstarrkrampf geschüttelt, schrien sie wie die Tiere, auf ihren Körpern wucherten Geschwüre und Pilze. Hier erstickte jemand, dem die Atmung gelähmt war, schüttelte sich ein anderer im Fieber, rief nach seiner Frau, verfluchte den Krieg und lobte Gott. Das Fleckfieber suchte seine Opfer, Typhus, Lungenentzündung und Infektionen rissen Lücken. In der Ecke starb ein Gefreiter, mit aufgetriebenem Bauch und Beinen so dick wie seine Oberschenkel, ohne ein Wort zu sagen, ohne um Hilfe zu bitten, ohne eine Bewegung, mit offenen Augen und gefalteten Händen, auf der anderen Seite des Ganges hinter der Treppe tobte und schlug ein Junge von zwanzig Jahren, den Schaum vor dem Munde, mit irren Augen um sich, bis ihm der Tod Krämpfe und Schmerz nahm.

Zu essen gab es nichts, der etwas hatte, hielt es ängstlich versteckt, ein Menschenleben hatte im Dunkeln nicht den Wert einer Scheibe Brot. Aber das kann nur einer verstehen, der selbst einmal am Verhungern war und weiß, was eine Krume Brot bedeutet.

Die Läuse waren das Schlimmste, sie zerbissen die Haut und fraßen sich in die Wunden und hielten den Schlaf fern, der so bitter nötig war. Zu Tausenden bedeckten sie die Leiber und Wäschereste, und nur wenn der Tod kam oder das Fieber, dann verließen sie die Körper wie die Ratten das sinkende Schiff. Ein ekelhafter, grauer, wimmelnder Haufen zog zum Nebenmann, um sich dort festzusetzen.

Und es war keiner da, der ihnen helfen konnte. Wo es möglich war, trug man die Toten in den Hof oder stapelte sie in Bombentrichtern wie Baumstämme. Im Keller des Simonowitsch war einmal ein Arzt gewesen, aber der suchte nur Zuflucht vor einem Bombenangriff, „sein" Keller war auch irgendwo und dort riefen sie genau so nach ihm wie hier. Helfen konnte er dort auch nur am Rande. Das Leid war zu groß.

Wer noch fähig war nachzudenken, der konnte sich ausrechnen, wann es mit ihm zu Ende ging. Und der wußte auch, daß es keinen Zweck hatte zu schreien und zu toben. Und sich zu wehren.

Wogegen denn wehren?

Es starben viele, und ehe es der Nebenmann merkte, waren Stunden und Tage vergangen. Da keiner die Toten hinaustrug, reichte man sie weiter, schob und rollte sie von Mann zu Mann, über den nächsten, der sich nicht erheben konnte, zum dritten und so fort, durch den Raum und über den Gang, über die Lumpenlager und den Gestank. Wie Bretter oder Säcke. Bis ans Loch in der Westmauer und an den Trichter, den eine Zweihundertfünfzig-Kilo-Bombe gesprengt hatte. Das Loch ließ sie durch und der Trichter nahm sie auf. Es lagen schon hundert hier und mancher Körper war noch warm, aber das waren die, denen die Kraft zum Schreien fehlte.

Vor dem Keller des Simonowitsch warteten andere und sickerten ein. Keiner wunderte sich, daß nie jemand herauskam und doch immer wieder neue Einlaß fanden. Die Toten wurden nicht gezählt und die Erkennungsmarken wurden ihnen nicht abgenommen, vielleicht griff ihnen der eine oder andere in die Tasche, ob noch Brot darin sei. Es war ganz gleich, woran man starb, Hauptsache war, daß schnell gestorben wurde und damit für im Eiswind Wartende Platz wurde.

Nicht nur im Keller des Simonowitsch, in allen Kellern wurde gestorben, eine Welle von Agonie hüllte die müden und zermürbten Körper ein. Sie fürchteten sich nicht mehr, hier gab es keine Angst, keine Panik und hier war auch nichts von der Demoralisation der Stäbe an der Oberfläche zu merken. In den Kellern hatten sie nicht mehr den Finger am Abzug und hockten auch nicht mehr in den Löchern, wie jene, die ihre letzten Patronen verschossen.

„... was immer auch im einzelnen uns an Opfer zugemutet wird, das wird vergehen. Es ist belanglos ...“ Das hatte Hitler gesagt.

So war es wirklich

Was Rundfunk und Presse brachten, was Bilder und Film zeigten und was täglich der Bericht des Oberkommandos der Wehrmacht sagte, entsprach nicht den Tatsachen, aber hier und da sickerte irgend etwas durch, kamen Briefe und Verwundete in der Heimat an, man verglich mit dem, was man offiziell las, und hörte, und war geneigt, die Schuld der Kriegsberichterstattung zu geben. Das sagt sich leichthin, aber das kommt davon, weil keine Vorstellung vom wahren Wesen der Kriegsberichterstattung einen Vergleich zuließ. Wer einmal Gelegenheit hatte, die Totenliste der Kriegsberichter zu sehen, war über die Höhe der Verluste erschüttert.

Eine „Propagandakompanie“ war ein großes Gebilde, aber die Kriegsberichter einer Kompanie waren nur eine Handvoll. „Eine Handvoll Soldaten“, hat einer von ihnen geschrieben, „sind zehn Mann“. In Stalingrad sind „drei Hände voll“ geblieben, drei Finger der „vierten Hand“ blieben vom Untergang verschont, bevor aber die dreißig Mann Feder und Kamera aus der Hand legten, filmten, fotografierten, sprachen und schrieben sie die Wahrheit über Stalingrad.

Das Material gelangte nicht zur Kenntnis des deutschen Volkes, die Rotstifte der Zensuroffiziere und Stabsoffiziere der Propagandagruppen, die Panzerschränke des Propagandaministeriums, die Zensurabteilung des Oberkommandos der Wehrmacht und „Ministerentscheidung“ sorgten dafür.

Als der 19. November 1942 gekommen war, stand in einem Kompanie-Bericht aus Stalingrad:

„Wenn es uns nicht gelingt, Stalingrad zu halten oder zu räumen, ist dieser Krieg endgültig für uns verloren.“

Und auf die Frage: „Warum dauert der Kampf in Stalingrad

so lange", antwortete ein anderer: „Man könnte tausend Seiten mit den Gründen vollschreiben und jede Seite wäre wichtiger als die andere. Auf der ersten Seite stände: Der Russe war immer ein schlechter Söldner, aber ein guter Soldat, gehorsam jeder Obrigkeit, ergeben in sein Schicksal und furchtbar anspruchslos. Wir sprechen von der Summe des Widerstandes und stellen nur Panzer, Kanonen, Rüstungskapazität und Treibstoff in Rechnung. Aber dabei verfallen wir in den Fehler, den russischen Menschen, den eigentlichen Träger des aktiven Widerstandes, nicht in die Kalkulation einzubeziehen."

Stalin trat in den Krieg ein mit der Parole: „Dieser Krieg ist ein Krieg der Motoren. Wer das Übergewicht in der Erzeugung hat, wird ihn gewinnen."

Die Voraussetzung nahm der russische Soldat als beruhigende Gewißheit mit. Er wußte vor sich seine Panzer, hinter sich die Raketenwerfer und den Gott des Krieges, die Artillerie. Über weite Strecken des russischen Landes wurden buchstäblich die Granaten von Hand zu Hand gereicht.

Die Kriegsberichter schrieben aus Stalingrad Berichte der Wirklichkeit:

> „Das Exempel von Stalingrad müßte in den deutschen Kriegsschulen als Musterbeispiel für ‚Kriegskunst falsch' gelehrt werden."

„Die Rundfunksendung am Heiligen Abend war für die Truppe ein Schlag ins Gesicht."

„Die Berichte von pulvergrauten Generalen mit roten Aufschlägen und blinkenden Ritterkreuzen hinter dem Maschinengewehr gehören in Märchenbücher für Erwachsene, die nur so den Krieg verstehen wollen."

„Das hunderttausendfache Opfer von Stalingrad wird den Untergang des Abendlandes, wenn es einmal dazu kommen sollte, nicht aufhalten können."

„Wenn jemals eine Forderung der militärischen Führung ihre Berechtigung hatte, dann die des Oberbefehlshabers der 6. Armee: Raus aus Stalingrad und mit dem Gesicht nach Ost hinter den Don zurück."

„Die Vernichtung der 6. Armee scheint die zwangsläufige Folge der am 19. August begonnenen Operationen zu sein."

„Die Truppe ist müde und verbraucht, mit solchen Divisionen läßt sich keine Großoperation durchführen. Frische Kräfte täten not, mit ebensolchen Waffen und viel, sehr viel Munition."

„Die Verluste übersteigen die Zugänge um das Doppelte. Es läßt sich ausrechnen, wann nur noch Verluste da sein werden."

„Die Haltung des einzelnen Soldaten ist über jedes Lob erhaben. Wer etwas anderes sagen sollte, ist nicht wert, daß er die deutsche Sprache spricht."

„In Stalingrad gewesen zu sein, wird für jeden Soldaten der 6. Armee, ganz gleich was er in seinem Leben einmal anstellen sollte, mildernder Umstand sein."

„Die Soldaten der 6. Armee spendeten 3,5 Millionen Mark für die Winterhilfe. Das ist der Wehrsold von acht Wochen. Es kommt nicht oft in der Kriegsgeschichte vor, daß eine Armee zur Finanzierung ihres Unterganges beiträgt."

„Von einer Division im Norden der Front sind an einem Tag zweihundertundsechzig Mann gefallen. Es fielen aber nicht zweihundertundsechzig Mann, sondern zweihundertundsechzig mal Einer."

„Was hier täglich geschieht, ist wert, in die Geschichte der tapferen Herzen aller Zeiten aufgenommen zu werden."

„Kapitulation ausgeschlossen"

Stalingrad war ein Ruinenfeld mit Fensterhöhlen und Häuserresten, die noch qualmten. In den Höfen und auf den Straßen lagen Soldaten, die nicht mehr aufstanden, es mögen hundert oder tausend gewesen sein, keiner zählte nach, ob das stimmte. Zwischen den Ruinen suchten Menschen nach irgend etwas, das sie noch gebrauchen konnten, aber sie suchten danach ebenso vergeblich wie nach dem Grunde ihres Leidens.

„Kapitulation ausgeschlossen, Kampf bis zur letzten Patrone und bis zum letzten Mann. Es wird um jeden Meter gekämpft. Jeder Befehlsstand ist zu verteidigen."

Dieser Befehl war den Kommandierenden Generalen zugegangen, die Korps unterrichteten die Divisionen und von ihnen lief der Faden zu den noch erreichbaren Einheiten. Der Befehl war nicht mißzuverstehen, doch die Truppenführer schüttelten den Kopf. Widerstand war keine militärische Notwendigkeit mehr.

„Und so kam", wie Schlieffen sagte, „was kommen mußte."

Die Höhen 12, 104 und 107 waren gefallen, eingeebnet — verschüttet — auseinandergerissen; in jedem Falle tot. Die Truppe kämpfte. Es wurde auf alles geschossen, was sich zeigte. Das war ja befohlen. Außerdem gab es „vorn“ noch was zu essen, das war ein Grund mehr, erst dann zu kapitulieren, wenn der Russe im Rücken stand. Die Führung wurde in den wenigsten Fällen davon unterrichtet, und so standen auf den Lagekarten noch die Zeichen der Kampfgruppen und Regimenter, wenn die Waffen schon übereinander lagen.

Die Abendmeldung der Armee am 28. Januar lautete:

> „Starker Feindeinbruch entlang Bahnlinie Gumrak-Stalingrad spaltet die Front der Armee im Nordkessel, XI. Korps; Kessel Mitte, VIII. und LI. Korps; und Südkessel mit Restteilen und Sitz der Armee. XIV. Panzerkorps und IV. Korps ohne Truppenverbände. Armee versucht am Nordrand und westlichem Vorfeld neue Verteidigungsfront aufzubauen. Armee rechnet mit endgültigem Zusammenbruch ihres Widerstandes bis 1. Februar.“

In den Nordkessel waren unter Führung des XI. Armeekorps die 60. mot. sowie Restteile der 16. und 24. Panzer-Division abgedrängt, die 389. lag in ihren alten Stellungen auf der Höhe der Ziegelei, und die noch kampfunfähigen Reste der 100. leichten hatten sich zum Widerstand im Südteil der „Roten Barrikade“ festgesetzt.

Im Kessel „Mitte“ lagen mit der Front nach Westen und Norden Teile der 113. und 76. Infanterie-Division, während vierhundert Mann der 384. an der Bahnlinie westlich der Treibstofflager ihre Position bezogen hatten. Die 305. Division hatte die Front zur Wolga, sie wies schwere Angriffe aus der Nagelfabrik zurück. Die Trümmer der 29. und 3. mot. zogen sich kämpfend über die unübersehbare Trümmerwüste nach Osten zurück. Der Korpsstab des XIV. Panzerkorps lag in der Nähe der Spiritusfabrik, das IV. Korps existierte nur noch dem Namen nach. General Pfeffer hatte keine Divisionen mehr.

Um den Korpsgefechtsstand des VIII. Korps hatten sich zweihundert Mann des kroatischen Infanterie-Regiments gruppiert. Dem Namen nach lag die 79. und 295. Infanterie-Division in ihren Stellungen mit der Front zur Wolga.

Das Oberkommando der Armee war im Südkessel eingeschlossen. Über geschlossene Truppenteile verfügte die Armeeführung nicht mehr. Da war noch eine Kampfgruppe der 71. Infanterie-Division und eine der 371. In der Ruine des völlig ausgebrannten

Kaufhauses „Univermag“ hatte die Armeeführung ihren letzten Befehlsstand bezogen. Die zu den oberen Stockwerken führende große Treppe schwebte in der Luft. Was von den Umfassungsmauern noch stand, war geborsten, aber die Keller hielten selbst den Beschuß schwerer Artillerie aus. In unregelmäßigen Pausen krachten die Salven von Granatwerfern in die Trümmer des Kaufhauses, die Russen hatten sich eingeschossen, das Feuer lag genau.

Im letzten Raum des Kellers hatte Generaloberst Paulus sein Quartier, daneben hauste der Chef des Stabes. Zwei Räume weiter war der durch Funk zum Generalmajor beförderte Kommandeur der 71. Division untergebracht, im dritten lag die Funkstelle des Armee-Nachrichten-Regiments und ihr gegenüber der Gefechtsstand der 71. Infanterie-Division.

Vom Oberbefehlshaber ging keine Initiative mehr aus. Er saß zusammengebrochen in seinem Kellerraum auf einem Feldbett und die Verbindung zu dem Nordkessel und dem Gefechtsstand „Mitte“ hielt General Schmidt durch Funkverkehr aufrecht. Und noch einer trug in den schweren Tagen den Kopf hoch, Generalmajor Roske.

In letzter Stunde wurde was greifbar war zu Alarmeinheiten und Kampfgruppen zusammengeworfen. Die Verbindung war nur noch stützpunktartig und diese Stützpunkte füllten Schreiber, Nachrichtenleute, Troßmänner und Kraftfahrer mit frischem Blut. Mehr auch nicht, denn von einer Kampfkraft konnte keine Rede mehr sein.

Leicht machte die Verteidigung der drei Kessel den sowjetischen Angriffsdivisionen ihren Erfolg trotzdem nicht. Für die verbissenen Kämpfe und den verzweifelten Widerstand spricht am eindrucksvollsten die Zeit, die von der Roten Armee benötigt wurde, ihr Angriffsziel zu erreichen. Zwanzig Tage gebrauchte die gewaltige Übermacht vom Tage des Großangriffs an, um den letzten Widerstand zu brechen. Der tägliche Geländegewinn betrug im Durchschnitt dreieinhalb Kilometer.

Jede Stunde forderte weitere Opfer, denn die starken Konzentrationen auf engstem Raume ließen die Verlustziffern in die Höhe schnellen. Es gab nur noch Kämpfer, Verwundete, Verpflegungsempfänger oder Fahnenflüchtige.

Über die Geschehnisse dieser Zeit erfuhr die Truppe nichts. Hin und wieder sickerten Parolen durch und manchmal merkte sie es auch an einigen Zeichen, die untrügbar waren.

Es gab einen Befehl des Chefs des Generalstabes: „Verpflegung ist nur noch an die kämpfende Truppe auszugeben.“ Das merkten die Verpflegungsempfänger, als sie in den Ruinen und Kellern die Verpflegung für Verwundete und Kranke holen wollten. Und darum gingen sie von nun an „organisieren".

Der Flugplatz Stalingradsky war gefallen und damit die letzte Flugverbindung mit der Außenwelt. Das war schon am 23. Januar gewesen.

Auch vom Bericht des Oberkommandos der Wehrmacht wußten sie nichts, sie hätten ihn auch gar nicht begriffen: „Die Verteidigung des Raumes von Stalingrad wehrt trotz harter Entbehrungen sämtliche Angriffe ab."

Im Führerhauptquartier hatte sich der Chef des Generalstabes des Heeres mit führenden Offizieren der Operationsabteilung freiwillig auf die Hungerration der Stalingrad-Armee gesetzt und nach sechs Tagen die Kur abgebrochen. Sie hätte zur Arbeitsunfähigkeit im Generalstab des Heeres geführt, aber der Chef des Wehrmachtsführungsstabes hatte einen Erlaß unterschrieben: „Die Standhaftigkeit und der Opfermut des Feldheeres haben einzig und allein ihre Quellen im Nationalsozialismus."

Am 28. Januar wurden zwei Tonnen Verpflegungsgüter abgeworfen und der Reichsmarschall sandte folgenden Funkspruch:

> „Vom Kampf der 6. Armee wird es einmal stolz heißen, an Todesmut ein Langemarck, an Zähigkeit ein Alkazar, an Tapferkeit ein Narvik, an Opfer ein Stalingrad."

Nein, davon wußte die Truppe nichts und nur wenige hörten in den Abendstunden des 30. Januar die Rede des Reichsmarschalls, die von den deutschen Rundfunksendern übertragen wurde:

„Es kam der Tag, da zum ersten Male deutsche Panzergrenadiere in die Hochburg von Stalingrad hineinstießen und sich an der Wolga festklammerten. Dieses wird der größte und heroischste Kampf in unserer Geschichte bleiben. Was dort unsere Grenadiere, Pioniere, Artilleristen, Flak-Artilleristen und wer sonst noch in dieser Stadt ist, vom General bis zum letzten Mann leisten, ist einmalig. Mit ungebrochenem Mut und doch zum großen Teil ermattet und erschöpft, kämpfen sie gegen eine gewaltige Übermacht. Noch in tausend Jahren wird jeder Deutsche mit heiligem Schauer von diesem Kampf in Ehrfurcht sprechen und sich erinnern, daß dort trotz allem Deutschlands Sieg entschieden worden ist.

... und so wird es auch in späteren Tagen über den Heldenkampf an der Wolga heißen: Kommst du nach Deutschland, so berichte, du habest uns in Stalingrad liegen sehen, wie das Gesetz der Ehre und Kriegsführung es für Deutschland befohlen hat. Es mag letzten Endes hart klingen, ob der Soldat bei Stalingrad, in den Wüsten Afrikas oder in den eisigen Wüsten des Nordens fällt, wenn wir Soldaten nicht bereit wären, unser Leben einzusetzen, dann brauchten wir ja nicht Soldaten zu sein, dann könnten wir ja in ein Kloster gehen."

Und der Mann, der die Luftversorgung der 6. Armee übernehmen wollte, sagte weiter:

„Wer von den Soldaten ins Feld geht, hat mit der Wahrscheinlichkeit zu rechnen, daß er nicht zurückkommt, und wenn er doch zurückkommt, dann kann er dafür dankbar sein, daß er großen Dusel hatte."

Die Antwort auf diese Rede funkte am 31. Januar der Nordkessel. Sie war von lapidarer Kürze:

„Vorzeitige Leichenreden unerwünscht."

Die Reste der Divisionen lagen mit ihren Gewehren noch im Anschlag, sie standen noch hinter der letzten Kanone oder starben in den Todeskellern, als ihre Leichenrede über die Sender ging. Sie wußten in den Kesseln, daß sie abgeschrieben waren, aber daß um diese Tatsache und das entsetzliche Sterben das Mäntelchen der Notwendigkeit und Ehre gebreitet wurde, erfüllte sie mit tiefem Abscheu.

Kessel „Mitte" kapituliert

Im Kessel nordwestlich der Kathedrale ging es zuerst zu Ende. Der Angriff begann gleichzeitig vom Norden und Westen, richtete sich gegen die Stellungen der 113. und rollte von Nordwesten die dünne Front der 76. Infanterie-Division auf. Am Abend standen russische Panzer im Rücken der 305. und nahmen die südwestlichsten Stadtviertel. Der Korpsstab des XIV. Panzerkorps kapitulierte in hoffnungsloser Lage, ohne Truppenteile und Waffen, die Gefechtsstände des VIII. und LI. Korps wurden durch die massierten Angriffe auf kleinstem Raum zusammengedrängt.

Am 30. Januar stand ein T 34 vor dem Befehlsbunker und forderte zur Übergabe auf. Verlorene Gruppen warfen die Waffen weg, jede Stunde des Widerstandes erhöhte die Blutopfer. Am 31. Januar kapitulierte das LI. Korps. Den Weg in die Gefangen-

Stab der Don-Front, den 2. Februar 1943, 18.30 Uhr

An den Obersten Befehlshaber der Streitkräfte der Sowjetunion, Genossen STALIN, Moskau

OPERATIONSBERICHT Nr. 0079/OP

In Ausführung Ihres Befehls haben die Truppen der Don-Front am 2. Februar 1943 um 16.00 Uhr die Zerschlagung und Vernichtung der in Stalingrad eingeschlossenen Verbände des Gegners beendet.

Völlig vernichtet und teilweise gefangengenommen wurden: das 11. Armeekorps, das 8. Armeekorps, das 14. Panzerkorps, das 51. Armeekorps, das 4. Armeekorps, das 48. Panzerarmeekorps in Stärke von 22 Divisionen: der 44., 71., 76., 79., 94. und 100 motorisierten Division, der 113, 376., 295., 297., 305., 371., 384. und 389. Infanteriedivision; der 3., 29. und 60. motorisierten Division; der 14., 16. und 24. Panzerdivision sowie der 1. rumänischen Kavallerie- und der 20. rumänischen Infanteriedivision.

Außerdem wurden folgende Verstärkungseinheiten vernichtet:

a) Das 42., 44., 46., 59, 61., 65 und 72. Artillerieregiment der Reserve des Oberkommandos; das 1./97. Artillerieregiment, die 43., 639., 733., 855., 856. und 861. Artillerieabteilung der Reserve des Oberkommandos; die 243 Sturmgeschützabteilung; das 2. und 51. Do-Werferregiment der ROK; die 9., 12., 25., 30. und 37. Flakabteilung verschiedener Regimenter, von denen selbständige Einheiten an anderen Fronten eingesetzt sind.

b) Das 45., 71., 294., 336., 652., 672., 685., 501. selbständige Pionierbataillon und ein selbständiges Pionierbataillon ohne Nummer.

c) Das 21., 40., 540. und 539. selbständige Baubataillon.

d) Das 6. und vermutlich das 594. Nachrichtenregiment.

e) Die 7. und 28. Artillerievermessungsabteilung.

f) Viele Brückenbaukommandos und andere Troßeinheiten.

Es wurden über 91 000 Gefangene eingebracht, darunter über 2500 Offiziere und 24 Generale, davon: 1 Generalfeldmarschall, 2 Generalobersten, die übrigen im Range von Generalleutnanten und Generalmajoren.

Mit der völligen Liquidierung der eingeschlossenen Truppen des Gegners haben die Kampfhandlungen in der Stadt Stalingrad und im Gebiet von Stalingrad ihren Abschluß gefunden.

Die Zählung des erbeuteten Materials wird fortgesetzt.

Der Vertreter des Stabes der Obersten Heeresleitung
Marschall der Artillerie WORONOW

Der Truppenbefehlshaber der Don-Front
Generaloberst ROKOSSOWSKIJ

Das Mitglied des Kriegsrats der Don-Front
Generalmajor TELEGIN

Der Stabschef der Don-Front
Generalleutnant MALININ

BEFEHL

des Obersten Befehlshabers an die Truppen der Don-Front

An die Don-Front.

An den Vertreter des Stabes der Obersten Heeresleitung,
Marschall der Artillerie WORONOW.

An den Truppenbefehlshaber der Don-Front,
Generaloberst ROKOSSOWSKIJ.

Ich gratuliere Ihnen und den Truppen der Don-Front zum erfolgreichen Abschluß der Kämpfe, die zur Vernichtung der bei Stalingrad eingeschlossenen feindlichen Truppen führten.

Ich spreche allen Soldaten, Offizieren und den politischen Leitern der Don-Front den Dank für ihre hervorragenden Kampfoperationen aus.

Der Oberste Befehlshaber

Moskau, Kreml, den 2. Februar 1943

J. STALIN

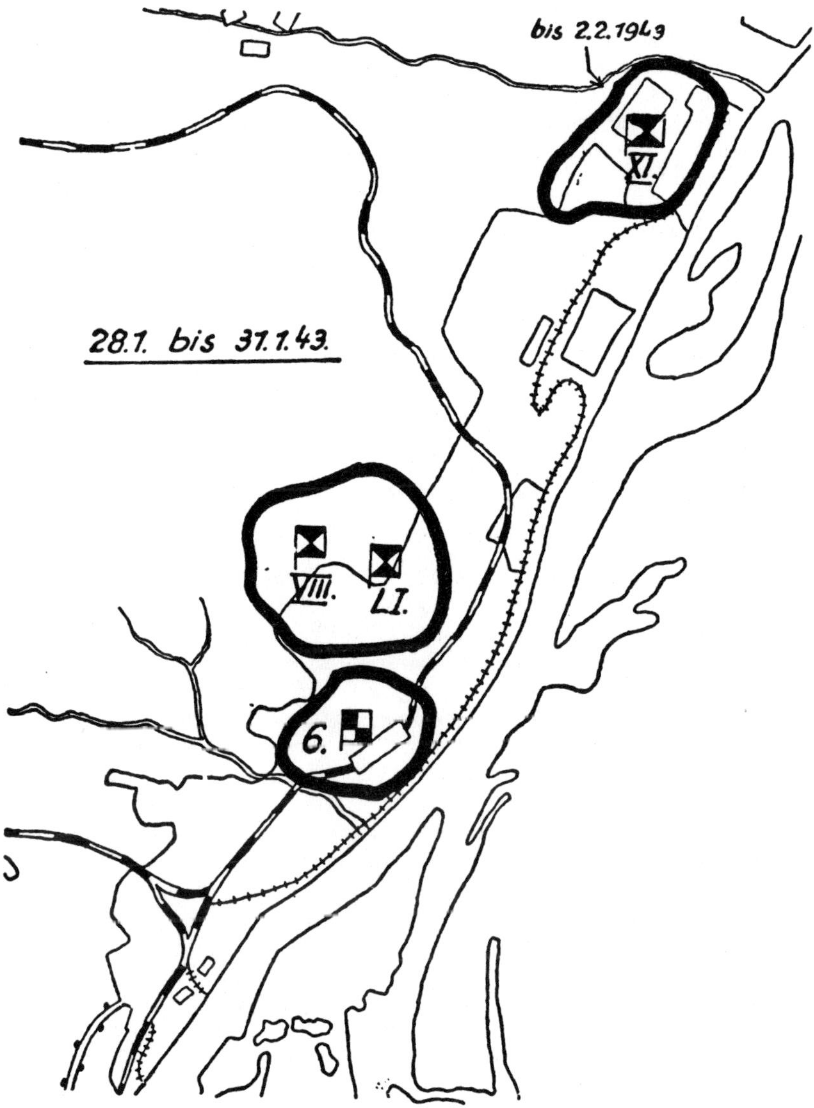
bis 2.2.1943
XI.
28.1. bis 31.1.43.
VIII.
LI.
6.

schaft ging jeder für sich, unterschrieben wurde nichts. Die Gefangenen dieser Tage waren General Pfeffer, General von Seydlitz, General Schlömer, Generalleutnant Sanne, Generalleutnant Leiser, Generalleutnant von Daniels, Generalleutnant Deboi und General Dr. Korfes.

Zwei Stunden vor dem Ende im Kessel „Mitte“ gab die Armee, ohne von den Ereignissen etwas zu wissen, nachstehenden Funkspruch auf:

> „Rest 6. Armee auf kleinstem Raum in drei Kesseln zusammengedrängt, hält noch einige Straßenviertel westlich Bahnhof und südlich Wasserwerk. IV. Armeekorps nicht mehr vorhanden. XIV. Panzerkorps hat kapituliert. Mit VIII. und LI. Korps keine Verständigung mehr. Zusammenbruch ist keine 24 Stunden mehr aufzuhalten.“

Armee-Oberkommando 6 zieht die Fahne ein

Schon am Vormittag des 30. Januar waren Stoßtrupps der Sowjetischen Armee am Roten Platz eingesickert und der Zusammenbruch nicht mehr aufzuhalten. Die Truppe schoß kaum noch, jeder wartete auf die Dinge, die kommen sollten. Einmal wurde die Lage noch bereinigt, als es gegen Mittag bedrohlich wurde, aber das hatte alles keinen Sinn mehr, die Gefangennahme der Armeeführung konnte wohl um Tage verschoben werden, aber gewonnen war nichts.

In der Mittagszeit des 31. Januar hatte der Kommandeur der „Ringverteidigung“, Generalmajor Roske, eine Unterredung mit dem Oberbefehlshaber. Was zu sagen war, sagte Roske in einer Viertelstunde, und der Feldmarschall saß auf dem Feldbett in seinem Raum und hatte die Augen geschlossen.

„Ich sehe ganz klar“, sagte er. Wie klar der Armeeführer nun sah, bewiesen seine Entscheidung und der Funkspruch an die Heeresgruppe. Das Ende war da. Den letzten Schritt überließ er dem Chef des Generalstabes.

„Nehmen Sie in Gottes Namen Verbindung zum Russen auf“, das waren die Worte des Chefs des Generalstabes. Gleichzeitig mit Generalmajor Roske bemühte sich der Artillerie-Führer des IV. Korps in der gleichen Angelegenheit.

Höhe
107
Höhe
102
XI.
LI.
VIII.
XIV.
6.
IV.
Lage am 26.1.43.

„Jeder Gefechtsstand wird verteidigt“, hatte General Schmidt noch vor sechs Tagen gesagt, aber für den letzten Gefechtsstand der Armee schien dieses Wort keine Gültigkeit zu haben. Die Scheinwerfer vom Flak-Regiment 104 tauchten die große Schneefläche in glitzernde Helle, es war das einzige Licht in der Nacht und zog Verpflegungsbomben und Artilleriefeuer an. Vierzehn Transporter warfen ihre Frachten ab. Wer fiel, der fiel, ihre Namen wird man nicht von den Sternen rufen und die Frage daran knüpfen, wo sie geblieben sind. Es kam auf tausend Tote mehr oder weniger nicht an.

Noch einmal senkte sich ein Segen von Beförderungen über die todgeweihte Armee. Generaloberst Paulus wurde Generalfeldmarschall. Er hat den Marschallstab nie gesehen, aber symbolisch lag neben dem blauen Samtbett die Pistole. „Es gibt in der Kriegsgeschichte keinen deutschen Feldmarschall, der in Gefangenschaft ging“, hatte Hitler am Vorabend zu Feldmarschall Keitel gesagt.

Der Kommandierende General des VIII. Korps, General Heitz, wurde zum Generaloberst befördert, Generalleutnant Schmidt zum General. Die Beförderungen von hundertsiebzehn Offizieren bis zum Generalmajor blieben auf dem Papier stehen. Die es anging, haben nichts davon erfahren.

Und es kamen noch heroische Funksprüche.

> „Das deutsche Volk wird noch in ewigen Zeiten den Heldenkampf seiner Söhne an der Grenze von Europa und Asien in stillem Andenken ehren“,

funkte die Heeresgruppe.

Selbst Reichsmarschall Göring krönte seine Grabrede:

> „Die 6. Armee kann es sich zur unvergänglichen Ehre anrechnen, das Abendland gerettet zu haben.“

Und von der Armee gingen auch noch einige Sprüche in die Ferne, die für Stalingrad Deutschland hieß:

> „12.18 Uhr: Abwurfmöglichkeit Roter Platz nicht mehr gegeben, bei Pionierkaserne unsicher, bei Traktorenwerk unwahrscheinlich.“

> „12.30 Uhr: Feindliche Kräfte unmittelbar vor der Tür, über den Ausgang des Kampfes bestehen keine Zweifel mehr.“

> „15.10 Uhr: Von Armee-Oberkommando 6 an VII. Flieger-Korps, an Luftnachrichten-Abteilung 129 über 9. Flak-Division:

Restkommando in Stalingrad meldet sich am heutigen Tage ab. Alles Gute und Grüße an die Heimat.

Wachsland, Oberleutnant."

„19.40 Uhr: Vagabundierende Soldaten, wenig Kämpfer noch, die Führung gleitet aus der Hand der Stäbe, russische Panzer sind im Einbruch. Es geht hier zu Ende."

Über die restlichen Bestände der Armee ging zum Schluß noch eine Welle der Vernichtung. Was nicht unmittelbar mit Verpflegung und Munition zu tun hatte, wurde zerstört.

„Keine Akten, keine unbeweglich gewordenen Waffen dürfen dem Feind in die Hände fallen, alle Gespanne und Kraftfahrzeuge müssen vernichtet werden, ebenso Funkgeräte, Chiffriermaschinen, Code- und Geheimbücher."

Es wurde gesprengt, angezündet und zerschlagen. Vor sieben Wochen war die Zerstörung der eigenen Geräte noch schwergefallen, man hatte sich zögernd und demütig der Situation angepaßt, beim zweiten und dritten Einsatz wurde man bedenkenloser, heute war das Zerstören des Kampf- und Kriegsmaterials ein Vorgang wie Essen und Trinken.

In der Verteidigungsfront wurden die Lücken größer, an der entscheidenden Stelle zwischen dem Theater und Bahnhof hatten die Truppen die Waffen niedergelegt. Die ersten Parlamentäre kamen, ein Hauptmann führte sie. Sie wurden zurückgeschickt:

„Wir verlangen einen Stabsoffizier."

Die Parlamentäre kamen wieder. Dieses Mal war ein Major dabei, der Form war Genüge getan.

Es ging alles ohne Höhepunkte vor sich. Die Russen verlangten bedingungslose Kapitulation und zu verhandeln gab es nichts. Was russischerseits zu sagen war, übersetzte der Dolmetscher, und was die deutsche Seite zu entgegnen hatte, beantwortete General Schmidt.

Die ganze Angelegenheit dauerte knapp zehn Minuten. Danach ging der Chef des Generalstabes in den Nebenraum und meldete:

„Die Russen sind da", und nach einer Pause, „darf ich Herrn Generalfeldmarschall fragen, ob noch etwas zu sagen ist?"

Aus dem Dunkel des Raumes, den nur das schwache Licht des Rundfunkempfängers erhellte, kam keine Antwort. Der Generalfeldmarschall hatte nichts zu sagen, und er unterschrieb auch nichts.

Niemand wußte, was hinter dieser hohen Stirn die Gedanken enge Kreise ziehen ließ.

Stand vor den geschlossenen Fenstern seiner Welt die Stunde, in der vor nunmehr vierunddreißig Monaten Stalingrad in Düsseldorf seinen Anfang nahm?

... lasen die geschlossenen Augen die Worte, die seine Hand im Mai 1942 seinen Soldaten in ihre Zeitung schrieb:

„Der Sowjetsoldat hat zu sterben gewußt, doch ihr habt verstanden zu siegen!"

... dachte er an das Urteil der Kriegsgeschichte, an die Differenz zwischen der Pflicht des unbedingten Gehorsams und dem Ruf des Gewissens zugunsten der Menschlichkeit oder daß aus dem harten Gesetz des Kessels niemand entlassen wird, Kameradschaft, Tapferkeit und Disziplin ihre höchste Würdigung und Feigheit, Ungehorsam und Unanständigkeit ihre tiefste Erniedrigung erleben?

... erlebte der Feldmarschall in dieser Stunde noch einmal die Passion seiner Armee, sah er die Gesichter, die nicht mehr die von Menschen waren, sondern die Umschreibung für Unsagbares, an dem man aber nicht vorbeigehen darf, an die von Leichen markierten Wege, die Schluchten voller Toten, die man bald sprengen wird, an die Blutlast, an der er sein Leben lang tragen würde, oder die Absolution, bedingt durch die Notwendigkeit bis zum Letzten?

Ein paar Jahre später antwortete der ehemalige Oberbefehlshaber der 6. Armee im Nürnberger Gerichtsgefängnis einem deutschen Journalisten auf die Frage:

„Herr Feldmarschall, wie geht es Ihren Soldaten?"

... „Sagen Sie den Müttern, es geht ihnen gut." Er vergaß hinzuzufügen:

... „unter der Erde."

Gingen die Gedanken zu dem Stalingrad, das bei jedem anders begann und bei allen gleich aufhörte, zu dem Wesen des Kampfes in der Trümmerstadt überhaupt, in das mit Theorie nicht hineinzureden war, wie es die Scholastiker taten, die ja immer nur den Glauben erklärten und nicht die Welt und die natürlichen Vorgänge?

Vielleicht aber waren es ganz einfache Gedanken; an die Heimat, das Plätzchen in der Ecke, die Frau, die Kinder.

Mit den Unterhändlern zusammen waren gleichzeitig russische Truppen in das Gebäude eingedrungen, und Deutsche, Russen und Rumänen liefen durcheinander. Um diese Zeit äußerte der Feldmarschall den Wunsch, den General Schmidt den Unterhändlern überbrachte:

„Der Oberbefehlshaber wünscht als Privatperson betrachtet zu werden und möchte nicht zu Fuß durch die Stadt gehen."

Zur gleichen Zeit wurden von der Funkstelle der Kampfkommandanten noch zwei Funksprüche an die Heeresgruppe und das Führerhauptquartier durchgegeben. Der erste Spruch lautete:

„Die 6. Armee hat getreu ihrem Fahneneid für Deutschland bis zum letzten Mann und bis zur letzten Patrone eingedenk ihres hohen und wichtigsten Auftrages die Position für Führer und Vaterland bis zuletzt gehalten. Paulus."

Auf dem Tisch des Nachrichtenführers lag noch der Text des Fernspruches vom 29. Januar mit der Unterschrift des Oberbefehlshabers:

„An den Führer!

Zum Jahrestag Ihrer Machtübernahme grüßt die 6. Armee ihren Führer. Noch weht die Hakenkreuzfahne über Stalingrad. Unser Kampf möge den Lebenden und den kommenden Generationen ein Beispiel dafür sein, auch in der Hoffnungslosigkeit nie zu kapitulieren, dann wird Deutschland siegen. Heil mein Führer! Paulus, Generaloberst.

Stalingrad, den 29. Januar 1943, mittags."

Am 12. Februar 1946 sagte der ehemalige Oberbefehlshaber der 6. Armee als Zeuge vor dem Nürnberger Militär-Tribunal:

„Ich weiß von sogenannten Ergebenheitstelegrammen nur vom Schluß, wo versucht wurde, diesem ganzen Leiden und Sterben der Soldaten noch einen Sinn zu geben. Infolgedessen wurden diese Dinge in dem Telegramm als Heldentat, die für immer in der Erinnerung bleiben sollte, hingestellt. Ich bedaure, daß ich damals, aus der ganzen Situation geboren, das habe durchgehen lassen."

Um 5.45 Uhr strahlte die Antenne des Armee-Oberkommandos den letzten Spruch aus:

„Der Russe steht vor dem Bunker, wir zerstören",

und der Funker an der Taste setzte aus eigenem Entschluß die beiden Buchstaben „cl" an den Schluß der befohlenen Meldung. Das heißt in der internationalen Funkersprache:

„Diese Station wird nie wieder senden."

Sekunden danach splittern unter den Beilhieben Sende- und Empfangsapparaturen, waren Kabel- und Drahtordnung ein unentwirrbares Chaos und gaben die Röhren-Wunderwerke, die so viel Leid und Not zur Sprache durch den Äther verhalfen, ihre kleinen Lichterseelen auf.

Um 6.00 Uhr fing Angerburg folgenden Klartext auf:

„Die 6. Armee hat kapituliert. Hoffentlich gibt dem Führer das Ende in Stalingrad Veranlassung, in Zukunft mehr auf die Ratschläge seiner Generale zu achten."

Niemand weiß, woher er kam, aber seine Worte hätten von der ganzen Armee gesprochen werden können, und sie waren so wahr wie der Funkspruch, den der Armee-Nachrichtenführer an das Führungs-Nachrichten-Regiment 601 richtete:

„Wenn wir nicht fallen, haben wir den Willen zum Leben und zu einem Wiedersehen."

In einem Beutefahrzeug des IV. Armeekorps fuhr Generalfeldmarschall Friedrich Paulus in die Gefangenschaft, und in langem Zug schlossen sich ihm die Menschentrümmer der Armee an.

Die Zeiger der Stalingrader Schicksalsuhr zeigten auf eine Minute vor Zwölf.

Das Ende im Nordkessel

Am 31. Januar gab der Armee-Nachrichtenführer die Funkunterlagen an den Kessel-Nord ab und autorisierte damit das XI. Korps, als Restteil der 6. Armee, unmittelbar den Dienstverkehr mit der Heeresgruppe aufzunehmen.

Es war seine letzte Diensthandlung.

Auf dem linken Flügel im Norden lagen die Reste der 16. Panzer-Division und was noch von der 24. Panzer-Division am Leben war. Um das Traktorenwerk gruppierten sich die Reste der 76. Infanterie-Division, der 113. und die noch kampffähigen Teile der 60. mot. Zwischen und hinter den mit der Front zur Wolga liegenden Einheiten der 389. Infanterie-Division wehte nahezu auf jedem zweiten Haus, wenn man einen Trümmerhaufen noch so nennen kann, eine Fahne mit dem Roten Kreuz oder ein Stück Stoff, das so ähnlich aussah.

Ein dünner Schleier Infanterie hielt die Ruinen, die Generale, von denen der Deutschlandsender gesprochen hatte, gab es noch, aber sie lagen nicht mit roten Aufschlägen hinter dem Maschinengewehr. Soldaten waren auch noch da, und sie zählten jede einzelne Patrone, bevor der Zeigefinger Druckpunkt nahm.

Das große Sterben ging weiter, die Kampfgruppen und Alarmeinheiten wurden an den Himmel geworfen oder unter die Trümmer, auf Straßen und Höfe fielen Granaten und Feuertonnen, und weil es doch bis zur letzten Patrone gehen sollte, fielen noch viertausend Mann.

Der entscheidende Angriff kam von Westen und richtete sich gegen die Front der Panzer-Division. Das war an dem Tage, der Oberst von Below bei General Lenzky sah.

„Herr General, machen Sie Schluß, es geht hier nicht um die Weltmeinung, sondern um das Leben unserer Soldaten."

Aber General Lenzky machte nicht Schluß:

„Tragen Sie das dem Kommandierenden General vor, Below, ich kann Ihnen nicht helfen."

Oberst von Below kam nicht dazu, es dem Kommandierenden General vorzutragen, denn am anderen Tage gab es diese Front nicht mehr.

Einmal wurde die Hauptkampflinie noch vierhundert Meter zurückgenommen, aber um fünf Uhr morgens war die Front der 60. mot. durchbrochen und eine halbe Stunde später standen die russischen Panzer im Rücken des Panzer-Grenadier-Bataillons 79. Von der Artillerie-Abteilung 16 schoß noch eine Haubitze, und das Kradschützen-Bataillon 16 feuerte mit Infanterie-Waffen, bis es nichts mehr zu feuern gab. Rechts von der Einbruchsstelle raste eine Feuerwelle über siebzig Mann der motorisierten Division aus Danzig und kam zwei- und dreimal wieder. Danach lebten noch sieben Mann länger als die anderen dreiundsechzig; eine ganze halbe Stunde länger. Die vierte Feuerwand brauchte sich nicht sehr anzustrengen.

In der Nacht zum 2. Februar trafen sich die restlichen Offiziere der 16. Panzer-Division im Gefechtsstand. Im Keller einer kleinen Fabrik, tausend Meter südwestlich des Schnellhefterblocks. Zwanzig Mann standen da. Unrasiert, mit langen Bärten und schmutzigen Verbänden, verdreckt, mit Tarnanzügen, Fahrermänteln oder Windjacken bekleidet. Als der General kam, legten sie die Hand an die Mützen.

„Meine Herren, der Kampf ist zu Ende. Die 6. Armee hat aufgehört zu bestehen. Wir haben unsere Pflicht bis zum Letzten erfüllt. Ich danke Ihnen. Als letzte Aufgabe möchte ich Sie von Ihren Pflichten entbinden. In diesem Moment muß jeder wissen, was er zu tun hat. Wenn es jemand gelingen sollte, sich zur eigenen Linie durchzuschlagen, grüßen Sie die Heimat."

Der General gab jedem die Hand, dankte noch einmal persönlich. Dann ging er in seinem Tarnanzug in Richtung Traktorenwerk. Bei ihm war Oberleutnant Brendgen.

„Bleiben Sie zurück, Brendgen. Sie haben meinen Befehl auszuführen, und wenn es mein letzter ist."

Und Brendgen legte die Hand an die Mütze und sah den General in den Ruinen verschwinden. Unter vielen tausend Toten in Tarnanzügen ist ein General nicht zu erkennen.

Kurz nach Mitternacht erhielt das XI. Korps aus dem Führerhauptquartier folgenden Funkspruch:

> „Das deutsche Volk erwartet von euch, daß ihr eure Pflicht genau so tut wie die Besatzung des Südkessels. Jeder Tag, jede Stunde, die ihr aushaltet, erleichtert den Aufbau einer neuen Front."

Was in den drei Kesseln wirklich geschehen war, wußte das Führerhauptquartier nicht, der Truppe wurden ein paar große Worte gefunkt, mit denen sie nichts anfangen konnte. Ohne Gegenzeichnung des Kommandierenden Generals ging aus dem Nordkessel nachstehender Funkspruch an das Führerhauptquartier:

> „Die Truppe ist verwundert, daß ihr Kommandierender General noch nicht das Eichenlaub erhalten hat."

Um elf Uhr begann der Feuerstoß auf das Traktorenwerk. Als die russischen Panzer vom Osten und Norden auf das Werk zustießen und noch einmal wie wild trommelten, wurde von der 24. Panzer-Division, den Resten der 16. Panzer-Division und den Trümmern der 389. Infanterie-Division nicht mehr zurückgeschossen. Die Geschütze waren gesprengt, die Waffen lagen im Schnee, die Kammern waren leer.

Um 11.15 Uhr funkte der Nordkessel zum letztenmal direkt an die Oberste Befehlsführung:

> „XI. Korps hat mit seinen Divisionen bis zum letzten Mann gegen vielfache Übermacht gekämpft. Es lebe Deutschland."

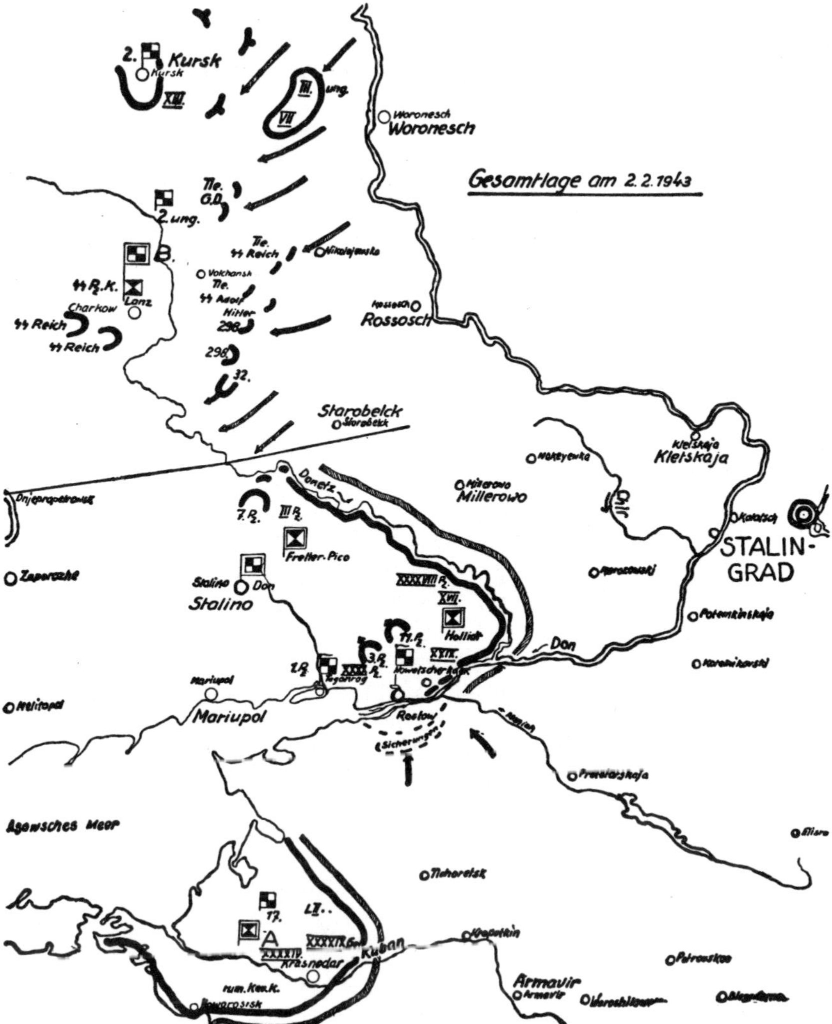
Gesamtlage am 2.2.1943
Kursk
Woronesch
Rossosch
Starobelck
Millerowo
Kletskaja
STALIN-
GRAD
Charkow
Lanz
Nikolajewka
Volchansk
Donetz
Fretter-Pico
Stalino
Hollidt
Don
Taganrog
Nowotscherkassk
Mariupol
Rostow
Sicherungen
Dnjepropetrowsk
Zaporozhe
Melitopol
Asowsches Meer
Tichoretsk
Krasnodar
Kuban
Kropotkin
Armavir
Noworossijsk
rum. Kav. K.
Woroschilowsk
Proletarskaja
Potemkinskaja
Kotelnikowski
Kalatsch
Tle. G.D.
Tle. SS Reich
Tle. SS Adolf Hitler
SS Reich
SS Pz. K.
2. ung.
B.
A
17.
7. Pz.
III. Pz.
XXXXVIII. Pz.
XVII.
XXIX.
11. Pz.
3. Pz.
XXX. Pz.
1. Pz.
298.
32.
XIII.
VII
III.
ung.
2.
LII.
XXXXIX. Geb.
XXXXIV.

Vom Generalstab des Heeres wurde die Kapitulationsnachricht mit größter Bestürzung aufgenommen, aber sie kam nicht unerwartet.

Hitler blieb scheinbar ungerührt von dem furchtbaren Schicksal der 6. Armee, die Gründe, die er anführte, warum dieses so geschehen mußte, waren die gleichen wie vor vier Wochen und Ende November:

„Der Opfergang der 6. Armee war erforderlich, damit der Aufbau einer neuen Front ermöglicht wurde, und das Wetter, der früh einsetzende, erbarmungslose eisige Winter tragen die Schuld am Zusammenbruch der Luftversorgung. Es war höhere Gewalt, das Schicksal hatte gegen Deutschland entschieden, die Wege des Allmächtigen sind unergründlich.“

In den Nachmittagsstunden des 2. Februar überreichte Generaloberst Zeitzler Hitler die Nachricht vom Ende im Nordkessel. Dieser las die Meldung:

„Ich kann nicht glauben, daß Paulus in Gefangenschaft ging, er hatte die Wahl zwischen Leben und Unsterblichkeit, sollte er an der Schwelle der Unsterblichkeit versagt haben? Ich kann mir nicht denken, daß ein Feldmarschall das Leben wählt. Aber die 6. Armee ist nicht tot, Zeitzler, sorgen Sie dafür, daß die Divisionen sofort neu aufgestellt werden.“

*

Um 15 Uhr des gleichen Tages lag auf dem Arbeitstisch im Befehlszug von Feldmarschall Milch die Bordmeldung eines Aufklärers:

„Meldung 1711, Fck 1913, 14.06 Uhr:
In Stalingrad keine Kampftätigkeit mehr.“

Mit dieser Meldung gab sich der Feldmarschall nicht zufrieden und ordnete über dem Kampfgebiet eine weitere Luftaufklärung an. Es erging der Befehl, daß zehn Versorgungsflugzeuge nach Stalingrad fliegen und die Feststellung treffen sollten, ob noch eigene Truppen in der Abwehr waren.

Acht Flugzeuge kehrten bis 18.30 Uhr vom Einsatz zurück und meldeten nachstehende Ergebnisse. Vier Flugzeuge hatten keinerlei Bewegungen in der angenommenen deutschen Front bemerkt. Zwei Maschinen konnten ihre Meldungen nicht mit Sicherheit abgeben, zwei weitere hatten, da sie eine vermeintliche Bewegung noch sahen, ihre Lasten abgeworfen.

Feldmarschall Milch befahl daraufhin den Einsatz von sechs weiteren Maschinen. Das Ergebnis lag gegen 22 Uhr vor und ist in dürren Worten folgendes:

„Die Bodenabwehr gegen anfliegende Maschinen ist sehr stark, ein Kessel ist nicht mehr zu erkennen und ebenso wenig Artilleriefeuer auf der Feind- oder Freundseite. Von allen Seiten ziehen bespannte und motorisierte Feindkräfte durch die Stadt, es wird mit Leuchtkugeln aller Farben ohne Zusammenhang und System geschossen."

Von diesem Zeitpunkt an wurden keine Transportgruppen der Ju 52 mehr eingesetzt. Die Meldung von 14.06 Uhr und das Erkundungsergebnis der zweiten Ju-Welle erhielt das Führerhauptquartier am Abend.

Eine Stunde später wurde auf der Lagekarte 4/Ost der kleine blaue Kreis mit den Industriewerken Stalingrad rot durchstrichen, jener kleine blaue Kreis, der einmal zweiundzwanzig Divisionen mit dreihundertvierundsechzigtausend deutschen Soldaten groß gewesen war.

Hitler hatte recht behalten, die Worte, die seine politischen Reden wie Fanfaren durchtönten, hatten sich bis zum bitteren Ende erfüllt:

„Wo der deutsche Soldat steht, bleibt er stehen, und keine Macht der Erde wird ihn vertreiben."

Die Lebensuhr der 6. Armee war abgelaufen, das Werk gesprungen.

In den Untergang der Divisionen teilten sich Munitionsmangel, Kälte, Hunger, feindliche Überlegenheit, die Strategie des Führerhauptquartiers und die Auffassung des Oberbefehlshabers und des Chefs des Generalstabes von Gehorsam, Disziplin und Treue.

Am 2. Februar, 12.35 Uhr, fing die Heeresgruppe „Don" einen einsamen Funkspruch auf:

„Wolkenhöhe fünftausend Meter, Sicht zwölf Kilometer, klarer Himmel, vereinzelt kleine Wölkchen, Temperatur einunddreißig Grad minus, über Stalingrad Nebel und roter Dunst. Wetterstelle meldet sich ab. Gruß an die Heimat."

Ausklang

Nun schweigen die Waffen, aber das große Sterben ist noch nicht zu Ende gegangen. In den Kellern, Schächten, auf der Steppe und in den Lagern wird noch lange der Tod Bruder vieler Kameraden sein, und angesichts Seiner Majestät werden alle Dinge dieser Erde ihre Wichtigkeit verlieren.

Stalingrad, gestern noch vorderste Linie, ist über Nacht Etappe geworden.

Für die einen ist eine Zeitspanne ihres Lebens abgeschlossen, für die anderen beginnt ein neues Leben. Vieles wird nicht mehr sein, Ewiges bleiben.

Mütterchen Wolga wird wieder Schiffe tragen, die nicht im Flakfeuer liegen, das zerstörte Gleis am Bahnhof Gumrak wird nicht mehr lange zerstört sein, das Signal vierhundert Meter davor bald „Freie Fahrt" zeigen, die Schluchten an der Zaritza, in denen sie in Feuernächten oft um ihr Leben rannten, können wieder im Gleichschritt begangen werden, in den Trichtern wächst Gras, die Brunnen führen klares Wasser, die Hühner wissen, zu wem sie gehören, und auf den Backsteinherden in Häusern und Höfen werden sich Menschen ihr Mittagessen kochen und nicht mehr erschrecken, wenn irgendwo einer mit der Peitsche knallt. Hunderttausend Schützenlöcher werden eingeebnet, der Boden festgestampft, und im Frühjahr spielen vielleicht Kinder darauf. Die Fähre bei Lataschanka wird auf ihrem breiten Rücken die Eisenbahnwagen über die Wolga tragen, das Werk „10. Oktober" schnellstens neue Fließbänder für Panzerherstellung bekommen, und es wird nicht lange dauern, und man kann beim Kaufmann Simonowitsch Einheitskleider und weiße Strümpfe kaufen. Am Kaufhaus „Univermag" aber wird eine marmorne Tafel angebracht, auf der vielleicht die Worte stehen:

„In diesem Haus kapitulierte am 31. Januar 1943 vor den Helden der Roten Armee das Oberkommando der Faschistischen Okkupanten."

Ja, das wird alles anders.

Die aus Stalingrad zurück in das Leben gelangten, werden in ihren Erinnerungen und Träumen oftmals zurückgehen und in den

Stunden der Stille die Augen schließen und in sich hineinhorchen, um das Lied der Steppe zu hören. Es klingt zart und helltönig wie das feine Schwirren von Libellenflügeln oder wie der dünne, zerbrechliche Ton, der ausklingt, wenn man mit dem Finger leise über geschliffene Gläser fährt. Die Melodie der Steppe klingt süß und verlockend und traurig zugleich. Blauer Himmel und Sonne sind in ihr, aber auch Wolkenschatten und Wetterleuchten, so etwa, wie in Mozarts Musik ein selig blauer Himmel lächelt über den silbernen Akkorden, bis plötzlich ein kalter Windstoß auffährt und eine Handvoll welken Laubes auf die Tische der Freude wirft.

Viele wissen um das Lied der Steppe. Sie haben es oft vernommen, in den Stunden des Mittags, wenn die Hitze flirrend und flimmernd über den reglosen Weiten stand, an den Abenden, wenn der Taumeltanz der Mücken in den Lüften brauste, in den späten Tagen des Oktober, wenn die brausende Orgel der Herbststürme über die Steppe dröhnte und wenn der Gesang des Todes in der Steppe, das dumpfe Klingen des Eises in den starren und sprachlosen Winternächten zu ihnen kam, wenn unter einem hohen und fahlen Mond die schwarzen Schatten der Wölfe wanderten, und noch später, wenn sich nichts regte als das dünne Rieseln des Schnees, der über das tödliche Schweigen der Felder wehte.

Mit den Gedanken, die zurückgehen in die Stadt zwischen Steppe und Wolga, wird die Auferstehung des Vergangenen geschehen, die harte Stimme des Krieges, der aufrüttelnde innere Trommelschlag, der wilde Schmerz, das Frieren der Seele, die Angst vor dem Unbekannten, das Sterben der Kameraden, das vernunftwidrige Wüten des Artilleriefeuers und der Horizont, den sie sich selbst aus Feuer und Stahl schufen, und dabei werden sie das Frieren nicht loswerden das tiefer geht als die Kälte, und die einfachen und gewaltigen Erscheinungen werden das Bewußtsein erfüllen, denn sie sind der langgestreckte Finger des Johannes, der unbarmherzig auf die Seele deutet. Die Bilder der realen Welt fragen nach dem tieferen Sinn und ziehen die Hand von den Augen der Erkenntnis.

*

Ewiges wird bleiben.

Der Schnee fällt wie im Dezember und nach wie vor in großen weißen Flocken, der Atem friert in der Luft, und aus den Steppen Kasakstans singt der Eiswind über die Gräber der 6. Armee. Wenn der Eishauch des Ostens dem Frühlingswehen aus dem Süden weicht, werden hier Millionen bunter Blumen blühen. Zuerst Rittersporn und Madonnenlilien, Leberblümchen, Krokus, Malven, Goldlack, Königskerzen und Fingerhut, und später die Wollblumen mit weißen Köpfen und Steppenlavendel, schließlich Herbstzeitlosen und Astern, und ganz zuletzt die Kümmelblumen, die zu Tausenden wie Gespensterwesen übermütig über die Steppe springen.

Die Toten bleiben tot, und die siegreichen unter ihnen tragen keinen Stern. Die Menschen werden weiter Unrecht haben, und, was besonders schlimm ist, Unrecht tun. Daran wird sich nichts ändern. Es wird weiter das napoleonische Wort geben, daß nur der Starke gut sein kann, und es wird auch in Zukunft nie gut ausgehen, wenn der Himmel auf die Erde fällt.

Möge, der die Welt in seinen Händen hält, dieses um des Guten willen noch einige Zeit hinauszögern. Sollte er es aber für ratsamer halten, dem Rad des Schicksals einen schnelleren Lauf zu verleihen, so werden die Sterne, wenn die Erde in feuriger Gloriole ihre Gemeinschaft verläßt, ihr Schicksal nicht beweinen.

Und alles wird wieder sein wie am ersten Tag.